经典战史回眸·二战系列

虎兕出柙

1941年12月至1942年4月
日本海军航母编队作战记录

蓝飞鹤 著

武汉大学出版社

图书在版编目(CIP)数据

虎兕出柙:1941年12月至1942年4月日本海军航母编队作战记录/蓝飞鹤著. —武汉:武汉大学出版社,2024.12

经典战史回眸.二战系列

ISBN 978-7-307-24258-6

Ⅰ.虎… Ⅱ.蓝… Ⅲ.太平洋战争—史料 Ⅳ.E195.2

中国国家版本馆 CIP 数据核字(2024)第 042099 号

责任编辑:黄 殊　　责任校对:鄢春梅　　版式设计:马 佳

出版发行:**武汉大学出版社**　(430072　武昌　珞珈山)

(电子邮箱:cbs22@whu.edu.cn　网址:www.wdp.com.cn)

印刷:武汉中科兴业印务有限公司

开本:787×1092　1/16　印张:28.25　字数:673 千字

版次:2024 年 12 月第 1 版　　2024 年 12 月第 1 次印刷

ISBN 978-7-307-24258-6　　定价:98.00 元

版权所有,不得翻印;凡购我社的图书,如有质量问题,请与当地图书销售部门联系调换。

序

　　1940年11月11日夜晚，英国皇家海军"光辉"号航母出动21架"剑鱼"鱼雷攻击机，趁着夜色突袭意大利西北的海军基地塔兰托，最后以损失2架"剑鱼"及其机组的轻微代价，取得击沉意大利皇家海军1艘战列舰、重创2艘战列舰，击伤1艘重巡洋舰、2艘驱逐舰，炸毁2架飞机的战果。这是人类历史上首次运用航母舰载机对敌方军港实施突击，为各个拥有航母的国家指明了新的战术运用策略，其中包括师承英国皇家海军的旧日本海军。当时驻柏林的日本武官在得知意大利海军在港口遇袭，专门前往塔兰托进行考察。令世人始料未及的是，不到两年时间，日本海军不但学习了英军的航母舰载机突击战术，而且投入了更多航母、舰载机。

　　日本海军以第1航空舰队为骨干，编成机动部队，投入6艘舰队航母、2艘战列舰等舰艇，利用各种手段隐蔽行踪，千里奔赴夏威夷群岛。1941年12月8日，即夏威夷时间1941年12月7日，机动部队出动大批舰载机，对太平洋的重要基地珍珠港及附近的航空基地实施集中突击，对毫无防备的美军给予了重大的打击。在随后的4个月时间内，日本海军多次投入航母支援己方在太平洋、东南亚等地的军事行动，其组建的航母部队，即机动部队，在太平洋战争初期日本战略进攻的过程中扮演急先锋的角色，如同虎兕出柙，在太平洋、印度洋纵横如入无人之境，接连挑战世界海军强国美国、英国，无不所向披靡。伴随机动部队的东征西讨，日军在东南亚、太平洋地区一路高歌猛进，盟军也进入了"至暗时刻"。

　　为了详细描述日本海军航母编队在1941年12月到1942年4月的作战经过，笔者广泛搜集日、美、英资料，包括档案、专著等，从第1航空舰队的视角描述其在太平洋战争初期的经历。此外，笔者在附录中补充相关日方将领及飞行科干部的履历，供读者参考。这些资料反映了旧日本海军在战争中的经历。对于同样隶属第1航空舰队但另行遂行任务的"龙骧"号航母，笔者不做相关记录。如拙作存在错漏之处，有劳各位读者指教。

蓝飞鹤

2021年11月18日

目　录

第一部　日美开战前夕

第一章　机动部队备战情况 ··· 3
1. 背景 ·· 3
2. 联合舰队战略指导 ·· 4
3. 机动部队任务划分 ·· 7
4. 机动部队航母的空勤人员及所使用的舰载机概况 ················ 15
5. 日军航母舰载机使用的武器 ·· 21
6. 第1航空舰队舰载机训练 ·· 22

第二部　偷袭珍珠港

第二章　机动部队第一次攻击 ··· 27
1. 机动部队集结及出航 ·· 27
2. 机动部队第一次攻击队出航 ·· 39
3. 瓦胡岛遭受偷袭前的状况 ·· 46
4. 第一次攻击队突击瓦胡岛机场的经过 ······························· 48
5. 机动部队进行鱼雷攻击的经过 ·· 71
6. 机动部队水平轰炸的经过以及第一次攻击队返航 ············ 89
7. 小结：机动部队舰攻对美军舰艇打击的成果 ···················· 99

第三章　机动部队第二次攻击 ··· 122
1. 机动部队第二次攻击队出航 ·· 122

2. 第 5 航空战队水平轰炸的经过 ·· 128
3. 第 1、第 2 航空战队俯冲轰炸的经过 ·· 143
4. 小结：第 1、第 2 航空战队投弹及攻击目标 ·································· 162
5. 第 1、第 2 航空战队制空队战斗情况 ·· 164
6. 1941 年 12 月 8 日机动部队战斗机巡逻情况 ·································· 182
7. 1941 年 12 月 8 日上午瓦胡岛美军舰艇出港情况 ······························ 186
8. 第二次攻击队返航以及机动部队撤退 ·· 187
9. 插曲：中途岛破坏队的攻击 ·· 193
10. 总结：机动部队攻击成果及损失情况 ······································ 195

第四章　支援威克作战 ·· 198
1. 1941 年 12 月 21 日第一次空袭威克 ·· 198
2. 1941 年 12 月 22 日第二次空袭威克 ·· 202
3. 1941 年 12 月 23 日第三次空袭威克 ·· 206

第三部　1942 年 1 月至 3 月机动部队作战情况

第五章　空袭拉包尔及安汶岛 ·· 219
1. 机动部队集结及出航 ·· 219
2. 1942 年 1 月 20 日空袭拉包尔 ··· 224
3. 1942 年 1 月 21 日空袭新爱尔兰岛、新几内亚 ······························· 237
4. 1942 年 1 月 22 日空袭拉包尔 ··· 249
5. 1942 年 1 月 23 日至 1 月 27 日机动部队行动情况 ··························· 253
6. 空袭安汶岛以及支援陆军进攻荷属东印度 ···································· 258

第六章　空袭达尔文 ·· 264
1. 机动部队集结及出航 ·· 264
2. 1942 年 2 月 19 日机动部队空袭达尔文 ····································· 265

第七章　扫荡荷属东印度南部水域 ·· 295
1. 机动部队集结及出航 ·· 295
2. 击沉"佩科斯""埃兹尔" ··· 297
3. 1942 年 3 月 5 日机动部队空袭芝拉扎 ······································ 306

4. 1942 年 3 月 6 日至 9 日机动部队行动情况 ········· 318

第四部　印度洋机动战

第八章　战前日英双方情况 ········· 327
1. 机动部队集结及出航 ········· 327
2. 英国东方舰队行动情况 ········· 331
3. 锡兰岛及其周边情况 ········· 334

第九章　1942 年 4 月 5 日的战斗 ········· 336
1. 1942 年 4 月 4 日机动部队行动情况 ········· 336
2. 空袭科伦坡 ········· 340
3. 击沉"多塞特郡""康沃尔"号重巡洋舰 ········· 362
4. 1942 年 4 月 5 日英国东方舰队行动情况 ········· 368
5. 1942 年 4 月 5 日机动部队防空战斗 ········· 370
6. 1942 年 4 月 6 日至 4 月 8 日机动部队、东方舰队行动情况 ········· 373

第十章　1942 年 4 月 9 日的战斗 ········· 377
1. 空袭亭可马里 ········· 377
2. 击沉"竞技神"号航母 ········· 398
3. 英军布伦海姆轰炸机突袭机动部队 ········· 416
4. 机动部队归航 ········· 425
5. 总结：机动部队取得的战果及损失情况 ········· 428

主要参考资料 ········· 437

说明 ········· 440

第一部　日美开战前夕

第一章　机动部队备战情况

1. 背景

日本自1937年对中国发动全面侵略战争以来，接连占领华北、华东、华中等地区的大片土地，迫使国民政府西撤至重庆，但是无法促使中国投降，反而令自身深陷战争泥淖。眼见无法解决眼前的困境，日本只能想方设法继续转移国内矛盾。恰在此时，国际形势的急遽变化很快为日本提供了转移矛盾的契机。1940年5月，英法联军从敦刻尔克撤退到英国。6月，德军占领巴黎，法国宣布投降。9月，日本趁法国投降之际，出兵占领被纳入法属印度支那版图的越南北部。9月27日，日本公使在柏林与纳粹德国、意大利代表共同签订《德意日三国同盟公约》，缔结以"柏林-罗马-东京"，即德国、意大利、日本三国为轴心的军事集团，也就是轴心国。

要维持战争机器的高速运转，首先要解决资源问题。资源匮乏的日本曾与荷兰进行交涉，试图让荷属东印度(今印度尼西亚)为日本提供石油，但以失败告终。对部分联合舰队的人员来说，既然谈判不成，那么只剩下出兵动武这一手段。动用武力固然简单直接，但是极容易遭到报复。联合舰队司令长官山本五十六大将(海兵32期，海大14期)在1940年11月的兵棋推演中断定入侵荷属东印度势必将引起与美英的战争，一旦与英美的战争打响，美国太平洋舰队将会成为日本的最大威胁。早就以美国为假想敌的日本曾拟定"九段渐减邀击"计划，即在广袤的太平洋纵深部署兵力，先通过分段作战削弱来犯美军太平洋舰队，再集中主力舰队一举歼灭之。作为曾经的日本驻美国大使馆武官，山本五十六深知美国作为工业强国，其综合国力远胜于日本，单凭联合舰队的实力与太平洋舰队正面决战不啻痴人呓语。因此，山本极力反对与美国开战。但是，在其位谋其政，山本提出以战促谈，他认为只有在开战时击垮美国太平洋舰队，才有可能迫使美国与日本媾和。为了达到这一目的，山本想到效仿日本海军的"师傅"英国皇家海军的战术，即利用航母对太平洋舰队的重要基地实施远程奔袭。北太平洋的瓦胡岛(Oahu Island)的珍珠港(Pearl Harbor)成为攻击对象。瓦胡岛是夏威夷群岛中的第三大岛，位于群岛的北端，面积约1574平方千米。瓦胡岛属火山岛，以山地地形为主，岛上有两条纵横全岛的山脉，海岸线蜿蜒曲折，风景旖旎。此外，夏威夷首府火奴鲁鲁(Honolulu，即檀香山)位于瓦胡岛东南部。瓦胡岛上设有陆海军基地，其中南部的珍珠港出海口宽333米，港内水深12米，是美国太平洋舰队的驻地。1940年，太平洋舰队离开美国西海岸的圣迭戈，进驻珍珠港。珍珠港距离旧金山大约3880千米，距离日本大约6110千米。

1941年1月，任联合舰队参谋长的福留繁少将（海兵40期，海大24期）受山本五十六的委派，前往第11航空舰队（以下简称"11航舰"）司令部，向时任11航舰参谋长的大西泷治郎少将（海兵40期）传达山本有关远程奔袭夏威夷美军舰队主力的构想。2月，第1航空战队航空参谋源田实中佐（海兵52期，海大35期）按照山本的命令前往鹿屋基地，协助大西制订针对夏威夷的作战计划。4月，福留繁调任军令部第1部部长，将由大西制订的夏威夷作战计划一并带到军令部。军令部是日本海军的参谋机关，与陆军的参谋本部一道推动日本战争机器的运转，对日本的战争决策起到了关键的作用。福留繁被调离后，人称"黄金面具"的宇垣缠少将（海兵40期，海大22期）接任联合舰队参谋长一职。

8月上旬，身为联合舰队首席参谋的黑岛龟人大佐（海兵44期，海大26期）向军令部第1部提出奇袭夏威夷的构想。对此，军令部认为偷袭不过是小把戏，容易偷鸡不成蚀把米，因此更倾向于正面交锋。8月11日，山本五十六连任联合舰队司令长官。为了评估奇袭夏威夷的可行性，联合舰队司令部从9月11日至9月20日一连十天在海军大学举行兵棋推演。9月24日，联合舰队、第1航空舰队（以下简称"1航舰"）的参谋赴军令部作战室，与军令部第1部第1课一同商讨夏威夷作战计划。在联合舰队司令部的争取下，军令部同意采取奇袭夏威夷这一策略来对美开战。

接下来要解决的问题是参战航母的数量。军令部考虑到同时出兵太平洋中部、东南亚，这两个方面都需要航母提供支援，因此对航母投入的数量一事相当敏感。山本五十六坚持尽可能集中更多的航母奇袭夏威夷，以图给予美军沉重的打击，为此，他数次派出参谋前往军令部，试图说服军令部在航母投入数量的问题上"开绿灯"。10月15日，联合舰队参谋长宇垣缠从鹿屋搭乘飞机飞赴东京，于10月16日到达军令部并与负责策划作战、部队编成的第1课进行交涉。该课同意为参与夏威夷作战的部队配备油船，但考虑同时开展南方作战，亟需航空兵支援，遂极力反对联合舰队调动6艘航母。

眼见联合舰队司令部与军令部的交涉陷入僵局，宇垣只得向山本汇报情况。为了说服军令部批准动用6艘航母，1941年10月18日，黑岛龟人奉山本的指示赶赴东京，并于次日向军令部转达山本的意见。第1课课长富冈定俊大佐（海兵45期）在听取黑岛的陈述后，仍坚持反对集中使用6艘航母。于是，黑岛绕过富冈，直接找到军令部次长伊藤整一少将（海兵39期，海大21期），并传达山本的意见。得知山本在动用航母数量的问题上态度坚决，伊藤整一只好向军令部总长永野修身大将（海兵28期，海大8期）汇报，向其阐述山本的决心及黑岛的意愿。最终，永野同意了联合舰队的请求。10月19日，军令部同意集中使用航母对夏威夷实施奇袭，为山本的奇袭计划提供了正式批准。

2. 联合舰队战略指导

正当联合舰队司令部与军令部就夏威夷作战计划争论不休时，国际形势对日本已越发不利。1941年7月，日本兴兵占领越南南部，并再次招来美国的报复。同年7月26日，美英等国宣布冻结日本的海外资产，两天后，美国对日实施石油全面禁运。日本裕仁天皇于9月6日召开御前会议，以商讨对策。会议上，日本陆海军高级将领建议做好战争准备。日本首相近卫文麿由于无法打破对美谈判的僵局，于10月16日带领内阁集体请辞。同日，原陆军大臣东条英机陆军大将接任首相职务，并重组内阁。随着东条内阁的上台，日本加快对美国、英国等国开战的步伐。11月5日，裕仁召集陆海军高级将领举行第二次御前会议，会议决定在日美谈判破裂时对美国、英国、荷兰开战。

1941年11月7日，永野修身向山本五十六下达《大海令第一号》，要求联合舰队准备对美开战。11月15日，山本迅速行动，向联合舰队各单位下达《机密联合舰队命令作第1号》，要求联合舰队依照命令附件执行对美国、英国、荷兰的作战任务。该作战命令主要内容如下：

机密联合舰队命令作第1号
昭和16年11月15日 佐伯湾 旗舰"长门"
　　　　　联合舰队司令长官 山本五十六
联合舰队命令
　　联合舰队对美、英、荷战争期间，依照附件实施作战。
机密联合舰队命令作第1号附件
对美英荷战争中联合舰队之作战
第一篇　对华作战中若与美国、英国及荷兰开战，联合舰队之作战
第一章　作战纲要
一、东线击破美国舰队，阻断美国于东洋之战线及补给线。
二、西线进攻英属马来方面，阻断英国于东洋之战线、补给线及缅甸公路。
三、击灭东洋之敌兵力，夺占其作战据点及获取资源产地。
四、扩大进攻要地，强化防备，确保作战态势之持久。
五、邀击、击灭敌兵力。
六、扩大战果，瓦解敌军战意。

第二章　开战准备及开展
第一节　开战准备
一、若帝国完成各项作战准备，决定对美国、英国及荷兰开战，则下达大致开战日期（Y日）及"第一开战准备"。各部队行动如下：

（甲）若无特殊命令，各舰队、部队依照第一阶段作战第一期作战之兵力部署编组，整理战备，遵各部队指挥官之指示，适时前出至开战前夕之待机地点待命。

（乙）各部队严加戒备，以防美国、英国、荷兰军队的意外攻击。

（丙）各部队指挥官于作战中可实施必要之侦察，尤需注意隐秘行踪。

（丁）基于防备计划，第4舰队可适时于南洋群岛开始布置水雷。

二、如派遣必要之先行部队前出至作战海面及实施作战，则下达"第二开战准备"。

（甲）先遣部队、机动部队、通商破坏队及南洋部队所属潜水部队，依照各部队指挥官指示，适时向作战海面进发。

（乙）开战伊始，后续部队依照配备，按各部队指挥官的指示行动。

三、依照情况，指定部队进行必要之开战准备，若形势发生巨大变化，"第二开战准备"恢复为"第一开战准备"。

第二节　开战及开战前行使武力
一、遵大本营之命令（预计开战数天前下令），以开战日（X日）作为开战时机。

各部队自X日零时零分以后进入开战状态，并基于计划实施作战。

二、若X日前敌军先发制人，向我军实施正面攻击，处置如下：

（甲）受攻击之部队立即反击，然遵大本营之命令，受攻击之部队于X日下令前，以基地航空部队实施进攻、反击。

(乙) X 日下令后，无需等待特别命令，直接进入开战状态，开始作战。

(丙) X 日下令前，遵大本营之命令开战。

三、"第二开战准备"下令后，若遭遇下列情况，不得已可行使武力：

(甲) 美国、英国或荷兰舰船、飞机接近我国领海附近，确认其行动对我国构成威胁。

(乙) 若上述各国之部队积极行动，集结于我国领海附近以外行动，对我国构成威胁。

第三章 第一段作战

第一节 作战方针

一、先遣部队、机动部队、南洋部队、北方部队、主力部队对美国舰队作战。

开战伊始，先遣部队、机动部队奇袭、击破美军，若美国舰队实施机动行动，阻挠我军主动作战时，应努力将其捕捉并予以击灭。

南洋部队进攻、破坏附近重要区域，并防备澳大利亚方面之敌舰队。北方部队负责对苏联警戒。

二、南方部队按如下要求实施作战，扫荡、击灭位于菲律宾、英属马来及荷属东印度方面之敌舰队，并协助陆军，以维持局部优势。

(甲) 同时对英属马来及菲律宾开始作战，先发制人，对该方面之敌航空兵力及舰队实施空袭，继而反复攻击。可以陆军先遣兵团登陆马来、菲律宾，继而登陆英属婆罗洲要地，派驻航空部队，加强航空作战。

(乙) 待上述作战取得成果后，陆军进攻兵团主力依次登陆菲律宾、马来，迅速夺占上述地区。

(丙) 作战初期，依次占领西里伯斯岛①、荷属婆罗洲、苏门答腊南部之要地，另相机占领摩鹿加群岛之帝汶岛要地，整备所需之航空基地。

(丁) 上述航空基地整备完毕后，依次派驻航空部队，压制爪哇方面之敌航空兵力。取得成果后，陆军进攻兵团主力登陆并进攻爪哇。

(戊) 待进攻新加坡后，占领苏门答腊北部之重要区域，另适时对缅甸开战，以切断对华补给线。

三、若美国舰队来袭，负责南方作战之第 3 舰队、南遣舰队可暂时以决战兵力之大部实施邀击。

四、联合舰队以一部相机破坏敌太平洋及印度洋方面之海上交通线。

五、应极力避免挑起泰国、法属印度支那对我方产生敌意，以策应我军作战。若确认其对我方存有敌意，可诉诸武力，以免我军作战受其妨碍。

第二节 对美国舰队作战要领

各部队对美国舰队进行作战所需之作战类别及作战要领，确定如下（见表 1-1）：

第三节 南方作战要领

南方部队指挥官基于作战方针、联合舰队司令长官与南方军总司令之协定实施南方作战，特别命令除外。

第四节 作战阶段

一、第一期作战

开战至进攻菲律宾之陆军主力大致完成登陆。

二、第二期作战

第一期作战后至进攻英属马来之陆军主力完成登陆。

三、第三期作战

第二期作战后至进攻荷属东印度之作战结束。（以下略）

---

① 西里伯斯岛（Celebes）即今天印度尼西亚的苏拉威西岛（Sulawesi），岛上以高山深谷为主。

表 1-1　对美国舰队作战要领

情况	开战时	开战时，然机动部队难以攻击敌军之时	美国舰队机动之时	美国舰队进攻之时
作战类别	对美国舰队作战方法一	对美国舰队作战方法二	对美国舰队作战方法三	对美国舰队作战方法四
作战要领	一、机动部队及先遣部队攻击夏威夷方面之美国舰队 二、主力部队、南洋部队、北方舰队掩护机动部队回航	一、先遣部队监视美国舰队，并对其实施奇袭、攻击。依照情况以适当数量之兵力攻击豪兰岛①、图图伊拉岛②、斐济等地之航空基地 二、机动部队防备美国舰队	一、先遣部队、机动部队、南洋部队、北方部队对美国舰队进行作战 二、主力舰队按需要给予支援 三、第 11 航空舰队依照情况，暂时以一部转用于东方	一、实施邀击部署，先遣部队、机动部队、南方部队、主力部队、南洋部队、北方部队、主力部队对美国舰队进行作战，南方部队之决战兵力迅速加入邀击作战 二、第 3 航空舰队、南遣舰队、第 11 航空舰队之战斗机等继续进行南方作战

3. 机动部队任务划分

为遂行夏威夷奇袭作战，联合舰队抽调精锐力量，以航母与战列舰、巡洋舰、驱逐舰编成机动部队，其骨干为第 1 航空舰队（即"1 航舰"），该舰队于 1941 年 4 月 10 日组建，下辖第 1、第 2、第 4 航空战队（以下分别简称"1/2/4 航战"），其中 1 航战由航母"赤城""加贺"以及第 34 驱逐队编成，2 航战由航母"苍龙""飞龙"以及第 23 驱逐队编成，4 航战由航母"龙骧"、第 3 驱逐队编成。9 月 1 日，1 航舰得到第 5 航空战队（以下简称"5 航战"）加强，5 航战由航母"翔鹤""瑞鹤"以及驱逐舰"胧""涟"编成。此外，1 航舰所属的部分单位发生变更，第 7 驱逐队取代 34 驱逐队编入 1 航战，航母"春日丸"③编入 4 航战。

1 航舰各战队的长官多来自水面舰艇部队。南云忠一中将（海兵 36 期，海大 18 期）任该舰队司令长官，草鹿龙之介少将（海兵 41 期，海大 24 期）任参谋长。南云直接指挥 1 航战，山口多闻少将（海兵 40 期，海大 24 期）担任 2 航战司令官，原忠一少将（海兵 39 期，海大 24 期）担任 5 航战司令官。

南云忠一曾担任轻巡洋舰"那珂"、重巡洋舰"高雄"、战列舰"山城"等舰艇的舰长，于 1936 年 12 月担任第 8 战队司令官，1938 年 11 月担任第 3 战队司令官，至 1940 年 11 月担任日本海军大学校长。1941 年 4 月，南云重回前线岗位，担任 1 航舰司令官。从履历上来看，南云拥有丰富的水面舰艇指挥经验，唯独对航母

---

① 豪兰岛（Howland），地处夏威夷与澳大利亚之间，面积约 1.82 平方千米，距离夏威夷大约 3100 千米。
② 图图伊拉岛（Tutuila），是美属萨摩亚主要岛屿之一，面积约 141 平方千米。
③ "春日丸"原为日本邮船的客货船，1940 年建造期间被改装为航母，1941 年 9 月 5 日完工，次年 8 月 31 日改名为"大鹰"。

作战一窍不通。原忠一长期在后方机关任职,直到1941年9月担任第5航空战队司令官。

山口多闻同样长期供职于水面舰艇部队,曾担任轻巡洋舰"五十铃"、战列舰"伊势"的舰长以及第5舰队参谋。1940年1月,山口担任第1联合航空队司令官,指挥岸基航空部队深入川蜀腹地执行轰炸任务,同年11月起转任第2航空战队司令官。相比南云、原忠一这两位缺乏航空部队指挥经验的将领,山口对航空兵作战具有较为深刻的认知。

值得一提的是,南云忠一由于对航空兵一窍不通,因此极度依赖1航舰航空参谋大石保中佐(海兵48期,海大30期)、源田实中佐。其中源田长时间在航空部队任职,深谙航空兵在现代战争中的重要作用。此外,源田曾在日本驻英国大使馆工作,在不列颠空战期间目睹欧洲空军及航空作战的发展,并协助大西泷治郎制订夏威夷作战计划。

根据《机密联合舰队命令作第1号》的规定,1航舰除4航战、所属的驱逐舰外,其余3个航空战队作为骨干,组建机动部队。为加强机动部队水面战斗能力,第3战队第1小队、第8战队、第1水雷战队(以下简称"1水战")旗舰及一个驱逐队、第2水雷战队(以下简称"2水战")所属的一个驱逐队以及"秋云"号驱逐舰均被编入机动部队麾下。上述单位依照分工组成空袭部队、警戒部队、支援部队等。

空袭部队由1、2、5航战担任,负责歼灭美国航母等主力军舰。各航空战队均由两艘航母编成,相关概况如下。

1航战最早组建于1928年4月10日,下辖航母"赤城""凤翔"以及两艘驱逐舰。1938年4月1日,1航战重组。至1941年,1航战下辖"赤城""加贺"这两艘由主力舰改装而成的航母。"赤城"最初作为天城型战列巡洋舰的2号舰,于1920年12月6日在吴海军工厂动工,后因日本签订《华盛顿海军条约》而被迫停工。1923年11月19日以航母的标准重新动工,并于1925年4月22日下水,1927年3月25日完工。1935年10月24日,"赤城"在佐世保海军工厂接受改装,直至1938年8月31日改装完毕。此次改装将原来的三层飞行甲板改为一层飞行甲板,在飞行甲板左舷设置舰桥。改装后,

"赤城"号航母。

"赤城"成为日本仅有的两艘左舷舰桥的航母之一。改装后的"赤城"标准排水量36500吨，满载排水量41300吨，全长260.67米，宽31.32米，飞行甲板长249.2米，宽30.5米，配备的防空火器包括十年式127毫米45倍口径双联装高射炮6座（右舷3座高射炮装有炮廓，用于阻挡烟囱喷出的烟雾）、96式25毫米双联装机炮14座。此外，"赤城"还保留6门203毫米副炮（左右后舷各3门）。"赤城"马力133300匹，最大航速31.2节（约57千米/小时），续航力8200海里（约15186千米，航速16节）。"赤城"曾于1939年春季参加华南、华中地区的军事行动。

"加贺"原是加贺型战列舰1号舰，于1920年7月18日由川崎神户造船所建造，1921年11月17日下水，后因《华盛顿海军条约》生效而停工。1923年12月13日，"加贺"于横须贺海军工厂开始以航母的标准接受改造，1928年3月31日完工。1934年6月25日，"加贺"在佐世保海军工厂接受大规模改装。改装后的"加贺"标准排水量38200吨，满载排水量42541吨，全长248.6米，宽32.5米，飞行甲板长248.6米，宽30.5米，配备的防空火器包括89式127毫米40倍口径双联装高射炮8座、96式25毫米双联装机炮12座。此外，"加贺"还保留10门203毫米副炮（左右后舷各5门）。"加贺"马力127400匹，最大航速28.3节（约52千米/小时），续航力10000海里（约18520千米，航速16节）。相较1航舰中的其他航母，"加贺"可谓久经沙场，该航母先于1932年1月支援陆军进攻上海（即中国方面的"一二八淞沪抗战"），再于1937年8月开始转战华东、华南地区，出动舰载机多次空袭南京、苏州、广州等地，曾与中国空军多番交锋，并损失部分舰载机及搭乘员。1938年，"加贺"再度前往华南地区，多次出动舰载机空袭厦门、广州等地。

2航战组建于1934年11月15日，并于次年11月15日重新组建。1941年4月，该部下辖航母"苍龙""飞龙"，其中"苍龙"担任战队旗舰，早于1937年12月29日编入2航战，"飞龙"则在1939年11月15日编入。"苍龙"于1934年11月20日在吴海军工厂动工，次年12月23日下水，1937年12月29日完工，标准排水量15900吨，满载排水量18448吨，全长

改装后的"加贺"号航母。

222.46 米，宽 21.34 米，吃水 7.475 米，飞行甲板长 216.9 米，宽 26 米，装备 89 式 127 毫米双联装高射炮 6 座、96 式 25 毫米双联装机炮 14 座。马力 152000 匹，最大航速 34.5 节（约 63 千米/小时），续航力 7680 海里（约 14223 千米），航速 18 节（约 33 千米/小时）。

"飞龙"于 1936 年 7 月 8 日在横须贺海军工厂动工，1937 年 11 月 16 日下水，1939 年 7 月 5 日完工。为了区别于"苍龙"，"飞龙"的舰桥位于左舷。该舰的标准排水量 17300 吨，满载排水量 20250 吨，全长 222.93 米，宽 22.042 米，吃水 7.84 米，飞行甲板长 216.9 米，宽 27 米，装备 89 式 127 毫米双联装高射炮 6 座、96 式 25 毫米机炮共 12 座，其中三联装 7 座，双联装 5 座。马力 153000 匹，最大航速 34.3 节（约 63 千米/小时），续航力 7670 海里（约 14204 千米），航速 18 节（约 33 千米/小时）。1939 年 12 月，"飞龙"曾参加占领越南北部的行动。

驻泊在吴港的"苍龙"号航母，摄于 1937 年 12 月 29 日。

"飞龙"号航母正在馆山湾进行试航，摄于 1939 年 4 月 28 日。

5航战组建于1941年8月25日，下辖航母"翔鹤""瑞鹤"，其中"瑞鹤"担任战队的旗舰。这两艘航母属翔鹤型，是当时日本海军新锐舰队航母，其中"翔鹤"由横须贺海军工厂建造，于1937年12月12日动工，1939年6月1日下水，1941年8月8日完工。"瑞鹤"于1938年5月25日动工，由川崎重工业神户造船所建造，1939年11月27日下水，1941年9月25日完工，并担任5航战的旗舰。该级航母标准排水量25675吨，全长257.5米，宽26米，吃水8.87米，飞行甲板长242.2米，最宽29米，装备89式127毫米双联装高射炮8座、96式25毫米三联装机炮12座。翔鹤型航母马力160000匹，最大航速34节(约62千米/小时)，续航力达9700海里(约17964千米)，航速18节(约33千米/小时)。

第5航空战队旗舰"瑞鹤"号航母，摄于1941年9月25日，神户。

停泊在横须贺的"翔鹤"号航母，摄于1941年8月23日。

支援部队由第3战队第1小队、第8战队组成,负责支援空袭部队。第3战队隶属第1舰队,三川军一中将(海兵38期,海大22期)担任司令官,下辖4艘金刚型战列舰。此次,该战队仅有第1小队作为机动部队一员参与行动。该小队由"比叡""雾岛"编成,"比叡"担任战队的旗舰。"比叡"属于金刚型战列舰的2号舰,于1911年11月4日由横须贺海军工厂建造,1912年11月21日下水,1914年8月4日完工,截至1941年,"比叡"装有41式356毫米双联装主炮、4座41式156毫米单联副炮14门、89式40倍口径127毫米双联装高射炮4座,96式25毫米双联装机炮10座,13毫米四联装机枪2座。

"雾岛"属金刚型战列舰的4号舰,于1912年3月15日由三菱长崎造船所动工,1913年12月1日下水,1915年4月19日完工。该舰装有356毫米双联装主炮4座,156毫米单联副炮14门,127毫米双联装高射炮4座,25毫米双联装机炮10座。金刚型战列舰最大航速30节(约56千米/小时),续航力达10000海里(约19000千米),航速14节(约26千米/小时)。

在宿毛湾高速航行的"比叡"号战列舰,摄于1939年12月5日。

停泊在宿毛湾的"雾岛"号战列舰,摄于1937年5月10日。

第 8 战队于 1939 年 11 月 15 日改编，属第 2 舰队，下辖两艘利根型重巡洋舰——"利根""筑摩"，其中"利根"担任旗舰，阿部弘毅少将（海兵 39 期，海大 23 期）担任战队司令官。利根型重巡洋舰标准排水量 11213 吨，全长 201.6 米，宽 19.4 米，吃水 6.23 米，最大航速 35.55 节（约 65 千米/小时），续航力 8000 海里（约 14816 千米，航速 18 节），装备三年式 50 倍口径 203 毫米双联装主炮 4 座（均布置在舰艏）、89 式 127 毫米双联装高射炮 4 座、96 式 25 毫米双联装机炮 6 座、13 毫米双联装机枪 2 座，另配有 610 毫米三联装鱼雷发射器 4 座，可搭载 6 架水上飞机。"利根"于 1934 年 12 月 1 日在三菱长崎造船所动工，1937 年 11 月 21 日下水，1938 年 11 月 20 日完工。"筑摩"于 1935 年 10 月 1 日动工，同样由三菱长崎造船所建造，1938 年 3 月 19 日下水，1939 年 5 月 20 日完工。

第 8 战队旗舰"利根"号重巡洋舰。

警戒队由 1 水战、第 18 驱逐队及"秋云"号驱逐舰组成，负责警戒、支援。1 水战隶属第 1 舰队，由前"伊势"号战列舰舰长大森仙太郎少将（海兵 41 期）担任司令官。大森曾担任"夕雾"号驱逐舰、"神川丸"水上飞机母舰以及"伊势"号战列舰的舰长。1 水战在编制上辖"阿武隈"号轻巡洋舰以及第 6、第 17、第 21、第 27 驱逐队，其中"阿武隈"、第 17 驱逐队被编入机动部队。另外，编制隶属第 2 水雷战队的第 18 驱逐队被加强到 1 水战麾下。

"阿武隈"号轻巡洋舰担任 1 水战的旗舰，日军以轻巡洋舰作为水雷战队旗舰，指挥两个以上的驱逐队，驱逐队由 4 艘驱逐舰组成。该舰属长良型，于 1921 年 12 月 8 日在浦贺船厂动工，1923 年 3 月 16 日下水，1925 年 5 月 26 日完工，标准排水量 5170 吨，长 162.15 米，宽 14.17 米，吃水 4.8 米，最大航速 36 节（约 67 千米/小时），续航力 6000 海里（约 11000 千米，航速 14 节），配备三年式 140 毫米 50 倍口径主炮 7 门、三年式 80 毫米 40 倍口径高射炮两门、96 式 25 毫米双联装机炮两座，另配有 610 毫米四联装鱼雷发射器两座。

第 17 驱逐队由驱逐舰"浦风""矶风""谷风""滨风"编成，第 18 驱逐队由"霞""霰""阳炎""不知火"编成。警戒队的驱逐舰除"霞""霰"属朝潮型外，其余均属阳炎型。"阳炎""不知火""霞""霰"在 1939 年完工，"浦风""矶风"在 1940 年完工，"滨风""谷风""秋云"更是在 1941 年上半年才入列。阳炎型驱逐舰标准排水量 2000 吨，长 118.5 米，宽 10.8 米，吃水 3.755 米，最大航速 35 节（约 64 千米/小时），马力 52000 匹，续航力 5000 海里（约 9260 千米，

第 1 水雷战队旗舰"阿武隈"号轻巡洋舰。

航速 18 节)。朝潮型驱逐舰标准排水量 2000 吨，长 118 米，宽 10.386 米，吃水 3.712 米，最大航速 35 节，马力 50000 匹，续航力 3800 海里(约 7037 千米，航速 18 节)。上述驱逐舰均装有三年式 C 型 127 毫米 50 倍口径双联装主炮 3 座、96 式 25 毫米双联装机炮 2 座，以及 92 式 610 毫米四联装鱼雷发射器。

此外，第 2 潜水队被编入机动部队巡逻队，担任机动部队前、后方巡逻任务。该潜水队由"伊-19""伊-21""伊-23"编成。这三艘潜艇均属于伊 15 型潜艇(即所谓的潜巡乙型)，标准排水量 2198 吨，长 108.7 米，宽 9.3 米，水面航速 23.6 节，水下航速 8 节，续航力 14000 海里(水面航速 16 节)，装有一门 140 毫米甲板炮、6 条

在佐世保试航的"矶风"号驱逐舰，摄于 1940 年 11 月 22 日。

鱼雷发射管。伊 15 型潜艇还设有机库，可装载一架小型水上飞机，并配备一座弹射器，用于弹射水上飞机执行侦察任务。

第 7 驱逐队第 1 小队与一艘油船（"矢尻"）编成中途岛破坏队，负责炮击中途岛的飞机、主要设施，第 7 驱逐队司令小西要人大佐担任指挥官。第 7 驱逐队隶属 1 航战，该部第 1 小队由吹雪型驱逐舰"潮""涟"编成。吹雪型驱逐舰标准排水量 1680 吨，长 118.5 米，宽 10.36 米，吃水 3.2 米，最大航速 38 节，马力 50000 匹，续航力 4500 海里（航速 14 节），装有三年式 C 型 127 毫米 50 倍口径双联装主炮 3 座、96 式 25 毫米单联装机炮 2 座、12 式 610 毫米三联装鱼雷发射器 3 座。

在防空火器方面，机动部队所属舰艇主要装备 89 式 127 毫米高射炮、96 式 25 毫米机炮。其中，89 式 127 毫米高射炮炮弹重 23 公斤，射速 14 发/分，炮弹初速 720 米/秒，俯仰角 75° 至 -7°，俯仰速度 12°/秒，回旋速度 6°/秒，最大射程 14600 米，最大射高 9400 米。96 式 25 毫米机炮炮弹重 0.25 公斤，射速 220 发/分，炮口初速 900 米/秒，俯仰角 80° 至 -10°，最大射程 7500 米，最大射高 5250 米。

4. 机动部队航母的空勤人员及所使用的舰载机概况

日本海军为每艘参加夏威夷作战的航母配备足够数量的舰载机、空勤人员，确保航空兵突击任务的顺利执行。这些空勤人员不仅包括大批士官及以下人员，还包括相当数量的飞行科干部。日军航母的舰载机及人员均属于相关单位的编制，其中空勤人员隶属航母的飞行科。飞行科设飞行队长、分队长，部分海军兵学校毕业的乘组成员担任分队士。截至 1941 年 11 月，1 航舰所属航母共有 81 名毕业于海军兵学校的飞行科干部，包括 8 名飞行队长、37 名分队长，以及 36 名分队士，其中，"赤城"配备 3 名飞行队长，分别指挥第一次攻击队水平轰炸、鱼雷攻击及战斗机攻击，其余 5 艘航母仅配备 1 名飞行队长。相关名单如下（见表 1-2）：

停泊在浦贺的"涟"号驱逐舰，摄于 1940 年 4 月 15 日。

表 1-2 航舰所属航母飞行科干部名单

航母	单位	飞行队长	任职时间	分队长	任职时间	分队士	任职时间
"赤城"	舰战队	板谷茂少佐（海兵57期）	1941年4月1日	进藤三郎大尉（海兵60期）	1941年4月1日	指宿正信大尉（海兵65期）	1941年4月1日
						山本重久中尉（海兵66期）	1941年11月10日
	舰爆队	—	—	千早猛彦大尉（海兵62期）	1941年4月1日	山田昌平大尉（海兵65期）	1941年4月1日
		—	—	阿部善次大尉（海兵64期）	1941年8月20日(升任)		—
	舰攻队	渊田美津雄中佐（海兵52期）	1941年8月25日	岩崎五郎大尉（海兵61期）	1941年11月10日	松崎三男大尉（海兵65期）	1941年4月1日
				布留川泉大尉（海兵63期）	1941年4月15日	根岸朝雄大尉（海兵65期）	1941年4月1日
		村田重治少佐（海兵58期）	1941年9月27日①	—		岩井健太郎大尉（海兵65期）	1941年9月27日
				—		后藤仁一中尉（海兵66期）	1941年9月27日
"加贺"	舰战队	—		志贺淑雄大尉（海兵62期）	1941年4月1日	坂井知行中尉（海兵66期）	1940年11月15日
				二阶堂易大尉（海兵64期）	1941年9月1日	—	—
	舰爆队	—		牧野三郎大尉（海兵60期）	1940年11月1日	渡部俊夫大尉（海兵65期）	1940年11月1日
				小川正一大尉（海兵61期）	1941年5月22日	三浦尚彦中尉（海兵66期）	1941年4月15日
				伊吹正一大尉（海兵62期）	1941年4月1日	相川嘉逸中尉（海兵66期）	1940年11月15日
	舰攻队	桥口乔少佐（海兵56期）	1940年11月1日	牧秀雄大尉（海兵61期）	1941年9月27日	三上良孝大尉（海兵65期）	1940年11月1日
				铃木三守大尉（海兵64期）	1941年8月11日	福田稔大尉（海兵65期）	1940年11月1日
						葛城正彦中尉（海兵66期）	1941年9月27日

① 1941年9月27日，村田重治、牧秀雄、菅波政治、岩崎五郎、石见丈三、帆足工、冈岛清熊、牧野正敏、入来院良秋、比良国清、岩井健太郎、葛城正彦、后藤仁一、村上喜人、山本重久以临时职务待命，后于同年11月10日转正。

续表

航母	单位	飞行队长	任职时间	分队长	任职时间	分队士	任职时间
"苍龙"	舰战队	—	—	菅波政治大尉（海兵61期）	1941年9月27日	藤田怡与藏中尉（海兵66期）	1941年9月1日
				饭田房太大尉（海兵62期）	1940年11月15日	—	—
	舰爆队	江草隆繁少佐（海兵58期）	1941年8月25日	池田正伟大尉（海兵61期）	1941年8月15日	山下途二大尉（海兵65期）	1941年4月1日
						小井手护之大尉（海兵65期）	1940年11月1日
	舰攻队	—	—	阿部平次郎大尉（海兵61期）	1941年9月1日	中岛巽大尉（海兵65期）	1940年11月1日
				长井彊①大尉（海兵64期）	1941年9月1日	山本贞雄中尉（海兵66期）	1941年4月15日
"飞龙"	舰战队	—	—	能野澄夫大尉（海兵61期）	1940年11月1日	重松康弘中尉（海兵66期）	1941年9月27日
				冈岛清熊大尉（海兵63期）	1941年9月27日	—	—
	舰爆队	—	—	小林道雄大尉（海兵63期）	1940年11月1日	下田一郎中尉（海兵66期）	1941年9月1日
				中川俊大尉（海兵64期）	1941年8月20日		
	舰攻队	楠美正少佐（海兵57期）	1941年9月1日	松村平太大尉（海兵63期）	1940年11月1日	角野博治大尉（海兵65期）	1940年11月1日
				菊池六郎大尉（海兵64期）	1941年8月11日	近藤正次郎中尉（海兵66期）	1940年11月15日
				—		桥本敏男中尉（海兵66期）	1941年4月15日

---

① 彊为强的异体字。

续表

航母	单位	飞行队长	任职时间	分队长	任职时间	分队士	任职时间
"翔鹤"	舰战队	—	—	兼子正大尉（海兵60期）	1941年9月1日	饭塚雅夫中尉（海兵66期）	1941年9月1日
				帆足工大尉（海兵63期）	1941年9月27日	—	—
	舰爆队	高桥赫一少佐（海兵56期）	1941年8月20日	山口正夫大尉（海兵63期）	1941年9月1日	比良国清大尉（海兵65期）	1941年9月27日
				藤田久良大尉（海兵64期）	1941年8月20日	小泉精三中尉（海兵66期）	1941年9月27日
				—	—	三福岩吉中尉（海兵66期）	1941年9月1日
	舰攻队	—	—	市原辰雄大尉（海兵60期）	1941年9月1日	岩村胜夫中尉（海兵66期）	1941年9月1日
				萩原努大尉（海兵63期）	1941年8月20日	矢野矩穗中尉（海兵66期）	1941年10月21日
				入来院良秋大尉（海兵65期）	1941年10月30日	—	—
"瑞鹤"	舰战队	—	—	佐藤正夫大尉（海兵63期）	1941年9月25日	塚本祐造中尉（海兵66期）	1941年9月25日
				牧野正敏大尉（海兵65期）	1941年11月10日		
	舰爆队	—	—	坂本明大尉（海兵63期）	1941年10月24日	林亲博大尉（海兵65期）	1941年9月25日
				江间保大尉（海兵63期）	1941年9月25日	大塚礼治郎中尉（海兵66期）	1941年10月21日
	舰攻队	岛崎重和少佐（海兵57期）	1941年9月25日	坪田义明大尉（海兵62期）	1941年9月25日	村上喜人中尉（海兵66期）	1941年9月27日
				石见丈三大尉（海兵62期）	1941年11月10日	佐藤善一中尉（海兵66期）	1941年9月25日
				中本道次郎大尉（海兵65期）	1941年9月25日	—	—

上述 81 名飞行科干部按照毕业的先后顺序，有 22 人是海军兵学校第 66 期毕业生，其次是海军兵学校第 65 期的毕业生，共有 17 人。此外，61 期、64 期各 7 人，63 期 10 人，62 期 6 人，60 期 4 人，56 期 3 人，58 期、57 期各 2 人，人数最少的是海兵第 52 期，仅有 1 人。"赤城"飞行队长渊田美津雄中佐、"瑞鹤"飞行队长岛崎重和少佐分别担任第 1、第 2 次攻击队指挥官。渊田美津雄是源田实在海军兵学校的同期校友，经飞行培训后作为舰攻侦察员，长期供职于航空部队。1941 年 8 月 25 日，原第 3 航空战队参谋的渊田被调派至"赤城"担任飞行队长，肩负指挥舰载机群作战的重任。

岛崎重和是海军兵学校第 57 期毕业生，他在完成飞行培训后长期担任舰爆操纵员，并且参加了中日战争。岛崎先后在"加贺""苍龙""赤城"号航母上担任分队长，后于 1941 年 5 月担任第 14 航空队飞行队长兼分队长，曾驾驶 99 式舰爆轰炸广东、广西等地。同年 9 月 25 日，岛崎重和升任"瑞鹤"飞行队长，并转飞 97 式舰攻。

1 航舰的各航母搭载日本海军主力舰载机，共有 108 架零战、126 架 99 式舰爆、144 架 97 式舰攻，另有备用机 54 架。分配如下：

"赤城"搭载 18 架零战（另有备用机 3 架）、18 架 99 式舰爆（另有备用机 3 架）、27 架 97 式舰攻（另有备用机 3 架）。

"加贺"搭载 18 架零战（另有备用机 3 架）、18 架 99 式舰爆（另有备用机 3 架）、27 架 97 式舰攻（另有备用机 3 架）。

"苍龙"搭载 18 架零战（另有备用机 3 架）、18 架 99 式舰爆（另有备用机 3 架）、18 架 97 式舰攻（另有备用机 3 架）。

"飞龙"搭载 18 架零战（另有备用机 3 架）、18 架 99 式舰爆（另有备用机 3 架）、18 架 97 式舰攻（另有备用机 3 架）。

"翔鹤"搭载 18 架零战（另有备用机 3 架）、27 架 99 式舰爆（另有备用机 3 架）、27 架 97 式舰攻（另有备用机 3 架）。

"瑞鹤"搭载 18 架零战（另有备用机 3 架）、27 架 99 式舰爆（另有备用机 3 架）、27 架 97 式舰攻（另有备用机 3 架）。

零战是日本海军的主力舰载战斗机，由日本著名飞行设计师堀越二郎设计。最先投入实战的是零战 21 型（编号 A6M2b），这款战斗机由三菱重工设计并生产（部分由中岛飞机生产），机长 9.050 米，机高 3.529 米，翼展 12 米，折叠时翼展 10.955 米，机翼面积 22.438 平方米，载员 1 人。全机空重 1745 公斤，正常起飞重量 2421 公斤，最大起飞重量 2757 公斤，翼载荷 107.9 公斤每平方米。零战 21 型使用"荣"12 型气冷复列 14 缸发动机，发动机最大马力 950 匹，最大飞行速度 533 千米/小时（飞行高度 4550 米），巡航速度 296 至 333 千米/小时，爬升至高度 6000 米耗时 7 分 27 秒，实用升限 10080 米。零战装有两门 99 式 20 毫米机炮（备弹量每门 60 发）、两挺 97 式 7.7 毫米机枪，可挂载两枚 60 公斤航空炸弹。零战具有机动性能好、航程远的优点，但同时存在防护力不足、20 毫米机炮弹道偏差大等问题。零战 21 型从 1940 年开始列装一线部队，最先装备在华的 12、14 航空队，曾在 1940—1941 年给中国空军造成重大的损失。

零式舰载战斗机

99式舰爆11型（编号D3A1）由爱知公司设计并生产，作为日本海航的新型俯冲轰炸机，于1940年夏天陆续列装部分岸基航空队及各舰队航母。该型号轰炸机的机长10.185米，机高3.085米，翼展14.360米，折叠机翼时翼展10.932米，机翼面积34.9米。载员2人，分别为操纵员、侦察员，其中，侦察员兼收发电报工作。99式舰爆全机空重2390公斤，正常起飞重量3650公斤，翼载荷104公斤每平方米。使用"金星"44型气冷复列星型14缸发动机，该型号发动机最大马力1080匹（飞行高度2000米）。该型机最大飞行速度382千米/小时（飞行高度2320米），巡航速度287千米/小时（飞行高度6000米），爬升高度至3000米耗时6分27秒，实用升限8070米，续航力1470千米，可挂载一枚250公斤航空炸弹，或两枚30公斤或60公斤炸弹。99式舰爆装有3挺97式7.7毫米机枪，其中两挺位于机首，余下1挺在后座提供自卫火力。相较美军的SBD"无畏"俯冲轰炸机，99式舰爆缺乏防护，且挂载的航弹重量也有限。

全机空重2279公斤，正常起飞重量3800公斤，最大起飞重量4130公斤，载重量1521公斤，最大载重量1821公斤，翼载荷100.8公斤每平方米。97式舰攻使用"荣"11型气冷复列星型14缸发动机，该型号发动机最大马力1000匹，高度3000米时马力970米。该型机最大飞行速度378千米/小时（高度3600米），巡航速度259千米/小时（飞行高度3000米），爬升高度3000米耗时7分40秒，爬升高度6000米耗时13分钟46秒，续航力1281千米至2280千米。97式舰攻可进行水平轰炸或投射鱼雷，如轰炸水面舰艇或地面目标、据点时，可挂载1枚800公斤炸弹，或两枚250公斤炸弹，或6枚60公斤炸弹、6枚30公斤炸弹；如执行鱼雷攻击时，则挂载一条800公斤航空鱼雷。此外，97式舰攻后座装有1挺97式7.7毫米机枪（备弹582发），作为自卫火力。

吊挂800公斤航弹的97式舰攻，编号"BII-307"，这架舰攻隶属"飞龙"。

99式舰爆，隶属"赤城"号航母，编号"AI-208"。

97式3号舰攻（编号B5N2）是中岛飞机设计并生产的鱼雷攻击机，1939年列装航母、岸基航空部队。该型号攻击机机长10.3米，机高3.7米，翼展15.518米，机翼面积37.69米。载员3人，分别为操纵员、侦察员以及电信员。

第8战队、第3战队搭载水上侦察机，主要用于执行侦察、轰炸、反潜等任务，相关型号包括零式水侦、95式水侦。零式水侦（编号E13A）由爱知公司生产，属单翼水上飞机，机长11.49米，机高4.7米，翼展14.5米，载员3人，机翼挂载两个浮筒，全机空重3650公斤，最大起飞重量4000公斤，翼载荷100.8公斤每平方米，使用三菱"金星"43型气冷复列星型14缸发动机，最大马力1080匹（飞行高度2000

米),最大飞行速度 361 千米/小时(飞行高度 2500 米),爬升至高度 3000 米需时 6 分 39 秒,巡航速度 240 千米/小时(飞行高度 2000 米),续航力 3326 千米,实用升限 8730 米。零式水侦装备一挺 7.7 毫米机枪,执行轰炸任务时可挂载一枚 250 公斤或 4 枚 60 公斤航弹。

日本海军水上飞机主力零式水侦。

95 式水侦(编号 E8N)是中岛飞机生产的双翼水上飞机,机长 8.81 米,机高 3.84 米,翼展 10.98 米,载员 2 人,机翼、机腹各挂载一个浮筒。全机空重 1370 公斤,最大起飞重量 1900 公斤,使用中岛"寿"2 型气冷复列星型 9 缸发动机,马力 630 匹,最大飞行速度 299 千米/小时,巡航速度 198 千米/小时,续航力 1681 千米,实用升限 7270 米,装备两挺 7.7 毫米机枪,可挂载两枚 30 公斤航空炸弹。第 3 战队搭载了该型号水上飞机。

95 式水侦。

5. 日军航母舰载机使用的武器

1、2 航战的水平轰炸队使用 99 式 80 番 5 号穿甲弹,以击穿美军战列舰等目标。雷击队使用 91 式改二型航空鱼雷,该型号鱼雷专门为部署在类似珍珠港这类浅水区的舰艇而设计,鱼雷加装木框,加上舰攻经过密集的低空投射鱼雷训练,避免鱼雷在浅水区入水后钻进淤泥。91 式改二型航空鱼雷,装药 200 公斤,航速 42 千米/小时,航程 2000 米。

99 式 8 番 5 号穿甲弹由长门型战列舰主炮炮弹改装,弹长 2.359 米,最大直径 0.409 米,装药 50 公斤,引信为零式 5 号炸弹信管,延期 0.2 秒,适用于轰炸装甲厚重的战列舰。99 式舰爆因发动机动力不足,只能挂载 250 公斤的航弹,即 99 式 25 番通常弹或 98 式 25 番陆用弹。其中 99 式 25 番通常弹,弹长 1.788 米,直径 0.304 米,装药 56 公斤,能穿透 50 毫米装甲,主要针对防护力较弱的舰艇。该类型航弹使用的引信为 99 式通常弹信管,其中甲款延期 0.03 秒,丙款延期 0.2 秒。

98 式 25 番陆用弹弹长 1.8105 米,直径 0.357 米,装药 95 公斤,能穿透 400 毫米混凝土,主要用于轰炸机场跑道、机库、飞机、掩体等地面目标。25 番陆用弹使用的引信为 96 式炸弹信管、97 式陆用弹信管及 92 式陆用弹信管改二型,其中 96 式炸弹信管延期 0 秒,97 式陆用弹信管甲款延期 0.03 秒,乙款延期 0.1 秒,92 式陆用弹信管改二型延期 0 秒。

99 式 6 番通常弹弹长 1.073 米,直径 0.226 米,装药 30 公斤,能穿透 25 毫米装甲,可使用的引信为 96 式炸弹信管、99 式通常弹信管甲款或 97 式陆用弹信管甲款。97 式 6 番陆用弹弹长 1.025 米,直径 0.2 米,装药 23 公斤,能穿透厚度为 200 毫米的混凝土，其所使用的信管与 25 番陆用弹一致。

6. 第 1 航空舰队舰载机训练

就在日本继续与美国谈判，制造和平假象的同时，日本海军一方面制订开战计划，另一方面紧锣密鼓地展开战前训练。其中，1 航舰司令部为提升战斗力，制订了专门的训练计划，要求舰载机部队重视训练舰队奇袭美军航空基地、歼灭敌军航空母舰群，舰队决战时应运用己方航母群，与岸基航空部队、潜水部队协同作战，训练内容还包括重视各机种大编队协同攻击、夜间鱼雷攻击及轰炸、大编队空中战斗、战斗机队夜间时海上远程区域调动、全体舰载机连续突击、加强反潜警戒及规避鱼雷攻击、轰炸。1941 年 4 月下旬开始，1 航舰在九州各个海军航空基地展开高强度的训练，相关基地及分配单位如下（见表 1-3）：

表 1-3　相关基地及分配单位表

基　　地	使用单位
鹿儿岛基地	第 1 航空战队舰攻及第 1 航空舰队舰攻引导机
出水基地	第 2 航空战队舰攻
宇佐基地	第 5 航空战队舰攻
富高基地	第 1 航空战队舰爆
笠之原基地	第 2 航空战队舰爆
大分基地	第 5 航空战队舰爆
佐伯基地	第 1、第 2 航空战队舰战
大分基地（第一轮）、大村基地（第二轮）	第 5 航空战队舰战

1941 年 5 月 27 日，1、2 航战组织约 60 架舰爆、舰攻，与部署在宿毛湾的战列舰部队展开对抗演练，取得了优异的成绩。8 月以后，舰攻以"摄津"号靶舰①进行水平轰炸训练，其中负责引导的舰攻在鹿儿岛开展引导水平轰炸训练，平均每天训练两次，每次投掷 3 枚航弹。舰爆每天进行两次俯冲轰炸训练，每次消耗两枚航弹。

鱼雷攻击部队在鹿儿岛湾进行投雷训练。日军之所以选取鹿儿岛，主要是因为该处环境近似珍珠港，可让攻击队员提前熟悉攻击环境。日方除了改装鱼雷，还研究了两种方法以便顺利实现浅水投雷：一种是以 160 节（约 296 千米/小时）的飞行速度在高度 20 米处投雷，机头平直。另一种是以 100 节（约 185 千米/小时）的飞行速度在高度 10 米处投雷，且机头上仰 4.5 度。在两个月内，鱼雷攻击部队共展开大约 10 次投雷训练。

零战主要进行空战训练，刚完成飞行培训

---

①　"摄津"是河内型战列舰的 2 号舰，于 1912 年 7 月 1 日完工，1923 年 10 月降格为靶舰并接受改造。1945 年 7 月 24 日，"摄津"在吴港被美军航母舰载机重创而坐沉。

的飞行员更是参加了 3 机对 6 机的编队作战训练。10 月下旬，零战作为甲军，舰攻、舰爆作为乙军，双方进行四次对抗演练。

通过上述训练，第 1 航空舰队舰载机部队的技术得到进一步加强。以轰炸部队为例，1 航舰所属水平轰炸、俯冲轰炸部队在 10 月 24 日的综合训练中展开轰炸技术比武。两个部队以"摄津"为标靶分别实施水平轰炸、俯冲轰炸，当时"摄津"以 16 至 18 节（约 29 至 33 千米/小时）航速进行规避。结果，水平轰炸部队捕捉目标的概率达 50%，命中率达 10%，俯冲轰炸部队平均命中率高达 40%。10 月 26 日，1 航舰的水平轰炸、俯冲轰炸部队再以"摄津"为目标进行投弹训练，随后又对设置在大崎海岸的临时标靶进行静止目标轰炸训练。

除了所属的舰载机部队进行高强度训练，机动部队则设法完善油料补给。由于执行远程奔袭任务，须越过北太平洋对美军重要基地实施打击，为顺利完成此项任务，机动部队需要解决油料补给问题。首先，"赤城"、2 航战、8 战队额外搭载重油，具体搭载情况为："赤城"搭载 1450 吨重油，其中油桶装载 300 吨，压载油箱 250 吨，预备油 900 吨；2 航战搭载 700 吨重油，其中油桶装载 100 吨，压载油箱 200 吨，石油锅炉 400 吨；8 战队搭载 580 吨重油，其中油桶装载 100 吨，压载油箱 480 吨，石油锅炉 400 吨。

其次，机动部队配置油船补给训练。1941 年 10 月中旬开始，"健洋丸""旭东丸"与机动部队展开三次补给训练，判断航母、战列舰适合接受纵向补给，巡洋舰、驱逐舰在海况较低时则可实施横向补给，遇上高海况时则实施纵向补给。

舰载机训练完毕后，1 航舰各单位继续在军港待命，其中，1 航战、"飞龙""雾岛"在佐世保，5 航战、8 战队及"苍龙"在吴港，"比叡"在横须贺。

第二部　偷襲珍珠港

第二章 机动部队第一次攻击

1. 机动部队集结及出航

1941年11月3日至11月8日,机动部队各部集中进行整训。11月中旬,机动部队完成战备,分批出发并在11月底进驻位于择捉岛的单冠湾。11月16日,机动部队主力集合于佐伯湾,各航母在集合期间回收所属的舰载机及空勤人员。第3战队第1小队、"加贺"以及补给舰船继续留在原定的军港。

11月17日,军令部次长伊藤整一及联合舰队司令长官山本五十六先后到"赤城"号航母视察,山本更是为1航舰各级指挥官、参谋、飞行部队军官进行战前动员。机动部队各单位在当天开始频繁调动,其中,"雾岛"号战列舰从佐世保起航,5航战离开吴港并在同一天抵达佐伯。

11月18日,"赤城"、2航战、8战队、1水战及补给队离开佐伯,率先北上前往单冠湾。5航战在当日离开佐伯,于同日进驻别府湾。同日黄昏,"比叡"号战列舰离开横须贺,后于19日与"雾岛"会合后北上。11月19日,5航战由别府湾起航,向单冠湾出发。11月22日,机动部队主力除"加贺"号外悉数抵达单冠湾。

"加贺"号航母由于等待航空鱼雷改装,直到11月17日才离开佐世保。离开佐世保后,"加贺"先后前往细岛、佐伯接收舰载机及空勤

停泊在单冠湾的机动部队军舰。左起分别是"雾岛""加贺""比叡"。

人员，待接收完毕后才北上，至11月23日进入单冠湾。作为机动部队巡逻队的第2潜水队在11月20日离开横须贺，同样于11月23日进驻单冠湾。至此，机动部队集结完毕。此时，日本海陆军的其他进攻部队频繁调动，按照既定计划，在对美英开战前夕秘密向预定地点集结。

从"瑞鹤"的25毫米机炮处拍摄的单冠湾，远处是"加贺"号航母以及"比叡"号战列舰。

第1航空舰队的空勤人员集结在"赤城"的飞行甲板。后方航母为"加贺""飞龙""苍龙"。摄于单冠湾。

停放在"赤城"飞行甲板的零战 21 型,编号"AI-156"。

"赤城"的舰员正在为舰桥包裹棉质吊床,用来防御爆炸产生的破片。注意停放在舰桥前方的零战,其发动机已被裹上保温罩布。

停放在"赤城"号航母舰桥右侧的零战。靠近镜头的零战编号为"AI-105",右侧的编号为"AI-101"。

11月的单冠湾寒风凛冽,港湾附近的山峦白雪皑皑。这段时间,机动部队的空勤人员仍在为对美战争做最后的准备,包括辨识美军舰艇、飞机类别。某天,担任"赤城"舰攻队电信员的松田宪雄一飞兵与他的战友待在冰冷的待机室,很快接到通知前往飞行甲板集合:

"搭乘员到飞行甲板集合。"舰内广播响起,我们在冰冷的待机室哆嗦着。

"现在要识别舰型,赶快!"

我们争先恐后地跑到飞行甲板,侦察军官已经站在舰桥前,与其并排的是模型。敬礼后,我们坐在冰冷的甲板上。

"现在开始辨认舰型,知道的回答。这是什么?"

"是航母'列克星敦'。"

"好,下一个是什么?"

"战列舰'马里兰'。"

"特征是什么?"

"是笼式主桅。"

"好,下一个是什么?"

"诶,是巡洋舰。"

"舰名?"

"不知道。"

"有谁知道?"

"应该是'阿斯托里亚'。"

"好,回答正确,下一个是什么?"

11月23日,南云忠一下达《机密机动部队命令作第1号》,要求机动部队尽力隐秘行动,前出至夏威夷方面。开战时,机动部队对夏威夷方面之美军舰队实施奇袭,并予以毁灭性打击。空袭定在X日(日美开战之日)的3时30分。空袭结束后,机动部队迅速脱离并尽快回国。此外，南云要求一旦与美军舰队遭遇，应先发制人。机动部队大致行动计划如下。

除中途岛破坏队外，机动部队自单冠湾出击，沿路对空、对潜严加戒备，且努力隐藏行踪，航速大致为12至14节。机动部队沿途抓紧机会实施补给，抵达待机点，在X日接到指示后，前往接敌地点。

X-1日7时左右，机动部队自接敌地点高速南下（大致24节航速）。X日1时前出至起飞地点（位于美军舰艇泊地以北200海里）附近，全部舰载机攻击队出航，空袭美军舰队及瓦胡岛主要航空基地。

空袭结束后，机动部队回收舰载机，沿中途岛以北800海里外迂回，经收容地点回航，预计于X+15日左右抵达内海西部，并准备第二阶段作战。

若战果巨大且美军反击可能性极小，机动部队回航时可途经中途岛附近。此时，5航战、第3战队于X日的晚上或X+1日早上脱离机动部队，于X+2日早上空袭中途岛。

若美军以有力部队阻断机动部队退路，机动部队应从夏威夷群岛突破并南下，向马绍尔群岛（Marshall Islands，位于中太平洋）撤退。

对于舰载机攻击，南云的大致安排是：X-1日6时机动部队抵达Z点（拉奈岛西）以北700海里，X-1日7时左右开始以24节、航向180度前进。X日1时30分，机动部队于Z点以北230海里派出第一次攻击队，2时45分Z点以北200海里出动第二次攻击队，坚决实施空袭。派出攻击队后，机动部队以航速24节向北撤退，并回收第一、第二次攻击队。

第一次攻击队实施奇袭时，攻击的顺序为雷击队、水平轰炸队、舰爆队。若美军严加防范，第一次攻击队将实施强袭，攻击的顺序更改为制空队、舰爆队、水平轰炸队以及雷击队。制空队负责夺取制空权，歼灭升空拦截的美军战斗机。此外，南云要求第8战队在X日零时30分出动两架水侦，分别对珍珠港、拉海纳泊地（Lahaina，位于毛伊岛西海岸）进行敌前侦察，以查明美军战列舰、航母等主力之位置。

渊田美津雄、岛崎重和、江草隆繁等人对南云的部署进行细化，并先后于11月24日、25日相继下达攻击计划，对航母舰载机实施突击做了更详细的部署，包括攻击队出航时飞行速度、飞行高度、航向、攻击目标分配等。机动部队航空兵突击任务如表2-1所示：

表2-1 机动部队航空兵突击任务部署表

	单	位	指挥官	兵力	主要目标	次要目标
第1集团	第1群	第1攻击队	"赤城"飞行队长渊田美津雄中佐	15架97式舰攻	4艘战列舰	航母、重巡洋舰、其他舰艇
		第2攻击队	"加贺"飞行队长桥口乔少佐	15架97式舰攻		
		第3攻击队	"苍龙"分队长阿部平次郎大尉	10架97式舰攻		
		第4攻击队	"飞龙"飞行队长楠美正少佐	10架97式舰攻		

续表

单位			指挥官	兵力	主要目标	次要目标
第1集团	特第3群	特1攻击队	"赤城"飞行队长村田重治少佐	12架97式舰攻	4艘战列舰	重巡洋舰、其他舰艇
		特2攻击队	"加贺"分队长北岛一良大尉	12架97式舰攻		
		特3攻击队	"苍龙"分队长长井彊大尉	8架97式舰攻		
		特4攻击队	"飞龙"分队长松村平太大尉	8架97式舰攻		
第2集团	第7群	第15攻击队	"翔鹤"飞行队长高桥赫一少佐	27架99式舰爆	福特岛机库、飞机	—
		第16攻击队	"瑞鹤"分队长坂本明大尉	27架99式舰爆	惠勒机库、飞机	—
第3集团	第8群	第1制空队	"赤城"飞行队长板谷茂少佐	9架零战	福特岛航空站、希卡姆机场	埃瓦航空站
		第2制空队	"加贺"分队长志贺淑雄大尉	9架零战		
	第9群	第3制空队	"苍龙"分队长菅波政治大尉	9架零战	惠勒机场	卡内奥赫航空站、怀阿纳埃角
		第4制空队	"飞龙"分队长冈岛清雄大尉	6架零战		
	第10群	第5制空队	"翔鹤"分队长兼子正大尉	6架零战	卡内奥赫航空站	怀阿纳埃角
		第6制空队	"瑞鹤"分队长佐藤正夫大尉	6架零战		
第1集团	第3群	第5攻击队	"翔鹤"分队长市原辰雄大尉	27架97式舰攻	福特岛航空站、卡内奥赫航空站	—
		第6攻击队	"瑞鹤"飞行队长岛崎重和少佐	27架97式舰攻	希卡姆机场	

续表

单位			指挥官	兵力	主要目标	次要目标
第2集团	第5群	第11攻击队	"赤城"分队长千早猛彦大尉	18架99式舰爆	美军航母、战列舰等	扫射埃瓦航空站
		第12攻击队	"加贺"分队长牧野三郎大尉	27架99式舰爆		扫射福特岛航空站
	第6群	第13攻击队	"苍龙"飞行队长江草隆繁少佐	18架99式舰爆		扫射希卡姆机场
		第14攻击队	"飞龙"分队长小林道雄大尉	18架99式舰爆		扫射卡内奥赫航空站
第3集团	第8群	第1制空队	"赤城"分队长进藤三郎大尉	9架零战	希卡姆机场、福特岛航空站	惠勒机场、埃瓦航空站
		第2制空队	"加贺"分队长二阶堂易大尉	9架零战		
	第9群	第3制空队	"苍龙"分队长饭田房太大尉	9架零战	卡内奥赫航空站	怀阿纳埃角、埃瓦航空站
		第4制空队	"飞龙"分队长能野澄夫大尉	9架零战		

1、2航战集中了大批精锐空勤人员,自然是充当拳头部队,对美军主力战舰实施航空兵突击,实力相对较弱的5航战被安排攻击机场。1、2航战的舰攻编成第1集团,辖第1、第2、第3群,其中第1、第2群属于水平轰炸队,第3群属于鱼雷攻击队(简称"雷击队")。水平轰炸队各部以所属航母在1航舰中的次序编号,如"赤城"的水平轰炸队因航母在1航舰中排名第一,故得名"第1攻击队"。鱼雷攻击队各部同样按照所属航母的次序编号,并冠以"特"(即"特别")予以区分,如"赤城"的鱼雷攻击队编号为"特1攻击队"。

由舰爆编成的第2集团,辖第5、第6、第7群,其中,第5群由1航战的舰爆编成,第6群由2航战的舰爆编成,第7群由5航战的舰爆编成。舰爆攻击队同样按照所属航母在1航舰中的次序编号,为区分第1集团攻击队番号,舰爆队编号均以双位数,如"赤城"舰爆队即第11攻击队。

至于战斗机编成的第3集团,辖第8、第9、第10群,其中第8群由1航战的零战编成,第9群由2航战的零战编成,第10群由5航战的零战编成。战斗机编组制空队,相关番号按照所属航母在1航舰中的次序进行编号,如"赤城"制空队即第1制空队。

1941年11月26日6时整,机动部队各舰艇陆续拔锚起航,离开单冠湾后以航向97度开赴夏威夷方面。机动部队在昼间组成第1警戒航行序列,到夜间则改为第3警戒航行序列。

此外,日本海军第6舰队出动28艘潜艇参

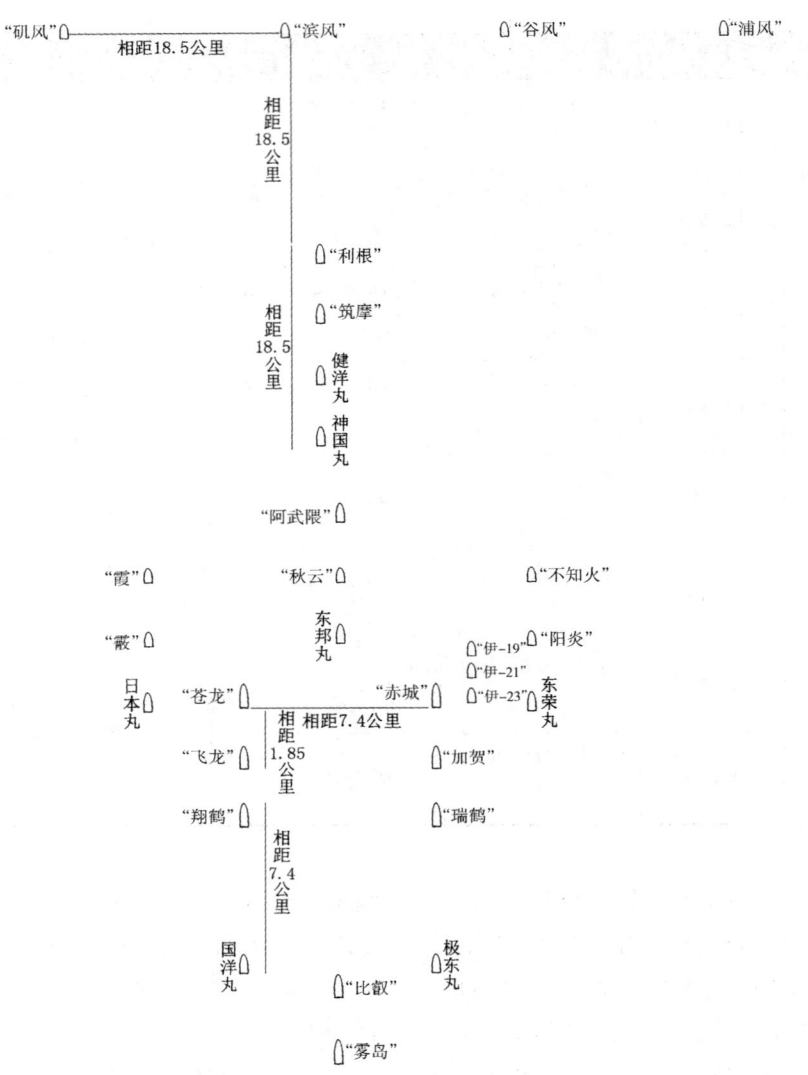

机动部队第1警戒航行序列示意图。

与瓦胡岛方面的行动,其中第3潜水部队的9艘潜艇率先于1941年11月11日由佐伯起航,11月20日抵达夸贾林环礁(Kwajalein Atoll),11月24日继续前进。第2潜水部队的7艘潜艇于11月16日从横须贺出航。11月18日,特别攻击队的5艘潜艇搭载袖珍潜艇由吴港出发。11月21日,第1潜艇部队的4艘潜艇从横须贺起航。此外,3艘潜艇跟随机动部队出航。

在前往夏威夷的路上,机动部队设法隐匿行踪,首先是实施无线电静默,对上级及友军发送的电报一律只收不回,并仅用旗语、灯光等方式进行通信。其次是取道偏僻的水域,机动部队从单冠湾起航后,一直在北纬40度以上即北太平洋机动,所选定的航线均在中途岛、夏威夷、阿留申群岛的美军飞机搜索范围之外。此时的北太平洋天气寒冷,风大浪高,能见度较低。

11月27日，1水战、3艘潜艇接受油料补给。11月28日，机动部队水面舰艇大部（除5航战外）补给燃油①。11月29日，5航战补充大约350吨重油。同日中午，机动部队调整航向至95度。11月30日，1水战接受油料补给。同日，第2潜水队的"伊-23"号潜艇由于右舷柴油机故障而一度掉队。

12月1日13时整，机动部队调整航速至14节。同日，2航战、第8战队、1水战补充燃油，这是2航战、第8战队第二次进行补给，同时也是1水战第四次补给。12月2日，第3战队第1小队②、第8战队以及1水战接受油料补给。中午，机动部队以100度航向前行。同日，日本御前会议作出对美开战的决定，联合舰队司令部同样在当日17时30分向全军下达了著名的电报"攀登新高山1208"，指示在1941年12月8日对美开战③。

接到这一电报后，南云忠一继续率部按计划向夏威夷水域推近。12月4日4时整，机动部队到达待机点C，后于5时30分调整航向为145度，向东南机动。12月5日，8战队、1水战接受油料补给。

12月6日3时44分，机动部队以9节航速、155度航向南下。5时，第2补给队在"霞"掩护下向特鲁克回航。同日，1水战再次接受油料补给。19时10分，机动部队调整航向为156度，继续向东南前行。

停放着舰载机的"赤城"，后方的航母依次是"加贺""瑞鹤"。注意"赤城"左舷的4号、6号127毫米高射炮、起倒式天线及着舰指示灯。

---

① 根据第3战队战时日志记录，第3战队第1小队于11月28日13时30分至17时25分从"日本丸""国洋丸"补给油料。

② 根据第3战队战时日志记录，第3战队第1小队于12月2日6时20分至11时从日本丸、国洋丸补给油料，其中"比叡"补充354吨重油，"雾岛"补充469吨重油。

③ 《联合舰队机密第676番电》（联合舰队电令作第10号）。

跟随"赤城"前行的日军航母"加贺""瑞鹤",照片从"赤城"右舷处拍摄。

日军航母"加贺""瑞鹤"跟随"赤城"前行,照片从"赤城"的舰甲板处拍摄。

日军航母"加贺"(左)、"瑞鹤"(右)正在北太平洋破浪前行。摄自"赤城"号航母。

挂满棉制吊床的"赤城"号航母的舰桥。

前往夏威夷水域的机动部队。图片左起为航母"加贺""比叡"以及战列舰"雾岛"。摄自航母"瑞鹤"。

日军航母"赤城""加贺"组成纵队前往预定水域。摄自"瑞鹤"号航母。

12月7日第1补给队完成对1水战的补给，后于3时40分在"霞"号驱逐舰的带领下脱离机动部队。11月26日至12月7日，机动部队多次进行油料补给，其中1航战、2航战、第3战队第1小队各接受两次补给，第8战队接受3次补给，1水战接受9次补给。相比之下，5航战在这段时间仅接受了1次补给，充分体现了翔鹤型航母优异的续航能力。

此外，山本五十六在当日6时整向联合舰队各单位发布《联合舰队机密第776番电》（联合舰队电令作第13号），要求全军"皇国兴废在此征战，各员粉身碎骨完成任务"。对山本来说，偷袭珍珠港是一场赌上国运的豪赌，因此他专门发电报要求联合舰队一线部队排除万难，打好日美第一仗。7时整，机动部队抵达待机点D，并组成第6警戒航行序列，战列舰、重巡洋舰、轻巡洋舰及3艘驱逐舰在航母前方就位，6艘航母组成两条纵队并排，每艘航母后方均有1艘驱逐舰警戒。

机动部队从12月7日7时开始以180度航向、20节航速向瓦胡岛抵近，并且在12时以后两度调整航向，直奔位于瓦胡岛以北约200海里（约370千米）的待机点E。同日，"伊-23"号潜艇返回机动部队。当时，"伊-19""伊-21""伊-23"这三艘潜艇在机动部队的编队后方跟随。

12月7日20时30分以后，机动部队空勤人员、机务人员起床，开始进行战前准备。机务人员在机库为舰载机的机枪装填弹药，并为舰攻、舰爆吊挂鱼雷或航弹，尔后通过舷内升降机将舰载机转运至飞行甲板。接着，机务人员按照零战、舰攻或舰爆的次序分类停放在航母舰桥后方。为了防止航母航行期间舰载机发生滑动，两名机务人员分别在左右机翼下方各

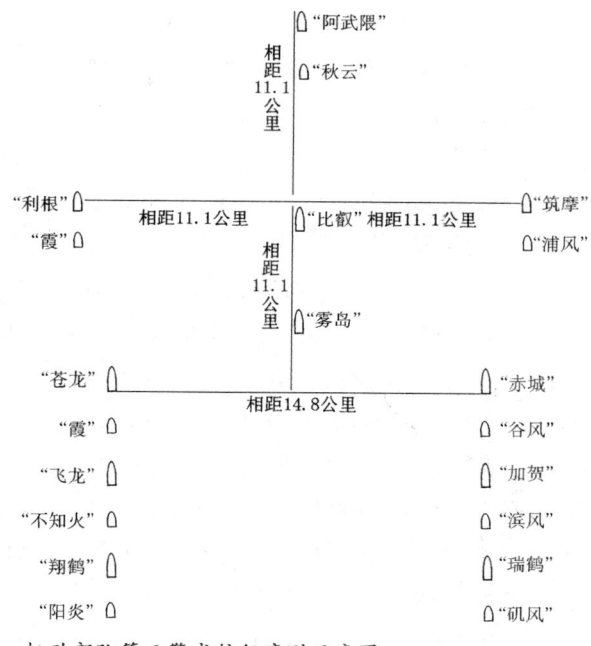

机动部队第6警戒航行序列示意图。

用一条系留索将舰载机固定在飞行甲板上，两名机务人员将轮挡安置在左右起落架的前方。23时以后，机务人员开始为发动机进行试车，至23时30分，试车结束后，机务人员开始为航弹安装引信。

2. 机动部队第一次攻击队出航

1941年12月8日（当地时间12月7日），天气晴朗，最高气温有22度。机动部队继续按计划执行任务，该部以180度航向、24节航速迅速南下。为探明美军动向，第3、第8战队出动4架水上飞机，分别对瓦胡岛以及西侧搜索，相关水侦机组如下：

（1）"比叡"1号机，操纵员兼机长津金熊二飞曹长（乙飞4期）。

（2）"雾岛"1号机，机长森纯夫飞曹长。

（3）"利根"1号机，操纵员高桥与市一飞曹（操练35期），侦察员成川亮三飞曹长 电信员奥

信雄二飞曹。

（4）"筑摩"1号机，操纵员伊藤昶一飞曹（甲飞2期），侦察员福冈政治飞曹长（侦练22期），电信员笠森房信三飞曹。

1时整，机动部队抵达待机点E。同时，第8战队派出两架零式水侦，分别前往拉海纳、瓦胡岛展开侦察，其中，"利根"1号机飞往拉海纳，飞行高度8000米，飞行速度120节。"利根"1号机离开母舰后，南下经莫洛凯岛（Molokai）与毛伊岛（Maui）之间的拉奈（Lanai）水道，前往毛伊岛的拉海纳泊地侦察，发现泊地空空如也。成川亮三飞曹长在3时05分发电报报告"敌舰队不在拉海纳锚地"。完成侦察任务后，"利根"1号机通过拉奈岛上空，转弯北上，经瓦胡岛东回航，其间发现己方部队空袭瓦胡岛。不过，这架水侦在降落海面时因海浪翻涌而导致浮筒支柱断裂，最终沉没，但机组得到及时营救。

"筑摩"1号机前往珍珠港搜索，高度500米、飞行速度130节。"筑摩"1号机从高空通过瓦胡岛上空，进入珍珠港上空观察。待点算停泊的美军舰艇数量后，福冈政治飞曹长向机动部队发回密电，报告美军舰艇位于珍珠港，云高1700米，云量为7。换言之，日军只能对停泊在珍珠港的美军舰艇实施突击，无法将其彻底摧毁。随后，"筑摩"1号机南下，在瓦胡岛南转弯北上，沿瓦胡岛西侧返航，后于当日7时整被"筑摩"回收。此外，"利根"、"筑摩"于1时45分各弹射一架95式水侦，在机动部队周边执行警戒、反潜任务。9时，第8战队回收上述水上飞机。

2时，第3战队弹射两架95式水侦，其中，"比叡"1号机在227度方位进行搜索，飞行160海里后于3时15分向西北搜索，因没有发现目标，只能于4时回航。"雾岛"1号机以270度航向前往西侧搜索，不过同样无功而返。6时15分，第3战队回收这两架水侦。

另一方面，机动部队所属的6艘航母在抵达待机点E后迎风航行。这时，满载弹药油料的舰载机密密麻麻地停放在飞行甲板中后部，螺旋桨高速运转。零时45分，空勤人员列队站在舰桥旁，舰长、飞行长、飞行队长等向出击的队员们下达任务简令。1时10分，舰载机启动。随后，空勤人员转身跑向各自的座机，登上飞机后等待起飞的指示。在接到起飞指示后，机务人员撤走系留索、轮挡，并快速撤离。随后，操纵员加速舰载机，从飞行甲板滑跑。1时30分，板谷茂驾驶零战升空。南云忠一、草鹿龙之介等1航舰司令部人员走出罗经舰桥，为升空的舰载机送行。伴随着发动机的轰鸣与舰员们的欢呼，第一次攻击队的舰载机陆续从飞行甲板腾空而起。当时作为1航舰信号员的桥本广站在"赤城"舰桥上目睹了第一次攻击队出航的场面：

> 这时，八面巨大的军舰旗作为战斗旗飘扬在旗舰"赤城"的桅杆上，在桅杆顶端出现代表罗马字母"DJ"的旗语，这是日本海海战的"Z"旗，寓意"皇国兴废在此征战，各员粉身碎骨完成任务"，是联合舰队司令长官山本对机动部队麾下舰船部队将士的训示。

> 接着，在早上1时30分之前，桅杆升起各舰攻击队同时起飞的旗语，然后在1时30分降下。这意味着攻击队开始升空。

> 长谷川舰长走到舰桥一侧，向身处飞机升降指挥所的增田飞行长示意"起飞"。增田随即向飞行甲板上的飞机升降指挥官下达指令，后者收到指示后左右摇晃蓝色手电筒，接着将手电筒高高地向前举起。这是"取走轮挡"以及示意起飞的意思。

制空队、战斗机队长板谷茂少佐率先驾机出发,他开足马力在飞行甲板滑跑,接着在飞行甲板前端轻盈地腾空而起。2号机、3号机、2小队、3小队、水平轰炸及雷击队的舰攻,没有跟随军舰摇晃,日以继夜的训练取得了成效,挂载800公斤鱼雷或炸弹的舰载机全部成功飞到黎明的天空,大伙无不欢呼雀跃。

第一次攻击队由43架零战、51架舰爆和89架舰攻编成(见表2-2)。该攻击队的舰载机盘旋集合情况如下:"加贺""瑞鹤"的舰载机在起飞后向左转弯,待完成集合后爬升至200米高度;"苍龙""飞龙""翔鹤"的舰载机同右转弯,"飞龙"的飞机集合于200米外,"翔鹤"的舰载机在400米处集合,"苍龙"的飞机首先爬升至400米,尔后再爬升至500米;"赤城"的舰载机起飞后两次向左转弯盘旋并爬升至400米高度。

完成集合后,第一次攻击队各部组成大编

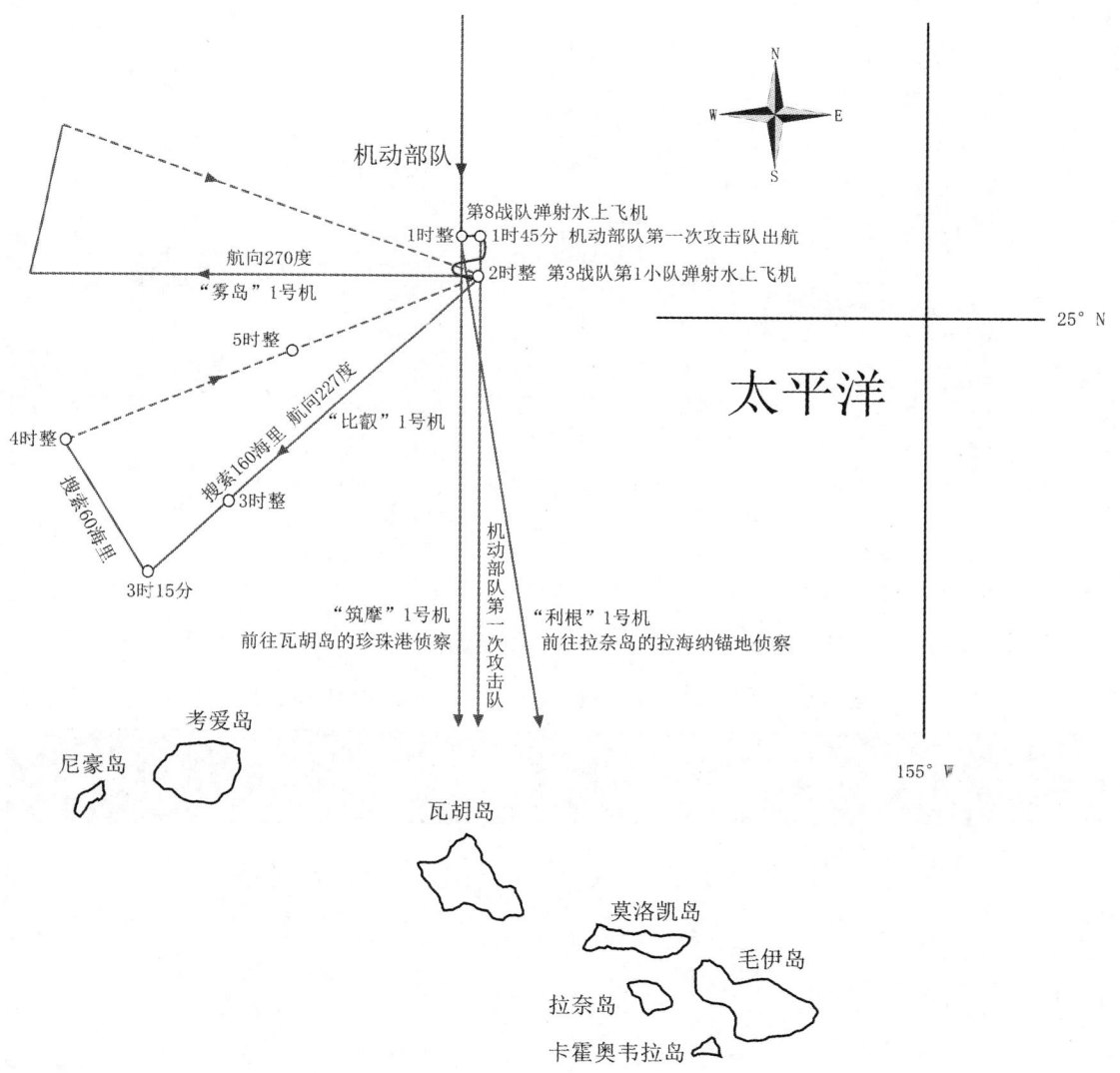

1941年12月8日2时前机动部队行动示意图。

队。其中，属于第 1 集团水平轰炸队的第 1、第 2、第 3、第 4 攻击队组成纵队，占据编队中央，飞行高度 3000 米。此外，第 1、第 2 攻击队的队形为右梯队，第 3、第 4 攻击队的队形为左梯队。同属第 1 集团的特 1、特 2、特 3、特 4 攻击队组成纵队，在第 1 集团水平轰炸队的右翼下方占位，飞行高度 2800 米，与第 1 攻击队相距 500 米。上述 4 个攻击队的队形均为左梯队。第 2 集团第 15、第 16 攻击队组成左梯队，在第 1 集团左翼上方占位，飞行高度 3500 米，与第 1 攻击队相距 1000 米。第 2 集团的两个攻击队均组成楔形队。第 3 集团第 5、第 6 制空队在第 2 攻击队左翼占位，第 1、第 2、第 3、第 4 制空队组成纵队，在第 1 集团鱼雷攻击队右翼占位。1 时 45 分，第一次攻击队集结完毕后，在指挥官渊田美津雄的带领下浩浩荡荡地出发，航向 180 度，飞行高度 3000 米，飞行速度 125 节（约 231 千米/小时）。

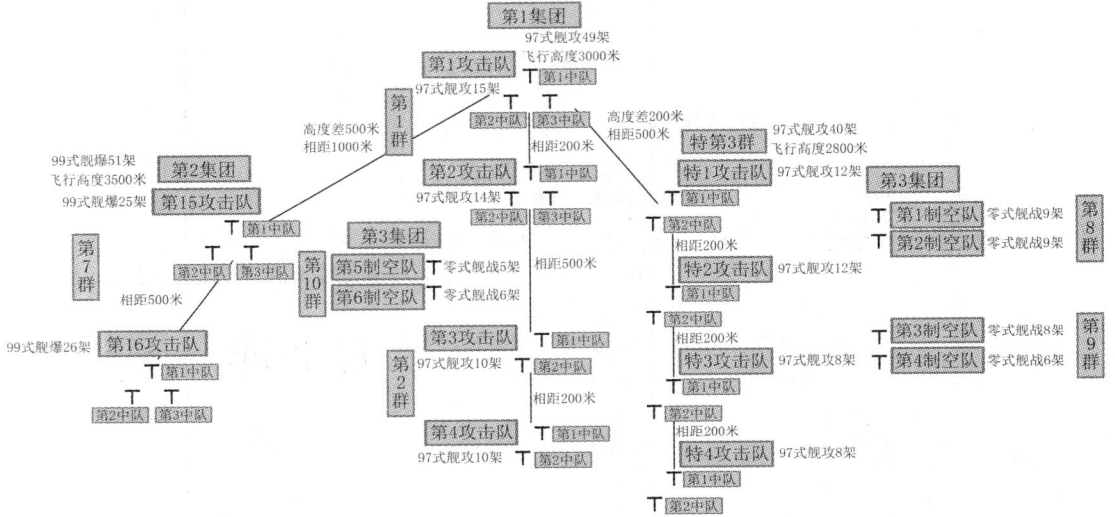

第一次攻击队出航编队示意图。

表 2-2　1941 年 12 月 8 日机动部队第一次突击瓦胡岛概况表

航母	单位	指挥官	机种	数量（单位：架）	携带炸弹/鱼雷	起飞时间	出航时间
"赤城"	第 1 制空队	板谷茂少佐	零战	9	9 架零战	1 时 30 分	—
	第 1 攻击队	渊田美津雄中佐	97 式舰攻	15	各挂载一枚 800 公斤航空穿甲弹	—	—
	特 1 攻击队	村田重治少佐	97 式舰攻	12	各挂载一条航空鱼雷	—	—

续表

航母	单位	指挥官	机种	数量（单位：架）	携带炸弹/鱼雷	起飞时间	出航时间
"加贺"	第2制空队	志贺淑雄大尉	零战	9	—	1时30分	1时45分
	第2攻击队	桥口乔少佐	97式舰攻	14	各挂载一枚800公斤航空穿甲弹	—	—
	特2攻击队	北岛一良大尉	97式舰攻	12	各挂载一条航空鱼雷	—	—
"苍龙"	第3制空队	菅波政治大尉	零战	8	—	—	1时45分
	第3攻击队	阿部平次郎大尉	97式舰攻	10	各挂载一枚800公斤航空穿甲弹	—	1时36分
	特3攻击队	长井彊大尉	97式舰攻	8	各挂载一条航空鱼雷	—	1时37分
"飞龙"	第4制空队	冈岛清雄大尉	零战	6	—	1时32分	1时47分
	第4攻击队	楠美正少佐	97式舰攻	10	各挂载一枚800公斤航空穿甲弹	—	—
	特4攻击队	松村平太大尉	97式舰攻	8	各挂载一条航空鱼雷	—	—
"翔鹤"	第5制空队	兼子正大尉	零战	5	—	1时35分	2时整
	第15攻击队	高桥赫一少佐	99式舰爆	26	各挂载一枚250公斤陆用弹	1时40分	—
"瑞鹤"	第6制空队	佐藤正夫大尉	零战	6	—	1时30分	—
	第16攻击队	坂本明大尉	99式舰爆	25	各挂载一枚250公斤陆用弹	—	—

面对来势汹汹的敌军机群，美军并不是没有提前发现的机会。12月8日上午，一艘日军袖珍潜艇①跟随在准备入港的美军货船"心宿二"（USS Antares，AKS-3）后方，试图趁机潜入珍珠港，但是很快就暴露行踪。当日2时，"心宿二"抵达珍珠港外海，发现这艘潜艇的指挥室围壳位于右后舷约1500码。很快，正在瓦胡岛沿岸执行巡逻任务的"沃德"于2时07分发现这艘潜艇，遂上前并实施攻击。2时15分，"沃德"的1号、3号主炮各发射一发炮弹，结果未能命中。其中1号主炮的炮弹掠过潜艇的指挥室围壳。这艘日军潜艇当即紧急下潜，试图向钻石角逃窜。"沃德"随后左转追赶，然后往日军潜艇所在的水域投放4枚深水炸弹。此外，第14巡逻机中队（VP-14）的威廉·坦纳（William P. Tanner）少尉驾驶共和（Consolidated）PBY"卡塔琳娜"（Catalina）水上飞机（编号"14-P-1"）在珍珠港南1海里处发现上述潜艇，时间是2时20分。坦纳目睹了"沃德"攻击情况。接着，坦纳也趁机往潜艇航向前方投放了一枚深水炸弹。这艘日军潜艇被炸沉。攻击结束后，坦纳发回电报，称击沉来历不明的潜艇。然而，这份电报没有立即引起夏威夷美军的重视。

2时35分即日出5分钟后，位于瓦胡岛北端奥帕纳岭（Opana）的美国陆军雷达站②发现机

降落在"赤城"飞行甲板的渊田美津雄的座机，编号"AI-301"。

---

① 日本海军曾投入5艘袖珍潜艇，每艘潜艇由2人操纵。每艘小型潜艇由对应的一艘潜艇搭载至瓦胡岛以南水域后，于12月7日夜间出航，准备在12月8日乘机动部队空袭的同时潜入珍珠港实施攻击。但是这些潜艇由于行踪暴露，招来美军舰艇攻击，最终4艘袖珍潜艇被击沉，1艘搁浅后被美军打捞上岸，9名艇员阵亡，1人被俘。

② 当日瓦胡岛共有6座流动雷达站。

动部队第一次攻击队，当时攻击队尚在奥帕纳大约 132 海里。尽管当时值勤的美军正盯着雷达显示屏，并向领班的少尉报告情况。无独有偶，12 架波音（Boeing）B-17"飞行堡垒"（Flying Fortress）重型轰炸机几乎在同一时间飞抵瓦胡岛附近。这些轰炸机隶属美军陆航第 38、第 88 侦察中队（每个中队各 6 架），早在 12 月 7 日 16 时 30 分（当地时间 12 月 6 日 21 时）由旧金山出发，准备经停瓦胡岛，前往菲律宾。结果，美军错误地将雷达捕捉的机群识别为 B-17 轰炸机群，并因此错失预警的重要时机。3 时整，渊田报告称"敌舰队在珍珠港，展开队形准备突击"。

渊田美津雄搭乘编号"AI-301"的 97 式舰攻，带领第一次攻击队一路南下，驾驶这架舰攻的是松崎三男大尉。3 时 10 分，渊田发现瓦胡岛北端的卡胡库角（Kahuku），当时日军机群位于卡胡库角 30 度、距离 30 海里（约 55 千米）。目标出现后，渊田指示身后的电信员水木德信向攻击队发送"准备突击，展开队形"的电报。为了抢在美军反应之前实施突袭，渊田推开风挡，朝上空发射了一发信号弹。根据计划，如果美军毫无动静，则指挥官发射一发信号弹，指示攻击队实施奇袭，第 1 集团在第 3 集团的掩护下率先攻击，以免遭受升空的美军战斗机截击。如果美军早已出动战斗机截击，那么指挥官连续两次发射两发信号弹，指示攻击队进行强攻，其中第 3 集团率先夺取目标空域的制空权，然后第 2 集团突击机场压制美军飞机，第 1 集团的水平轰炸队在第 2 集团展开攻击后轰炸美军舰艇，雷击队则实施最后一击。

显然，计划赶不上变化。在渊田美津雄发射了第一发信号弹之后，第 1、第 3 集团根据指示进行爬升或下降，唯独第 2 集团纹丝不动，仍然保持原有的飞行高度。渊田见状，再发射一发信号弹提醒第 2 集团兼第 15 攻击队指挥官高桥赫一少佐，后者驾驶编号"EI-238"的 99 式舰爆占据第 2 集团的最前方。高桥看见两发信号弹，错误地认为应实施强攻，随即带领第 2 集团率先离队，直奔美军机场。看到第 2 集团下降高度且先行离开，渊田无奈之下只能带着第 1 集团紧跟第 2 集团，其中水平轰炸队大体上以高度 3000 米飞往珍珠港，特 3 群即雷击队则继续下降高度。第 3 集团在攻击队上方提供掩护。高桥赫一毕业于海军兵学校第 56 期，与"瑞鹤"飞行队长岛崎重和是连襟关系，他曾于 1937 年 7 月担任第 13 航空队分队长，参加日军在华东方面的战斗，同年 12 月担任航母"苍龙"的分队长。1938 年 12 月，高桥回国后在岸基航空队负责飞行培训工作，1941 年 8 月升任"翔鹤"的飞行队长。

第 15 攻击队指挥官、日本海军著名俯冲轰炸机飞行员高桥赫一少佐。

尽管出现意外插曲，但是美军的高射炮毫无反应，其战斗机部队也没有升空截击，因此，第一次攻击队仍然能够实施奇袭。3 时 19 分，渊田下令"全军突击"，并在 3 时 22 分指示水木德信拍发一道著名的电报"虎！虎！虎！"（即"我奇袭成功"）。

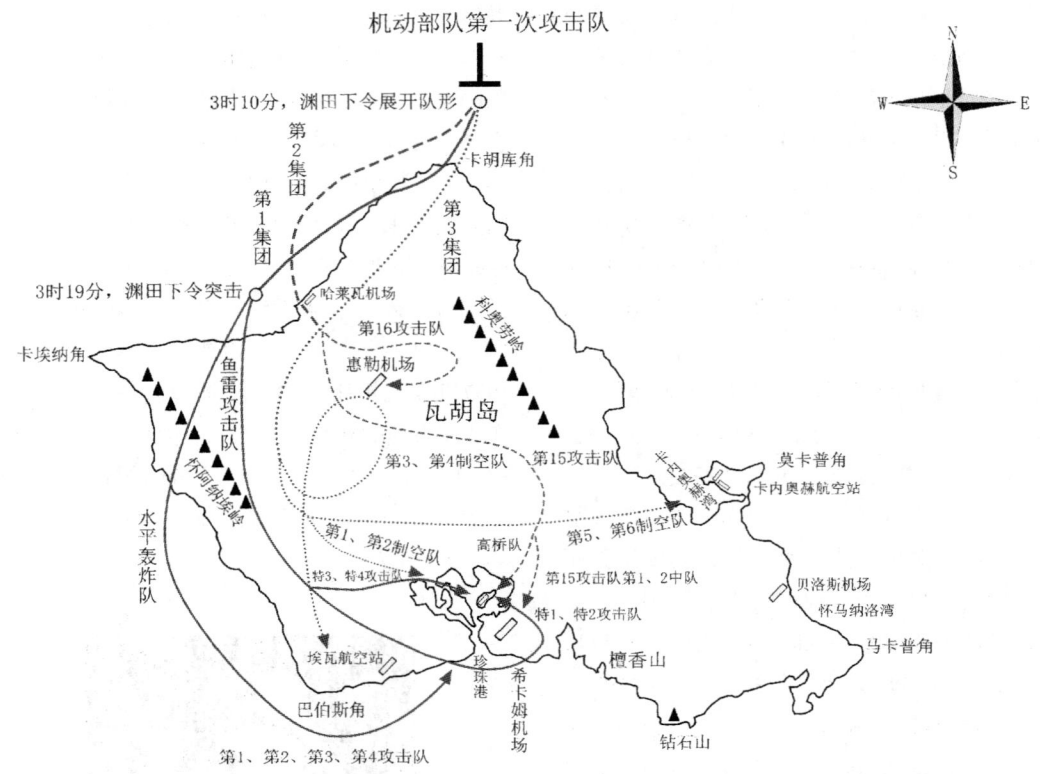

1941年12月8日，机动部队第一次攻击瓦胡岛示意图。

3. 瓦胡岛遭受偷袭前的状况

1941年12月8日，即夏威夷当地时间1941年12月7日，美军太平洋舰队的8艘战列舰、2艘重巡洋舰、6艘轻巡洋舰、30艘驱逐舰、5艘潜艇以及多艘辅助舰船部署在珍珠港，绝大部分舰艇在锚地停泊。其中8艘战列舰分别属于马里兰级、宾夕法尼亚级、俄克拉荷马级、加利福尼亚级，重巡洋舰属阿斯托利亚级，轻巡洋舰分属奥哈马级、布鲁克林级、圣路易斯级。30艘驱逐舰中有8艘属法拉格特级，8艘属马汉级，7艘属波特级，3艘属巴格利级。

不过，美军在太平洋部署的3艘航母于12月8日这一天皆阴差阳错地早已离开珍珠港。其中"萨拉托加"号航母（USS Saratoga, CV-3）在12月8日抵达美国西海岸的圣迭戈。"企业"（USS Enterprise, CV-6）、"列克星敦"（USS Lexington, CV-2）这两艘航母早前奉基梅尔之命，已于1941年11月出港，向中途岛、威克转运飞机以加强防御能力。

"企业"号早在1941年11月28日（当地时间11月27日）随同3艘重巡洋舰（"北安普顿"、"切斯特"、"盐湖城"）、9艘驱逐舰由珍珠港起航，组成第8特混部队向威克岛转运陆战队第221战斗机中队（VMF-221）所属的格鲁曼（Grumman）F4F"野猫"（Wildcat）战斗机，以加强该岛的防御。12月8日当日，"企业"号位于瓦胡岛西200海里（约370千米），坐标161°W、21°11′N，正向珍珠港回航。

极具传奇色彩的美军航母"企业"号。

"列克星敦"号在12月4日(当地时间12月3日)与3艘重巡洋舰("芝加哥"、"阿斯托里亚"、"波特兰")、5艘驱逐舰编成第12特混部队,从珍珠港出发,准备向中途岛转运陆战队第231俯冲轰炸机中队(VMSB-231)所属的道格拉斯(Douglas)SBD"无畏"(Dauntless)俯冲轰炸机。12月8日,"列克星敦"号位于中途岛125度,坐标170°30′W、23°30′N。

"列克星敦"号航母,摄于1941年10月14日,圣迭戈。

此外，美军两艘重巡洋舰分别带领 4 艘扫雷舰在夏威夷附近水域机动，其中，"明尼阿波利斯"号（USS Minneapolis，CA-26）在瓦胡岛西南水域进行训练。"印第安纳波利斯"号（USS Indianapolis，CA-35）刚好抵达约翰斯顿环礁。

4. 第一次攻击队突击瓦胡岛机场的经过

突击惠勒机场的经过

高桥赫一由于错误地将渊田美津雄的信号判断为发起强攻，带领第 2 集团、第 3 集团（欠第 2、第 4 制空队）经卡胡库角、瓦亚卢阿湾抵达哈莱伊瓦，抢在第 1 集团突击前，对美军机场实施攻击。

"瑞鹤"分队长坂本明大尉带领第 16 攻击队经过怀阿纳埃岭（Waianae Range）东侧，飞往位于瓦胡岛北部的美军战斗机部队基地惠勒（Wheeler）陆军机场。惠勒机场为美军第 14 驱逐联队驻地，该联队辖第 15、第 18 驱逐大队，其中第 15 大队由第 45、第 46、第 47 以及第 72 驱逐中队编成，第 18 大队则由第 6、第 19、第 44、第 73、第 78 联队编成。当日惠勒机场共有 99 架柯蒂斯（Curtiss）P-40"战鹰"（Warhawk）战斗机（12 架 P-40C，87 架 P-40B）、39 架柯蒂斯 P-36A"鹰"战斗机、12 架波音（Boeing）P-26 战斗机（A、B 型各 6 架）、3 架马丁（Martin）B-12A 轰炸机、4 架道格拉斯 AT-6 教练机、3 架格鲁

惠勒机场。

曼 OA-9 "鹅"（Goose）水上飞机、1 架 OA-1 水上飞机。日军空袭之时，惠勒机场的飞机大多停放在露天环境中，成为日军投弹的靶子。面对来势汹汹的日机，美军只能用机枪、步枪进行反击。

3 时 15 分，坂本明率先展开突击，揭开日军突袭瓦胡岛乃至太平洋战争的序幕。第 16 攻击队的 26 架舰爆组成单纵队，以单机跟进方式从东北方向依次进行俯冲，向机库、飞机、营房投弹，待退出俯冲后转弯向东北爬升，随后对地面目标实施扫射。伴随日机的航弹爆炸，这座美军陆军战斗机机场顿时化作一片火海，黑烟滚滚。3 时 20 分，坂本明在观察轰炸战果后报告称 "3 座机库、50 架飞机于地面起火"。实际上，第 16 攻击队的航弹命中惠勒机场 1、3 号机库，以及一座贮存水泥的简易仓库、第 6 驱逐机中队营房。攻击结束后，第 16 攻击队全数回航，后于 5 时 40 分降落在 "瑞鹤" 号航母。跟随坂本明参战的堀建二回忆道：

在我飞往瓦胡岛时，天气晴朗，但是我看到一些云层，在 2500 米至 3000 米，刚好是我的飞行高度。不过，我到达了，珍珠港在云层下方。然后我左转，也看到了瓦胡岛。这个岛屿郁郁葱葱，风景绮丽，像个小型花园。当然，我认为我们的舰载机编队是壮观和威风的。我想惠勒机场周边是幻想乐园。下方，我看见房屋及其花园、树木。当我知道这片土地将变得吵闹，我感到懊悔。

惠勒机场上空没有大型防空火器火力，但我们会遇上来自兵营的小型口径武器。幸运的是，没有一架 "瑞鹤" 的舰载机被击落。惠勒机场是个大机场，有大型机库，我还看到一大批飞机停放在那里。我们首先攻击战斗机，因为不想让它们升空。我看见许多战斗机排列整齐，然后朝它们投弹，那里会发生连锁反应的爆炸。当我完成投弹后，我开始用机枪扫射，高度1500 米至 2000 米。

第 16 攻击队所属的 99 式舰爆飞抵惠勒机场后，以单机跟进依次进入的方式进行俯冲轰炸，地面的美军飞机起火并冒出浓烟。图中可见进入俯冲状态的舰爆。

(1)

(2)

（3）

遭受日机轰炸的惠勒机场。飞机、营房均在日机轰炸中燃烧。

在第16攻击队完成攻击后，第3制空队指挥官、"苍龙"分队长菅波政治大尉率领9架零战从西南方向进入低空，对惠勒机场进行扫射，时间是3时25分。扫射结束后，菅波从上空观察，确认下方有17架飞机中弹燃烧。菅波政治曾在第13航空队任职并参加华东的战斗，后转到"苍龙"、第15航空队，参加在华中的战斗。1941年9月，菅波复归"苍龙"，担任分队长。

突击福特岛航空站的经过

第15攻击队通过科奥劳岭（Koolau Range）西侧，直奔珍珠港的福特岛海军航空站（NAS Ford Island）。福特岛航空站位于福特岛，福特岛地处珍珠港中心，其东南部共有3座机库，是美国海军第1巡逻机联队的驻地，该联队辖第22、第23、第24巡逻机中队（VP-22、VP-23、VP-24），共有23架PBY"卡塔琳娜"水上飞机，其中19架PBY停放在福特岛南端的6号、38号、54号机库旁边（10架隶属VP-22、8架隶属VP-23、1架隶属VP-24），剩下4架（隶属VP-24）在执行巡逻任务。此外，15架沃特（Vought）OS2U"翠鸟"（Kingfisher）水上飞机、3架SOC水上飞机停放在6号、38号机库之间。福特岛西部另有4座机库，分别是175号、176号、133号、134号机库，用于舰载机、岸基飞机的停放与检修。

高桥赫一少佐带领指挥小队以及第3中队共9架舰爆进入珍珠港上空后经过油库上空，

美军战前俯瞰珍珠港的照片，左侧是福特岛，右侧是希卡姆机场，希卡姆旁边的是油库。

然后以逆时针方向围绕福特岛飞行并进入俯冲点。3时25分（即菅波政治带领第3制空队扫射惠勒机场的时间），高桥带领的9架舰爆依次从东北进行俯冲，轰炸福特岛航空站的机库以及PBY。高桥赫一带领第20小队冲在最前，他将250公斤航弹投掷在水上飞机的停机坪，高桥的僚机把航弹投掷在6号机库南的飞机之间。尽管坂本明率先在3时15分向惠勒机场俯冲投弹，比高桥赫一发起突击的时间更早，但高桥赫一抢先对珍珠港的目标进行攻击，从而被视作拉开偷袭珍珠港的帷幕。

"翔鹤"分队士比良国清大尉指挥第27小队轰炸6号机库，其中比良将航弹投在机库外，2号、3号机则成功命中机库，其中1枚在机库东翼爆炸，另一枚击中机库东北角的小口径火器弹药库，引燃了机库。尽管这枚航弹没有爆炸，但是飞溅的破片引燃了PBY。

国分丰美飞曹长指挥第28小队轰炸38号机库，其中国分的航弹为靠近弹（Near Miss），落在38号机库西侧的飞机之间。富樫胜介二飞曹的航弹击穿38号机库顶部，但是没有爆炸。关政男一飞兵的航弹落在2号维修仓南侧的街道。随着第15攻击队轰炸福特岛航空站，该站已冒出浓浓黑烟。战后，日军在总结经验教训时直接点名舰爆队在第一次攻击期间"违反计划，抢先在雷击队攻击前轰炸敌军在福特岛之飞行艇，燃烧造成之滚滚浓烟，阻碍目视确认目标"。

福特岛，注意岛上的福特岛航空站跑道。

（1） （2）

"赤城"分队长布留川泉大尉在珍珠港出海口拍摄的空袭的情形，图中左侧冒烟处为福特岛海军航空站，右侧为雷击队鱼雷攻击美军战列舰产生的水柱。

退出轰炸后，高桥赫一率部转弯并自西下降高度，对航空站实施扫射。当日，福特岛航空站共有9架PBY-3、1架PBY-4、9架PBY-5被击毁，这些飞机中，除3架PBY-5隶属VP-23外，其余水上飞机来自VP-22。3时28分，太平洋舰队总司令部向港内各单位发出急电："珍珠港遭受空袭，这不是演习"（Air raid Pearl Harbor, This is not drill）。

起火燃烧的福特岛航空站6号机库及PBY水上飞机。

空袭过后的福特岛航空站,图片左侧是6号机库。注意搁浅在对岸的"内华达"战列舰。

突击希卡姆机场的经过

第15攻击队除一部轰炸福特岛航空站外,其余均集中攻击珍珠港出海口一侧的希卡姆机场。"翔鹤"分队长山口正夫大尉带领第15攻击队第1、第2中队脱离高桥赫一的指挥小队及第3中队,然后沿珍珠港出海口迂回至珍珠港以南的希卡姆(Hickam)陆军机场,并从东北方向实施突击。希卡姆机场是美国陆军航空兵第18轰炸联队的驻地,该联队辖第5、第11轰炸大队,其中第5轰炸大队由第23、第31、第72轰炸中队以及第4侦察中队编成,第11大队由第26、第42、第98轰炸中队以及第50侦察中队编成。当日机场共有12架B-17D轰炸机、32架道格拉斯B-18"大刀"(Bolo)轰炸机、12架道格拉斯A-20A"浩劫"(Avoc)轻型轰炸机、2架波音P-26"玩具枪"(Peashooter)战斗机、2架A-12A、2架波音 C-33 运输机以及 1 架共和 B-24A "解放者"重型轰炸机。

山口正夫带领第 1 中队所属的 8 架 99 式舰爆从东北方向进入俯冲，然后向机库投弹，命中 7 号、11 号、13 号、15 号机库。其中，山口带领第 21 小队轰炸时，他与 2 号机可能命中 11 号、13 号机库附近，3 号机击中 15 号机库西南的一架 B-24 轰炸机。三福岩吉中尉带着第 22 小队紧随第 21 小队后方进入俯冲，三福击中 11 号机库西侧，2 号机击中 11 号、13 号机库之间的区域。第 23 小队是第 1 中队最后俯冲的，1 号机击中 7 号机库，2 号机弹着位于 7 号机库西北，3 号机的弹着位于 3 号机库西南旁边。

"翔鹤"分队长藤田良久大尉指挥第 15 攻击队第 2 中队共 9 架舰爆从东侧展开突击，所投的航弹命中夏威夷航空港的建筑物，其中藤田命中航空港饭堂，带领的第 24 小队 2 号、3 号机击中陆军航空队 1 号铺。第 25、第 26 小队的航弹击中航空港北侧。随后，山口、藤田带领各自的中队下降高度，对停机坪上的美军轰炸机实施扫射。

高桥赫一退出俯冲后带领指挥小队在珍珠港上空观察突击效果，并指示侦察员小泉精三中尉向机动部队发电报汇报"我轰炸福特岛、希卡姆，效果甚大，0340（即 3 时 40 分）"。

美军陆航轰炸机部队在瓦胡岛的重要基地希卡姆机场。

希卡姆机场遭遇空袭的情形，由布留川泉大尉拍摄。图中可见希卡姆机场的机库冒出的浓烟。

第1、第2制空队突击希卡姆陆军机场的经过

第3集团指挥官、"赤城"飞行队长板谷茂少佐麾下的各个制空队按照战前的任务分工，分头前往希卡姆、惠勒等地遂行任务。1941年12月8日（当地时间12月7日），大批美军飞机整齐地停放在瓦胡岛各个机场，尚未来得及升空应战，便在短时间内被来袭的零战、99式舰爆挨个"点名"。板谷茂于3时29分下令扫射，1分钟后率领第1制空队迂回至希卡姆机场东侧，然后下降高度并自东向西进行扫射，共计进行7次扫射。

板谷茂曾于1926年同时报考海军兵学校及陆军士官学校——这两所学校是培养旧日本军队军官的摇篮，并在这两所军校的入学考试中名列前茅。不过，板谷最终选择海军兵学校。1929年，板谷以第一名的成绩毕业，并先后在多个战斗机部队任职。

上文提及美军雷达站曾将机动部队第一次攻击队误判为来自美国旧金山的B-17重型轰炸机。第38、第88侦察中队各有6架B-17轰炸机自旧金山起飞后，越过太平洋，刚好在12月8日即当地时间12月7日准备降落在希卡姆机场。相关B-17机组名单如表2-3所示：

表 2-3　B-17 机组名单

单位	机型	正驾驶	副驾驶	领航员	投弹员	机械师	电报员	照相员	其他
	B-17E 重型轰炸机	哈利·布兰登（Harry N. Brandon）少校	乔治·纽顿（George L. Newton）中尉	切斯特·布茨（Chester H. Budz）少尉	欧文·齐哈克（Erwin F. Cihak）学员	杰西·施耐德（Jesse L. Schneider）技术中士，本杰明·黑尔（Benjamin L. Hale）中士	埃尔伯特·布劳利（Albert E. Brawley）上士	约翰·米克斯（John B. Meeks）中士	威廉·埃利斯（William B.M. Ellis）中尉
	B-17E 重型轰炸机	卡尔·巴特尔梅斯（Karl T. Barthelmess）中尉	拉里·希恩（Larry J. Sheehan）少尉	查尔斯·伯格多尔（Charles E. Bergdoll）少尉	约翰·亚当斯（John C. Adams）学员	罗伊·库尔特（Roy H. Coulter）技术中士，万斯·斯皮尔斯（Vance H. Spears）中士	尼古拉斯·卡勒芬特（Nicholas H. Kahlefent）上士，雷蒙德·乔斯林（Raymond R. Joslin）下士	李·恩布里（Lee R. Embree）上士	—
第 38 侦察中队	B-17C 重型轰炸机	雷蒙德·斯温森（Raymond T. Swenson）上尉	欧内斯特·里德（Ernest L. Reid）少尉	霍默·泰勒（Homer R. Taylor）少尉	比尔（G. C. Beale）学员	勒罗伊·庞西（Leroy B. Pouncey）中士，厄尔·威廉斯（Earl T. Williams）中士	马克·卢卡斯（Mac L. Lucas）下士	—	威廉·希克（William R. Schick）中尉，伯特·李（Bert Lee, Jr.）二等兵
	B-17C 重型轰炸机	布鲁斯·艾伦（Bruce G. Allen）中尉	查尔斯·麦克阿瑟（Charles N. McArthur, Jr.）少尉	利奥·埃明格（Leo M. Eminger）学员	沃尔特·德克尔（Walter B. Decker）学员	霍勒斯·亨斯伯格（Horace K. Hunsberger）中士，弗洛伊德·赖特（Floyd A. Wright, Jr.）中士，柴德斯（J. W. Childers）二等兵	雷蒙德·费蒂（Raymond E. Fetty）一等兵，理查德·莫里斯（Richard E. Morris）一等兵	—	—

续表

单位	机型	正驾驶	副驾驶	领航员	投弹员	机械师	电报员	照相员	其他
第38侦察中队	B-17C重型轰炸机	厄尔·库珀（Earl J. Cooper）中尉	理查德·埃贝伦茨（Richard J. Eberenz）少尉	约翰·克罗克特（John A. Crockett）少尉	吉姆·布坎南（Jim R. Buchanan）学员	杰西·布鲁瓦耶（Jesse R.Broyles）技术中士，李·贝斯特（Lee W. Best）中士，埃尔默·利波尔德（Elmer G. Lipold）下士	约瑟夫·布鲁斯（Joseph J. Bruce）中士	—	唐·麦科德（Don C. McCord, Jr.）二等兵
	B-17C重型轰炸机	罗伯特·理查德斯（Robert H. Richards）中尉	伦纳德·汉米斯顿（Leonard S.Humiston）少尉	威廉·莫里斯（William F. B. Morris）学员	乔治·甘曼斯（George E. Gammans）学员	约瑟夫·安杰利尼（Joseph S.Angelini）上士，欧文·凯斯博尔特（Erwin B. Casebolt）上士	梅尔文·扎伊奇（Melvin D.Zajic）上士，弗农·汤姆林森（Vernon D. Tomlinson）二等兵	—	劳伦斯·贝拉尔德（Lawrence B. Velarde）上士
	B-17E重型轰炸机	理查德·卡迈克尔（Richard H. Carmichael）上尉	唐纳德·托尔（Donald O. Tower）少尉	克米特·迈耶斯（Kermit E. Meyers）少尉	西奥多·帕斯科（Theodore I. Pascoe）学员	华莱士·卡特（Wallace A. Carter）技术中士，杰克·特里布尔（Jack R. Tribble）上士	山姆·托尔（Sam Tower）上士	哈罗德·博耶（Harold D. Boyer）上士	詹姆斯·特沃德尔（James W. Twaddell）上士
第88侦察中队	B-17F重型轰炸机	哈罗德·查芬（Harold N. Chaffin）中尉	马布里·西蒙斯（Mabry Simmons）少尉	休伯特·莫布利（Hubert S.Mobley,）学员	—	罗素·麦基（Russell E.Mackey）技术中士，卢库斯·威克斯（Lucuis W. Weeks）上士	欧文·麦克迈克尔（Irving W. McMichael）中士，罗伯特·巴纳德（Robert K.Barnard）一等兵	—	沃尔特·约翰逊（Walter H. Johnson）少尉

续表

单位	机型	正驾驶	副驾驶	领航员	投弹员	机械师	电报员	照相员	其他
第88侦察中队	B-17E 重型轰炸机	罗伯特·撒克（Robert E. Thacker）中尉	唐纳德·瑟尔斯（Donald C. Surles）少尉	艾尔伯特·霍戴（Albert J. Hobday）学员	罗德里克·斯图尔特（Roderick M. Stewart）少尉	卡尔·罗素（Cal Russell）上士、霍华德·贝克（Howard K.Beck）中士	西里尔·拉朗塞特（Cyril LaLancet）中士、埃温德·罗兹（Edwin Rhodes）一等兵	—	—
	B-17E 重型轰炸机	弗兰克·博斯特伦（Frank P. Bostrom）中尉	威尔逊·库克（Wilson L. Cook）少尉	罗伯特·卡拉瑟斯（Rob R. Carruthers）学员	厄尔·谢格鲁德（Earl Sheggrud）少尉	赫伯特·柯林斯（Herbert B. Collins）技术中士、赫伯特·惠特利（Herbert Wheatley Jr.）一等兵	埃尔伍德·肖尔代斯（Elwood B.Shouldis）一等兵、克莱德·霍恩（Clyde L. Horn）一等兵	莱斯利·汉森（Leslie O. Hansen）上士	—
	B-17E 重型轰炸机	哈利·布兰登（Harry N. Brandon）中尉	罗伯特·拉姆齐（Rober L. Ramsey）少尉	哈罗德·斯耐德（Harold E. Snider）学员	—	詹姆斯·赫尔顿（James G. Helton）技术中士、韦恩·约翰逊（Wayne E. Johnson）中士	大卫·巴纳德（David P. Barnard）上士、比利·萨顿（Billy B Sutton）二等兵	拉尔夫·穆瑟（Ralph E. Mouser）上士	—
	B-17E 重型轰炸机	大卫·罗尔斯（David G. Rawls）中尉	约翰·康普顿（John T. Compton）少尉	罗伯特·琼斯（Robert T. Jones）学员	—	罗伯特·邓恩（Robert J. Dunn, Jr.）上士、罗伯特·帕尔默（Robert K. Palmer）中士	谢尔顿·毕顿（Sheldon D. Beaton）中士、阿比·弗朗西斯科（Aby A. Francisco）一等兵	威尔逊·帕尔默（Wilson D. Pa-lmer）上士	—

不幸的是，这些 B-17 轰炸机在准备降落期间碰上板谷茂及其带领的第 1 制空队。当日，第 38 侦察中队有 1 架 B-17C 被击毁，余下 3 架 B-17C 与 2 架 B-17E 成功降落。罗伯特·理查德斯（Robert Richards）陆军中尉驾驶的 B-17C 是第 38 侦察中队中最早抵达瓦胡岛的。正当这架 B-17C 接近希卡姆机场时，两架零战发现其行踪并不断靠拢，尔后其中一架零战突然向 B-17C 射击。意识到被敌机袭击后，理查德斯连忙驾机钻进云层，成功甩掉这两架零战，但刚飞出云层又遇上另外 3 架零战，并遭受袭击。结果，B-17C 的 2 号发动机中弹冒烟，左机翼副翼被打掉一半。为了避开零战，理查德斯只能驾机备降在瓦胡岛东南海岸的贝洛斯（Bellows）机场。不过，理查德斯在准备降落时，发现地面人员仍在跑道上拖走一架 P-40 战斗机，最后只得在没有放下降落架的情况下以机腹进行迫降。

布鲁斯·艾伦（Bruce G. Allen）陆军中尉的座机是第二架飞抵希卡姆机场的 B-17，并且奇迹般地安全着陆。雷蒙德·斯温森（Raymond T. Swenson）陆军上尉驾驶 B-17C 接近希卡姆机场时，发现那里已经浓烟滚滚，地面高射炮正对空射击，一批飞机在机场上空盘旋。误认为机场正在进行防空演习的斯温森一边驾机接近，一边联系塔台，但是塔台没有应答。此时，板谷茂及其僚机突然从后面来袭，向斯温森的座机倾泻机枪枪弹。副驾驶欧内斯特·里德（Ernest L. Reid）陆军中尉见状迅速加大油门，让飞机加速飞往旁边的云层。突然，零战的枪弹钻进机舱，刚好命中堆放在电台一旁的信号弹，并点燃了这些信号弹导致起火。眼见机舱着火，斯温森和里德紧急备降在希卡姆机场，然后带领机组成功脱险。不过，他们的座机很快被烧成两段。

迫降在贝洛斯机场的 B-17C 轰炸机，机长是理查德斯。

（1）

（2）

斯温森的 B-17C 虽然成功降落，但由于舱内的信号弹被零战的枪弹引燃，最终被烧毁。

在斯温森机组降落后，厄尔·库珀（Earl J. Cooper）陆军中尉的 B-17C 冒着被日机、己方高射炮"夹击"的风险，成功在希卡姆着陆。卡尔·巴特尔梅斯（Karl T. Barthelmess）陆军中尉驾驶一架 B-17E 接近希卡姆时发现一批日军舰爆飞抵至后上方，不过日机没有实施攻击，双方平安无事地各自返航。

第 38 侦察中队长杜鲁门·亨普尔·兰登

两架 99 式舰爆在卡尔·巴特尔梅斯的 B-17E 轰炸机的左上方跟随。

(Truman Hempel Landon) 陆军少校是当日该中队中最后降落的。他驾驶的这架 B-17E 轰炸机在抵近希卡姆时首先受到 3 架零战攻击，旋即被早已草木皆兵的地面友军射击，幸运的是仍然安全降落。

第 88 侦察中队所属的 6 架 B-17E 同样受到日机袭扰，所幸的是仍然能够降落在希卡姆机场。中队长理查德·卡迈克尔（Richard Carmichael）陆军上尉驾机绕过钻石山飞往希卡姆，却发现希卡姆和珍珠港俨然一片修罗场——高射炮弹幕、浓烟笼罩在珍珠港上空，港内部分舰船熊熊燃烧，希卡姆更是浓烟滚滚。因此，卡迈克尔转弯，向东飞往贝洛斯机场。卡迈克尔飞抵贝洛斯机场后发现该处同样在日机空袭中被破坏，便转弯前往惠勒机场，不巧发现一架零战在惠勒机场附近。经过一轮折腾，卡迈克尔最终驾机降落在瓦胡岛西北海岸的哈莱瓦（Haleiwa）机场。哈罗德·查芬（Harold N. Chaffin）陆军中尉同样因发现希卡姆遭受空袭，而驾机转飞至哈莱瓦机场。卡迈克尔与查芬两个机组在哈莱瓦机场搬走机舱内的油箱，并且补充弹药，随后驾机返回希卡姆。

相比之下，弗兰克·博斯特伦（Frank P. Bostrom）陆军中尉降落过程更为曲折。他的 B-17 飞抵希卡姆后尝试联络塔台，并在珍珠港上空盘旋，不幸被港内的海军当成日机而遭到射击。为了避开友军的误击，博斯特伦驾机飞往云层却又遇上零战。在零战轮番攻击下，这架 B-17 弹痕遍布机翼、机尾、电线等位置。在紧急关头，博斯特伦找到了卡胡库高尔夫球场，并且顺利着陆。

大卫·罗尔斯（David G. Rawls）陆军中尉驾机抵达希卡姆上空时发现一架 B-17 在地面燃烧，另有一架 B-17 在空中遭受己方射击。须臾，罗尔斯发现地面防空武器向他开火,无奈之下只能前往惠勒,但是抵达时发现该处同样遭受日机空袭。由于燃油不足,罗尔斯最终决定返回希卡姆。一架零战发现了这架 B-17 并一直在旁射击。当机组从 B-17 撤出时,零战仍扫射他们,所幸无人员伤亡。罗伯特·撒克(Robert E. Thacker)陆军中尉驾驶 B-17 直接在希卡姆着陆,但是他的座机在落地后一直无法减速,直到转向 180 度后才停下来。

哈利·布兰登(Harry N. Brandon)陆军中尉抵达希卡姆附近时发现一架零战朝他射击,尔后为了避开高射炮炮火,他驾机准备前往惠勒,但是很快被希卡姆塔台召回,尝试三次降落后才顺利着陆。

平野釜一飞曹跟随板谷茂多次扫射希卡姆机场。战友确认平野击落一架教练机,并且发现平野在第四次低空扫射机场时被地面火力击落。平野驾驶编号"AI-154"的零战挣扎飞到希卡姆机场西侧的卡梅哈梅哈堡(Fort Kamehameha),然后失控撞上机械库旁的棕榈树。平野以及 5 名在坠机点的美军士兵死于零战坠毁。

3 时 35 分,第 2 制空队指挥官、"加贺"分队长志贺淑雄大尉指挥 9 架零战自东向西扫射希卡姆机场,共击毁 7 架飞机。志贺作为第 13 航空队一员参加对华战争,曾于 1938 年 2 月 25 日参加南昌空战,后于 1939 年随同"赤城"空袭华南。他回忆扫射希卡姆机场的情形:

我们在海上从下风处瞄准一架停放在机库前方的 B-17,将 OPL 瞄准具对准目标,扣下扳机。曳光弹像被吸进巨大的目标之中,然后穿透至地面爆炸。地面的大目标容易攻击,但这也让我们暴露在敌军炮火之下。我加大油门,速度只能让座机掠过机库顶棚,然后进入工厂地带上空。然后向左紧急转弯,向海面撤退,不过除了烟雾还是烟雾。能见度变得很低。敌人也无暇向我们射击。我们与"赤城"制空队轮番进行三度攻击,附近已经

(1)

(2)

散落一处的平野驾驶的零战的机尾残骸。

一片混乱。首先，这没问题，应该没有其他飞机从后跟踪袭击我方舰队。接着以巴贝斯机场作为目标，从西侧突入。为避开敌军地面炮火，我们掠过树梢飞行。

不过离开珍珠港后，这里就是一片寂静的山野。下方的树木、道路成为一条粗线，被抛到后方。从低空飞行爬升至高度1000米，抵达瓦胡岛西端，已经看见盘旋的飞机的踪影。是我方的零战。看到这个基地像是迫降机场，还有并排停放的小型飞机，7.7毫米机枪也足够应对。我们以机头突入，进入扫射状态。

第1集团突击埃瓦陆战队航空站的经过

第一次攻击队在瓦胡岛西南的巴伯斯角（Barbers）发现四条跑道，实际上他们发现的是埃瓦（Ewa）陆战队航空站。该航空站是美国海军陆战队航空兵驻地，位于珍珠港西侧，距离珍珠港7千米，1925年投入使用。当日，陆战队第21航空大队（MAG-21）驻守该处，该大队辖陆战队第211战斗机中队（VMF-211）、陆战队第232俯冲轰炸中队（VMSB-232）、陆战队第252侦察中队（VMJ-252）。日机空袭当日，该航空站共有11架F4F战斗机、8架沃特SB2U-3"守卫者"（Vindicator）俯冲轰炸机、20架SBD-1、3架SBD-2、1架道格拉斯R3D-2运输机、2架格鲁曼J2F-4"鸭"水上飞机、1架洛克希德JO-2水上飞机、1架西科斯基（Sikorsky）JRS-1水上飞机、1架北美SNJ-3教练机等。

第4制空队指挥官、"飞龙"分队长冈岛清熊大尉发现埃瓦航空站后，于3时30分带领6架零战开始扫射地面的陆战队飞机。经过多次扫射，冈岛确认共击毁22架飞机。

(1)

（2）

"加贺"的舰攻拍摄的埃瓦航空站。

跟在第4制空队之后的是第1制空队。该部扫射希卡姆机场后，在板谷茂的带领下返航，途中发现埃瓦航空站，遂于3时40分下降高度并对停放在该处的飞机进行扫射，最终第1制空队确认在埃瓦击毁11架飞机。

第2制空队同样在前往集合点的途中发现埃瓦航空站，该部随即下降高度并对航空站进行扫射，最后确认击毁15架飞机，另击落一架教练机。算上第1制空队的平野、岩间的战果，机动部队在瓦胡岛共击落两架教练机。对照美方记录，日军空袭瓦胡岛当天，两架派珀（Piper）J3"幼崽"（Cub）教练机失踪，后来确认这两架教练机遭遇日机且被击落，三名陆军士兵身亡。确认击毁的15架飞机中，志贺淑雄大尉、平石勋二飞曹以及第12小队3号机的平山岩二飞曹各确认击毁3架，第12小队指挥官坂井知行中尉与第13小队3号机中上乔一飞兵均确认击毁2架。坂井的僚机萩原二男一飞曹确认击毁4架，担任第13小队长机的山本旭一飞曹独自击毁6架。羽田透二飞曹、佐野清之助二飞曹攻击埃瓦机场后未能返航。

菅波政治在扫射惠勒机场后，率第3制空队南下，并发现埃瓦航空站，于3时50分开始扫射，确认击毁12架在埃瓦的飞机。当日，菅波政治、萩野恭一郎三飞曹各确认击毁5架，野田光臣一飞曹、吉松要二飞曹分别确认击毁4架，铃木新一三飞曹确认击毁3架。三田岩一飞曹确认击毁1架，

四名站在"加贺"舰桥旁边合照的日军飞行科干部，左起第二位是三上良孝大尉、第三位是坂井知行中尉。注意黑板写上"0500左右进入珍珠港600海里之范围。预定0700左右高速南下接敌。须严加戒备"。

不过他由于受伤而自行返航。此外，该部在埃瓦遭遇配属"企业"的SBD俯冲轰炸机，相关情况见下文。

除了零战，第15攻击队、特2攻击队均在前往集合点的途中发现埃瓦航空站，并进行扫射。其中，比良国清指挥第15攻击队第3中队进入低空，并对地面的飞机实施扫射。

第3制空队与"企业"所属俯冲轰炸机交战情况

第3制空队在扫射埃瓦航空站期间攻击了一群SBD"无畏"俯冲轰炸机。这些SBD来自"企业"号航母，原本在12月8日上午执行侦察任务，其中13架隶属VS-6，4架隶属VB-6，1架来自大队部（见表2-4）。上述轰炸机出航后向南搜索，搜索半径150海里（约277千米），范围从45度至135度，但一无所获，SBD只能返回瓦胡岛，还没飞抵福特岛，便意外地碰上第3制空队的零战。这场遭遇战的结果不言而喻，4架SBD被零战击落，1架SBD降落在伯恩斯（Burns），1架SBD遭友军误击而迫降在海面。铃木新一确认击落两架，土井川勋一飞兵确认击落3架。此外，第15攻击队确认击落1架SBD。美方记录第3制空队与SBD交战情况如下。

1时30分，小克拉伦斯·厄尔·迪金森（Clarence Earle Dickinson, Jr.）上尉与约翰·雷金纳德·麦卡锡（John Reginald McCarthy）少尉各自驾驶SBD离开"企业"，负责搜索105度至115度。3时55分，二机抵达巴伯斯角，高度1500尺（约457米）。迪金森看见水柱在珍珠港水道腾起，并发现友军舰艇离开珍珠港。此时，珍珠港上空布满高射炮弹幕，埃瓦航空站遭受攻击，正发生大火。迪金森呼叫麦卡锡靠拢，然后开始爬升。当二机以4000尺（约1219米）高度飞往珍珠港时，零战乘其不备，悄然向这两架SBD抵近，然后集中攻击麦卡锡。二机下降至高度1000尺（约304米），然后继续飞往珍珠港。这时，麦卡锡的座机由于发动机右侧、右机翼油箱中弹着火，继而失去速度、高度。结果，麦卡锡虽被枪弹所伤，但仍然成功跳伞逃生。他的机枪手米歇尔·科恩（Mitchell Cohn）三等无线电军士则下落不明。

这时，迪金森遭到一群零战围攻，尽管他和机枪手米勒奋力抵抗，但座机的左机翼油箱、操纵索中弹，在这种情况下，迪金森命令威廉·米勒（William C. Miller）一等无线电军士跳伞。当飞机开始尾旋时，迪金森成功脱离座舱，然后打开降落伞，最后安全降落在埃瓦航空站。然而米勒却被困在机舱，最终跟随座机坠落。

沃尔特·威利斯（Walter M. Willis）、约翰·沃格特（John H. L. Vogt, Jr.）少尉的座机遭遇第3制空队袭击，同样被击落。曼努尔·冈萨雷斯（Manuel Gonzalez）少尉座机在卡埃纳（Kaena）角附近遭遇第15攻击队指挥小队、第29小队共6架舰爆围攻，最终中弹坠毁。冈萨雷斯与机枪手伦纳德·科泽莱克（Leonard J. Kozelek）三等无线电军士一同殒命。

爱德华·迪肯（Edward T. Deacon）少尉于4时03分抵达巴伯斯角，先后飞往福特岛、埃瓦两处，后改为降落希卡姆，不料遭到地面的友军射击，导致发动机中弹。最终，迪肯迫降在希卡姆旁边的海面。岛上友军看见迪肯的SBD迫降，仍继续向其射击并将他们打伤。在弹雨中，迪肯艰难地打开救生筏，与机枪手奥德雷·科塞勒特（Audrey G. Coselett）三等无线电军士一起返回陆地。

表 2-4　1941 年 12 月 8 日(当地时间 12 月 7 日)"企业"航空侦察编制表

单位	座机编号	飞行员	机枪手	搜索方位	备注
"企业"舰载机大队部		霍华德·莱兰·扬（Howard Leyland Young，1923 年毕业于美国海军学院）	布鲁姆菲尔德·尼科尔（Broomfield B. Nichol）少校	85 度至 95 度	扬是"企业"舰载机大队长
第 6 舰载侦察中队	6-S-2	佩里·塔夫（Perry Lea Teaff）少尉	埃德加·金克斯（Edgar P. Jinks）三等无线电军士		
	6-S-1	哈尔斯泰特·霍平（Hallsted Lubeck Hopping）少校	哈罗德·托马斯（Harold Thomas）一等无线电军士	95 度至 105 度	霍平是 VS-6 中队长
	6-S-3	约翰·亨利·里昂·沃格特（John Henry Leon Vogt, Jr.）少尉	悉尼·皮尔斯（Sidney Pierce）三等无线电军士		被击落，机组二人阵亡
	6-S-4	小克拉伦斯·厄尔·迪金森（Clarence Earle Dickinson, Jr.）上尉	威廉·西塞罗·米勒（William Cicero Miller）一等无线电军士	105 度至 115 度	被击落，机枪手阵亡
	6-S-9	约翰·雷金纳德·麦卡锡（John Reginald McCarthy）少尉	米歇尔·科恩（Mitchell Cohn）三等无线电军士		被击落，机枪手阵亡
	6-S-7	哈特·希尔顿（Hart D. Hilton）中尉	杰克·利明（Jack Leaming）二等无线电军士	115 度至 125 度	
第 6 舰载俯冲轰炸中队	6-B-5	埃德温·克勒格尔（Edwin J. Kroeger）少尉	沃尔特·查普曼（Walter F. Chapman）二等无线电军士		
第 6 舰载侦察中队	6-S-11	卡尔顿·福格（Carlton Thayer Fogg）少尉	奥蒂斯·丹尼斯（Otis L. Dennis）三等无线电军士	125 度至 135 度	
	6-S-8	克利奥·多布森（Cleo J. Dobson）少尉	罗伊·霍斯（Roy L. Hoss）三等无线电军士		

续表

单位	座机编号	飞行员	机枪手	搜索方位	备注
第6舰载俯冲轰炸中队	6-B-3	曼努尔·冈萨雷斯（Manuel Gonzalez）少尉	伦纳德·约瑟夫·科泽莱克（Leonard Joseph Kozelek）三等无线电军士	45度至55度	被击落，机组二人阵亡
	6-B-12	弗雷德里克·韦伯（Frederick T. Weber）少尉	李·基尼（Lee E. J. Keaney）一等兵		
第6舰载侦察中队	6-S-14	爱德华·迪肯（Edward Thorpe Deacon）少尉	奥德雷·科塞勒特（Audrey G. Coselett）三等无线电军士	55度至65度	被友军误击，迫降在海上，机组二人受伤
第6舰载俯冲轰炸中队	6-B-9	威廉·罗伯茨（William E. Roberts）少尉	唐纳德·琼斯（Donad H. Jones）三等航空机械军士		
第6舰载侦察中队	6-S-16	弗兰克·帕特里亚尔卡（Frank A. Patriarca）中尉	约瑟夫·德卢卡（Joseph F. DeLuca）一等无线电军士	65度至75度	
	6-S-15	沃尔特·威利斯（Walter M. Willis）少尉	弗雷德·约翰·迪科隆（Fred John Ducolon）		被击落，机组二人阵亡
	6-S-10	威尔默·厄尔·加拉格尔（Wilmer Earl Gallaher，1923年毕业于美国海军学院）上尉	托马斯·梅里特（Thomas E. Merritt）一等无线电军士	75度至85度	
	6-S-5	沃尔特·韦斯特（Walter P. West）少尉	路易斯·汉森（Louis D. Hansen）三等无线电军士		

血洗"企业"号的"无畏"轰炸机后，第3制空队于4时整离开埃瓦航空站的上空并踏上归途。4时10分，铃木新一与两架美军飞机交战，但无法确认是否击落目标。

第5、第6制空队突击卡内奥赫海军航空站

第5、第6制空队在接到突击的命令后，按计划前往瓦胡岛东的卡内奥赫海军航空站（NAS Kaneohe）。卡内奥赫航空站为美国海军航空兵第1巡逻联队驻地，该联队辖第11、第12、第14巡逻中队，共有36架PBY-5（每个中队12架），其中24架停放在停机坪或机库旁，5架在机库内，4架停放在卡内奥赫湾，3架隶属VP-14的PBY在瓦胡岛附近执行巡逻任务。

3时25分，兼子正、佐藤正夫这两位大尉分别带领第5、第6制空队下降高度，对位于卡

贝洛斯机场。

内奥赫的 PBY 实施扫射。4 时整,第 5、第 6 制空队开始前往集合点。兼子独自一人留在卡内奥赫上空观察突击效果,帆足工大尉负责指挥第 5 制空队的零战回航。

4 时 10 分,兼子发现毫发无损的贝洛斯机场,随即下降高度并实施侦察。贝洛斯机场位于瓦胡岛东南,毗邻怀马纳洛(Waimanalo)湾,是美国陆军航空兵战斗机部队备用机场,直到 1941 年,贝洛斯机场仅有一条跑道。当日第 86 观察中队驻守该处,另有第 44 驱逐机中队所属的 12 架 P-40 转场到贝洛斯机场开展射击训练。侦察期间,兼子特意扫射机场的建筑及帐篷,打伤一名美军。随后为了与僚机会合,他特意自东向西,围绕瓦胡岛飞行一圈,最终由于没有发现僚机而独自返航。与菅波政治一样,兼子正、佐藤正夫同样参加了中日战争,其中兼子曾作为"龙骧"一员参加华东的战斗,佐藤则于 1939 年跟随"赤城"空袭华南。

5. 机动部队进行鱼雷攻击的经过

1941 年 12 月 8 日 3 时 20 分,作为第 1 集团雷击队(即鱼雷攻击队)指挥官的村田重治少佐电令雷击队突击,然后带领特 1、特 2 攻击队,与水平轰炸队分道扬镳。村田的舰攻一边下降高度,一边从怀阿纳埃岭以西、埃瓦海军陆战队航空站上空一路穿插至珍珠港东南,然后左转弯从希卡姆机场东、潜艇基地上空通过,直奔美军战列舰而去。同时,"飞龙"的分队长松村平太大尉带领特3、特4攻击队经怀阿纳埃岭东侧以及怀帕胡(Waipahu),穿插至珍珠港西北。经过长时间的训练,1航舰鱼雷攻击机组终于等到了展示训练效果的时刻。当时,7艘战列舰在福特岛东侧组成"战列舰大街",另外1艘靶舰、2艘轻巡洋舰、1艘水上飞机母舰、1艘油船、1艘维修舰同样停靠在福特岛沿岸。这些舰艇成为舰攻、舰爆的攻击目标。值得一提的是,当日在珍珠港的"西弗吉尼亚"号战列舰(USS West Virginia,BB-48)、"宾夕法尼亚"号战列舰(USS Pennsylvania,BB-38)、"柯蒂斯"(USS Curtiss,AV-4)号水上飞机母舰已加装CXAM-1对空雷达,只是日机来袭时,雷达没有开启。

(1)

(2)

"赤城"的雷击队在瓦胡岛北部与水平轰炸队分道扬镳,迅速向珍珠港抵近。

被摆放在"赤城"号航母的飞行甲板的91式改二型航空鱼雷。拍摄于单冠湾。图中可见航母"飞龙"号(中)、"翔鹤"号(右)。

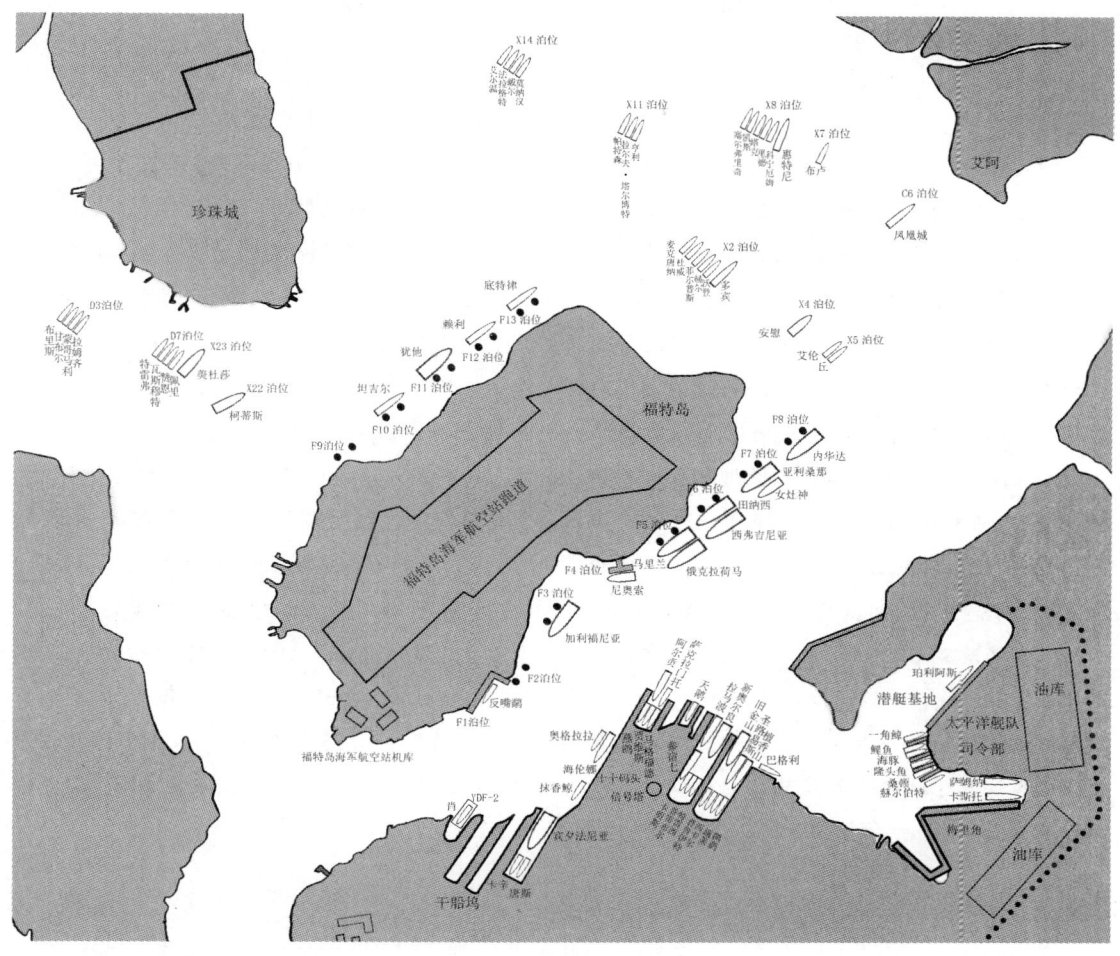

1941年12月8日（东京时间）上午珍珠港港内舰艇分布示意图。

雷击队赶到珍珠港附近空域时，第15攻击队早已左右开弓，福特岛海军航空站、希卡姆机场先后遭受第15攻击队的轰炸、扫射，引发爆炸并冒出大量浓烟。随后，雷击队所属的吊挂航空鱼雷的97式舰攻按照战前训练进入低空飞行，越过希卡姆机场、海军船坞后，依次在福特岛以东进入投雷点，最后瞄准"战列舰大街"外侧的战列舰投射鱼雷。须臾，日军航空鱼雷击中美军战列舰后引发爆炸，所产生的冲天水柱此起彼伏。伴随福特岛、希卡姆的滚滚浓烟，整个珍珠港化作一片炼狱。

3时30分之后，村田重治带领特1攻击队抵达福特岛东侧后。3时33分，村田驾驶编号"AI-311"的97式舰攻一马当先，第46小队2号机一道以位于F6泊位外侧的"西弗吉尼亚"号战列舰为目标，向其左舷投射鱼雷。3时36分，特1攻击队第48小队的3号机被美军防空火力击中，机长兼侦察员菅谷重春二飞曹身受重伤。菅谷直到搭乘的舰攻降落在"赤城"后，才被发现断气，他也成为"赤城"舰攻队在空袭珍珠港行动中唯一阵亡的人员。

川村善作当时在特1攻击队第46小队2号

机担任侦察员,他这样回忆跟随村田重治参与这次低空突击美军战列舰的情形:

预定时间(0330)在高度3500米,我透过云层间隙远眺珍珠港。渊田总飞行队长发出"卜"突击命令,同时看到信号弹拖着红色的尾巴落下,全部飞机以各自攻击目标进入攻击态势。3时45分左右,我发现战列舰群井然有序地停泊在珍珠港,跟随村田队长座机(编号"AI-311",垂尾标有两道红线)在超低空全速向目标舰抵近,飞至距离目标大约800米做好准备,在距离400米、500米的位置投射鱼雷,我回头一看,清楚地看到鱼雷入水后高速航行。命中("西弗吉尼亚")瞬间,巨大的水柱腾空而起,我情不自禁地大喊"万岁"。然后我一边在檀香山市区低空盘旋,一边慢慢地爬升前往集合点。从军港到机场化作一片火海,浓烟滚滚,遮盖上空。各机跟着村田队长座机各自编队,得意洋洋地踏上归途。

上文提及的村田重治是日本海军鱼雷攻击的专家,他曾以第13航空队分队长身份参加在华东的作战,也是"帕奈"事件的肇事者之一。1938年3月,村田担任第12航空队分队长,同年12月以"赤城"分队长的身份参加华南战斗。1939年10月,村田回国接受特修课程。1941年8月,村田担任"龙骧"号航母的飞行队长,同年9月27日担任临时"赤城"飞行队长,并于11月10日正式成为"赤城"飞行队长。

除了上文提到的村田少佐外,"加贺"分队长北岛一良大尉带领特2攻击队第41小队向"西弗吉尼亚"号战列舰投雷。随后,同属特2攻击队的第44小队2号机独自向"西弗吉尼亚"投雷。北岛一良曾于1937年12月跟随"加贺"参加对华战争,1938年6月转至第15航空队支援陆军在华中作战,同年12月回国担任飞行教官。1941年4月1日,北岛回到"加贺"担任分队长。

"西弗吉尼亚"号战列舰。

已经坐沉的"西弗吉尼亚"号战列舰。

被浓烟包围的"西弗吉尼亚""田纳西"战列舰。此时的"西弗吉尼亚"由于被鱼雷命中左舷,已经向左横倾下沉。

"飞龙"分队长松村平太大尉(驾驶编号"BII-320"的舰攻)带领特4攻击队从西北方向进入珍珠港上空后,由于发现美军战列舰集中在福特岛东部,因此带领第41小队迂回至福特岛东,在1航战舰攻完成突击后向"西弗吉尼亚"号战列舰投射鱼雷。

"西弗吉尼亚"是科罗拉多级战列舰的4号舰,由纽波特·纽斯造船厂(Newport News Shipbuilding)建造,于1920年4月12日动工,1921年11月19日下水,1923年12月1日完工,标准排水量33218吨,长190米,宽29.72米,吃水9.3米,最大航速21节,装有8门406毫米45倍口径主炮(双联装炮塔4座)、16门127毫米51倍口径副炮、8门76毫米50倍口径炮等武器。"西弗吉尼亚"号战列舰隶属第4战列舰分队,是该分队的旗舰。

位于F5泊位外侧的"俄克拉荷马"号战列舰(USS Oklahoma,BB-37)同样成为97式舰攻实施鱼雷攻击的目标。"俄克拉荷马"是内华达级战列舰2号舰,由纽约造船厂(New York Shipbuilding Corporation)建造,于1912年10月26日动工,1914年3月23日下水,1916年5月2日完工,标准排水量27900吨,长178米,宽29.1米,吃水8.7米,最大航速20.5节,装有10门356毫米46倍口径主炮(双联装、三联装炮塔各两座)、21门127毫米51倍口径副炮、2门76毫米50倍口径炮等武器。"俄克拉荷马"号隶属第1战列舰分队。

3时36分,"赤城"分队士后藤仁一中尉带领的第47小队以及同属特1攻击队的第49小队、第46小队3号机相继向"俄克拉荷马"号投射鱼雷,其中第47小队3号机的鱼雷入水后未能继续推进,日军战后推断这条鱼雷钻进淤泥中。多年后,后藤仁一回忆起鱼雷攻击的

在1941年12月遭受日军鱼雷攻击机集中攻击而翻沉的"俄克拉荷马"号战列舰。

情况：

雷击队下降高度，然后向左急转，组成两列的突击队形。

穿到云层的下方，看到如同模型的情景，战列舰、海军船坞、机场……

高度500米，接到突击命令。

往下看，我们从"巴伯斯角机场"（即埃瓦航空站）后方飞去。接着下降高度，直奔希卡姆机场。高度50米。在海军船坞上空向左急转。飞机的机首向着入海口的战列舰舷侧。

但是，最后我还是感到愕然。"树林"，前方是由战列舰烟囱、桅杆、舰桥组成的"树林"。

我还没确定目标。就在艰难选择时，我往右一看。村田队长的飞机在200米外进入攻击航路。"这是第一位攻击的。如果是我，会打在眼前的战列舰舰桥下方"。感到安心的同时，突然想起飞机的角度、倾斜度、时速？

队长太狂妄了吧，所有的付出跟着水泡一起消散，最终鱼雷会钻进海底。

视线回到仪表。时速160节，前后倾斜零度……工序虽然很耗时，但是感觉距离前方的"树林"不足一秒的时间。

然而，也无暇"准备"了。还没确定飞机的飞行姿态，就急忙通过传声管下达"投射"命令。宫岛一飞曹立即拉动投雷索。

"咣"的一声，鱼雷离开飞机。飞机顿时变得轻盈并向上浮。我们维持原有的高度，从前方的舰桥、桅杆之间穿过。

鱼雷真的在航行吗？我脑海中想着。

"鱼雷在航行吗？"我向宫岛询问。

"在航行。是两条鱼雷。"宫岛一飞曹说。是一条，还有村田队长投射的鱼雷。

不一会儿，"命中了！"我听到了欢呼声。

我回头一看，巨大的水柱腾空而起，然后清楚地看见水花散落。

"太好了！"实在是不知道宫岛有没有手舞足蹈，他当时想从驾驶的座位跃起。

重永春喜飞曹长作为特1攻击队第49小队1号的机长兼侦察员，参加此次突击珍珠港行动。他在飞机上目睹了攻击美军战列舰的情形：

我机摇晃机翼示意僚机"攻击"。左前方升起烟雾。在左侧，我看到舰爆向福特岛俯冲，零战在低空对地面排列的飞机加以扫射。浓烟跟水柱腾起。

我向眼前的目标直行，水柱升起，应该是前方的小队命中目标。看到高度计显示5米时，感觉飞机像一把利刃划开海面。当飞行速度150节（约277千米/小时），距离400米时，我喊着"准备"，待距离350米时喊"放！"，一下子，飞机变得轻盈，向上升起3米左右，飞机全速直航，一边爬升一边从目标上方越过，我那时往下一看。目标向前倾斜，泄漏重油，可是过了约9秒，我没看到自己的鱼雷命中目标。

随后，越来越多的舰攻依次向"俄克拉荷马"投射鱼雷，包括福田稔大尉带领的特2攻击队第42小队、铃木三守大尉带领的特2攻击队第45小队，以及角野博治大尉带领的特4攻击队第42小队。

作为特2攻击队第42小队2号机侦察员的吉野治男，他回忆道：

"加贺"雷击队在瓦胡岛西北展开队形，以单纵队进入突击状态。我们经卡阿拉山左下方的海上抵达巴伯斯角附近，然后沿着海岸线直奔港口。从这里可以看到港内。

正当临近港口时，"赤城"的攻击队已经开

始攻击。比战列舰桅杆还高的水柱早已升起。我们成功实施低空投射鱼雷。我用手提式25厘米照相机拍照,按了好几次快门。

飞机接近希卡姆机场。下降高度到200米左右。B-17四发重型轰炸机并排停放在机场。坐在身后的电信员以这些轰炸机为目标进行扫射,不过7.7毫米机枪枪弹够不着。

目标就在眼前。再次下降高度,向左转弯,进入出海口。成为目标的战列舰群如同举行仪式般并排停泊着。遭受多条鱼雷命中的战舰已向一侧倾斜。水柱不断洗刷,甲板异常通红。看到了就要拿下。

总算进入投雷航路。但是,美军提前应战,令人感到意外。在浅水的高度正是投射的关键。连日反复在鹿儿岛古江外海训练的成果,就看这一条鱼雷。没有时间去顾及敌方的炮弹了。

我选定左侧的宾夕法尼亚型战列舰(后来根据资料来看,我攻击的是俄克拉荷马号)为目标。高度大约6米。"准备投射,放!"操纵员投射鱼雷了。这一刻,飞机轻轻地上浮。

随着大喊"右转爬升",现在就要向右转规避,但是无法实现。在战列舰群北侧,一艘疑似驱逐舰的舰艇没有并排停泊,我想可以尽情攻击。高度低且在爬升,速度也很低。机枪枪弹(口径13毫米)从侧方掠过,眼前只见深红的线。

嘣、嘣,枪弹击中机体。飞机不断上下运动,总算飞到珍珠港北侧。看来避开了枪弹。这时,四周的红色、绿色还有蓝色的屋顶映入眼帘。如果不是战斗,可以细细观赏这些风景。

"好险,中了一发枪弹,但是没有问题。"坐在前面的操纵员回话。在拉起操纵杆时,这一发枪弹掠过操纵员握住杆的手前方,从左向右经过座椅。如果操纵杆还在水平位置的话,枪弹肯定命中并且打掉操纵员的手。

回头看后座,电信员川崎一飞兵双手抱起。

"川崎,怎么了?"我大声问。他回复道:"枪弹击中座椅,打断了电报机的电线,搞得我焦头烂额。机枪也有故障,没有其他事情可做,也只好坐着。"他的语气变得很无奈。

此外,特4攻击队第42小队2号机的操纵员杉本八郎在当天的日记中如是记载攻击的过程:

指挥官陆续下达"展开突击队形"与"突击"的电令,机翼画有日之丸的飞机在仍然沉睡的夏威夷上空飞来飞去,8时整,指挥官的鱼雷命中科罗拉多型战列舰,水柱冲天,往岸边一看,只见在福特岛岩壁的飞行艇燃起大火,浓烟高达大约1000米。危险!穿过机炮弹幕才发现自己原来的目标是巡洋舰!不能浪费鱼雷,只好重新钻进浓烟中。机枪枪弹拖着尾巴,令人畏惧。作为我军宿敌,美军舰队阵容庞大,我看到不免有些兴奋。现在的距离刚好,"放!"是科罗拉多型。啊,前部2号炮塔(一侧)升起水柱。战斗逐渐白热化,机炮弹、高射炮炮弹在空中互相交错。下方的目标全灭,甚是令人高兴。

珍珠港的美军虽然陷入被动,但是仍然在第一时间作出反应,其反击速度之快令日军惊讶。以停泊在B16泊位的"新奥尔良"号重巡洋舰为例。3时35分,身处舰艉的舰员发现日军鱼雷攻击机从后方低空经过舰艉,直到看见这些日机向己方战列舰投射鱼雷,这些舰员们立即用步枪、手枪还击。一时间,各种口径的火器向漫天飞舞的日军飞机射击。最先领教美军防空火网的正是特2攻击队,该部的12架舰攻中有5架被击落,另有5架中弹,可谓损失惨重。北岛一良大尉带领第41小队投射了鱼雷并成功撤退,不过两架僚机均被击伤。

（1）

（2）

战后在珍珠港被美军吊起的97式舰攻（编号"AII-399"）残骸，据推测是铃木三守大尉的座机。"加贺"在当日损失5架97式舰攻以及15名机组。

第 42 小队长机、福田稔大尉两次进入攻击航路后才投射鱼雷，其座机中了 8 弹。同小队的吉野治男一飞曹的座机中了 8 弹，电信员川崎光男负伤。北原收三一飞兵驾驶的 3 号机可能在投射鱼雷前已中弹，随后抬起机头左转，最终失控撞在海军船坞附近。

第 44 小队损失两架舰攻，铃木三守大尉驾机投射鱼雷后遭受美军射击，最终失控坠毁在珍珠港内。铃木三守毕业于海军兵学校第 64 期，从 1940 年 11 月 1 日就在"加贺"服役，1941 年 8 月 11 日升任为该航母的分队长，担任分队长不到一年旋即在珍珠港殒命，成为"加贺"乃至日本海军在对美战争中损失的第一位军官。第 44 小队中仅 2 号机中弹 2 发，但仍然安全回航。担任该机电信员的井上安治二飞曹被枪弹击中脸部，其鼻子被打掉，最后经抢救仍未保住性命。

第 45 小队折损 2 号、3 号机，岩田广丈一飞曹的 1 号机投射鱼雷后，成功撤离且未中一弹。岩田如此描述鱼雷攻击的状况：

在接到全军突击命令后，"加贺"雷击队所属的 12 架舰攻迂回至港口，然后编队解散。我小队在港口上空组成单纵队的攻击队形。我们从起火的希卡姆机场上空横穿，全速向港内的战列舰群突入。

我们选定"西弗吉尼亚"型战舰作为鱼雷攻击目标，因为对方更容易被攻击（2 号、3 号机跟着 1 号机攻击同样的目标）。掠过海军工厂的建筑物，一举下降高度到海面，拉起机头的同时瞄准战舰的中央，投射鱼雷，就这样直航，飞过舰桥侧面上空。海水淹没到甲板上，穿着白色水兵服的士兵到处逃窜，战舰似乎向前倾斜。福特岛上大约有 20 名士兵列队对空射击。

我向左转弯爬升，从燃烧的水上飞机冒出的浓烟中穿越，我命令平野兵曹（平野晴一郎二飞曹，甲飞 3 期）扫射地面。森崎兵曹（森崎英夫一飞曹，甲飞 1 期）大声告知："命中了，命中了"。我自己投射的鱼雷命中目标。战舰中央确实升起跟刚才一样的水柱、浓烟。我只能爬升，高度在水柱之上。分队长铃木大尉在投射鱼雷后向右转弯，（在巡洋舰锚地一侧）爬升期间中弹，化作一团赤红的火球，向海面坠落。

接着，我的 2 号机在投射鱼雷后，跟随分队长座机在向右转弯爬升期间，迅速进入失速状态，坠落在海面（操纵员像是中弹），3 号机拖着烟雾冲向目标（中弹），是坠机，是撞击，还是因失去相当的速度而投射鱼雷，然后直航一段距离再撞击战舰？须臾，3 号机冲进海中。那时距离战舰不足 400 米，没有看到鱼雷航迹。

3 时 36 分，特 1 攻击队第 48 小队长机根岸朝雄大尉与 2 号机一道向位于 F3 泊位的"加利福尼亚"号战列舰（USS California，BB-44）投射鱼雷，并确认命中目标。根岸朝雄与福田、角野属海军兵学校同期校友，完成飞行培训后，根岸一直在练习航空队担任教官，直到 1941 年 4 月 1 日才被调派至"赤城"。

"加利福尼亚"属于田纳西级战列舰的 2 号舰，由梅尔岛海军造船厂（Mare Island Naval Shipyard）建造，于 1916 年 10 月 25 日动工，1919 年 11 月 20 日下水，1921 年 8 月 10 日完工。"加利福尼亚"号隶属第 2 战列舰分队。

3 时 25 分，长井彊带领特 3 攻击队从西北方向进入投雷航路，直奔在福特岛西侧的 F11 泊位的靶舰"犹他"（USS Utah，AG-16），长井在投雷之前发现目标不是战列舰，当即带领第 1 小队退出投雷航路，沿福特岛南端向东飞行，其中 2 号机（机长加藤丰则一飞曹）没有跟随长机攻击"海伦娜"号轻巡洋舰（USS Helena，CL-50），

"加利福尼亚"号战列舰。

因被舰攻的鱼雷击伤而泄漏燃油且向左倾斜的"加利福尼亚"号战列舰。

向左倾斜的"加利福尼亚"号战列舰。

坐沉在珍珠港的"加利福尼亚"号战列舰。

而是从福特岛东进入投雷航路,向"加利福尼亚"号战列舰实施鱼雷攻击。作为这架舰攻操纵员的森拾三二飞曹,如此描述抵近目标后投射鱼雷的过程:

我一边观察四周,以免跟丢分队长座机,一边努力确认目标。高度计指针为零。目测高度5米左右。终于飞抵投雷点。

分队长投射鱼雷,升起小水柱。好,轮到我了。

"准备投雷。"我告诉加藤(丰则)一飞曹。往前方一看,情况有变!这艘战列舰有点不同。等等,这有些奇怪。飞机飞行速度130节(约240千米/小时)。我思考着,距离慢慢缩短。500米、400米、300米、200米,不行,这不是战列舰,是巡洋舰,应该是芝加哥型。

分队长你是不是眼瞎啊,好不容易等到现在,一看到巡洋舰之类便要将鱼雷投入海里。怎么能攻击战列舰、航母之外的舰艇。

好,现在以左侧的战列舰为目标,然而要在低空大幅度盘旋,机翼翼尖差点碰到水面。最后到了投雷点时还没对准那艘战列舰。

"喂,加藤兵曹,要重头再来。"我在传声管说道,然后全速前进。

即便要重头再来,也是由于分队长漫不经心,怎么能将战列舰与巡洋舰混淆。罢了,我可以代替分队长的工作,即使仅有一条鱼雷也要击沉大家伙。

面对前方的战列舰,纵身飞越。说是简单,但也相当困难。总之挂载鱼雷的飞机很重。战列舰的主桅高约22米,因此需要技术相当娴熟,才能在短距离以超低空从那家伙上方飞越过去。

"赤城""加贺"的鱼雷攻击机开始投射大量鱼雷。鱼雷命中之处,炸起高达数十米的大水柱。只能说十分壮烈。舰上头戴军帽身穿衬衣的士兵仰望天空,对于遭受我们的攻击还没有警惕吗?真替他们惋惜,没办法,这就是战争。

越过福特岛机场,中岛中尉(实为中岛巽大尉)在北方指挥鱼雷攻击机依次投射鱼雷。唉,不值得攻击这家伙,那不是靶舰"犹他"吗?两三条水柱腾起。四条鱼雷命中,但另外两条偏离目标。虽然看起来实在漂亮,但这是鱼雷在哭泣。"犹他"确实是"战列舰",但现在它是如同废物的靶舰,再也不是"战列舰"。

这是什么情况。一艘疑似水上飞机母舰的军舰就在旁边,不是应该击沉这家伙吗?据说指挥官是要相当机智灵敏的。虽然要绝对服从指挥官的命令,但在这种情况下,是否应真的听从?

很高兴,现在能清楚地看到目标在前方,我从容进入投雷航路。参加攻击的队员只有我要重新进入攻击吧。要沉着、从容。那艘战列舰应该是加利福尼亚型。但最麻烦的是防波堤,就在前方大约300米的位置,一不小心投下鱼雷,就会浪费机会,好不容易重新再来就变得毫无意义。是的,我要在工厂那里拉起。

"加藤兵曹,现在开始吧。"我驾驶飞机开始盘旋。高射炮炮弹在上空爆炸,到处都是黑色的弹幕。敌人开始还击。在福特岛的飞行艇由于舰爆轰炸,有七架着火,喷出滚滚浓烟,浓烟高达约50米。

座机以高度50米,距离250米直航。现在的状态极好。没问题,一定能命中。屏着呼吸,瞄准舰桥右下方。

"预备,放!"加藤喊着。飞机在那一瞬间变得相对轻松。攻击结束了。

雷击队向左转弯撤离,这样会从燃烧的飞行艇上方穿越。没办法,只能右转退出。

"加藤兵曹,要留意鱼雷航迹。"

"好的。"

97式舰攻投射的航空鱼雷相继命中"西弗吉尼亚"号与"俄克拉荷马"号左舷,水柱腾空而起。

图片中的冲天水柱是鱼雷命中战列舰"俄克拉荷马"后产生的,此时该战列舰向左倾斜。一架舰攻完成攻击后退出攻击并向左转弯,图片右侧冒烟处是遭受第15攻击队突击的福特岛海军航空站。

"也要拍摄照片。"

写战斗报告时,照片是最好的证物。

平安完成重要任务,但现在要安全返航。不能死,人死就万事休。

"森君。命中了!万岁!"我听到加藤一飞曹的声音,回头一看,只见巨大的水柱腾空而起。好极了,中了头彩。总感觉似乎用尽了全身的力气。

特2攻击队第44小队3号机(机长松田勇二飞曹)向位于"亚利桑那"号(USS Arizona, BB-39)后方、停泊在F8泊位的"内华达"号战列舰

布留川泉拍摄的希卡姆机场、珍珠港遭受空袭的情形,图片左侧为鱼雷命中美军战列舰产生的水柱。图片中央为起火冒烟的希卡姆机场机库。

正遭受第1航空战队鱼雷攻击的美军"战列舰大街",当时部分美军战列舰已经被鱼雷命中,大量重油泄漏,摄于第1航空战队舰攻。战列舰大街舰艇从左至右依次为"内华达"、"女灶神"(左)——"亚利桑那"(右)、"西弗吉尼亚"(左)——"田纳西"(右)、"俄克拉荷马"(左)——"马里兰"(右)、"尼奥索"、"加利福尼亚"。图片冒烟处为美军希卡姆陆军机场。

(USS Nevada,BB-36)投雷并命中目标。不过,这架舰攻在退出攻击期间被高射炮击落。"凤凰城"号轻巡洋舰(USS Phoenix,CL-46)在战斗报告中记录3时17分发现一架日机中弹起火,坠落在F8泊位输油管后方的水面。这架舰攻可能是松田二飞曹的座机。特2攻击队余部退出攻击后,依次前往希卡姆、埃瓦两个机场进行扫射。

尽管长井彊及时调整攻击目标,但是特3攻击队第2中队指挥官中岛巽大尉依然带领6架来自特3攻击队的97式舰攻向"犹他"号靶舰投射鱼雷,相关情况如下:两条航空鱼雷命中"犹他"的左舷,该靶舰在5分钟后迅速向左翻沉。一条鱼雷从轻巡洋舰"底特律"(USS Detroit,CL-8)、"罗利"(USS Raleigh,CL-7)之间直接穿过,两条鱼雷直奔"犹他"号前方、F12泊位的"罗利"号,其中一条鱼雷命中这艘轻巡洋舰左舷。"罗利"号是奥马哈级轻巡洋舰4号舰,于1920年8月16日动工,1922年10月25日下水,1924年2月6日完工。

"犹他"号靶舰在1941年12月8日遭受"苍龙"舰攻队集中突击。由于多条鱼雷命中左舷,造成大量海水涌入,"犹他"号被鱼雷击中后迅速向左翻沉。

美军轻巡洋舰"罗利"由于左舷被一条航空鱼雷命中后进水而向左倾斜。

日机拍摄的福特岛西岸的美军军舰。左起分别是水上飞机母舰"坦吉尔"、靶舰"犹他"、轻巡洋舰"罗利"、轻巡洋舰"底特律"。

长井彊大尉驾机飞越福特岛后发现"海伦娜"号轻巡洋舰停泊在福特岛对面,左舷一侧靠近码头。当日,"海伦娜"号停靠的位置是"十十"码头(1010 Dock),相邻其右舷的是布雷舰"奥格拉拉"(USS Oglala,CM-4),在舰艏前方的是潜艇"抹香鲸"(USS Cachalot,SS-170)。长井当即率部向"海伦娜"号抵近,途中2号机离队,随后在希卡姆机场附近空域转弯,攻击"加利福尼亚"号。

在没有僚机随行的情况下,长井仍然瞄准"海伦娜"号进入投雷航路,最后在距离约457米处成功投雷并全身而退。同样向"海伦娜"号投射鱼雷的还有特4攻击队第43、第45小队。其中一条鱼雷从"奥格拉拉"号下方经过,命中"海伦娜"号右舷74号肋位,时间是3时29分。

"海伦娜"号属于布鲁克林级轻巡洋舰,由纽约海军造船厂建造,于1936年12月9日动工,1938年8月27日下水,1939年9月18日完工,标准排水量10160吨,长185.52米,米8.72米,吃水6.05米,最大航速32.5节,装有15门152毫米47倍口径炮(三联装炮塔5座)、8门127毫米38倍口径炮、8挺12.7毫米机枪。

停在"海伦娜"旁边的"奥格拉拉"号布雷舰记录到在3时27分左右发现一架低飞的日机从右舷外投射鱼雷,并确认鱼雷爆炸产生剧烈的震动。随后,部分日机扫射"奥格拉拉"号。"奥格拉拉"号虽然躲过航空鱼雷,但是受到鱼雷击中"海伦娜"号后爆炸产生的冲击波的影响,最终难逃沉没的命运。伴随这条鱼雷在"海伦娜"号左舷爆炸,"奥格拉拉"号舷侧板出现破口并开始进水。由于大量海水倒灌轮机舱,"奥格拉拉"号从3时30分左右,开始向左侧倾斜,后于4时15分被拖船拖曳至"海伦娜"号后方。不过,这艘布雷舰支撑到5时便向左翻沉,至5时15分时仅剩下底部露出水面。

"海伦娜"号轻巡洋舰。

"海伦娜"号轻巡洋舰（图左）以及翻转沉没的"奥格拉拉"号布雷舰。图片左侧冒烟处为"卡辛""唐斯"两艘驱逐舰，图片右侧冒烟处为"肖"号驱逐舰。

村田重治少佐在投雷后一直观察鱼雷攻击的战况，并对战果十分满意，他在3时38分向"赤城"发电报，称"鱼雷攻击敌主力，效果大"。横须贺海军航空队在总结珍珠港作战的文件中认为，91式航空鱼雷"一条威力不足以对战列舰产生巨大效果，若三条以上之鱼雷命中，便可严重削弱战舰之战斗力。"，但是也承认以鱼雷攻击存在不少问题：

（三）若非目标被击沉，则无法即时显现攻击效果，故造成重复攻击之情况。

（四）因顾及命中水柱之妨碍，各舰攻间隔较大，故无法确认先行编队攻击状况，造成重复攻击。

（五）大部分敌舰艇系留靠岸，故雷击队遭受只得攻击一侧等预料外之地域影响。

（六）攻击易于得手之目标乃人之常情。

6. 机动部队水平轰炸的经过以及第一次攻击队返航

美军战列舰大街内侧的战列舰虽然躲过村田重治指挥的鱼雷攻击，但是很快将迎来新一轮空袭。渊田美津雄亲率第1集团第1、第2群各单位与村田重治的雷击队分离后，越过盖纳角，然后沿着瓦胡岛西岸、巴伯斯角飞抵珍珠港出海口。

"赤城"所属的97式舰攻,注意设置在机头的瞄准具。

"赤城"水平轰炸队的97式舰攻,其中一架编号为"AI-317",注意机腹挂载的800公斤航空穿甲弹。

日军水平轰炸队俯瞰角度的美军战列舰大街,图片左起依次是"内华达"、"亚利桑那"——"女灶神"、"西弗吉尼亚"——"田纳西"、"俄克拉荷马"——"马里兰"、"尼奥索"。其中,"内华达""西弗吉尼亚""俄克拉荷马"号由于鱼雷命中,出现燃油泄漏的情况。此时,"西弗吉尼亚"号搭载的水上飞机已栽进水中,"俄克拉荷马"号正不断向左翻沉。

3时40分,渊田美津雄的第1集团第1、第2群各单位依次进入水平轰炸。舰攻编队遂行水平轰炸时,中队长机与2号机变更位置,由2号机引导整个中队进行投弹,命中率全赖于引导机组的能力。渊田美津雄如法炮制,他的座机与2号机更换编队位置,由2号机引导第1中队进入轰炸航路,最终瞄准了位于"俄克拉荷马"号右舷的战列舰"马里兰"号(USS Maryland, BB-46),并向其投下航弹,高度3200米,确认2弹命中。当日,"马里兰"号共有4人死于日军空袭。3时46分,渊田美津雄向南云忠一发回电报,汇报"0342我轰炸敌主力(舰),地点珍珠港"。渊田在回忆录中如此描述投弹后通过观察孔盯着刚投下的炸弹命中的情况:

四颗炸弹像长了眼睛的魔鬼似地紧挨着,一个劲儿地往下落。目标舰"马里兰"号同"俄克拉荷马"号并排停靠在前方。炸弹离目标很远,能命中吗?我有点担心。看来,左右都没有偏离目标。四颗炸弹朝着"马里兰"号笔直地落下,距离越来越近,炸弹变得越来越小,眨眼功夫就会看不见了。我屏息地盯着。若论惊险,如果在下面观看从天空落下来的炸弹会不会炸到自己头上,那就不是惊险,而是可怕了;从上空观察投下的炸弹能否命中目标,这个时候才能有一种真正的惊险感。我忘掉了自己在指挥全军战斗,也忘掉了规避敌人的高射炮火,却被那一瞬间的惊险感迷住了。不久,炸弹变得比豆粒还小,终于看不见了。再看那是"马里兰"号的甲板,有洗衣盆那么大,紧接着像草垫上弹起的灰尘那样,甲板上升起了两股白烟。

"两弹命中!"我喊道。

装着延期引信的穿甲炸弹命中了目标,但这只是瞬间的事,稍不留神,即使命中也会看漏,而没有命中的倒看得很清楚,如那两颗落到海里的炸弹,在"马里兰"号舷外,在海面上掀起了两处很大的层层波纹。

命中"马里兰"号的那两颗炸弹,一定穿透了装甲,在舰内爆炸,使该舰受到相当大的破坏,但从外表还看不出来。

"马里兰"号是科罗拉多级战列舰的2号舰,由纽波特·纽斯造船厂建造,于1917年4月24日动工,1920年3月20日下水,1921年7月21日完工,装有8门406毫米45倍口径主炮(双联装炮塔4座)、12门127毫米51倍口径副炮、4门76毫米50倍口径副炮。

"马里兰"号战列舰。

日机空袭之下的"马里兰"号战列舰(左),位于其左舷的"俄克拉荷马"号战列舰已翻转沉没。

"俄克拉荷马"号战列舰被多条鱼雷击中后翻转沉没,露出底部以及螺旋桨。图片右侧是"马里兰"号战列舰。

"田纳西"号战列舰。

岩崎五郎、布留川泉分别带领第1攻击队第2、第3中队,轰炸"西弗吉尼亚"号与"田纳西"号(USS Tennessee,BB-43)。当时"西弗吉尼亚"号已因雷击队的攻击而进水并向左舷倾斜,靠近福特岛的"田纳西"号尽管躲过97式舰攻的鱼雷攻击,但是无法避开航弹轰炸。投弹后,岩崎五郎确认第2中队的航弹命中上述两艘战列舰,各有一枚命中弹。即便如此,岩崎、布留川皆于3时47分发电报,宣称"我轰炸敌主力,效果大"。海军兵学校第61期毕业的岩崎五郎曾作为"苍龙"一员参加对华战争,回国后历任馆山航空队、航母"龙骧"分队长等职务,直到1941年11月担任"赤城"的分队长。布留川泉是海军兵学校第63期毕业生,先后在第12

日军空袭期间的"田纳西"号战列舰,位于其左舷的是"西弗吉尼亚"号战列舰。

航空队、"赤城"号航母任职。

"田纳西"是同名级别战列舰的1号舰，由纽约海军造船厂（New York Naval Shipyard）建造，于1917年4月14日动工，1919年4月30日下水，1920年6月3日完工，标准排水量32818吨，长190米，宽29.69米，吃水9.19米，最大航速21节，装有12门356毫米50倍口径主炮（三联装炮塔4座）、14门127毫米51倍口径副炮、4门76毫米50倍口径炮。"田纳西"号战列舰隶属第2战列舰分队，是该分队的旗舰。属于同一分队的还有"宾夕法尼亚"号与"加利福尼亚"号。

桥口乔少佐带领第2攻击队进入轰炸航路，于3时35分实施轰炸。其中，桥口指挥第1中队轰炸"西弗吉尼亚"号与"田纳西"号，确认各有1弹命中上述两艘战列舰。牧秀雄大尉指挥第2中队轰炸F7泊位的"亚利桑那"号，葛城正彦中尉同在第2中队，该中队确认有2弹命中目标。三上良孝大尉带领第2攻击队第3中队轰炸"西弗吉尼亚"号，但是未能确认所投航弹弹着。另外，停泊在"亚利桑那"号左舷的维修舰"女灶神"号（USS Vestal, AR-4）中1弹。在上述4名飞行科干部中，桥口乔是水平轰炸的老手，他曾以"凤翔"号航母分队长的身份参加中日空战，于1937年10月指挥舰载机轰炸上海闸北的中国军队阵地。此外，时任"赤城"分队长的桥口曾与牧秀雄一道于1939年2月带队轰炸广东等地。

完成投弹后开始撤离的97式舰攻，来自第2攻击队。下方是珍珠港出海口，出海口的右侧是希卡姆机场，当时在遭受第15攻击队轰炸后冒出浓烟。图片左侧冒出大量白烟的是发生爆炸的"亚利桑那"号。

两架隶属"加贺"的舰攻，编号分别是"AII-352""AII-378"。

3时37分，"飞龙"飞行队长楠美正少佐亲自带领第4攻击队第1中队轰炸"亚利桑那"号战列舰，确认2弹命中。3时46分，"亚利桑那"号发生巨大爆炸，巨大的烟柱直冲云霄。楠美从1936年11月开始担任"加贺"分队长，跟随"加贺"转战华东、华南等地，归国后一直在岸基航空部队任职，1941年9月升任"飞龙"飞行队长。

"亚利桑那"号属于宾夕法尼亚级战列舰2号舰，由布鲁克林海军造船厂（Brooklyn Navy Yard）建造，于1914年3月16日动工，1915年6月19日下水，1916年10月17日完工，排水量29626吨，长185.3米，宽29.6米，吃水8.9米，最大航速21节，装有12门356毫米45倍口径主炮（三联炮塔4座）、22门127毫米51倍口径副炮、4门76毫米50倍口径炮。

被日军的800公斤航空穿甲弹炸沉的"亚利桑那"号战列舰。

"亚利桑那"号中弹后发生猛烈爆炸的瞬间。

第1航空舰队水平轰炸队拍摄的福特岛状况。福特岛东的战列舰大街已被"亚利桑那"号爆炸产生的烟雾覆盖。

"亚利桑那"号中弹后冒出大量浓烟,遮盖了"田纳西"号、"俄克拉荷马"号与"马里兰"号。

"飞龙"分队士桥本敏男中尉指挥第4攻击队第2中队轰炸"加利福尼亚"号,时间是3时46分至3时55分,所投的炸弹脱靶。桥本的电信员小山富雄一飞兵回忆道:

座机挂载由战列舰"陆奥""长门"40厘米主炮炮弹改造、弹重880公斤的穿甲弹,于拂晓时分从飞行甲板起飞。我们以3000米高度前往夏威夷,途中眼下尽是一片云海,一点间隙也没有。我担心能否看到瓦胡岛。

突然,无线电静默的电台传来"トツレ"(展开队形,准备突击),接着是"トトト"(全军突击)的信号。是时候了。

领头的雷击队穿过云层紧急下降高度,我们在雷击队攻击后对残余的战列舰实施水平轰炸。桥本中队长喊着"进入轰炸航路""引导机领头"。我用手势示意二号机(梅泽兵曹)。进入轰炸航路。目标是下方的敌军战列舰群,这些军舰在福特岛南侧分两排停泊,其中南侧的几乎在雷击队攻击中起火燃烧,我们以北侧的战列舰为目标前进,但是因油船遭受舰爆攻击而产生的烟雾遮掩,我们无法看见目标。听到"重头再来"。我们向右转弯盘旋,在希卡姆机场上空南下,从外海上空再次进入航路。希卡姆机场有十几架B-17。

第3攻击队在进入轰炸航路时,战列舰大街早已浓烟滚滚,以至于数次进入轰炸航路后才能够展开水平轰炸。第 3 攻击队指挥官的阿部平次郎带领第 1 中队两次进入轰炸航路，后于 3 时 52 分投弹，并确认各有 1 弹命中"西弗吉尼亚"号与"田纳西"号。阿部平次郎完成飞行培训后担任舰爆的侦察员，曾于 1937 年 4 月被调派至"加贺"，并先后参加华东、华南的战斗。回国后，阿部转飞舰攻，1941 年 9 月担任"苍龙"分队长。对于这次轰炸美军战列舰，阿部平次郎回忆道：

现在轮到我们了。我使用瞄准具，但是由于鱼雷命中了战列舰，导致黑烟遮蔽四周，因此无法瞄准目标。

这不好。我决心重新再来。我向向导机发出指示，并爬升到他上方，示意从另一侧执行轰炸。于是我们右转通过海军工厂上空，在希卡姆机场上空转弯，再次进入轰炸航路。

啊，敌人在太阳升起时便能反应过来，着实令人佩服。虽说是星期天的早上，美国人仍然像日常训练那样拿起手枪、步枪射击。

第一次进入轰炸航路时，高射炮炮弹在不同高度散乱地爆炸，但几乎不用担心。第二次进入轰炸航路时，美军射击变得准确。感到飞机剧烈摇晃，炸药燃烧的气味扑鼻而来。这说明炮弹差不多在同一高度爆炸。

啊，不管怎样，投下炸弹就行，到那时就命中目标了，加油。我当时的心情就是这样。

不行，黑烟还在目标附近，但大部分已经散去，敌舰的轮廓清晰可见，因此我握住投弹索，等待时机。

水平轰炸是要配合好，向导机在组成倒三角形的编队前方。向导机用瞄准具瞄准目标，并投下炸弹。2 号、3 号飞机看到向导机投下炸弹，立即拉起投弹索。接着 4 号、5 号机也立即投下炸弹。各机投弹虽然晚了点，弹着呈倒三角形。只有领头的向导机瞄准敌舰。命中与否，就看这架飞机的技术。

投弹高度是 3000 米。为了拍摄弹着，我示意电信员准备相机，"西弗吉尼亚"号与"田纳西"号各中一弹，在确认发出闪光的同时按下快门。"西弗吉尼亚"号在外侧，突然间发生震动，像是舰体在摇晃。那里的破口喷出火焰，敌舰慢慢倾斜。应该是命中弹药库了吧。位于内侧的"田纳西"号中弹后被烟雾笼罩，效果不明。

阿部平次郎提及的向导机的侦察员正是日军海军有名的投弹手金井升一飞曹（侦练 35 期）。与阿部更换位置后，金井的座机占据编队前方位置，穿过弹幕及烟雾后引导第 3 攻击队第 1 中队投弹。他在日记中详细地描述了此次引导轰炸的情形：

先行进入轰炸航路，再尽力解决问题，冷静沉着，祈求神明保佑命中目标。

由于变更了高度，轰炸诸元有误，要重新调整瞄准具，通过瞄准具依然看见目标，但浓烟笼罩，不适宜继续观察，没办法，只能捕捉附近的目标，集中精神并且尽力检查偏流，目标渐渐地明晰起来。

将注意力集中在目标上，听不到在附近爆炸的高射炮声音，不看目标以外的其他东西，心无杂念地瞄准，观察目标的眼睛与内心相映照，此时已经自信能够命中目标。

现在绝对没问题，操纵员充满信心并表现从容，还有竭尽全力确保航向。我在心里对他说："拜托了。"他心领神会，两人的心都在同一事情上。

气流不怎么平稳，屏着气息瞄准和驾驶，

终于进入倒计时，距离投弹的时间所剩无几。我继续集中精神瞄准目标，最后向右修正 1.5 度，用尽全力扣动扳机，巨大的航弹落下后，感到飞机晃动。

我急忙打开观察窗往下看，只见黑色的斑点垂直落下。在正要投弹的时候，我相信没问题，看到炸弹落下，我更确信一定会命中。

我拿出相机拍下目标中弹前的状况，看到炸弹逐渐变小，像是被战列舰吸走，突然喷出赤红的火焰。命中了，命中了，万岁万岁！命中两艘并排的战列舰。

"直接命中两艘。"我大声说，佐藤分队士一听，感慨地说："两艘，好呀！"

"苍龙"分队士山本贞雄中尉带领第 2 中队连续两次尝试都无法捕捉目标，等到第三次进入轰炸航路时才确定以"内华达"号为目标，最终在 4 时整投弹，但由于浓烟遮挡，无法确认弹着。

机动部队第一次攻击队完成攻击后，采取不同方式集合并踏上归途。大致情况如下：

"赤城"：3 时 55 分，板谷茂带领岩间品次一飞曹前往集合点，后于 4 时 20 分与"苍龙"的舰攻编队回航。4 时 25 分，第 1 制空队余部与板谷会合。此外，渊田美津雄于 3 时 57 分电令第一次攻击队"各中队集合后各自返航"。"赤城"的第一次攻击队于 5 时 45 分返回母舰。

"加贺"：4 时整，参与第一次攻击队的"加贺"舰载机离开瓦胡岛上空，最后在 6 时 20 分降落在母舰。

"苍龙"、"飞龙"：特 3 攻击队于 3 时 55 分开始返航，5 时 40 分飞抵母舰上空，除森拾三座机外，其余舰攻均降落在母舰。森拾三由于发动机故障，于 5 时 50 分迫降在海上。随后，机组为驱逐舰救起。第 3 攻击队于 6 时 20 分降落在"苍龙"号航母。第 3 制空队从 4 时开始回航，8 时 30 分，第 3 制空队回到"苍龙"。5 时 30 分至 6 时 03 分，"飞龙"回收第一次攻击队。

"翔鹤"：3 时 45 分，第 15 攻击队、第 5 制空队前往集合点，后于 4 时 12 分完成集合并开始返航。独自回航的兼子正后于 4 时 45 分与第 15 攻击队会合。除一架舰爆离队外，其余参加第一次攻击的"翔鹤"舰载机均在 5 时 50 分返回母舰。这架未能回航的舰爆正是第 15 攻击队第 26 小队 3 号机，它由于中弹独自返航，且未能跟上高桥。8 时 37 分，机组向"翔鹤"发出"我机迫降"这一份充满绝望的电报，随后便失去联络，操纵员岩槻国夫一飞兵、侦察员熊仓哲三郎一飞兵之后被确认阵亡。

"瑞鹤"：5 时 40 分，第 16 攻击队在"瑞鹤"号航母降落；6 时整，第 6 制空队的零战除一架迫降在"翔鹤"外，其余均在"瑞鹤"着舰。

7. 小结：机动部队舰攻对美军舰艇打击的成果

1941 年 12 月 8 日，机动部队对珍珠港美军主力军舰实施鱼雷攻击以及水平轰炸。遭受攻击后，战列舰大街成为一片炼狱，其中"俄克拉荷马"号战列舰翻转沉没，露出底部，多人被困。"西弗吉尼亚"号、"亚利桑那"号这两艘战列舰坐沉，后者舰桥变形，部分主炮塔没于水面。"加利福尼亚"号战列舰倾斜，泄漏的重油起火燃烧。

表 2-5　1941 年 12 月 8 日机动部队第一次突击瓦胡岛编制表

航母	单位	中队	小队	操纵员	侦察员	电信员	备注
				第 1 集团			
"赤城"	第 1 攻击队	第 1 中队	第 40 小队	松崎 三男 大尉（海兵 65 期）	渊田美津雄中佐（海兵 52 期）	水木德信一飞曹（侦练 39 期）	座机中弹 1 发
				渡边 晃 一飞曹（操练 28 期）	阿曾弥之助一飞曹（乙飞 5 期）	五月女忠夫一飞兵（侦练 52 期）	
				竹村 章 一飞曹（甲飞 2 期）	雨宫享勇一飞曹（普电练 40 期）	芦野正男二飞曹（乙飞 8 期）	
			第 41 小队	汤浅只雄一飞曹（操练 25 期）	岩井健太郎大尉（海兵 65 期）	升内义信二飞曹（侦练 43 期）	
				冈崎行男一飞曹（甲飞 2 期）	伊藤 仁 二飞曹（甲飞 3 期）	前野哲男一飞兵（侦练 48 期）	座机中弹 1 发
		第 2 中队	第 42 小队	藤本谕一飞曹（操练 29 期）	岩崎五郎大尉（海兵 61 期）	渡边繁治二飞曹（侦练 34 期）	
				越智正武二飞曹（甲飞 2 期）	向畑寿一一飞曹（乙飞 6 期）	仓谷定茂二飞曹（乙飞 8 期）	
				远藤三郎二飞曹（甲飞 4 期）	中尾直之二飞曹（甲飞 3 期）	杉田好弘二飞曹（甲飞 3 期）	
			第 43 小队	大谷康二二飞曹（操练 43 期）	西森遥飞曹长（侦练 24 期）	大久保光则二飞曹（侦练 43 期）	
				松浦清一飞兵	德留明一飞曹（甲飞 1 期）	松田宪雄一飞兵（侦练 50 期）	
		第 3 中队	第 44 小队	中井留一飞曹长（乙飞 3 期）	布留川泉大尉（海兵 63 期）	河原真治二飞曹（侦练 43 期）	
				铃木忍一飞兵（操练 52 期）	加藤升一飞曹（乙飞 5 期）	藤田军平二飞曹（乙飞 8 期）	
				佐藤仁夫三飞曹（操练 52 期）	远间万喜太二飞曹（甲飞 3 期）	铃木胜二飞曹（甲飞 4 期）	
			第 45 小队	泷泽友一二飞曹（乙飞 8 期）	松岛正飞曹长（乙飞 2 期）	大岛正广一飞兵（侦练 51 期）	
				冈田岩一飞曹（甲飞 4 期）	菊地义盛二飞曹（侦练 45 期）	村上守司三飞曹（乙飞 9 期）	座机中弹 1 发

续表

航母	单位	中队	小队	操纵员	侦察员	电信员	备注
"加贺"	第2攻击队	第1中队	第40小队	浦田丰四飞曹长（乙飞2期）	桥口乔少佐（海兵56期）	松本光一飞曹（乙飞7期）	
				杉原达也一飞曹（甲飞1期）	山本胜男一飞曹（乙飞5期）	田中洋一二飞曹（甲飞3期）	
				切通 亲三飞曹（操练45期）	樫田一郎一飞曹（侦练44期）	田村三郎二飞曹（甲飞4期）	
			第49小队	铃木 勋二飞曹（操练48期）	福元实惠飞曹长（乙飞4期）	村上欣二二飞曹（甲飞3期）	
				小川益一一飞兵（操练48期）	天野 明一飞曹（甲飞1期）	伊藤拾久二飞曹（甲飞3期）	
		第2中队		牧秀雄大尉（海兵61期）	松村 务飞曹长（侦练22期）	三矢武一二飞曹（侦练43期）	
			第47小队	田中庄市一飞曹（甲飞1期）	菊地藤三一飞曹（甲飞1期）	冲中明二飞曹（甲飞3期）	
				大塚高次三飞曹（操练49期）	德丸泰次一飞曹（侦练40期）	渡边祯夫二飞曹（乙飞8期）	座机中弹3发
			第48小队	三岛辉夫一飞曹（乙飞7期）	葛城正彦中尉（海兵66期）	久恒吾市二飞曹（乙飞8期）	
				柴田 寿二飞曹（甲飞3期）	吉村直次郎一飞曹（甲飞1期）	黑木勇三郎三飞曹（乙飞9期）	
		第3中队	第46小队	三上良孝大尉（海兵65期）	竹原贞喜一飞曹（乙飞5期）	饭盛清太三飞曹（侦练47期）	
				植村信雄一飞曹（甲飞2期）	藤井淳一二飞曹（甲飞3期）	尾池三郎一飞兵	座机中弹1发
			第43小队	松山政人二飞曹（操练33期）	森永隆义飞曹长（乙飞4期）	米泽一二飞曹（甲飞3期）	
				大串军治三飞曹（操练50期）	滨野孝一二飞曹（甲飞3期）	大场八千代二飞曹（甲飞4期）	

续表

航母	单位	中队	小队	操纵员	侦察员	电信员	备注
"苍龙"	第3攻击队	第1中队	第1小队	笠原治助飞曹长（乙飞4期）	阿部平次郎大尉（海兵61期）	小町 龄 一飞曹（乙飞6期）	
				佐藤治尾飞曹长（操练18期）	金井 升一飞曹（侦练35期）	花田芳一二飞曹（乙飞8期）	
				栗田照秋一飞兵（操练50期）	大谷末吉三飞曹（侦练49期）	小纸彰正一飞兵（侦练50期）	
			第2小队	根食贞宪二飞曹（乙飞8期）	杉山弘兴一飞曹（甲飞1期）	丸山忠雄二飞曹（甲飞3期）	
				岩田高明二飞曹（甲飞4期）	鹿熊粂吉二飞曹（甲飞3期）	土井敬二二飞曹（甲飞4期）	
		第2中队	第1小队	新谷洁一飞曹（甲飞2期）	山本贞雄中尉（海兵66期）	铃木四郎三飞曹（侦练43期）	座机中弹1发
				大多和达也一飞曹（乙飞5期）	藤波贯二一飞曹（侦练27期）	永井福太郎一飞兵（侦练51期）	座机中弹1发
				宫崎德三郎一飞兵（操练48期）	佐野 觉一飞曹（甲飞2期）	秋滨哲郎一飞兵（侦练48期）	
			第2小队	野崎实男三飞曹（操练41期）	八代七郎飞曹长（侦练23期）	若林澄男二飞曹（侦练43期）	
				茅原义博一飞兵（操练48期）	安藤百平二飞曹（侦练49期）	江塚寿二二飞曹（甲飞4期）	
"飞龙"	第4攻击队	第1中队	第40小队	楠美正少佐（海兵57期）	近藤正次郎中尉（海兵66期）	福田正雄一飞曹（乙飞5期）	
				石井善吉一飞曹（操练31期）	小林正松一飞曹（侦练31期）	文宫府知一飞兵（侦练48期）	
				大林行雄一飞曹（乙飞5期）	吉村武夫二飞曹（甲飞4期）	矢作 实二飞曹（甲飞4期）	
			第48小队	阪本宪司一飞曹（甲飞2期）	池龟秀敏一飞曹（侦练25期）	实田陆男一飞兵（侦练49期）	
				永山义光一飞兵（操练52期）	佐藤繁治二飞曹（乙飞8期）	宫川次宗二飞曹（甲飞4期）	

续表

航母	单位	中队	小队	操纵员	侦察员	电信员	备注
"飞龙"	第4攻击队	第2中队	第46小队	上杉丈助二飞曹（操练38期）	桥本敏男中尉（海兵66期）	小山富雄一飞兵（侦练48期）	
				高桥仲夫一飞曹（甲飞2期）	后藤亲思一飞曹（侦练29期）	笠井清二飞曹（乙飞8期）	
				住友清真一飞曹（操练23期）	梅泽幸男二飞曹（侦练33期）	田村满二飞曹（甲飞3期）	
			第47小队	野中觉一飞曹（乙飞5期）	龙六郎飞曹长（侦练27期）	楢崎广典一飞曹（乙飞6期）	
				铃木武一飞兵（操练53期）	山田贞次郎二飞曹（甲飞4期）	鸟原力二飞曹（侦练51期）	
"赤城"	特1攻击队	第4中队	第46小队	村田重治少佐（海兵58期）	星野要二飞曹长（侦练21期）	平山清志一飞曹（侦练30期）	座机中弹1发
				井上福治一飞兵（操练48期）	川村善作一飞曹（甲飞2期）	藤本兼雄一飞兵（侦练48期）	
				香川定辅一飞兵（操练52期）	栗田厚吉二飞曹（甲飞3期）	友安薰一飞兵（侦练52期）	
			第47小队	后藤仁一中尉（海兵66期）	宫岛睦夫一飞曹（侦练28期）	中岛光升三飞曹（侦练43期）	
				行友一人一飞兵（操练48期）	宫田政人一飞曹（侦练36期）	女田竹利一飞兵（侦练48期）	
				安江巴一飞兵（操练47期）	远藤恒次二飞曹（侦练36期）	萩谷几久男三飞曹（乙飞9期）	座机中弹21发
		第5中队	第48小队	根岸朝雄大尉（海兵65期）	川村正明飞曹长（侦练18期）	清水贤一飞曹（甲飞2期）	
				海藤军治三飞曹（操练42期）	伊藤光义一飞曹（甲飞2期）	堀井孝行一飞曹（甲飞3期）	
				花井圭吾一飞兵（操练50期）	菅谷重春二飞曹（甲飞3期）	冲田清三三飞曹（侦练43期）	座机中弹，侦察员阵亡
				铃木重男一飞曹（乙飞5期）	重永春喜飞曹长（侦练18期）	南木清之助一飞曹（甲飞2期）	座机中弹3发
			第49小队	蓼原勇雄二飞曹（操练48期）	松冈孝一飞曹（甲飞2期）	中村勇哲二飞曹（乙飞8期）	
				五岛薰三飞曹	佐野刚也一飞曹（甲飞2期）	中野利夫二飞曹（乙飞8期）	

续表

航母	单位	中队	小队	操纵员	侦察员	电信员	备注
"加贺"	特2攻击队	第1中队	第41小队	北岛一良大尉（海兵61期）	明胁丰飞曹长（侦练22期）	山本静男二飞曹（侦练43期）	
				吉川与四郎三飞曹（操练53期）	王子野光二三飞曹（乙飞7期）	前田武二飞曹（甲飞3期）	座机中弹1发
				平田义幸二飞曹（甲飞4期）	山口勇二三飞曹（侦练40期）	冈田幸男一飞兵（侦练53期）	座机中弹4发
			第42小队	佐藤重雄一飞曹（乙飞5期）	福田稔大尉（海兵65期）	大西春雄二飞曹（甲飞3期）	座机中弹8发
				中川一二二飞曹（操练46期）	吉野治男一飞曹（甲飞2期）	川崎光男一飞兵（侦练50期）	座机中弹8发
				北原收三一飞兵（操练51期）	清水吉雄一飞兵（侦练46期）	大西俊夫二飞曹（甲飞4期）	被美军防空火炮击落
		第2中队		铃木三守大尉（海兵64期）	森田常记飞曹长（乙飞4期）	町元善春二飞曹（乙飞8期）	被美军防空火炮击落
			第44小队	田中一则二飞曹（乙飞8期）	中村丰弘二飞曹（侦练44期）	井上安治二飞曹（侦练49期）	座机中弹2发
				熊本研一二飞曹（甲飞4期）	松田勇二飞曹（甲飞3期）	梅津宣夫二飞曹（甲飞4期）	被美军防空火炮击落
				岩田广丈一飞曹（操练26期）	森崎英夫一飞曹（甲飞1期）	平野晴一郎二飞曹（甲飞3期）	
			第45小队	大桥成克一飞兵（操练53期）	增田吉藏二飞曹（侦练51期）	武田英美二飞曹（甲飞4期）	被美军防空火炮击落
				长井泉二飞曹（甲飞4期）	植田米太郎一飞曹（乙飞6期）	武田友治一飞兵（操练51期）	被美军防空火炮击落
"苍龙"	特3攻击队	第1中队	第1小队	长井彊大尉（海兵64期）	谷口惣一郎飞曹长（侦练22期）	太田五郎一飞曹（乙飞6期）	
				森拾三二飞曹（操练38期）	加藤丰则一飞曹（甲飞2期）	早川润一二飞曹（甲飞3期）	
			第2小队	原田正澄一飞曹（甲飞2期）	金井武和飞曹长（侦练26期）	细井喜代人二飞曹（乙飞8期）	中弹数发
				木村正二飞曹（乙飞8期）	吉冈政光二飞曹（侦练43期）	若宫秀夫二飞曹（甲飞4期）	

续表

航母	单位	中队	小队	操纵员	侦察员	电信员	备注
"苍龙"	特3攻击队	第2中队	第1小队	中岛巽大尉（海兵65期）	中村太门飞曹长（乙飞2期）	西田孝雄一飞兵（侦练47期）	
				藤原嘉六一飞兵（操练48期）	石井利一一飞曹（乙飞7期）	渡边勇三二飞曹（甲飞3期）	
			第2小队	佐藤寿雄一飞曹（操练26期）	大迫加一飞曹长（侦练29期）	荒井辰雄三飞曹（侦练43期）	
				川岛甲治三飞曹（操练50期）	田中敬介一飞曹（甲飞2期）	小川政次三飞曹（乙飞8期）	
"飞龙"	特4攻击队	第1中队	第41小队	松村平太大尉（海兵63期）	城武夫一飞曹（乙飞5期）	村井定一飞曹（乙飞6期）	
				于久保己三飞曹（操练41期）	肱黑定美二飞曹（甲飞3期）	稻毛幸平一飞曹（甲飞2期）	
			第45小队	柳本拓郎三飞曹（操练42期）	汤本智美飞曹长（侦练20期）	松井信平一飞曹（乙飞6期）	
				浦田直一飞兵（操练53期）	工藤博之二飞曹（侦练44期）	谷口一也一飞兵（侦练50期）	
		第2中队	第42小队	角野博治大尉（海兵65期）	稻田政司飞曹长（乙飞2期）	森田宽二飞曹（甲飞3期）	
				杉本八郎一飞曹（甲飞2期）	丸山泰辅二飞曹（甲飞3期）	藤山雅照一飞兵（侦练50期）	
			第43小队	高桥利男一飞曹（操练24期）	中岛政时一飞曹（乙飞7期）	金泽秀利二飞曹（乙飞8期）	
				笠岛敏夫一飞兵（操练39期）	鸟羽重信一飞曹（侦练31期）	仲野开市二飞曹（甲飞3期）	
第2集团							
"翔鹤"	第15攻击队	—	第20小队	高桥赫一少佐（海兵56期）	小泉精三中尉（海兵66期）	—	
				篠原一男一飞曹（甲飞2期）	小板桥博司一飞曹（乙飞6期）	—	
				福原淳二飞曹（甲飞3期）	元俊二郎二飞曹（甲飞3期）	—	

续表

航母	单位	中队	小队	操纵员	侦察员	电信员	备注
"翔鹤"	第15攻击队	第3中队	第27小队	比良国清大尉（海兵65期）	长光雄飞曹长（乙飞5期）	—	
				中所修平二飞曹（甲飞3期）	大浦民平二飞曹（乙飞8期）	—	
				原岛正义一飞曹（操练53期）	吉永四郎一飞兵（侦练53期）	—	
			第28小队	铃木敏夫二飞曹（操练47期）	国分丰美飞曹长（侦练28期）	—	
				北村富佐士三飞曹（乙飞8期）	富樫胜介二飞曹（甲飞4期）	—	
				关政男一飞兵（操练55期）	山内博一飞兵（侦练52期）	—	
		第1中队	第21小队	山口正夫大尉（海兵63期）	染野文雄一飞曹（甲飞1期）	—	
				池田清三飞曹（操练47期）	田中广吉三飞曹（侦练52期）	—	
				小田桐忠造一飞兵（操练55期）	千叶正史二飞曹（甲飞4期）	—	
			第22小队	三福岩吉中尉（海兵66期）	野边武夫一飞曹（乙飞6期）	—	
				冈田忠夫一飞兵（操练54期）	田崎纯二飞曹（甲飞4期）	—	
			第23小队	上岛初一飞曹（甲飞2期）	中定次郎飞曹长（乙飞1期）	—	
				高桥幸治二飞曹（甲飞4期）	松井胜二飞曹（甲飞4期）	—	
				加藤熊一三飞曹（操练50期）	横田益太郎一飞兵（侦练53期）	—	

续表

航母	单位	中队	小队	操纵员	侦察员	电信员	备注
"翔鹤"	第15攻击队	第2中队	第24小队	藤田久良大尉（海兵64期）	野津保卫特务少尉（侦练19期）	—	
				山谷喜吉三飞曹（操练49期）	汲田升三飞曹（侦练43期）	—	
				塙明重一飞兵①（操练55期）	早坂庚四郎一飞兵（侦练48期）	—	
			第25小队	松田幸德飞曹长（乙飞3期）	今田彻一飞曹（甲飞1期）	—	
				白井五郎一飞曹（甲飞2期）	铃木富三二飞曹（侦练51期）	—	
				大川丰信一飞兵（操练53期）	松田升一飞兵（侦练53期）	—	
			第26小队	伊藤勇三一飞曹（操练39期）	九岛作次郎二飞曹（乙飞8期）	—	
				岩槻国夫一飞兵（操练55期）	熊仓哲三郎一飞兵（侦练53期）	—	归航时因迷航而失踪
"瑞鹤"	第16攻击队	第1中队	第23小队	坂本明大尉（海兵63期）	井塚芳夫飞曹长（乙飞4期）	—	第16攻击队有10机中弹
				酒卷秀明二飞曹（操练39期）	藤冈寅夫二飞曹（侦练39期）	—	
				氏木平槌飞曹长（操练16期）	雨宫贞雄一飞曹（甲飞1期）	—	
			第26小队	福永政登飞曹长（操练22期）	根岸正明二飞曹（侦练46期）	—	
				井方作男一飞曹（乙飞7期）	白仓耕太二飞曹（侦练45期）	—	
				天近进三飞曹（操练53期）	弘兼五一一飞兵（侦练53期）	—	

① "塙"为"确"的异体字。

续表

航母	单位	中队	小队	操纵员	侦察员	电信员	备注
"瑞鹤"	第16攻击队	第1中队	第27小队	稲垣富士夫一飞曹（甲飞2期）	小山茂飞曹长（乙飞4期）	—	
				加藤清武二飞曹（甲飞3期）	上谷睦夫二飞曹（甲飞3期）	—	
				渡边利一一飞兵（操练56期）	铃木昌三二飞曹（甲飞4期）	—	
		第2中队	第24小队	江间保大尉（海兵63期）	东藤一飞曹长（乙飞3期）	—	
				斋藤益一一飞曹（乙飞7期）	杉木铁司二飞曹（侦练37期）	—	
				河村修一飞兵（操练54期）	泉洁一飞兵（侦练53期）	—	
			第25小队	堀建二二飞曹（甲飞3期）	大塚礼治郎中尉（海兵66期）	—	
				竹谷猛三飞曹（操练54期）	山口胜一飞兵（侦练51期）	—	
				谷奥平一飞兵（操练56期）	濑市军三一飞兵（侦练52期）	—	
		第3中队	第27小队	安藤五郎一飞曹（操练34期）	林亲博大尉（海兵65期）	—	
				谷时正治二飞曹（甲飞3期）	深江雄一一飞曹（甲飞2期）	—	
				田中五郎一飞兵（操练54期）	福垣内实美三飞曹（侦练39期）	—	
			第28小队	葛原丘中尉（海兵66期）	川濑孝治一飞曹（甲飞1期）	—	
				岩本茂二飞曹（甲飞3期）	荻原道治三飞曹（侦练42期）	—	
				菅崎正生二飞曹（甲飞4期）	不明	—	

续表

航母	单位	中队	小队	操纵员	侦察员	电信员	备注
"瑞鹤"	第16攻击队	第3中队	—	中西义男一飞曹（乙飞6期）	松本彦一一飞曹（侦练31期）	—	
				松本芳一郎一飞兵（操练49期）	川添正义三飞曹	—	
				江种繁树一飞兵（操练48期）	石川重一一飞曹（甲飞1期）	—	
				野原忠明三飞曹（操练45期）	福本武一飞兵	—	
第3集团							
"赤城"	第1制空队	—	第1小队	板谷茂少佐（海兵57期）	—		消耗弹药1100发
				平野釜一飞曹（甲飞1期）	—		被击落
				岩间品次一飞曹（甲飞2期）	—		消耗弹药715发
			第2小队	指宿正信大尉（海兵65期）	—		消耗弹药910发
				岩城芳雄一飞曹（甲飞2期）	—		消耗弹药710发 座机中弹1发
				羽生十一郎一飞兵（操练51期）	—		消耗弹药355发
			第3小队	小山内末吉飞曹长（乙飞2期）	—		消耗弹药1100发。座机中弹1发
				谷口正夫二飞曹（操练51期）	—		消耗弹药710发
				高须贺满美一飞兵（操练51期）	—		消耗弹药710发。座机中弹1发
"加贺"	第2制空队	—	第11小队	志贺淑雄大尉（海兵62期）	—		
				平石勋二飞曹（操练27期）	—		
				佐野清之进二飞曹（操练41期）	—		被击落

续表

航母	单位	中队	小队	操纵员	侦察员	电信员	备注
"加贺"	第2制空队	—	第12小队	坂井知行中尉（海兵66期）	—		
				萩原二男一飞曹（操练30期）	—		
				平山岩二飞曹（操练38期）			
			第13小队	山本旭一飞曹（操练24期）	—		座机中弹3发
				羽田透二飞曹（操练35期）			被击落
				中上乔一飞兵（操练53期）			座机中弹1发
"苍龙"	第3制空队（共消耗20毫米机炮弹884发、7.7毫米机枪枪弹7625发）	—	第1小队	菅波政治大尉（海兵61期）			
				三田岩一飞曹（甲飞2期）	—		座机中弹1发，由于搭乘员受伤而提前返航
				铃木新一三飞曹（操练45期）	—		
			第2小队	田中平飞曹长（操练19期）			
				萩野恭一郎三飞曹（操练44期）	—		
				土井川勋一飞兵（操练47期）	—		座机中弹2发
			第3小队	野田光臣一飞曹（甲飞2期）			
				吉松要二飞曹（操练41期）			

续表

航母	单位	中队	小队	操纵员	侦察员	电信员	备注
"飞龙"	第4制空队	—	第16小队	冈岛清熊大尉（海兵63期）	—		
				村中一夫一飞曹（乙飞6期）	—		
				田原功三飞曹（操练45期）	—		
			第17小队	野口毅次郎一飞曹（操练24期）	—		
				原田敏尧三飞曹（操练41期）	—		
				专当哲男一飞兵（操练49期）	—		
"翔鹤"	第5制空队（共消耗20毫米机炮弹660发、7.7毫米机枪枪弹5060发）	—	第11小队	兼子正大尉（海兵60期）	—		中弹2发
				安部安次郎特务少尉（乙飞1期）	—		
				西出伊信一飞曹（甲飞1期）	—		
			第12小队	帆足工大尉（海兵63期）	—		
				松田二郎一飞曹（甲飞1期）	—		
"瑞鹤"	第6制空队（共消耗20毫米机炮弹694发、7.7毫米机枪枪弹3805发）	—	第1小队	佐藤正夫大尉（海兵63期）	—		第1小队有3机中弹
				龟井富男一飞曹（操练42期）	—		
			第2小队	牧野正敏大尉（海兵65期）	—		
				清末银治一飞曹（甲飞2期）	—		
			第3小队	儿玉义美飞曹长（乙飞2期）	—		
				小见山贤太二飞曹（乙飞7期）	—		

回头再看，日军共投入 40 架舰攻对珍珠港的美军军舰实施鱼雷攻击，消耗 40 条鱼雷，确认有 36 条命中目标。实际上，雷击队至少有 20 条鱼雷命中，造成 3 艘战列舰、1 艘靶舰沉没（坐底或翻沉），击伤 2 艘战列舰、2 艘轻巡洋舰，损失 5 架舰攻，另有至少 10 架舰攻在投射鱼雷期间中弹。对照日美双方的记录，机动部队的舰攻鱼雷攻击结果如表 2-6 所示：

表 2-6　1941 年 12 月 8 日机动部队第 1 集团攻击美军舰艇情况对照表（鱼雷攻击）

单位	中队	小队	飞机编号	攻击目标	消耗弹药数	声称战果	美军记录
特 1 攻击队	第 1 中队	第 46 小队	1 号机	"西弗吉尼亚"号	鱼雷 1 条	命中	4 到 6 条鱼雷命中"西弗吉尼亚"号左舷
			2 号机	"西弗吉尼亚"号	鱼雷 1 条	命中	
	第 2 中队	第 48 小队	3 号机	"西弗吉尼亚"号	鱼雷 1 条	命中	
特 2 攻击队	第 1 中队	第 41 小队	1 号机	"西弗吉尼亚"号	鱼雷 1 条	命中	
			2 号机	"西弗吉尼亚"号	鱼雷 1 条	命中	
			3 号机	"西弗吉尼亚"号	鱼雷 1 条	命中	
特 2 攻击队	第 2 中队	第 44 小队	2 号机	"西弗吉尼亚"号	鱼雷 1 条	命中	
特 4 攻击队	第 1 中队	第 41 小队	1 号机	"西弗吉尼亚"号	鱼雷 1 条	命中	
			2 号机	"西弗吉尼亚"号	鱼雷 1 条	命中	
特 1 攻击队	第 1 中队	第 46 小队	3 号机	"俄克拉荷马"号	鱼雷 1 条	命中	9 条鱼雷命中"俄克拉荷马"号
		第 47 小队	1 号机	"俄克拉荷马"号	鱼雷 1 条	命中	
			2 号机	"俄克拉荷马"号	鱼雷 1 条	命中	
	第 2 中队	第 49 小队	1 号机	"俄克拉荷马"号	鱼雷 1 条	命中	
			2 号机	"俄克拉荷马"号	鱼雷 1 条	命中	
			3 号机	"俄克拉荷马"号	鱼雷 1 条	命中	
特 2 攻击队	第 1 中队	第 42 小队	1 号机	"俄克拉荷马"号	鱼雷 1 条	命中	
			2 号机	"俄克拉荷马"号	鱼雷 1 条	命中	
	第 2 中队	第 44 小队	1 号机	"俄克拉荷马"号	鱼雷 1 条	命中	
		第 45 小队	1 号机	"俄克拉荷马"号	鱼雷 1 条	命中	
特 4 攻击队	第 2 中队	第 42 小队	1 号机	"俄克拉荷马"号	鱼雷 1 条	命中	
			2 号机	"俄克拉荷马"号	鱼雷 1 条	命中	
特 1 攻击队	第 2 中队	第 48 小队	1 号机	"加利福尼亚"号	鱼雷 1 条	命中	2 条鱼雷命中"加利福尼亚"号
			2 号机	"加利福尼亚"号	鱼雷 1 条	命中	
特 3 攻击队	第 1 中队	第 1 小队	2 号机	"加利福尼亚"号	鱼雷 1 条	命中	
特 2 攻击队	第 2 中队	第 44 小队	3 号机	"内华达"号	鱼雷 1 条	命中	1 条鱼雷命中"内华达"号

续表

单位	中队	小队	飞机编号	攻击目标	消耗弹药数	声称战果	美军记录
特3攻击队	第1中队	第2小队	1号机	"犹他"号	鱼雷1条	命中	2条鱼雷命中"犹他"号,1条命中"罗利"号
			2号机	"犹他"号	鱼雷1条	命中	
	第2中队	第1小队	1号机	"犹他"号	鱼雷1条	命中	
			2号机	"犹他"号	鱼雷1条	命中	
		第2小队	1号机	"犹他"号	鱼雷1条	命中	
			2号机	"犹他"号	鱼雷1条	命中	
特3攻击队	第1中队	第1小队	1号机	"海伦娜"号	鱼雷1条	命中	1条鱼雷命中"海伦娜"号
特4攻击队	第1中队	第45小队	1号机	"海伦娜"号	鱼雷1条	命中	
			2号机	"海伦娜"号	鱼雷1条	命中	
	第2中队	第43小队	1号机	"海伦娜"号	鱼雷1条	命中	
			2号机	"海伦娜"号	鱼雷1条	命中	
特1攻击队	第2中队	第47小队	3号机	—	鱼雷1条	—	推测投射的鱼雷钻进淤泥
特2攻击队	第1中队	第42小队	3号机	—	鱼雷1条	—	不明
	第2中队	第45小队	2号机	—	鱼雷1条	—	推测攻击"俄克拉荷马"号,结果不明
			3号机	—	鱼雷1条	—	

特1攻击队第46小队(欠3号机)、第48小队3号机、特2攻击队第41小队、第44小队2号机、特4攻击队第41小队,共9架97式舰攻向"西弗吉尼亚"号投射鱼雷,1航舰司令部确认上述机组的鱼雷均命中目标。106名"西弗吉尼亚"号的官兵阵亡。

1942年6月,美军打捞"西弗吉尼亚"号,通过勘察其受损状况,确认7条航空鱼雷命中"西弗吉尼亚"号左舷,其中两条分别命中左舷装甲带第46号、70号肋位并发生剧烈的爆炸。日军的航空鱼雷击中装甲带及其上方,造成位于装甲带下方的舷侧板向内凹陷,内部防雷舱壁被扯开,导致大量海水往舱内倒灌。接着,一条鱼雷刚好正中舵机室,导致舵机失效。由于海水倒灌,"西弗吉利亚"号失去平衡并迅速向左倾斜,随后又一条航空鱼雷命中左舷68号肋位装甲带上方的区域,导致大量海水从第二、第三甲板倒灌进舱内,继而造成战舰下沉。为拯救这艘战列舰,损管人员及时往右舷注水,确保战列舰保持平衡姿态坐沉,最终避免了翻转沉没。此外,美军在"西弗吉尼亚"左舷第81号、94号肋位的装甲带发现破口,推测可能是航弹或鱼雷造成的。

(1)

(2)

"西弗吉尼亚"号战列舰左舷第 40 至 52 号肋位被鱼雷击中的状况。

"西弗吉尼亚"号战列舰左舷第 42 至 53 号肋位被鱼雷击中的状况。

"西弗吉尼亚"号的左舷第 80 号肋位的破损状况。

特 1 攻击队第 46 小队 3 号机、第 47 小队、第 49 小队，特 2 攻击队第 42 小队、第 44 小队 1 号机、第 45 小队，特 4 攻击队第 42 小队，至少 12 架舰攻攻击"俄克拉荷马"号战列舰并且确认所投的鱼雷命中目标。根据推测，3 时 26 分左右，3 条鱼雷命中"俄克拉荷马"号左舷：第 1 条鱼雷命中 65 号肋位附近，第 2 条鱼雷命中 48 号肋位附近，第 3 条命中位置与第 1 条相近。"俄克拉荷马"号被击中后，由于海水倒灌而致使其迅速向左倾斜。3 时 30 分左右，另外 6 条鱼雷击中左舷，由于"俄克拉荷马"号已经严重倾斜，其中一条鱼雷命中2号主炮左侧，另一条命中第90号肋位。部分鱼雷击中装甲带上方，造成主甲板、第二甲板、第三甲板左舷的舷侧板被炸开。由于大量海水的倒灌，舰员无法及时进行损管，最终"俄克拉荷马"迅速翻转沉没，时间是3时35分。3架停放在"俄克拉荷马"号上的OS2U-3水上飞机跟随该舰沉没而损失。战后统计，"俄克拉荷马"号共有22人阵亡，406人被困在舱内而无法及时逃生，26人受伤。最终，美方确认"俄克拉荷马"号共有429名官兵阵亡。

被打捞起来的"俄克拉荷马"号

"俄克拉荷马"号左舷第60号肋位被鱼雷击中的破损状况。

特3攻击队第1中队第2小队及第2中队，共6架舰攻将"犹他"号靶舰当成主力舰并展开鱼雷攻击，战后声称投射的6条鱼雷全部命中。实际上，这6条鱼雷中有3条击中美军舰艇，其中，2条鱼雷命中"犹他"号左舷，导致其严重入水及翻沉以及58名舰员死亡；1条鱼雷由于偏航，命中"罗利"号轻巡洋舰左舷第57号肋位。鱼雷爆炸后在命中位置撕开破口，导致前动力区有一半区域被海水淹没。由于损管措施得当，"罗利"号才免遭沉没的厄运。

特3攻击队第1小队1号机、特4攻击队第45小队全体、第43小队全体，共5架舰攻攻击"海伦娜"号轻巡洋舰，并宣称命中，实际上仅有1条鱼雷命中目标。这条鱼雷命中右舷第75号肋位，导致海水倒灌并淹没锅炉舱。当日，"海伦娜"号共有34人阵亡。

毗邻"海伦娜"号的"奥格拉拉"号布雷舰受鱼雷爆炸波及，导致船身出现破口以及入水，

"奥格拉拉"号的左舷水线以下位置受击中"海伦娜"号的鱼雷发生爆炸的冲击而严重变形。

轮机舱被海水淹没，随后为避免阻碍"海伦娜"号的高射炮射击，4时30分被拖曳至"海伦娜"号后方。

特2攻击队第44小队3号机投射的鱼雷在3时40分左右命中"内华达"号战列舰的左前舷、第41号肋位的防雷鼓泡，炸开一个长19尺、高27尺的破口，导致防雷舱壁向内凹陷，半伴随大量海水涌入。随后，"内华达"号逐渐向左舷倾斜4到5度，直到损管人员奋力排水后才基本恢复平衡。

特1攻击队第48小队1号、2号机、特3攻击队第1中队2号机依次攻击"加利福尼亚"号战列舰，其中一条鱼雷命中左舷第101号肋位，造成95至109号肋位的舷侧板出现破口，另一条鱼雷在3时50分命中左舷第52号肋位，导致左舷水线下、第46至第60号肋位的舷侧板出现破口。"加利福利亚"号被鱼雷击中后迅速向左倾斜下沉，最终坐沉。

（1）

鱼雷命中"加利福尼亚"号的左舷后，在第51号肋位留下的破口。

水平轰炸方面，机动部队共投入50架97式舰攻轰炸美军战列舰，消耗50枚800公斤穿甲弹。日军确认6个中队（各5架舰攻）捕捉到目标，投掷的30枚800公斤航空穿甲弹中有13枚命中目标，而舰攻未损失一架。据美军记录，第一次攻击共有12枚航弹命中战列舰等目标。

（2）

日军航空鱼雷在"内华达"号战列舰左舷第41号肋位留下的破口。

表2-7　1941年12月8日机动部队第1集团攻击美军战列舰情况对照表(水平轰炸)

单位	中队	小队	飞机编号	攻击目标	消耗弹药数	声称战果	美军记录
第1攻击队	第1中队	第40、41小队	—	"马里兰"号	800公斤穿甲弹5枚	2弹命中	2弹命中"马里兰"号
第1攻击队	第2中队	第42、43小队	—	"田纳西"号、"西弗吉尼亚"号	800公斤穿甲弹5枚	1弹命中"西弗吉利亚"号、1弹命中"田纳西"号	2弹命中"西弗吉利亚"号, 2弹命中"田纳西"号
	第3中队	第44、45小队	—	"田纳西"号、"西弗吉尼亚"号	800公斤穿甲弹5枚	弹着不明	
第2攻击队	第1中队	第40、49小队	—	"田纳西"号、"西弗吉尼亚"号	800公斤穿甲弹5枚	1弹命中"西弗吉利亚"号、1弹命中"田纳西"号	
第3攻击队	第1中队	第1、2小队	—	"田纳西"号、"西弗吉尼亚"号	800公斤穿甲弹5枚	1弹命中"西弗吉利亚"号、1弹命中"田纳西"号	
第2攻击队	第3中队	第46、43小队	—	"西弗吉尼亚"号	800公斤穿甲弹4枚	弹着不明	
第2攻击队	第2中队	第41、48小队	—	"亚利桑那"号	800公斤穿甲弹5枚	2弹命中,另外1弹命中"女灶神"号	4弹命中"亚利桑那"号, 2弹命中"女灶神"号
第4攻击队	第1中队	第40、48小队	—	"亚利桑那"号	800公斤穿甲弹5枚	2弹命中	
第4攻击队	第2中队	第46、47小队	—	"加利福尼亚"号	800公斤穿甲弹5枚	弹着不明	4弹为靠近弹, 1弹命中
第3攻击队	第2中队	第1、2小队	—	轰炸目标不明	800公斤穿甲弹5枚	航弹脱靶	

第 2 攻击队第 2 中队、第 4 攻击队第 1 中队，共 10 架舰攻轰炸 "亚利桑那" 号战列舰，投下 10 枚 800 公斤穿甲弹，取得 4 弹命中：1 枚航弹命中烟囱，两枚航弹分别命中救生甲板左舷、第 66 号肋位与第 73 号肋位，还有 1 枚航弹命中 2 号主炮前侧，并穿透至前弹药库。3 时 40 分，"亚利桑那" 号发生大爆炸。美国海军舰船局后来调查发现"亚利桑那" 号的 1 号、2 号主炮塔周边在日机空袭时共有 5 个舱门且全部打开，其中 1 个舱门大致位于存放发射药的火药库上方。当时 1 号、2 号主炮至少存放 1075 磅发射药。舰船局推断，由于航弹爆炸或火苗从敞开的舱门窜入火药库，引燃发射药，继而引起"亚利桑那" 号发生大爆炸。此外，第 1 战列舰分队司令伊萨克·坎贝尔·基德（Isaac Campbell Kidd，1906 年毕业于美国海军学院）少将以及在舰桥指挥的舰长富兰克林·范·瓦尔肯堡（Franklin Van Valkenburgh，1909 年毕业于美国海军学院）上校失踪。战后，美军统计"亚利桑那" 号共有 1177 人因日机空袭阵亡。弗莱彻级驱逐舰有两舰分别以"基德"号、"瓦尔肯堡"号命名（舷号分别是"DD-661""DD-656"），以作纪念。

在大爆炸中严重损毁的"亚利桑那"号战列舰的舰桥。

"亚利桑那"号发生大爆炸后完全坐沉在珍珠港。

第1攻击队（欠第1中队）、第2攻击队（欠第2中队）、第3攻击队（欠第2中队），共25架舰攻轰炸"西弗吉利亚"号及"田纳西"号，其中2弹命中"西弗吉尼亚"号：第一枚航弹命中救生甲板右舷、第65号肋位，随后在主甲板左舷、第70至72肋位爆炸。第二枚航弹命中3号主炮炮塔顶部，并穿透至炮塔内部。虽然这枚航弹并未爆炸，但是击毁了3号主炮一门火炮身管以及3架停放在3号主炮顶部弹射器处的OS2U-3水上飞机。

"田纳西"号战列舰同样被两枚800公斤航弹命中。第一枚航弹命中该战列舰3号主炮顶部的弹射器，并一直穿透至炮塔内部，但没有发生爆炸。3时38分，第二枚航弹击中2号主炮中间的炮管右侧，虽然同为哑弹，未对"田纳西"造成实质性损伤，但是造成5人阵亡，这枚航弹所产生的破片扫过邻近的"西弗吉尼亚"号。时任"西弗吉尼亚"号舰长的默文·夏普·本尼恩（Mervyn Sharp Bennion，1912年毕业于美国海军学院）上校不幸被破片击中，最终伤重不治。当日，"西弗吉尼亚"号共有106人阵亡。之后，

"西弗吉尼亚"号的3号主炮内部中弹后状况，图中可见一枚未爆炸的日军800公斤航空穿甲弹，注意该弹弹尾已被拆卸。

"西弗吉尼亚"号后回国进行改装，于 1944 年 7 月返回前线。本尼恩后被追授国会荣誉勋章，一艘弗莱彻级驱逐舰也以其姓氏命名（舷号"DD-662"）。

"田纳西"号 3 号主炮炮塔顶部中弹状况。

"田纳西"号 2 号炮塔炮管中弹情况。

第 1 攻击队第 1 中队所属的 5 架舰攻轰炸"马里兰"号战列舰，最终有两枚命中弹。这两枚炸弹均命中舯楼甲板右舷，其中一枚命中舯楼甲板右舷、第 13 号肋位，并穿透至主甲板后爆炸。另一枚则穿透至左舷外、第 10 号肋位，然后在水下爆炸。2 名"马里兰"号的舰员阵亡。同日，一架配属"马里兰"号的 OS2U-3 水上飞机坠毁在巴伯斯角（Barbers），包括飞行员詹姆斯·布莱克本·金恩（James Blackburn Ginn）中尉在内的两名机组成员遇难。"马里兰"号经过维修后，于 1942 年 2 月返回前线。

第 4 攻击队第 2 中队共 5 架舰攻轰炸"加利福尼亚"号战列舰，4 枚航弹在其左舷第 2 至 20 号肋位及 F2 泊位旁爆炸。一枚航弹命中上甲板右舷第 59 号肋位，弹着距离右舷大约 2.1 米。这枚航弹穿过主甲板后，反弹至第二甲板并发生爆炸，导致第二甲板及主甲板起火。102 名"加利福尼亚"号舰员由于日军空袭阵亡。事后，"加利福尼亚"号接受维修并回国进行改装，于 1944 年 1 月返回前线。

日军航弹击穿"加利福尼亚"号的甲板后留下的破口。

"女灶神"号维修舰在第 2 攻击队第 2 中队的轰炸中遭殃：第一枚航弹命中舯楼甲板中轴

线偏右、第 43 号肋位，随后在储物舱爆炸。第二枚命中主甲板左舷、第 100 号肋位，并穿透至维修舰左下方爆炸。"女灶神"号共有 7 人死于日军空袭。由于"亚利桑那"号发生大爆炸，"女灶神"号于 4 时整离开泊位，然后停泊 40 分钟。因持续入水而导致船体向右倾斜，"女灶神"号只能向东北航渡，并于 5 时 20 分在艾亚（Aiea）浅滩搁浅。1942 年 8 月，"女灶神"号经维修后重回前线。

维修舰"女灶神"号被两枚 800 公斤航空穿甲弹击穿舷侧板，导致船体向右舷倾斜。

第三章 机动部队第二次攻击

1. 机动部队第二次攻击队出航

在第一次攻击队出航后,机动部队掉头以180度航向、20节航速南下。此时,各航母机务人员迅速着手准备第二次攻击队,包括为第二次攻击队的舰载机挂载航弹等工作以及进行发动机试车。一如往常,舰长、飞行长、飞行队长或攻击队指挥官在舰桥一旁向参与攻击的空勤人员下达任务简令。随后,空勤人员转身跑向各自的座机,登机后只待母舰完全迎风航行。2时20分,机动部队组成第7警戒航行序列。2时35分,6艘航母再度迎风航行,以便舰载机能在较短的距离内完成滑跑、升空。

"赤城"号航母的舰员准备第二次攻击队。

在舰员的欢送之下,"赤城"分队长进藤三郎大尉驾驶零战在"赤城"号航母上开始滑跑。

一架99式舰爆正加速在"加贺"号航母的飞行甲板滑跑。

"翔鹤"号航母右舷的1号、3号127毫米高射炮。图中远处依稀可见"飞龙"号航母。

"翔鹤"飞行长和田铁二郎中佐向攻击队队员们下达任务简令。

"翔鹤"的整备员正忙于将舰攻转移至相应的起飞位置。

"翔鹤"舰长城岛高次大佐向队员们训示。

在"翔鹤"号航母的飞行甲板等待起飞的97式舰攻,编号为"EI-327"。

第5攻击队指挥官、"翔鹤"分队长市原辰雄为队员们下达任务简令。

(1)

(1)

(2)

简报结束后,"翔鹤"空勤人员转身奔向各自的舰载机。

"翔鹤"的第二波舰攻等待升空。此时航母正在逆风航行,以缩短舰载机在飞行甲板上滑跑的距离。在舰攻前方是一架准备升空执行巡逻警戒任务的零战。

(2)

一架舰攻开始从"翔鹤"的飞行甲板滑跑升空,注意机翼的迷彩以及吊挂的航弹。开战前,"翔鹤"所属的舰攻的机身迷彩被擦掉了。

伴随舰员们的欢呼呐喊,一架97式舰攻从"瑞鹤"飞行甲板上加速滑跑。

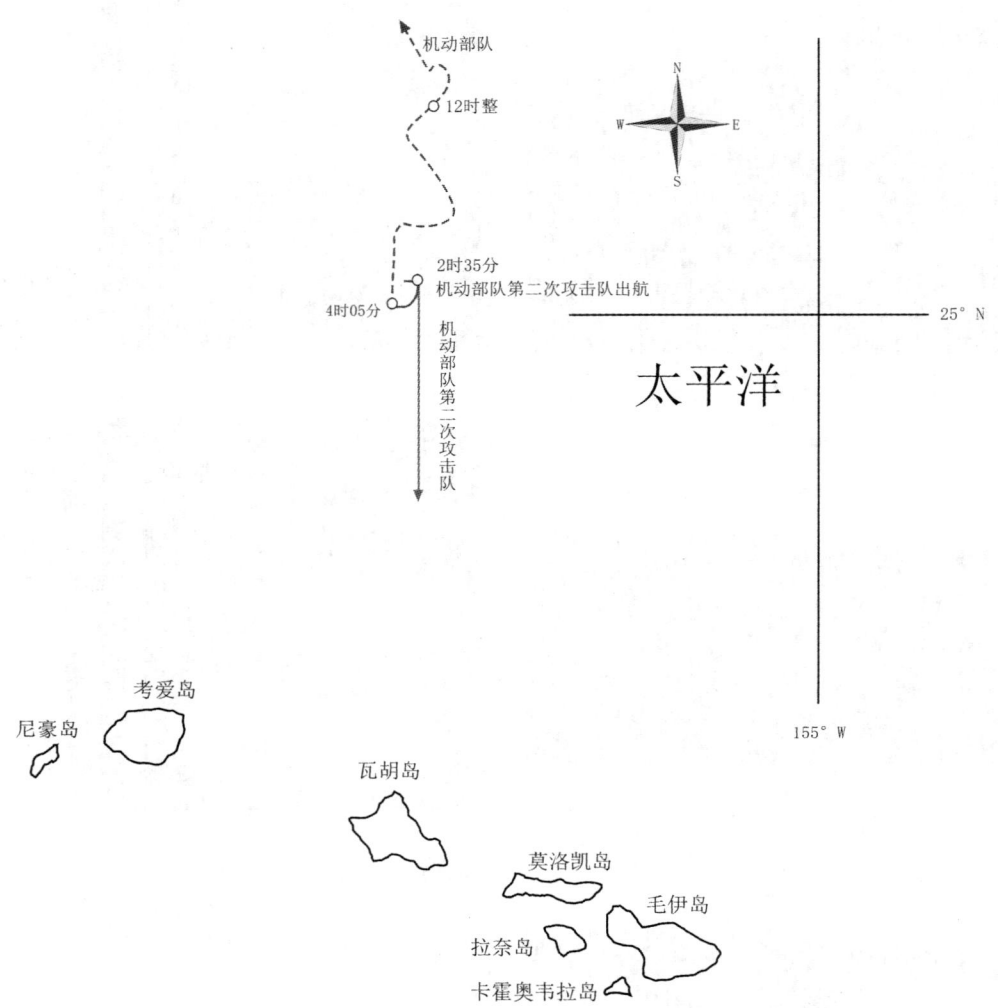

1941年12月8日2时至12时机动部队行动示意图(可能与实际有出入)。

2时45分，第二次攻击队陆续从1航舰各航母的飞行甲板升空，该攻击队由36架零战、80架舰爆、54架舰攻编成(见表3-1)，岛崎重和少佐担任攻击队指挥官并直接指挥第1集团的舰攻突击。与1、2航战的水平轰炸队不同的是，5航战的舰攻轰炸目标是机场，且每个中队有9架舰攻，而1、2航战的水平轰炸队遂行轰炸美军战列舰的任务，且每个中队最多有5架舰攻。"苍龙"飞行队长江草隆繁少佐指挥第2集团的舰爆突击。该集团由1、2航战舰爆组成。这些舰爆由于遂行突击舰艇任务，因此挂载针对舰艇的250公斤通常弹。第3集团由进藤三郎大尉指挥。起飞后，第1、第2集团在"赤城"的东侧向左转弯盘旋，高度分别是1000、1500米，第2集团在"赤城"的西侧向右转弯盘旋，高度1000米。

表 3-1　1941 年 12 月 8 日机动部队第二次突击瓦胡岛概况表

航母	单位	指挥官	机种	数量（单位：架）	携带炸弹/鱼雷	起飞时间	出航时间
"赤城"	第 1 制空队	进藤三郎大尉	零战	9	—	—	2 时 58 分
	第 11 攻击队	千早猛彦大尉	99 式舰爆	18	各挂载一枚 250 公斤通常弹	—	—
"加贺"	第 2 制空队	二阶堂易大尉	零战	9	—	2 时 45 分	3 时整
	第 12 攻击队	牧野三郎大尉	99 式舰爆	26	各挂载一枚 250 公斤通常弹	—	—
"苍龙"	第 3 制空队	饭田房太大尉	零战	9	—	—	2 时 45 分
	第 13 攻击队	江草隆繁	99 式舰爆	18	各挂载一枚 250 公斤通常弹	—	—
"飞龙"	第 4 制空队	能野澄夫大尉	零战	9	—	2 时 44 分	—
	第 14 攻击队	小林道雄大尉	99 式舰爆	18	各挂载一枚 250 公斤通常弹	—	—
"瑞鹤"	第 6 攻击队	岛崎重和少佐	97 式舰攻	27	9 机各挂载 2 枚 250 公斤陆用弹，18 机各挂载 1 枚 250 公斤陆用弹及 6 枚 60 公斤通常弹	2 时 35 分	—
"翔鹤"	第 5 攻击队	市原辰雄大尉	97 式舰攻	27	18 机各挂载 2 枚 250 公斤陆用弹，9 机各挂载 1 枚 250 公斤陆用弹及 6 枚 60 公斤通常弹	2 时 50 分	3 时整

第二次攻击队在盘旋后完成集合并组成编队出航。其中第 1 集团第 5、第 6 攻击队组成纵队，占据编队的中央位置。这两支攻击队的队形为楔形队，飞行高度 3000 米。第 2 集团第

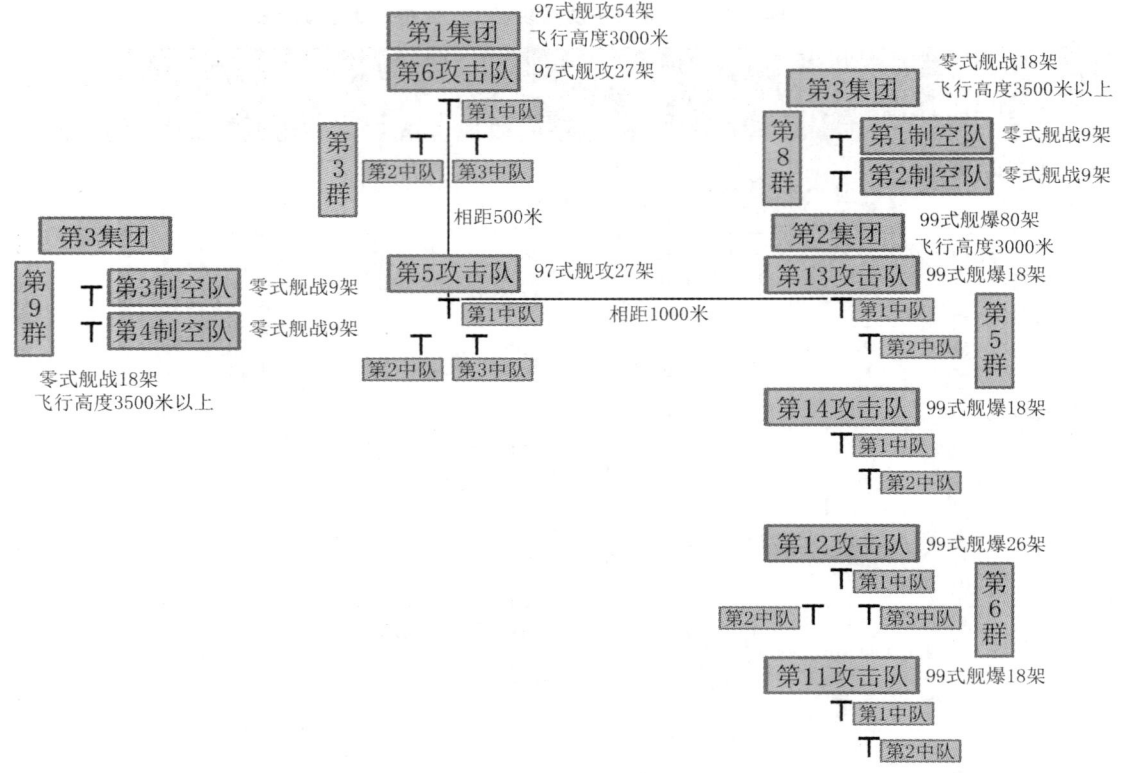

第二次攻击队出航编队示意图。

13、第14、第12、第11攻击队依次组成纵队，在第1集团的右翼占位。除第12攻击队为左梯队，其余3个攻击队的队形均为右梯队。第3集团各有两个制空队在第1集团的两翼占位，飞行高度3500米以上。

不过，攻击队中的个别机组在升空后因出现故障而相继折返，第13攻击队第25小队2号机、第14攻击队指挥官小林道雄大尉及第4制空队的千代岛丰一飞兵座机同样由于发动机故障，不得已中途折返。"飞龙"号分队长的中川俊大尉在小林折返后负责指挥第14攻击队。3时整，第二次攻击队出航，飞行速度130节（约240千米/小时），第1、第2集团高度3000米，第3集团在3500米警戒。

2. 第5航空战队水平轰炸的经过

"翔鹤"舰攻队（欠第3中队）轰炸卡内奥赫航空站的经过

4时10分，第二次攻击队抵达卡胡库角70度、55海里（约101千米），随即调整航向至230度并继续南下。4时13分，攻击队展开队形。4时25分，当攻击队抵达卡内奥赫大约15海里（约27千米），岛崎重和少佐下令全军突击。市原辰雄大尉指挥第5攻击队第1、第2中队向卡内奥赫海军航空站抵近。第3中队于4时28分离开第5攻击队，跟随第6攻击队南下。

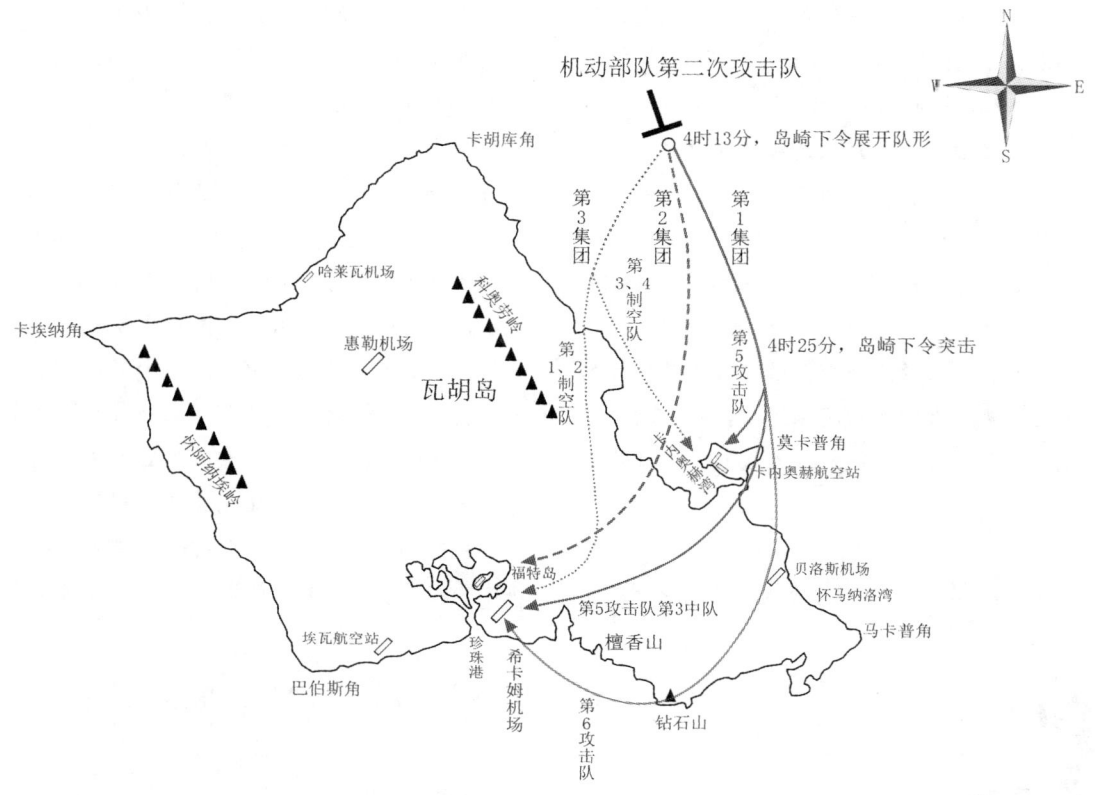

1941年12月8日机动部队第二次攻击瓦胡岛示意图。

随着临近目标上空，市原辰雄带领第5攻击队第1中队，从西南进入轰炸航路并下降高度至500米，直到4时37分，他们向停放在航空站2号机库外侧的PBY投放18枚250公斤陆用弹。跟随市原辰雄轰炸卡内奥赫航空站的还有矢野矩穗中尉。4时55分，市原向母舰报告："轰炸卡内奥赫机场，效果大"。

大久保忠平一飞曹当时作为第5攻击队第42小队2号机的侦察员，他是这样回忆向卡内奥赫航空站投弹的过程：

我看到瓦胡岛北端。深绿色的草木、红、蓝色的屋顶，清澈透明的大海，像是一幅油画，与国内的景观截然不同。

指挥官市原大尉可能是知道敌军的防御阵地所在，率部一下子下降高度至450米，转向海岸直奔卡内奥赫基地。在岸边，大概有15架四发飞行艇整齐地排成两列。我们将它们作为目标。

可能是出其不意，地面的人惊慌失措，跳上两辆汽车后迅速逃离现场。

我们沿着海岸进入轰炸航路。水平轰炸的高度一般是三四千米，但在这样的高度能否命中都是未知数。市原大尉为人豪放果敢，他能抓住机会，判断能力强。由于风势猛烈，飞机剧烈摇晃。敌人开始对空射击，曳光弹在编队之间掠过。

"预备！""放！"

向导机投下第一枚炸弹。接着其他飞机投下 800 公斤、250 公斤、60 公斤炸弹。9 架飞机投下的 63 枚炸弹组成火网，将眼下的 9 架敌军飞行艇悉数捕获。突然，敌机的发动机、主机翼、尾翼被炸飞，赤红的火焰腾起。伴随着炸弹的爆炸，飞机哗啦啦地发抖。

"太好了。"我立即用航空照相机拍摄并观察弹着。

随后，我们紧急转弯，撤退时望着远方的珍珠港，那片天空黑烟滚滚。敌军是受到致命的打击吧。我回到母舰后检查爱机，发现中弹两发。

4 时 40 分，"翔鹤"号分队长萩原努大尉指挥第 5 攻击队第 2 中下降高度至 500 米，然后从西南进入轰炸航路。由于被击毁的 PBY 水上飞机冒出浓烟，导致观察困难，因此萩原中止投弹。随后，萩原率部爬升至 2500 米，再次从西南进入轰炸航路。在第二次尝试投弹时，第 2 中队遭受美军地面的火力射击，虽然投掷了 9 枚 250 公斤陆用弹，但全数脱靶，另有两架飞机中弹，其中第 45 小队 3 号机的左机翼油箱中弹，燃油泄漏。萩原的座机电池中弹。在这样的情况下，萩原努没有放弃，他仍带着第 2 中队进行第三次尝试。这一次，第 2 中队从西北进入轰炸航路，于 4 时 50 分向 1 号机库投下剩下的 9 枚 250 公斤陆用弹，将机库炸毁。岩村胜夫中尉跟随萩原努对卡内奥赫航空站进行轰炸。

"翔鹤"舰攻第 1 中队在卡内奥赫湾附近盘旋，准备进入轰炸航路。这两架舰攻编号分别是"EI-325"（中）与"EI-329"（右）。

"翔鹤"舰攻队俯瞰之下的卡内奥赫航空站。

日军第二波攻击期间的卡内奥赫航空站。图片左侧的浓烟来自被击毁的PBY。

投弹结束后,第5攻击队第1、第2中队前往集合点。5时15分,第5攻击队第2中队通过无线电为制空队领航。5时25分,市原辰雄发现第11攻击队,遂将无线电引导制空队的工作转交至友军。

"翔鹤"舰攻队第一中队拍摄轰炸卡内奥赫航空站的片段。注意图中被毁的美军PBY水上飞机。

中弹着火的卡内奥赫航空站1号机库。

编号"EI-329"的 97 式舰攻在投弹后离开卡内奥赫湾，下方的卡内奥赫航空站浓烟滚滚。

日军机组镜头下的卡内奥赫湾。

投弹后返航的 97 式舰攻编队,来自"翔鹤"号航母。

卡内奥赫航空站的人员正在将一架机翼被炸断的 PBY"卡塔琳娜"水上飞机拖回岸上。

(1)

(2)

日军空袭过后的卡内奥赫航空站。

"瑞鹤"舰攻队轰炸希卡姆机场的经过

岛崎重和少佐在第1集团展开队形后，带领第6攻击队经莫卡普角（Mokapu）、钻石山向希卡姆机场抵近。此时的珍珠港上空已经是浓烟滚滚，高射炮弹幕密布，部分美军舰艇下沉。4时25分，岛崎下达"全军突击"的命令，然后率部从西南方向进入轰炸航路。

由岛崎重和少佐率领的第6攻击队第1中队展开队形，以小队为单位，依照小队番号顺序组成单纵队，并依次向希卡姆机场投弹，最终弹着落在夏威夷航空港的机库。轰炸结束后，岛崎重和于4时47分发回电报，报告称"轰炸希卡姆机场，效果甚大"。"瑞鹤"分队长中本道次郎大尉跟随岛崎在第1中队。

随后，"瑞鹤"分队长石见丈三大尉指挥第6攻击队第2中队进行轰炸。该中队同样以小队为单位组成单纵队，由于受浓烟阻碍，该部先后三次进入轰炸航路，前两次均未成功投弹，石见在第三次进入轰炸航路时，尽管瞄准机库群，但因提前投弹，仅有部分航弹落在11号、15号机库。"瑞鹤"分队士村上喜人中尉在第2中队，与石见丈三一道参战。石见在战后回忆道：

第二次攻击队指挥官下达了命令。我用轰炸瞄准具寻找攻击目标。瓦胡岛被很厚的云层覆盖，除了海岸线，其他都看不见。"前方爆发大空战。"部下报告。用肉眼都无法看得清楚。

布满高射炮弹幕与浓烟的珍珠港。

无数小黑点在珍珠港上空升起，然后又落下。"要动手了，久负盛名的美军战斗机队就要过来？不要在轰炸结束前着火坠落。"我怀着这样的想法，指示部下各机准备空中战斗，严加观察。时间流逝，我们在接近珍珠港。

呈锯齿状的黑点变大了，空中并无飞机与我们交战，只看到地面发射的高射炮炮弹炸开的烟雾，我告诉自己可以放心。不过，我的攻击目标是希卡姆机场的敌军大型飞机机库，那里处于弹幕之下。我指示部下"前往那里的高射炮弹幕"以及注意航向。我盯着瞄准具，视野左边的一半是黑烟。黑烟来源于像是房子燃烧升起漩涡状的烈焰。美国海军战列舰群在遭受第一次攻击队的鱼雷攻击或大型炸弹洗礼，这是他们的最后身影。

瞄准具右半部分，像是跑道在烟雾之间。作为目标的机库环绕在树林、红绿色的屋顶间，无法看清在哪里。要是没看到并排的银色的B-17轰炸机，估计很难发现机库所在。

我让位给轰炸引导机，看到了珍珠港的状况。小船在黑色的海面左右来回航渡。港内的福特岛周围，两艘并排停泊的战列舰群有一半在燃烧，另一半沉没。舰体各个破裂的位置喷出火焰，黑烟直冲半空。高射机枪猛烈射击，吐出一条条像针一样的火焰。另外，高射机枪、高射炮编织出弹幕。友军的舰爆进入俯冲轰炸。一瞬间升起黄色烟幕，爆炸的烈焰升到半空，黑烟越来越多，像是弹药库爆炸了。

我盯着瞄准具，等待投下炸弹的时机。终于到了投弹的时间，飞机左右摇晃，错失了投弹时机。只能重新再来。我率部向右进行大角度转弯，第二次进入轰炸航路。运气很不好，受到敌军炮弹爆炸冲击波的妨碍，只得又来一遍。第三次进入轰炸航路。这次运气很好。

投下炸弹了。一枚、两枚、三枚……炸弹离开飞机，呈锯齿状排列，并且不断变小，好像黑色的芝麻，像是被目标吸走那样落下。第一枚炸弹命中机库前的大型飞机。接下来的第二、第三枚炸弹在机库顶部砸出了破口，大火柱升起转变为黑烟。所有炸弹命中了。万岁！万岁！

石见丈三的校友坪田义明大尉指挥第6攻击队第3中队等到第1、第2中队完成投弹后，以梯队轰炸美军航空兵营房。同在第3中队的"瑞鹤"分队士佐藤善一中尉回忆道：

很快轮到我们第二次攻击队出击了。"瑞鹤"有27架舰攻参加这一波攻击。我的座机挂载一枚250公斤陆用航弹和6枚60公斤航弹。

靠近珍珠港上空时，刚开始那里真的一片寂静。我当时想着在这样的地方投弹合适吗？一架民用飞机在我们的编队一旁，慢悠悠地飞行。看样子对方似乎不知道我们要攻击珍珠港，接着我们下降高度。

然而，寂静只是维持很短的时间。很快，我们进入珍珠港上空，高射炮炮弹爆炸。空气猛烈振动，座机左右摇晃，飞机震动得就像后方被扭成了一团。烟雾"哗啦啦"地从风挡涌入。

敌军应战的样子正如大量的玻璃飞散。他们陷入一片慌乱，演习用的炮弹的灰白色烟雾、实弹的黑色烟雾在空中密密麻麻地散开。

我们穿过这一片弹幕，继续直奔希卡姆机场。然而，该机场因受到第一次攻击队的轰炸，黑烟滚滚上升。无法看到机场。

在领头的引导机上，坐着接受特殊训练的投弹手，他应该在锁定目标，估计还没决定好。第一次、第二次，到了第三次进入航路才投下7枚航弹。我再看记录，当时的情况是飞机高度2700米，航速152节。

从珍珠港出海口上空进入轰炸航路的第6攻击队的97式舰攻。

"瑞鹤"的舰攻拍摄的福特岛北部情况,福特岛东的冒烟处为"亚利桑那"号战列舰。图中冒白烟的是"柯蒂斯"号。

一架隶属"瑞鹤"(编号"EII-305")的97式舰攻在珍珠港上空盘旋,准备进入轰炸航路。

完成轰炸任务的"瑞鹤"所属舰攻经过珍珠港上空,图中冒出黑烟处为福特岛,舰攻下方的油库在日军两次空袭后仍旧安然无恙。

(1)

(2)

由隶属"瑞鹤"的舰攻拍摄的希卡姆机场。

(1)

(2)

编号"EII-307"的97式舰攻投弹后离开希卡姆机场,这架舰攻来自"瑞鹤"号航母。此时的珍珠港浓烟弥漫,一片狼藉,但美军油库在两波空袭下依然安然无恙。

"翔鹤"舰攻队第3中队轰炸福特岛航空站的经过

第5攻击队第3中队在"翔鹤"分队长入来院良秋大尉的率领下,沿希卡姆机场南进入珍珠港出海口上空,随后在埃瓦航空站以东转弯。4时35分,入来院从西南方向进入攻击航路,目标直指福特岛航空站,高度2800米。由于受到珍珠港上空弹幕、浓烟阻碍,入来院无法瞄准目标,只能带队退出,然后转弯向南飞,经过海军船坞、希卡姆机场上空后第二次从西南方面进入轰炸航路。这一次,第3中队将9枚250公斤陆用弹以及54枚60公斤航弹扔在福特岛西侧。尽管入来院确认其部的弹着位于福特岛西侧,但是对照美方记录,入来院的第3中队仅有部分航弹落在F10泊位的"坦吉尔"号水上飞机母舰(USS Tangier,AV-8)旁边,剩下的弹着不明。据相关记录,"坦吉尔"号从4时33分至4时50分遭到5架日机袭击。除一架中途退出外,其余四架完成轰炸。日机投下的炸弹全数脱靶,其中2弹位于右前舷,余下2枚位于右后舷。

由于轰炸效果未如理想,入来院良秋于4时46分向"翔鹤"发回电报,承认"轰炸福特岛,效果小",随后率部转弯退出,从东北观察珍珠港,然后飞往集合点。

一枚日军的航弹在"坦吉尔"号的右舷外爆炸。

一架隶属"翔鹤"的97式舰攻准备向右转弯进入轰炸航路,目标是福特岛航空站。"翔鹤"的舰攻机身没有使用迷彩。

"坦吉尔"号的舰桥的部分玻璃因靠近弹爆炸而破损。

3. 第1、第2航空战队俯冲轰炸的经过

"苍龙"舰爆队攻击情况

4时15分，江草隆繁少佐命令第2集团展开队形，然后率部从卡内奥赫湾上空通过，直奔珍珠港，并对港内目标实施俯冲轰炸。4时35分，江草指挥17架来自第13攻击队的99式舰爆展开突击，目标是干船坞及海军码头的舰艇。当日，1艘战列舰、2艘驱逐舰在干船坞，而2艘重巡洋舰、3艘轻巡洋舰、5艘驱逐舰等舰船停靠在海军码头，这些舰艇成为99式舰爆的轰炸目标。

江草隆繁率领第21小队进入俯冲后，他独自轰炸停泊的"新奥尔良"号重巡洋舰，只是所投下的航弹落在驱逐母舰"参宿七"号（USS Rigel，ARB-1）与"新奥尔良"号之间。这枚航弹爆炸后，其破片在"新奥尔良"号的右舷第8至34号肋位水线以上、锅炉舱舱壁等区域留下多个破口。江草与村田重治同属海军兵学校第58期学生，是日本海军俯冲轰炸机飞行员的佼佼者，曾作为第12航空队分队长参加华东的战斗，诸如1937年9月空袭江阴的中国海军舰艇。

第21小队余下两架舰爆轰炸1号干船坞的"卡辛"号（USS Cassin，DD-372）、"唐斯"号（USS Downes，DD-375）驱逐舰，当时这两艘驱逐舰后方是"宾夕法尼亚"号战列舰。其中，3号机在退出俯冲后被美军的防空火器击落，操纵员川崎悟三飞曹、侦察员高桥亮一一飞曹阵亡。3号机的航弹在两艘驱逐舰之间爆炸，造成"卡辛"号向右侧倾斜，压在"唐斯"号的左舷。2号机的航弹命中"唐斯"号的鱼雷战雷头并引发殉爆，造成两艘驱逐舰严重损毁，12名"唐斯"的舰员阵亡。

由"瑞鹤"的舰攻拍摄的美军干船坞及油库。

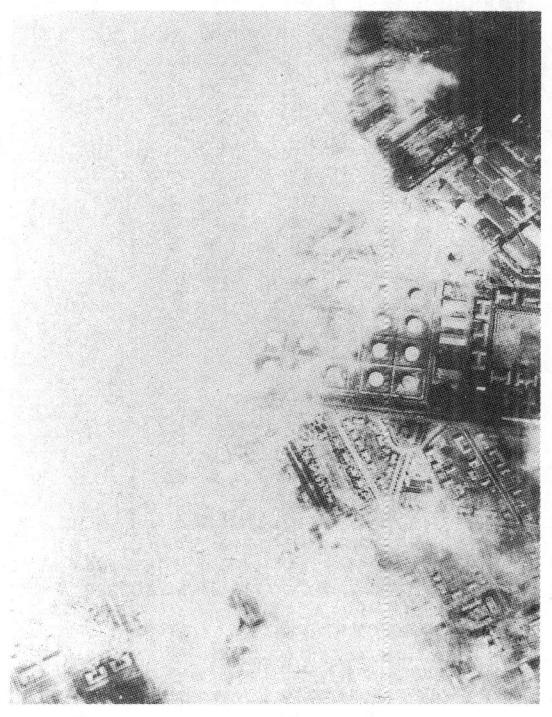

珍珠港的油库，由"瑞鹤"的舰攻机组拍摄。

在"苍龙"号航母的舰爆轰炸之下,珍珠港的干船坞一片狼藉。图中"卡辛"号完全压住"唐斯"号左舷,后方是"宾夕法尼亚"号战列舰。

冒出浓烟的干船坞，图中可见"海伦娜"号（左）、"宾夕法尼亚"号（中）。

"卡辛"号被炸毁后压在"唐斯"号的左舷，注意后方的"宾夕法尼亚"号战列舰。

美军驱逐舰"唐斯"的1号、2号主炮炮塔。

严重倾斜的"卡辛"号驱逐舰。

"宾夕法尼亚"号战列舰,摄于1935年8月23日。

"苍龙"分队长池田正伟大尉驾驶第24小队1号机向美国太平洋舰队旗舰"宾夕法尼亚"号战列舰投弹,航弹击穿救生艇甲板的右舷第83号肋位后,穿透至上甲板上方爆炸,造成该舰32人阵亡①,38人受伤。

"宾夕法尼亚"号为同名级别战列舰的1号舰,由纽波特·纽斯造船厂建造,于1913年10月27日动工,1915年3月16日下水,1916年6月12日完工,排水量29626吨,长185.3米,宽29.6米,吃水8.9米,最大航速21节,装有12门356毫米45倍口径主炮(三联炮塔4座)、22门127毫米51倍口径副炮、4门76毫米50倍口径炮。"宾夕法尼亚"后于1941年12月底进行维修,并回国接受改装,于1943年4月参与阿图岛登陆作战。

山田隆一飞曹驾驶第24小队2号机轰炸"肖"号驱逐舰(USS Shaw,DD-373),而3号机则攻击"海伦娜"号。据"海伦娜"号的相关记录,一枚航弹在距离3号127毫米炮右前方15至22米外爆炸。侦察员藤田多吉一飞曹回到"苍龙"号航母后,发现座机遍布弹痕:

我们从瓦胡岛东侧进入檀香山市区,在第一次攻击队攻击过后30分钟,看到许多高射炮、机炮还有岸炮的弹幕,我首先想到这是要强攻。敌军舰船群,还有机场,在第一次攻击队的轰炸、鱼雷攻击、扫射后升起黑烟,港内一副黢黑的模样。突击命令下达后,我跟着一号机(池田正伟大尉),以停泊在希卡姆机场旁边船坞的加利福尼亚型战舰为目标,进入俯冲

---

① 1941年12月8日,驱逐舰"丘"(USS Chew,DD-106)、驱逐母舰"多宾"(USS Dobbin,AD-3)以及布雷舰"普鲁伊特"(USS Pruitt,DM-22)、"西卡尔"(USS Sicard,DM-21)各有1人在"宾夕法尼亚"号战列舰被炸死,布雷舰"特雷西"(USS Tracy,DM-19)有3人在驱逐母舰"宾"阵亡。驱逐舰"丘"上另有一人在本舰阵亡。

并投下炸弹，虽然无法将来自舰艇或地面阵地的防空炮火与弹着火光区分清楚，但我想还是命中敌舰舰桥左舷。投弹后，我稍微下降高度在福特岛前方左转弯盘旋，然后向港湾出口方向撤退，途中我机在高度三四十米，用机枪与两艘起航的驱逐舰交战，右机翼中央中弹，燃油从四五个破口泄漏，于是退出战斗向南撤退。可能是岸炮弹着，无数水柱在港外海面腾起。是撤出弹着范围，是返航坠毁，还是前往迫降地尼豪岛？我左思右想，仔细检查燃油计，判定油箱燃油没有泄漏。仪表显示飞机还可能飞行200到250海里（约370千米至463千米），于是我决意独自返航，而不是前往集合点再返航。

此外，第13攻击队第22小队2号、3号机同样轰炸"海伦娜"号，其中3号机退出轰炸后被高射炮击落。第23小队选择攻击停泊在X2泊位的驱逐母舰"多宾"号（USS Dobbin，AD-3）。当时日机从右后方突击，第1驱逐舰中队及"多宾"号组织射击，迫使日机提前转向及投弹，不过，第22小队的两枚航弹分别落在"多宾"号左、右后方，救生甲板的4号3英寸高射炮炮组5人被破片所伤，其中3人阵亡，2人受伤。第22小队3号机退出轰炸后，被防空火力击落，操纵员丸山贤治三飞曹、侦察员桑原秀安二飞曹阵亡。

第13攻击队第25小队指挥官小井手护之大尉与3号机一道轰炸"加利福尼亚"号，炸弹脱靶。第26小队2号机向B12泊位的"檀香山"号轻巡洋舰投弹。炸弹命中码头后穿透至"檀香山"号的左舷、第40号肋位外13或18米并发生爆炸，造成舷侧板变形破损，储物舱、弹药库入水，2号主炮供电故障。1号机声称轰炸一艘"奥哈马型"巡洋舰，3号机确认轰炸一艘战列舰。此外，第22小队指挥官山下途二大尉的轰

炸目标及情况不明。在12月8日这一天，第13攻击队共有2机被击落，13机受损。

(1)

(2)

"檀香山"号轻巡洋舰左舷外板的变形区域。

"飞龙"舰爆队攻击情况

4时45分，第14攻击队临时指挥官中川俊指挥17架舰爆轰炸珍珠港的战列舰、轻巡洋舰。下田一郎中尉指挥第22小队（欠3号机）以及第26小队共5架舰爆依次轰炸"马里兰"号战列舰，确认全部航弹命中。第26小队2号机（编号"BII-214"）退出轰炸后遭受地面火力射击，左机翼油箱中弹起火。这架舰爆后于4时

40分坠落在珍珠港东北，操纵员清村勇二飞曹、侦察员清水好生二飞曹阵亡。第23小队3号机（编号"BII-233"）向"宾夕法尼亚"号战列舰投掷航弹，不过航弹脱靶，弹着位于这艘战列舰右舷第20号肋位外的干船坞。退出攻击后，这架舰爆以及操纵员外山维良二飞曹、侦察员村尾——飞兵失踪。

缺少长机的第14攻击队第21小队声称轰炸了一艘位于福特岛东南的"轻巡洋舰"，并确认2弹命中。对照美方记录来看，该小队攻击的是驱逐舰"戴尔"号（USS Dale，DD-353），当时"戴尔"号与"莫纳汉"号（USS Monaghan，DD-354）一道在珍珠港出海口附近攻击一艘日舰袖珍潜艇。4时37分，第21小队试图向"戴尔"号攻击，但旋即被对方机枪火力驱逐。俯冲期间，3号机（编号"BII-235"）机长兼侦察员大仓昌二飞曹身受重伤。

中川俊指挥第24小队（欠3号机）、第25小队1号、2号机轰炸"参宿七"号驱逐母舰。该舰确认一架日机向其投弹，炸弹脱靶，坠入左后方的救生艇旁边，导致艇上人员失去平衡而落水。接着，炸弹在水里爆炸，所产生的破片击穿"参宿七"号左后舷水线上方。第24、第25小队各有一架舰爆（皆为所属小队的3号机）先后轰炸"加利福尼亚"号战列舰。

右机翼中弹起火的99式舰爆。

日军第二波空袭期间的"加利福尼亚"号战列舰，此时，该舰已经坐沉在港内，并向左舷倾斜。远处可见正试图离开珍珠港的"内华达"号战列舰。

攻击结束后，中川俊带领第 14 攻击队先后扫射埃瓦、希卡姆两个机场。此外，第 23 小队 1 号、2 号机、第 25 小队 3 号机曾跟踪攻击两架 B-17 轰炸机，不过没能击落对方。第 26 小队 3 号机（操纵员渊上一生一飞兵，侦察员水野泰彦一飞兵）的左机翼油箱中弹、燃油泄漏，遂于 5 时 37 分在小队长机带领下提前返航。

中川俊在前往集合点时发现一架水上飞机，遂带领第 2 中队上前实施攻击。中川遇到的水上飞机正是 VP-14 所属的 PBY-5（编号"14-P-2"）。当日 1 时 45 分，VP-14 出动 3 架 PBY-5（编号分别是"14-P-1""14-P-2""14-P-3"），在瓦胡岛以南空域执行巡逻任务，随后这三架"卡塔琳娜"前往瓦胡岛西北搜索。其中，奥托·弗雷德里克·迈耶（Otto Frederic Meyer, Jr.）少尉的"14-P-2"于 5 时 30 分左右发现中川俊的舰爆，后者从右往左通过，此时 PBY 高度 1000 尺（约 304 米），距离卡埃纳角大约 30 海里（约 55 千米），方位 310 度。起初，迈耶将对方视为 SBD，直到发现这些飞机不断攻击才回过神来。中川带队从后方及上方进入俯冲，轮番攻击迈耶的"14-P-2"，导致其右发动机、左升降舵、机尾等位置中弹。迈耶见状，驾机下降高度，通过贴近海面飞行迫使日机退出俯冲，最终日机放弃追击并继续返航。迈耶在摆脱日机后向右转弯 180 度，撤往瓦胡岛。尽管中川俊确认击落了这架水上飞机，但是实际上迈耶安全返回了卡内奥赫。

"赤城"舰爆队攻击情况

第 11 攻击队在"赤城"分队长千早猛彦大尉的带领下飞抵珍珠港上空，从 4 时 43 分至 4 时 48 分分别轰炸位于福特岛东、西侧及干船坞的美军舰艇。千早带领第 1 小队轰炸"尼奥索"号油船，这艘油船原来停泊在"俄克拉荷马"号前方，它在日军第一波空袭后离开 F4 泊位，于转移期间遭受空袭。不过，千早的小队所投的 3 枚 250 公斤航弹全数脱靶①。千早猛彦是海军兵学校第 62 期毕业，曾担任第 13 航空队分队长，并多次搭乘侦察机深入中国腹地执行侦察任务。

古田清人一飞曹作为千早大尉的驾驶员，按照其说法是在 12 月 8 日轰炸了一艘战列舰：

我们在母舰上空集合，然后 78 架 99 式舰爆组成大型编队，飞往夏威夷。在我遂行任务期间，天气晴朗，视野良好，这一天是很适合飞行的。我们的 99 式舰爆编队从檀香山上空通过，直奔珍珠港。当我抵近福特岛时，来自下方的美军舰艇的防空火力极为猛烈。我以 50 度角下降高度，通过瞄准具瞄准敌军战列舰桅杆。同时，千早大尉盯着高度计，通过话筒报告高度。下降速度快速达到 12 米每秒，高度 800 米，然后到了 600 米，千早大尉喊："预备！"当高度为 400 米时，他喊："放！"我投下炸弹，然后拉起操纵杆，并尝试拉起飞机并进入平飞（大约 150 米）。攻击结束后，我从目标位于美军战列舰群的位置，确认自己轰炸目标的是"马里兰"号。我认为命中一弹，但无法确认，因为我们在如此低的高度。

当我们以低空飞行时，飞机被下方的机枪火力击中了数次，令人意想不到。我们在第一波攻击 1 个小时后进行第二波攻击，所以美军知道我们要过来。他们已经准备好并静待我们。敌人开始向我们射击。因此，我的 99 式舰爆的油箱（右翼）跟机身中弹。不幸的是，我们的三个

---

① 5 个月后，"尼奥索"号在珊瑚海海战中被 5 航战舰爆重创，最终由友军驱逐舰自沉。

油箱中有一个即时被打空。起飞前，我们受命在攻击战列舰后，再攻击巴伯斯角的埃瓦航空站。于是，我在攻击战列舰后前往巴伯斯角。我确认（埃瓦）机场，高度1000米，然后俯冲并以机枪扫射目标。"苍龙""飞龙"的99式舰爆操纵员是新手（笔者注：原文如此），因此他们攻击机场而非小型舰船。零战也开始扫射机场上的飞机。

我的左右机翼各有一个油箱，装载500升汽油。99式舰爆另有一个油箱，就在座椅下方。当我飞往外海时，我看见汽油从机翼外泄，就像从桶里泼出去的水。我担心启动发动机会引起火灾，因此，在这次任务中再没重新启动。我在飞往集合点时向长官千早大尉报告了相关损伤情况。

在日机突袭珍珠港当日，"肖"号驱逐舰在"YFD-2"号浮坞上接受维修。随着机动部队第二次攻击队抵达珍珠港，这艘驱逐舰成为日机攻击目标。山田昌平大尉以"肖"号为目标，他亲率第11攻击队第1中队第2小队从该舰的左舷方向进入俯冲并投下航弹。对照美方记录，山田小队的航弹无一脱靶，其中两枚炸弹命中2号主炮后方的机枪台，从机枪台挡板、舰楼甲板穿透至主甲板。第三枚炸弹命中上层建筑甲板左舷。航弹击中"肖"号驱逐舰后引起大火，火势迅速蔓延至弹药库。20分钟后，"肖"号的弹药库发生殉爆，随着浓烟滚滚上升、爆炸破片四散，"肖"号成为当日第二艘发生殉爆的美军驱逐舰。爆炸导致"肖"的舰艏（至65号肋位）断裂，其中，第35至65号肋位之间的结构缺失或损毁。25名舰员由于突发的爆炸而身亡。"肖"号爆炸产生的破片击穿"YFD-2"号浮坞以及旁边的拖船"索托约莫"（USS Sotoyomo，YT-9）的舷侧板，最终，上述船舶连同"肖"号一道沉没。此外，被第12攻击队炸伤的"内华达"号

战列舰曾一度停靠在"YFD-2"号浮坞旁边，终因"肖"号的殉爆而被迫撤离。

正在剧烈燃烧的"肖"号驱逐舰。

在"YDF-2"号浮坞上发生剧烈爆炸的"肖"号驱逐舰，图左为"内华达"号战列舰。

从福特岛海军航空站观察"肖"号驱逐舰发生猛烈爆炸的情形。

"肖"号在发生弹药库殉爆后,由于舰艏断裂而导致整舰下沉。

大爆炸过后的"肖"号驱逐舰的舰桥残留部分。

的第3小队未能返回"赤城",日军推测该小队轰炸的是美军主力军舰。

阿部退出轰炸后,发现2号机没有跟随返航。这架舰爆最终没有返回母舰。对照美军记录,在X22泊位的水上飞机母舰"柯蒂斯"(USS Curtiss,AV-4)曾射击一架退出俯冲的舰爆,确认其中弹着火。接着,这架日机失控撞上该水上飞机母舰右舷的1号吊杆并发生爆炸,随后日机残骸摔在救生甲板并开始燃烧。

"赤城"分队长阿部善次大尉带领第2中队第1小队轰炸"罗利"号轻巡洋舰,此舰已被"苍龙"的97式舰攻的航空鱼雷击伤,舰体向左倾斜。4时38分,该小队的一枚250公斤通常弹命中"罗利"后甲板左舷、第112号肋位,并穿透舷侧板,在左下方15米外爆炸。由于该中队

水上飞机母舰"柯蒂斯"遭受一架隶属"赤城"的99式舰爆撞击,机库起火冒烟,图右是维修舰"美杜莎"。图片从"坦吉尔"号水上飞机的母舰上拍摄。

一架停放在"柯蒂斯"的机库外的O2SU"翠鸟"水上飞机被烧毁。

残留在"柯蒂斯"的99式舰爆发动机残骸。

"柯蒂斯"号水上飞机母舰的中弹位置。

俯冲投弹的99式舰爆。

"柯蒂斯"号遭舰爆撞击后发生大火,并迅速引来其他日机攻击。3 架来自第 11 攻击队第 1 中队第 3 小队的舰爆向"柯蒂斯"号投弹,时间是 4 时 32 分。其中一枚炸弹命中位于舰艉 45 米的锚浮标,另一枚炸弹弹着位于右舷 68 米处。还有一枚炸弹命中救生艇甲板、右舷第 71 号肋位,穿过机库后在主甲板层后爆炸。经过损管人员的奋战,"柯蒂斯"号的大火到 11 时整才被扑灭。在当日的空袭中,"柯蒂斯"号共有 21 人阵亡。

投弹后退出俯冲的舰爆。

"赤城"分队士大渊珪三中尉带领第 11 攻击队第 2 中队第 2、第 3 小队向"马里兰"号投弹。尽管受浓烟干扰,大渊依然判断 5 枚航弹命中。第 2 小队 3 号机操纵员饭塚德次三飞曹发现座机(编号"AI-208")中了 3 弹,他这样描述当时的情况:

不久,紫红色的阳光映照在左前方低处云层那里,前方远处出现了一条白色线条。由于有风吹过,露出白色的水平线。那是瓦胡岛。从云层间隙看见浅绿色、黑色的,应该是山峦吧。我想瓦胡岛还在安静地沉睡。攻击已经展开,无法想象珍珠港的情形。

上午 4 时 24 分,突然下令突击。我们以大编队接近珍珠港上空。高射炮在右前方上空持续朝天射击,弹幕出现在那里。

炮弹炸开白色、黑色的云团,我们的编队在同一高度,接着不是要接近目标吗?这还是奇袭吗?我感觉像是有电流从后背通过,两腋之下的汗水正在流下。

我的中队攻击目标是两艘前后停在最靠近福特岛的马里兰型战列舰。我在钻石山 4000 米上空开始进入俯冲。

很快接近了福特岛,确认目标,然后在高度 400 米投下炸弹。

接着我拉起机头,从目标上空横穿并且掠过福特岛。为了确认弹着,我驾机侧滑观察,看见敌舰的笼式指挥舰桥像是轻轻地晃动,向一侧倾斜。

就在那时,爱机、99 式舰爆 208 号发生剧烈的震动,坐在身后的侦察员川井裕二飞曹突然大声喊叫:"好痛,好痛,好痛。"后座中了一发枪弹,右机翼中央以及翼根各中一弹,总计三发,因此川井二飞曹惊恐地叫喊。右机翼中弹,我没感到油箱喷出汽油。

我安全返回母舰后,嘲笑川井二飞曹:"为什么刚才大喊大叫?"川井说枪弹从身边擦过,打在后座 7.7 毫米机枪备用弹匣的弹匣扣上,导致弹匣掉下来,重重地砸到他的腰部,使得他喊叫出来。

退出轰炸后,第 11 攻击队各部前往集合点准备回航,途中经过埃瓦航空站,并对该机场进行扫射。第 11 攻击队共损失 4 架舰爆,包括第 1 中队第 3 小队全部成员,以及第 2 中队第 1 小队 2 号机,另有 12 机中弹。相关机组如下:第 1 中队第 3 小队 1 号机的操纵员太田诚一二飞曹、侦察员大山利雄二飞曹,2 号机操纵员本间金助三飞曹、侦察员木下广吉二飞曹、3号机操纵员岛仓忠治一飞兵、侦察员坂本清二飞曹、第 2 中队第 1 小队 2 号机操纵员后藤元一飞曹、侦察员宇津木道司二飞曹。5 时 17 分,"赤城"攻击队返回母舰。

"加贺"舰爆队攻击情况

经过日军第一波空袭后,"内华达"号战列舰被航空鱼雷击中,而且前方的"亚利桑那"号发生了猛烈爆炸,火势随着泄漏的燃油蔓延,随时会威胁到自身。为了脱离险境,正在值班的弗兰西斯·詹姆斯·托马斯(Francis James Thomas)少校作为当时军衔最高的"内华达"号的军官,指挥这艘战列舰离开泊位。4 时 10 分,"内华达"号离开泊位,随后前进并试图离开珍珠港。

"内华达"号战列舰由福尔河造船公司(Fore River Shipbuilding Company)建造,于 1912 年 11 月 4 日动工,1914 年 7 月 11 日下水,1916 年 3 月 11 日完工,排水量 27500 吨,长 178 米,宽 29 米,吃水 8.7 米,最大航速 20.5 节,装有 10 门 356 毫米 45 倍口径主炮(双联装、三联装炮塔各两座)、12 门 127 毫米 51 倍口径副炮、2 门 76 毫米 50 倍口径炮。"内华达"号与"亚利桑那"号、"俄克拉荷马"号同属第 1 战列舰分队。

在珍珠港干船坞接受维修的"内华达"号战列舰。

"内华达"号战列舰离开原来的泊位,试图从珍珠港突围。图片左侧是被日机重创的"加利福尼亚"号战列舰。

4时30分左右,"内华达"号航渡至"十十"码头时,"加贺"分队长牧野三郎大尉发现其行踪,随即带领部下进入俯冲点。4时32分,牧野、小川正一、伊吹正一这三名"加贺"的分队长带领各自的中队依次对"内华达"号展开俯冲轰炸。轰炸期间,坂口登三飞曹驾驶的舰爆(操纵员坂口登三飞曹、侦察员朝日长章三飞曹)被防空火器击中,随后落水。机组中有一人溺水身亡,另有一人由于试图抵抗而被美军击毙。

对照美军记录,5枚250公斤通常弹几乎同时命中"内华达"号,相关中弹情况如下:

第1枚航弹命中第15号肋位、舰楼甲板中轴线偏右1.8米的位置,随后穿透至战列舰右下方并在水下爆炸,导致部分外板变形;

在发现"内华达"号试图出港后,"加贺"的舰爆依次进入俯冲轰炸。

在珍珠港上空进入俯冲的 99 式舰爆。

第 2 枚航弹命中第 15 号肋位、舰楼甲板中轴线偏左 2.4 米处，并穿透至油箱与舷侧板之间爆炸；

第 3 枚航弹命中 1 号主炮炮管左侧，第 25 号肋位，随后穿透至第 2 甲板上方爆炸，导致甲板出现破口及变形；

第 4 枚航弹命中左舷高射炮射击指挥仪前方，尔后沿航海舰桥左侧、信号舰桥一路穿透至 6 号副炮爆炸，并引燃发射药；

第 5 枚航弹命中第 50 号肋位、上层建筑甲板中轴线右侧，然后在该处爆炸。

"内华达"号战列舰在中弹后以右舷靠岸，短暂停靠在"肖"号驱逐舰旁边，不料后者因弹药库燃烧而发生剧烈爆炸。为脱离险地，"内华达"号在拖船的帮助下离开，待横穿港口后最终在 6 时被推至医院角搁浅。当日，"内华达"号共有 57 人死于日军空袭。直至 1942 年 2 月，"内华达"号才被打捞并转移到船坞维修，同年 10 月返回前线。

"内华达"号的甲板出现破口。

一枚250公斤通常弹击穿"内华达"号1号主炮炮管左下方的甲板后发生爆炸,造成艏楼甲板受损变形。

"内华达"号战列舰(图中)正在驶往"肖"号驱逐舰。

"内华达"号战列舰(图中)准备向位于浮坞 YFD-2 的"肖"号驱逐舰靠拢,但是后者已经剧烈燃烧。

"内华达"号战列舰在拖船的帮助下离开"肖"号驱逐舰,最终在医院角搁浅。

"内华达"号战列舰搁浅后继续冒烟。

第 26 小队没有跟随牧野攻击"内华达"号，其中 1 号、2 号机轰炸"马里兰"号，3 号机轰炸"西弗吉利亚"号。4 时 39 分，一枚航弹命中"马里兰"的舰楼甲板中央，其余炸弹弹着位于战列舰两侧。

此外，据在瓦胡岛西湾码头的弹药补给船"皮罗"号（USS Pyro, AE-1）记录，在 4 时 32 分遭到一架日机轰炸。当时，这架日机从"皮罗"号左前方进入俯冲并投弹，炸弹落在右舷旁边的码头，弹着距离大约 3.6 米。

完成对珍珠港舰艇的轰炸后，牧野三郎大尉率部前往集合点途中，扫射惠勒机场，但随后遭两架 P-40 战斗机袭击，牧野的座机被击落，牧野与侦察员锄田末男飞曹长阵亡。至此，"加贺"在珍珠港上空一共折损两名飞行科干部，位列参加夏威夷作战各航母之首。牧野三郎毕业于海军兵学校第 60 期，1938 年以舰攻操纵员跟随"加贺"号航母参加中日战争，回国后转飞舰爆。1940 年 11 月，牧野三郎担任"加贺"分队长，最终在瓦胡岛上空丧命。

除了牧野以及上文提到的坂口登，第 12 攻击队另有 4 架舰爆被击落或下落不明，有可能在完成攻击后分散前往集合点时遭到美军战斗机猎杀。这四架舰爆机组如下：第 21 小队 3 号机操纵员平岛文夫二飞曹、侦察员坂东敏明三飞曹，第 22 小队 3 号机操纵员冈岩一飞兵、侦察员南崎常夫三飞曹，第 24 小队 2 号机津田信夫二飞曹、侦察员今井福满一飞曹，第 29 小队 2 号机操纵员鬼仓成往三飞曹、侦察员桑畑一义一飞曹。第 12 攻击队共有 26 架舰爆出动，其中 6 架被击落或失踪，另有 16 架舰爆中弹受伤，仅有 4 机毫发无损。小川正一、伊吹正一、第

22 小队指挥官渡部俊夫大尉，以及第 25 小队指挥官相川嘉逸、第 28 小队的三浦尚彦两名中尉的座机均被美军防空火力击伤。相川中尉的侦察员市町准一一飞曹以及第 27 小队 2 号机操纵员西森俊雄二飞曹受伤。7 时 24 分至 8 时 16 分，"加贺"陆续回收舰载机。值得一提的是，海军兵学校第 61 期毕业的小川正一曾作为第 15 航空队一员，在 1938 年 7 月 15 日轰炸南昌机场期间，带领个别机组强行降落在该机场，并纵火烧毁残存的中苏飞机。

（2）
被美军打捞上岸的 99 式舰爆的座舱。

战后，美军将一架坠落在珍珠港的 99 式舰爆打捞上岸。

被打掉的 99 式舰爆的机翼。

（1）
被美军打捞上岸的 99 式舰爆的座舱。

4. 小结：第 1、第 2 航空战队投弹及攻击目标

1、2 航战共有 79 架 99 式舰爆参加第二次攻击，其中 65 架返回母舰。战后，据日军统计，这些返回的 1、2 航战舰爆共投下 65 枚 250 公斤航弹，确认 38 枚命中目标。对照美军记录，1、2 航战只有 12 枚 250 公斤航弹命中舰艇，炸毁驱逐舰"肖""唐斯""卡辛"，炸伤战列舰"内华达""宾夕法尼亚""马里兰"，轻巡洋舰"檀香山"、水上飞机母舰"柯蒂斯"（见表 3-2）。

表 3-2　1941 年 12 月 8 日机动部队第 2 集团攻击美军舰艇情况对照表

单位	中队	小队	飞机编号	攻击目标	消耗弹药数量	备注
第 11 攻击队	第 1 中队	第 21 小队	1 号、2 号、3 号机	"尼奥索"	250 公斤通常弹 3 枚	
		第 22 小队	1 号、2 号、3 号机	"肖"	250 公斤通常弹 3 枚	
		第 23 小队	1 号、2 号、3 号机	不明	250 公斤通常弹 3 枚	
	第 2 中队	第 25 小队	1 号、2 号、3 号机	"罗利"	250 公斤通常弹 3 枚	
		第 26、27 小队	—	"马里兰"	250 公斤通常弹 6 枚	
第 12 攻击队	第 1 中队	第 21、22、23 小队		"内华达"	250 公斤通常弹 9 枚	
	第 2 中队	第 24、25 小队		"内华达"	250 公斤通常弹 6 枚	
		第 26 小队	1 号、2 号机	"马里兰"	250 公斤通常弹 2 枚	
			3 号机	"西弗吉尼亚"	250 公斤通常弹 1 枚	
	第 3 中队	第 27、28、29 小队		"内华达"	250 公斤通常弹 9 枚	
第 13 攻击队	第 1 中队	第 21 小队	1 号机	"新奥尔良"	250 公斤通常弹 1 枚	
			2 号机	"唐斯"	250 公斤通常弹 1 枚	
			3 号机	"卡辛"	250 公斤通常弹 1 枚	
		第 22 小队	1 号机	不明	250 公斤通常弹 1 枚	
			2 号、3 号机	"海伦娜"	250 公斤通常弹 2 枚	
		第 23 小队	1 号、2 号、3 号机	"多宾"	250 公斤通常弹 2 枚	
	第 2 中队	第 24 小队	1 号机	"宾夕法尼亚"	250 公斤通常弹 1 枚	
			2 号机	"肖"	250 公斤通常弹 1 枚	
			3 号机	"海伦娜"	250 公斤通常弹 1 枚	
		第 25 小队	1 号、3 号机	"加利福尼亚"	250 公斤通常弹 2 枚	
		第 26 小队	1 号机	轻巡洋舰	250 公斤通常弹 1 枚	
			2 号机	"檀香山"	250 公斤通常弹 1 枚	
			3 号机	战列舰	250 公斤通常弹 1 枚	
第 14 攻击队	第 1 中队	第 21 小队	2 号、3 号机	"戴尔"	250 公斤通常弹 2 枚	
		第 22 小队	1 号、2 号机	"马里兰"	250 公斤通常弹 2 枚	
			3 号机	"海伦娜"	250 公斤通常弹 1 枚	
		第 23 小队	1 号、2 号机	"海伦娜"	250 公斤通常弹 2 枚	
			3 号机	"宾夕法尼亚"	250 公斤通常弹 1 枚	

续表

单位	中队	小队	飞机编号	攻击目标	消耗弹药数量	备注
第14攻击队	第2中队	第24小队	1号、2号机	"参宿七"	250公斤通常弹2枚	
			3号机	"加利福尼亚"	250公斤通常弹1枚	
		第25小队	1号、2号机	"参宿七"	250公斤通常弹2枚	
			3号机	"加利福尼亚"	250公斤通常弹1枚	
		第26小队	1号、2号、3号机	"马里兰"	250公斤通常弹3枚	

5. 第1、第2航空战队制空队战斗情况

在机动部队对瓦胡岛实施第二次攻击期间，16名美军陆航战斗机飞行员勇敢地站出来，尝试驾驶战斗机迎战日本人，其中，14人升空，共6架P-36、8架P-40与日军接战。惠勒机场尽管在日机空袭中遭受重创，但是仍有5架P-36、1架P-40升空还击。4时20分，第46驱逐中队的刘易斯·桑德斯（Lewis M. Sanders）陆军中尉、菲利普·拉穆森（Phillip M. Rasmussen）、约翰·撒克（John M. Thacker）陆军少尉、奥思尼尔·诺里斯（Othneil Norris）陆军少尉准备驾驶P-36战斗机从惠勒机场升空。不过，诺里斯在飞机滑跑前中途离开座机，回去更换降落伞，第45驱逐中队的戈登·斯特林（Gordon H. Sterring）少尉发现桑德斯等人准备迎击日本人，同时发现诺里斯的P-36战斗机处于无人状态，于是登上这架战斗机并跟随桑德斯升空。这4架P-36随后前往贝洛斯机场空域搜索日机。4时50分，同属第46驱逐中队的马尔科姆·摩尔（Malcolm A. Moore）陆军少尉驾驶P-36参战。此外，小弗雷德·伯纳姆·希夫利特（Fred Burnam Shifflet, Jr.）陆军少尉驾驶一架尚在维修的P-40战斗机从惠勒机场升空迎击日机，最终因飞机中弹受创而退出战斗。

在第二次攻击期间，第3制空队指挥官、"苍龙"分队长饭田房太带领9架零战攻击卡内奥赫航空站。该部从4时45分开始扫射该航空站，确认6架飞机中弹燃烧。面对吐出火舌的零战，航空站的美军官兵以7.62毫米、12.7毫米机枪进行还击，成功击中饭田的座机。饭田驾驶这架受损的零战不断下降高度，最终于5时12分撞击卡内奥赫航空站的后方区域，成为第一名在太平洋战争阵亡的"苍龙"号军官。饭田房太与志贺淑雄、千早猛彦、伊吹正一、岩见丈三是海军兵学校第62期毕业生。饭田曾在1940年9月担任第12航空队分队长，先于同年10月5日率部突袭凤凰山，与中国空军交手，在未折损一员的情况下击落4架、击伤7架。1940年10月26日，饭田率部在新津西南再与中国空军交战，击落6架中方飞机，击伤1架。

跟随饭田攻击卡内奥赫航空站的藤田怡与藏中尉这样回忆长机被击落的情形：

饭田摇晃机翼并开始爬升。这是要"组成单纵队"。9架飞机排成一队，一边寻找敌机踪影，一边爬升。6000米的下方，第一次攻击队结束攻击了吧，珍珠港被黑烟笼罩。

我们搜寻敌军战斗机的时候，已抵达珍珠港上空。回头看后方，高射炮炮弹追着我们，

在同一高度爆炸，像是指明我们的踪迹。

寻找了两遍都没看到敌机踪影，我们对卡内奥赫的水上飞机基地实施扫射。穿过云层，看到了基地。几架飞机停在机库前，几架留在港内。我以其中一架为目标，整架飞机压过去，对其进行一次射击，但总觉得从太远的地方射击，难以判断是否命中。接着，我在前方拉起，然后转弯进入第二次射击。这次我总算放心了，看到敌机吸走了我的机枪曳光弹，应该很美味吧。

像是为了不失去早前的目标，我进入第三次射击，但在拉起时，右机翼传来"锵"的一声。只见那里出现一个小的口子，是7.7毫米机枪吧。

下方的敌军基地冒出滚滚浓烟，应该是遭到我方攻击队轰炸。由于没有残存的敌军飞机，因此我们飞往目标、东南的敌军陆上战斗机基地。那里数十架小型战斗机并排停放，我方战斗机已对其实施扫射。我们晚于先行攻击的飞机进入扫射。扫射两到三次时，突然看见饭田机摇晃机翼，示意我们集合。……

我们组成紧凑的编队，我像是看到饭田大尉的面容。朝下方一看，我们已经到达卡内奥赫基地上空。饭田大尉向我们打手势："我没有燃油！"接着，他下降高度并摇晃机翼。他一边看着我们那边，一边挥手，最后以急转弯，对着基地进入俯冲。

饭田大尉早就教导我们："在敌军领空，如油箱中弹，没有燃油归航，要选择适当的目标予以撞击"。他向我们作出示范。饭田的零战拖着泄漏的燃油，向被黑烟笼罩的卡内奥赫基地俯冲。

正当第3制空队扫射卡内奥赫航空站之际，上文提及的桑德斯带领4架P-36抵达现场。由于发现零战处于低空，桑德斯带队进入俯冲并实施掠袭，并确认在第一次掠袭期间击落一架零战，然后发现斯特林追击一架零战时却被另一架零战咬尾。桑德斯立即上前射击正对斯特林咬尾的零战，并将其赶走。至于斯特林与他攻击的零战均中弹失控，最后一同向卡内奥赫湾坠落。

拉穆森由于机枪故障，在空中重新为机枪上膛，随后他仍确认击落一架日机。须臾，他看见斯特林以及被他击落的日机一并坠落。

撒克在第一次掠袭时遇到机舱故障，但他仍坚持完成俯冲，其间由于座机被零战击伤而被迫返回惠勒。撒克在降落期间被友军当作日机射击，因此被迫爬升至云层。最终，拉穆森、桑德斯、撒克在友军射击掩护之下安全降落。

日方记录第3制空队从5时15分至5时20分与美军战斗机交战，该部第1小队2号、3号机被击落，4机中弹。由于饭田房太被击落，藤田怡与藏中尉带领第3制空队的幸存者返航。日军在总结夏威夷作战的战斗教训时指出，战斗机部队完全不顾上空是否有盟军飞机，便在没有上空掩护的情况下执行扫射任务：

纵使敌机不在上空，开始扫射时应配置部分兵力，以作为上空警戒。

战斗机原准备扫射贝洛斯机场，后临时改为攻击卡内奥赫机场，进行扫射前，该部于机场上空2000米盘旋时遭受9架敌战斗机奇袭，全然疏于上空警戒，方招此结果。故须对上空严加防范。

第4制空队指挥官、"飞龙"分队长能野澄夫大尉带领9架零战扫射卡内奥赫航空站，声称两架飞机及一辆汽车中弹着火。能野澄夫毕业于海军兵学校第61期，与菅波攻治、池田正伟、小川正一等是同级校友。自飞行培训后，能野最先在水上飞机部队，后改飞战斗机，并先后担任第14航空队、"飞龙"号航母的分队长。

5时整，能野带队飞抵贝洛斯机场，然后下降高度，并对地面的美军飞机进行两次扫射，确认3架飞机着火。实际上，第4制空队击落2架P-40，另外击毁一辆油车。当时，贝洛斯机场有三名隶属美军陆航第44驱逐中队的飞行员冒着危险冲向各自的战斗机。汉斯·克里斯琴森（Hans C. Christiansen）陆军少尉还没跳进座舱就倒在日机枪弹之下，最终因失血过多而死亡。同时，乔治·怀特曼（George Allison Whiteman）陆军少尉登上一架尚在补充弹药的P-40C，等机务人员离开后开始在跑道滑跑。匆忙之中，机务人员还没来得及关闭机翼机枪的盖板。跟随怀特曼升空的还有萨缪尔·毕晓普（Samuel W. Bishop）陆军中尉。

当怀特曼、毕晓普驾机离地后，早已发现行踪的第4制空队从后加速抵近并展开猎杀。怀特曼赶在日机射击前顺利升空，然后试图以转弯摆脱日机。不过，这架P-40处于低空，既没有高度又没有速度，很快中弹起火。怀特曼尝试迫降在海滩，可惜由于左机翼击中海滩，导致飞机侧翻爆炸。

毕晓普目睹怀特曼的P-40被零战击落的过程，但还没来得及迎战，便在外海上空被第4制空队击落。幸运的是，毕晓普在海上跳伞并自行游到岸上。

除了惠勒、贝洛斯，哈莱瓦机场同样有美军陆航战斗机飞行员升空，与日机拼死一搏。第47驱逐中队的乔治·施瓦茨·韦尔奇（George Schwartz Welch）、肯尼思·马拉尔·泰勒（Kenneth Marlar Taylor）陆军中尉在惠勒机场看见日机肆意破坏，当即向哈莱瓦机场打电话，要求该机场人员做好防空并着手准备战斗机。

一架受损的P-40战斗机，地点是贝洛斯机场。

哈莱瓦机场位于瓦胡岛的西北海岸，位置偏僻且机场条件简陋。不过，正是由于偏僻，这个机场才幸运地躲过日方谍报人员的监视，以致日军没能发现这个机场，也为美军保留了宝贵的反击力量。

很快，韦尔奇、泰勒驱车赶往哈莱瓦。同样从惠勒跑到哈莱瓦的还有同属第47中队的约翰·韦伯斯特（John J. Webster）陆军中尉、罗伯特·罗杰斯（Robert J. Rogers）陆军中尉、哈利·温斯顿·布朗（Harry Winston Brown）陆军少尉、约翰·戴恩斯（John Dains）陆军少尉。3时50分，韦尔奇、泰勒、韦伯斯特、戴恩斯、罗杰斯驾机升空，除罗杰斯驾驶的是P-36，其余4人皆驾驶P-40。

韦尔奇、泰勒升空后向南搜索日机，然后在地面电台引导下飞向巴伯斯角，看见大约12架日机在扫射埃瓦航空站。他们看到的正是第12攻击队的99式舰爆，这些舰爆刚完成轰炸"内华达"号，然后在前往集合点途中扫射埃瓦航空站。韦尔奇、泰勒见状立即加速抵近，然后利用高度优势对毫无防备的日机实施掠袭。在这一次攻击中，韦尔奇、泰勒各自击落一架舰爆。随后，泰勒从俯冲改出，爬升并对日机实施第二次掠袭。韦尔奇没有实施第二次掠袭，因为他的座机中弹冒烟，只得俯冲改出后爬升并检查座机的伤情。待烟雾散去，韦尔奇再次与泰勒编队，并继续攻击舰爆。韦尔奇击落第二架日机，泰勒击伤另外两架日机。

结束在埃瓦的战斗后，韦尔奇、泰勒降落在惠勒机场补充弹药及燃油，后于4时30分再度升空。二人刚好遇上另一群99式舰爆。泰勒向日机编队后方机动，然后从后攻击一架舰爆，但很快遭受另一架舰爆的后座机枪射击，泰勒的P-40多处中弹，包括发动机、螺旋桨及整流

哈莱瓦机场。

罩。此外，泰勒的左臂中弹，腿部被破片所伤。在这种情况下他只能驾机爬升并退出战斗。韦尔奇看见战友遭受日机还击，随即抵近攻击，将这架舰爆击落。最后，韦尔奇袭击正在集合的日机，并击落其中一架。

罗杰斯、布朗驾驶 P-40 升空后发现一支日机编队，当时日机飞往北方。布朗随即前往攻击，并可能命中一架日机，不过日机收油门并进入俯冲，导致布朗的枪弹越标。随后，罗杰斯、布朗一道前往卡埃纳角。戴恩斯与一架日机交手，结果由于座机中弹而返航，不过很快再度升空。罗杰斯、布朗在卡埃纳上空巡逻期间，与韦伯斯特及摩尔会合。四人在卡埃纳附近发现日机正在集合准备返航。罗杰斯、韦伯斯特组成编队前往攻击两架日机，但反被日机所伤，其中，罗杰斯的座机受损，韦伯斯特有一条腿中枪，二人驾机返回哈莱瓦。途中，罗杰斯发现两架零战在后方追击，当即转弯迎战并击落其中一架。第 46 中队的摩尔看到友军的情况后上前支援，击退另一架零战。同时，布朗面对一群日机，但他以迎面攻击的方式成功突围。接着，布朗看见摩尔攻击一架零战，便加入战阵。由于确认日机拖着浓烟向海面俯冲，布朗退出攻击并返航。

5 时整，戴恩斯及韦尔奇第二次从哈莱瓦升空，继续搜索日机，其中戴恩斯驾驶 P-36。此时，日机早已离开瓦胡岛空域。二人准备降落在惠勒机场时，遭受地面高射炮部队射击，戴恩斯由于座机中弹，坠落在机场旁边的高尔夫球场。

对照日方记录来看，第 2 制空队指挥官、"加贺"分队长二阶堂易大尉率领 9 架零战从 4 时 35 分开始，依次扫射福特岛航空站、希卡姆机场

毁于日军空袭的美军飞机残骸被堆放在惠勒机场机库前方。

及惠勒机场。"加贺"记录第2制空队与两架美军飞机交战，但无法击落对方。此外，该部的五岛一平飞曹长、稻永富雄一飞曹失踪，3架零战中弹。二阶堂易毕业于海军兵学校第64期，曾在1941年4月16日驾驶零战进行俯冲拉起时遭遇飞机左右副翼脱落的情况，但最终安全着陆。

在第二次攻击期间，第1制空队指挥官、"赤城"分队长进藤三郎大尉带领9架零战扫射希卡姆机场，确认2架飞机燃烧，其间没有遭遇美军战斗机。进藤三郎毕业于海军兵学校第60期，是兼子正、牧野三郎的同期校友，拥有丰富的战斗经验，他曾作为"加贺"号舰战队一员自1937年开始参加对华战争，同年年底回国，在负责教练的航空队任职。1938年7月，进藤返回前线，担任第13航空队分队长，同年年底再次回国。1940年5月，进藤担任第12航空队分队长，并成为第一批驾驶零战参战的日本海军飞行员。1940年9月13日进藤三郎指挥9架零战参加璧山空战，击落中国空军13架战斗机，另外击伤11架。同年11月，进藤三郎任第14航空队分队长，后于12月12日率部突袭云南祥云机场，击毁17架"弗利特"(Fleet)教练机。到了1941年12月8日，进藤三郎作为"赤城"一员远程奔袭美军基地，他回忆道：

我按计划在高度6000米飞行，但是远远地就看到高射炮的弹幕在四处展开。我误以为会有敌机，于是进行接敌机动，不过在半路上才发现判断有误。

接着，各部解散并奔向各自的目标。我们等待轰炸结束后扫射希卡姆机场。不过敌人很早便实施猛烈的反击。

机场全是黑烟，在上风处确认数架B-17。于是对其实施扫射。但是由于浓烟密布，难以通过目视确认是否击中目标，因此放弃第二次进入攻击，并开始爬升。

进藤的僚机木村惟雄的座机在低空扫射期间中弹，木村回忆当时的情形：

进藤大尉摇摆机翼，示意我们"攻击"。无数的曳光弹化作红色火焰，像箭矢一般从飞机

一架被日机击伤的P-40战斗机，地点是惠勒机场。

一旁掠过。下降至高度100米的超低空,用OPL瞄准具瞄准目标飞机,然后一鼓作气射击。20毫米机炮的曳光弹"啪"一声地扑向目标,飞机破片飞散。我情不自禁大喊"太好了。"但是,接着感到左翼有强烈的震动,左机翼油箱中弹了……左机翼出现破口,汽油呈白条状猛烈地吹出。所幸没有异样。进藤大尉带队爬升。在我们获得高度的时候,许多防空炮火闪光毫不留情地升起。

美国陆海军航空兵在1941年12月8日的空袭中损失惨重。美国陆军航空队共损失77架飞机,包括38架P-40B战斗机、4架P-40C战斗机、4架P-36A战斗机、5架P-26A战斗机、1架P-26B战斗机、2架B-17C轰炸机、6架B-17D轰炸机、11架B-18轰炸机、2架A-20A轰炸机、1架B-24A轰炸机、2架OA-9水上飞机、1架斯丁森(Stinson)O-49观察机。此外,2架J3教练机被击落。瓦胡岛各机场的飞机损失情况如下:

惠勒机场共有35人阵亡,另有36架P-40B、1架P-40C、2架P-36A、5架P-26A、1架P-26B、2架OA-9毁于日机轰炸。P-40C、P-36A各两架在空战中被零战击落。

希卡姆机场共有191人阵亡,另有2架A-20A、11架B-18、6架B-17D、1架B-24A、1架O-49被击毁。1架B-17C在降落期间遭零战袭击,着陆后着火焚毁。

贝洛斯机场有2人阵亡,1架B-17C迫降在该机场,后被拆为零件供其他飞机使用。

美国海军航空兵共损失6架SBD俯冲轰炸机、9架沃特OS2U-3"翠鸟"水上飞机、1架OS2U-2水上飞机、42架PBY水上飞机。9架"翠鸟"水上飞机因母舰沉没或被大火烧毁,其中3架属于"俄克拉荷马"号、2架属于"西弗吉尼亚"号,余下4架分别来自"马里兰""内华达""田纳西""加利福尼亚"号。此外,1架停放在"柯蒂斯"号的O2SU-2由于母舰中弹着火而被烧毁。

一架中弹的零战拖着烟雾从珍珠港上空飞过,注意图片右下角的美军战列舰舰桥。

一架零战低空通过珍珠港潜艇基地上空。图左的潜艇是"一角鲸"号,图右是驱逐舰"巴格利"。

7时至8时30分,第二次攻击队大部返航。机动部队在第二次攻击中损失6架零战、14架99式舰爆以及34人,另有8架零战、41架舰爆、16架舰攻中弹。

福特岛航空站有1人阵亡,19架PBY(1架PBY-4、9架PBY-3、9架PBY-5)被击毁。卡内奥赫航空站有20人阵亡,23架PBY-5被击毁。

"企业"号航母所属的6架SBD被零战击落,另有3架F4F-3在当日被友军防空火器击落,1架F4F-3因燃油耗尽坠落。

美国海军陆战队的埃瓦航空站有6人死亡，陆战队所属的8架F4F战斗机、1架布鲁斯特（Brewster）F2A-3"水牛"战斗机、9架SBD-1俯冲轰炸机、1架SBD-2俯冲轰炸机、8架SB2U-3俯冲轰炸机、1架R3D-2运输机、2架J2F-4水上飞机、1架JO-2水上飞机、1架JRS-1水上飞机、1架SNJ-3教练机均毁于日机攻击。其中F2A、F4F来自VMF-211，SB2U来自VMSB-231，SBD来自VMSB-232，其余被击毁飞机来自VMJ-252。

表3-3　1941年12月8日机动部队第二次突击瓦胡岛编制表

航母	单位	中队	小队	操纵员	侦察员	电信员	备注
				第1集团			
"瑞鹤"	第6攻击队	第1中队	第41小队	岛崎重和少佐（海兵57期）	松永寿夫特务少尉（航空船7期）	远藤多作二飞曹（侦练43期）	第6攻击队共有2机中弹
				八重樫春造飞曹长（操练20期）	姬石忠男一飞曹（乙飞5期）	谷千寻一飞兵（侦练53期）	—
				畑中正人一飞兵（操练51期）	上野秀一二飞曹（甲飞3期）	大泉金吾郎一飞兵（侦练53期）	—
			第42小队	中本道次郎大尉（海兵65期）	西村喜好一飞曹（侦练32期）	吉田凑二飞曹（侦练37期）	—
				盐足石见二飞曹	小岛新八三飞曹（侦练45期）	吉村武治一飞兵（侦练51期）	—
				野泽芳郎三飞曹（操练43期）	川原信男二飞曹（甲飞3期）	小林光二飞曹（甲飞4期）	—
			第43小队	石原久一飞曹（乙飞6期）	金泽卓一飞曹长（侦练30期）	太田毅二飞曹（乙飞8期）	—
				北村清一三飞曹（操练46期）	原直一一飞曹（侦练44期）	繁富悦行三飞曹（乙飞9期）	—
				本间秀雄二飞曹（甲飞2期）	井手原春信二飞曹（甲飞4期）	森下亮一郎一飞兵（侦练52期）	—
		第2中队	第45小队	堀龟三一飞曹（操练26期）	石见丈三大尉（海兵62期）	吉永正夫一飞曹（乙飞7期）	—
				百濑泰成一飞曹（操练36期）	西山武士二飞曹（侦练34期）	濑崎三千岁一飞兵（侦练53期）	—
				古薮茂夫一飞兵（操练53期）	松尾典照二飞曹（甲飞3期）	白井贤治郎一飞兵（侦练53期）	—

续表

航母	单位	中队	小队	操纵员	侦察员	电信员	备注
"瑞鹤"	第6攻击队	第2中队	第46小队	村上喜人中尉（海兵66期）	马场常一飞曹长（乙飞2期）	宫田长喜三飞曹（侦练40期）	—
				横枕秀纲三飞曹（操练49期）	信田安治一飞曹（甲飞1期）	内海寿夫一飞兵（侦练48期）	—
				俵忠美一飞兵（操练51期）	田村平治二飞曹（甲飞2期）	北原哲也二飞曹（甲飞4期）	—
			第47小队	小山鸡喜一飞曹（操练31期）	小原七郎飞曹长（侦练22期）	大内公威一飞兵（侦练48期）	—
				野中龟男二飞曹（操练51期）	贵志亿二飞曹（侦练43期）	田川勋二飞曹（甲飞4期）	—
				盛满工一飞兵（操练51期）	川畑小吉一飞曹（乙飞7期）	公平正利一飞曹（侦练52期）	—
		第3中队	第51小队	坪田义明大尉（海兵62期）	小砥田登一飞曹	牛岛静人一飞曹（乙飞7期）	—
				杉本谕一飞曹（乙飞7期）	新野多喜男飞曹长（侦练21期）	长谷川清松一飞兵（侦练53期）	—
				米山茂树三飞曹（操练50期）	森木常正二飞曹（甲飞4期）	佐藤敏男二飞曹（甲飞4期）	—
			第52小队	佐藤善一中尉（海兵66期）	多田一飞曹（甲飞1期）	西泽十一郎三飞曹（侦练52期）	—
				田平幸男一飞曹（甲飞2期）	大谷良一一飞曹（甲飞1期）	生岛亮二飞曹（甲飞4期）	—
				大河内正二一飞兵（操练52期）	大西久夫二飞曹（甲飞4期）	西谷芳数三飞曹（乙飞9期）	—
			第53小队	河田忠义一飞曹（甲飞1期）	金田数正特务少尉（侦练12期）	篠田英治一飞曹（侦练52期）	—
				福谷知康二飞曹（甲飞4期）	山田大二飞曹（甲飞3期）	兼藤二郎三飞曹（乙飞9期）	—
				田边数夫一飞兵（操练56期）	斋藤昭二飞曹（甲飞4期）	原明一飞兵（侦练52期）	—

续表

航母	单位	中队	小队	操纵员	侦察员	电信员	备注
"翔鹤"	第5攻击队	第1中队	第41小队	市原辰雄大尉（海兵60期）	矶野贞治飞曹长（侦练21期）	宗形义秋二飞曹（侦练43期）	第5攻击队共有14机中弹
				冲村觉二飞曹（操练35期）	浮田忠明飞曹长（乙飞3期）	户田博三飞曹（侦练44期）	—
				折笠俶三三飞曹（操练52期）	松山弥高二飞曹（侦练44期）	高田忠胜三飞曹（乙飞9期）	—
			第42小队	斋藤义雄一飞曹（操练36期）	矢野矩穗中尉（海兵66期）	伊林顺平三飞曹（侦练49期）	—
				大谷信治一飞兵（操练53期）	大久保忠平一飞曹（甲飞1期）	儿玉清三二飞曹（甲飞3期）	—
				川原武彦一飞兵（操练49期）	山内一夫二飞曹（甲飞3期）	五味茂雄一飞兵（侦练51期）	—
			第43小队	大久保优一飞曹（操练20期）	菅野兼藏一飞曹（侦练26期）	石原芳雄三飞曹（侦练41期）	—
				伊藤东吾一飞兵（操练51期）	茂田直贵二飞曹（甲飞4期）	中纳义光一飞兵（侦练53期）	—
				坂仓孝治二飞曹（甲飞4期）	佐藤一三三飞曹（侦练45期）	堀江勇二飞曹（甲飞4期）	—
		第2中队	第45小队	石川锐一飞曹（操练31期）	萩原努大尉（海兵63期）	相良荣吉二飞曹（侦练43期）	—
				米仓久人飞曹长（乙飞4期）	中村幸次郎一飞兵	福田仪男二飞曹（侦练45期）	—
				村上长门一飞兵（操练53期）	高桥弘三飞曹（甲飞3期）	菊地四郎一飞兵（侦练53期）	—
			第46小队	岩村胜夫中尉（海兵66期）	柴田正信飞曹长（乙飞4期）	三角申松三飞曹（侦练43期）	—
				人见达弥一飞兵（操练48期）	白井福次郎一飞曹（乙飞7期）	下道义一二飞曹（甲飞4期）	—
				佐藤长作一飞兵（操练49期）	太田六之助二飞曹（甲飞4期）	小林和夫一飞兵（侦练53期）	—

续表

航母	单位	中队	小队	操纵员	侦察员	电信员	备注
"翔鹤"	第5攻击队	第2中队	第47小队	佐藤孝司一飞曹（甲飞2期）	铃木直一郎飞曹长（侦练24期）	宫永英次二飞曹（甲飞4期）	—
				赤尾明二飞曹（甲飞3期）	一条信一一飞曹（甲飞1期）	江藤金也一飞兵（侦练53期）	—
				武井清美一飞兵（操练51期）	田中经广三飞曹（侦练41期）	坂下一男一飞兵（侦练53期）	—
		第3中队	第50小队	进藤三郎飞曹长（乙飞4期）	入来院良秋大尉（海兵65期）	冲山铁雄三飞曹（侦练44期）	—
				岩馆仁三郎一飞曹（操练38期）	川岛平三郎飞曹长（侦练22期）	森下升一飞兵（侦练53期）	—
				长谷川辰夫二飞曹（甲飞3期）	山崎三郎二飞曹（甲飞4期）	儿玉照视一飞兵（侦练53期）	—
			第51小队	关德治二飞曹（操练46期）	斋藤政二飞曹长（侦练30期）	镰田保秋二飞曹（侦练37期）	—
				良知保三飞曹（操练50期）	大竹登美卫一飞曹（侦练35期）	高杉教太郎一飞兵（侦练51期）	—
				大塚章雄二飞曹（甲飞4期）	青木贡三飞曹（侦练51期）	野村治一飞兵（侦练53期）	—
			第52小队	户田仪助二飞曹（操练47期）	松本赖时飞曹长（侦练22期）	安部晃二飞曹（甲飞4期）	—
				关藤蝶治一飞兵（操练54期）	樋口金造二飞曹（乙飞8期）	逢坂泰三郎一飞兵（侦练49期）	—
				佐藤胜美一飞兵（操练55期）	佐藤行良三飞曹（侦练51期）	井上博一飞兵（侦练51期）	

第2集团

航母	单位	中队	小队	操纵员	侦察员	电信员	备注
"苍龙"	第13攻击队	第1中队	第21小队	江草隆繁少佐（海兵58期）	石井树飞曹长（乙飞1期）	—	座机中弹3发
				山崎武男二飞曹（操练45期）	远藤正一飞曹（甲飞1期）	—	座机中弹4发
				川崎悟三飞曹（操练45期）	高桥亮一一飞曹（甲飞2期）	—	被击落

续表

航母	单位	中队	小队	操纵员	侦察员	电信员	备注
"苍龙"	第13攻击队	第1中队	第22小队	中川纪雄一飞曹（乙飞7期）	山下途二大尉（海兵65期）	—	座机中弹4发
				须藤市郎二飞曹（乙飞8期）	山口积二飞曹（甲飞3期）	—	座机中弹7发
				丸山贤治三飞曹（操练47期）	桑原秀安二飞曹（甲飞4期）	—	被击落
			第23小队	朝仓畅一飞曹（甲飞2期）	船崎金二一飞曹（侦练28期）	—	座机中弹2发
				井后义雄三飞曹（操练44期）	石田重吉一飞曹（侦练35期）	—	—
				池永弘二飞曹（操练39期）	高桥秀吉二飞曹（甲飞4期）	—	座机中弹2发
		第2中队	第24小队	池田正伟大尉（海兵61期）	寺井荣飞曹长（乙飞2期）	—	—
				山田隆一飞曹（甲飞1期）	藤田多吉一飞曹（侦练33期）	—	座机中弹6发
				藤田辰男三飞曹（操练46期）	金贺五郎一飞曹（乙飞7期）	—	座机中弹2发
			第25小队	小井手护之大尉（海兵65期）	山本博一飞曹（侦练30期）	—	座机中弹4发
				土屋庚道一飞曹（乙飞7期）	寺元英己一飞曹（甲飞1期）	—	因发动机故障而提前折返
				远藤定雄一飞兵（操练49期）	水谷广惠三飞曹（侦练41期）	—	座机中弹2发
			第26小队	菅原隆一飞曹（乙飞5期）	山口幸男飞曹长（侦练26期）	—	座机中弹1发
				加藤求一飞兵（操练48期）	土井安松二飞曹（侦练45期）	—	座机中弹1发
				小濑本国雄一飞兵（操练53期）	高野义雄二飞曹（乙飞8期）	—	座机中弹1发

续表

航母	单位	中队	小队	操纵员	侦察员	电信员	备注
"飞龙"	第14攻击队	第1中队	第21小队	小林道雄大尉（海兵63期）	小野义范飞曹长（乙飞3期）	—	因发动机故障而折返
				崎山保一飞曹（操练36期）	前田孝一飞曹（乙飞5期）	—	—
				坂井秀男一飞兵（操练48期）	大仓昌二飞曹（侦练38期）	—	侦察员受重伤
			第22小队	下田一郎中尉（海兵66期）	住吉语一飞曹（乙飞3期）	—	
				中尾信道三飞曹（操练50期）	冈村荣光一飞曹（甲飞2期）	—	
				池田高三二飞曹（乙飞8期）	宫里光夫二飞曹（侦练34期）	—	
			第23小队	山田喜七郎一飞曹（甲飞2期）	吉川启次郎飞曹长（乙飞4期）	—	
				土屋孝美三飞曹（操练48期）	福永义晖一飞曹（甲飞2期）	—	
				外山维良二飞曹（甲飞4期）	村尾一一飞兵（侦练53期）	—	被击落
		第2中队	第24小队	西原敏胜飞曹长（乙飞2期）	中川俊大尉（海兵64期）	—	
				大石幸雄一飞曹（乙飞7期）	田岛一男一飞曹（乙飞5期）	—	
				黑木顺一三飞曹（操练47期）	村上亲爱三飞曹（侦练46期）	—	
			第25小队	中川静夫一飞曹（乙飞5期）	中山七五三松飞曹长（侦练18期）	—	
				濑尾铁夫一飞曹（甲飞2期）	安田信惠一飞曹（甲飞2期）	—	
				近藤澄夫一飞兵（操练49期）	板津辰雄三飞曹（侦练45期）	—	

续表

航母	单位	中队	小队	操纵员	侦察员	电信员	备注
"飞龙"	第14攻击队	第2中队	第26小队	川畑弘保一飞曹（甲飞1期）	石井正郎飞曹长（乙飞3期）	—	—
				清村勇二飞曹（甲飞2期）	清水好生二飞曹（侦练34期）	—	被击落
				渊上一生一飞兵（操练54期）	水野泰彦一飞兵（侦练51期）	—	—
"赤城"	第11攻击队	第1中队	第1小队	古田清人一飞曹（操练32期）	千早猛彦大尉（海兵62期）	—	座机中弹3发
				向后荣三飞曹（操练48期）	山本义一一飞曹（乙飞5期）	—	座机中弹5发
				大野孝一飞兵（操练54期）	长谷川菊之助一飞兵（侦练50期）	—	座机中弹6发
			第2小队	山田昌平大尉（海兵65期）	野坂悦盛一飞曹（乙飞2期）	—	座机中弹4发
				望月伊作一飞兵（操练48期）	土屋亮六二飞曹（侦练39期）	—	座机中弹6发
				石井信一二飞曹（甲飞4期）	山下敏平二飞曹（甲飞3期）	—	座机中弹4发
			第3小队	太田诚一二飞曹（操练47期）	大山利雄二飞曹（侦练21期）	—	被击落
				本间金助三飞曹（操练49期）	木下广吉二飞曹（甲飞3期）	—	被击落
				岛仓忠治一飞兵（操练50期）	坂本清二飞曹（甲飞4期）	—	被击落
		第2中队	第1小队	阿部善次大尉（海兵64期）	斋藤千秋飞曹长（乙飞1期）	—	座机中弹2发
				后藤元一飞曹（乙飞8期）	宇津木道司二飞曹（侦练43期）	—	被击落
				菊地五一三飞曹（操练50期）	饭田好弘二飞曹（乙飞8期）	—	—

续表

航母	单位	中队	小队	操纵员	侦察员	电信员	备注
"赤城"	第11攻击队	第2中队	第2小队	田中义春一飞曹（乙飞6期）	大渊珪三中尉（海兵66期）	—	座机中弹5发
				雨宫伊佐男二飞曹（操练46期）	土屋睦邦一飞曹（侦练33期）	—	座机中弹5发
				饭塚德次三飞曹（操练50期）	川井裕二飞曹（乙飞8期）	—	座机中弹3发
			第3小队	铃木要一飞曹（乙飞7期）	前川贤次飞曹长（乙飞4期）	—	座机中弹多发
				武居一马一飞兵（操练48期）	原田嘉太男一飞曹（甲飞2期）	—	座机中弹多发
				长岛善作一飞兵（操练56期）	西山强三飞曹（侦练41期）	—	—
"加贺"	第12攻击队	第1中队	第21小队	牧野三郎大尉（海兵60期）	锄田末男飞曹长（乙飞1期）	—	被击落
				田中武夫二飞曹（操练44期）	藤野惣八一飞曹（乙飞6期）	—	座机中弹3发
				平岛文夫二飞曹（甲飞3期）	坂东敏明三飞曹（侦练46期）	—	被击落
			第22小队	樋渡利吉一飞曹（操练22期）	渡部俊夫大尉（海兵65期）	—	座机中弹4发
				小野源一飞兵（操练48期）	佐藤直人二飞曹（侦练43期）	—	座机中弹4发
				冈岩一飞兵（操练56期）	南崎常夫三飞曹（侦练39期）	—	被击落
			第23小队	秋元保一飞曹（甲飞2期）	中岛米吉飞曹长（乙飞4期）	—	—
				角田光威一飞兵（操练50期）	川口俊光一飞兵（侦练53期）		

续表

航母	单位	中队	小队	操纵员	侦察员	电信员	备注
"加贺"	第12攻击队	第2中队	第24小队	小川正一大尉（海兵61期）	吉川克己一飞曹（乙飞1期）	—	座机中弹5发
				津田信夫二飞曹（操练46期）	今井福满一飞曹（甲飞2期）	—	被击落
				坂口登三飞曹（操练46期）	朝日长章三飞曹（侦练42期）	—	被击落
			第25小队	相川嘉逸中尉（海兵66期）	市町准一一飞曹（乙飞6期）	—	座机中弹5发，侦察员负伤
				村上吉喜二飞曹（操练41期）	渡边政造三飞曹（侦练51期）	—	座机中弹4发
				冈田荣三郎一飞兵（操练49期）	长渊弘三飞曹（侦练49期）	—	—
			第26小队	内门武藏一飞曹（操练32期）	鹤胜义飞曹长（侦练23期）	—	座机中弹4发
				石塚重男二飞曹（甲飞3期）	东乡幸男一飞曹（甲飞1期）	—	座机中弹1发
				山川光好一飞兵（操练54期）	三宅保一飞兵（侦练53期）	—	座机中弹7发
		第3中队	第27小队	伊吹正一大尉（海兵62期）	内川祐辅一飞曹（乙飞5期）	—	座机中弹4发
				西森俊雄二飞曹（乙飞8期）	野田绚治二飞曹（甲飞3期）	—	座机中弹4发，操纵员负伤
				山川新作一飞兵（操练48期）	中田胜藏一飞兵（侦练53期）	—	座机中弹3发
			第28小队	今宫保一飞曹（操练27期）	三浦尚彦中尉（海兵66期）	—	座机中弹1发
				吉元实秀三飞曹（操练47期）	永岭雪雄一飞兵（侦练50期）	—	座机中弹22发
				山中隆三一飞兵（操练53期）	伊藤乡实一飞兵（侦练46期）	—	—

续表

航母	单位	中队	小队	操纵员	侦察员	电信员	备注
"加贺"	第12攻击队	第3中队	第29小队	高野秀雄一飞曹（乙飞7期）	清水竹志飞曹长（乙飞4期）	—	座机中弹7发
				鬼仓成往三飞曹（操练50期）	桑畑一义一飞曹（甲飞2期）	—	被击落
				芥川武志一飞兵（操练53期）	佐佐木三男一飞兵（侦练49期）	—	座机中弹18发
第3集团							
"赤城"	第1制空队	—	第1小队	进藤三郎大尉（海兵60期）	—	—	—
				木村惟雄一飞曹（甲飞1期）	—	—	座机中弹1发
				井石清次三飞曹（操练50期）	—	—	—
			第2小队	乙训菊江一飞曹（操练27期）	—	—	—
				高原重信二飞曹（乙飞8期）	—	—	—
				森荣一飞兵（操练50期）	—	—	—
			第3小队	田中克视一飞曹（甲飞1期）	—	—	—
				丸田富吉二飞曹（操练49期）	—	—	—
				佐野信平一飞兵（操练49期）	—	—	—
"加贺"	第2制空队	—	第15小队	二阶堂易大尉（海兵64期）	—	—	座机中弹1发
				稻永富雄一飞曹（乙飞7期）	—	—	被击落
				甲斐巧二飞曹（乙飞8期）	—	—	座机中弹2发

续表

航母	单位	中队	小队	操纵员	侦察员	电信员	备注
"加贺"	第2制空队	—	第16小队	五岛一平飞曹长（操练19期）	—	—	被击落
				石川友年一飞曹（甲飞1期）	—	—	座机中弹2发
				阪东诚一飞兵（操练48期）	—	—	—
			第17小队	铃木清延一飞曹（操练28期）	—	—	—
				长滨芳和一飞曹（甲飞2期）	—	—	—
				高桥英市一飞兵（操练53期）	—	—	—
"苍龙"	第3制空队	—	第1小队	饭田房太大尉（海兵62期）	—	—	被击落
				厚见峻一飞曹（甲飞2期）	—	—	被击落
				石井三郎二飞曹（操练40期）	—	—	被击落
			第2小队	藤田怡与藏中尉（海兵66期）	—	—	座机中弹4发
				高桥宗三郎一飞曹（操练30期）	—	—	—
				冈元高志二飞曹（操练43期）	—	—	座机中弹2发
			第3小队	小田喜一一飞曹（操练29期）	—	—	—
				田中二郎二飞曹（操练39期）	—	—	座机中弹9发
				高岛武雄三飞曹（操练44期）	—	—	座机中弹5发

续表

航母	单位	中队	小队	操纵员	侦察员	电信员	备注
"飞龙"	第4制空队	—	第11小队	能野澄夫大尉（海兵61期）	—	—	—
				东中龙夫一飞曹（乙飞6期）	—	—	—
				新田春雄三飞曹（操练48期）	—	—	—
			第12小队	重松康弘中尉（海兵66期）	—	—	—
				西开地重德一飞曹（甲飞2期）	—	—	迫降在尼豪岛，被当地居民击毙
				户高升二飞曹（乙飞8期）	—	—	—
			第13小队	松山次男飞曹长（乙飞3期）	—	—	—
				牧野田俊夫一飞曹（甲飞1期）	—	—	—
				千代岛丰一飞兵（操练50期）	—	—	因发动机故障而提前折返

6. 1941年12月8日机动部队战斗机巡逻情况

1941年12月8日，机动部队共出动零战80架次执行巡逻警戒任务（日方称为"直卫"，名单详见表3-4），其中在第1、第2攻击队出击的时间段内，15架零战在机动部队上空巡逻。待回收两次攻击队时，有23到28架零战为机动部队提供掩护。据统计，65名零战操纵员参加了12月8日的巡逻，其中23人是空袭瓦胡岛后参加的。此外，51人仅参加一次巡逻，13人两次升空参与巡逻，1人参加了三次巡逻。

上述巡逻的零战仅有6架发现美军。"瑞鹤"于6时20分出动6架零战执行第三次巡逻，巡逻期间发现一架JRS-1水上飞机，指挥官伊藤纯二郎一飞曹误认为是大型飞行艇，带队试图追上。这架JRS-1是由韦斯利·霍伊特·鲁思（Wesley Hoyt Ruth）少尉驾驶，鲁思以356度航向向北搜索后折返，虽然在回程中遭遇伊藤纯二郎的零战，但是仍然成功脱离。当日，瓦胡岛的美军出动水上飞机、舰载机搜索机动部队，包括9架SBD、7架PBY、5架JRS-1、4架OS2U、3架"鸭"及2架SOC。

表 3-4　1941 年 12 月 8 日第 1 航空舰队战斗机巡逻编制表

单位	小队/批次	操纵员	巡逻时间	备注
"赤城"	第一次	山本重久中尉（海兵 66 期）	5 时 30 分至 9 时 24 分	—
		菊地哲生一飞曹（操练 39 期）		—
	第二次	指宿正信大尉（海兵 65 期）	9 时 16 分至 12 时 36 分	第一次攻击队归航
		岩城芳雄一飞曹（甲飞 2 期）		同上
		羽生十一郎一飞兵（操练 51 期）		同上
	第三次	田中克视一飞曹（甲飞 1 期）	11 时 04 分至 12 时 40 分	第二次攻击队归航
		丸田富吉二飞曹（操练 49 期）		同上
		佐野信平一飞兵（操练 49 期）		同上
"苍龙"	第一次	原田要一飞曹（操练 35 期）	1 时 30 分至 4 时 30 分	—
		长泽源造三飞曹（操练 50 期）		—
		岩渊良雄一飞兵（操练 56 期）		—
	第二次	久保田亘一飞曹（操练 36 期）	5 时 30 分至 9 时 30 分	—
		野村荣良二飞曹（甲飞 4 期）		—
		东幸雄一飞兵（海兵 56 期）		—
	第三次	原田要一飞曹（操练 35 期）	7 时整至 8 时整	第二次执行巡逻任务
		长泽源造三飞曹（操练 50 期）		第二次执行巡逻任务
	第四次	藤田怡与藏中尉（海兵 66 期）	8 时 45 分至 11 时 30 分	第二次攻击队归航
		高桥宗三郎一飞曹（操练 30 期）		同上
		冈元高志二飞曹（操练 43 期）		同上
		田中二郎二飞曹（操练 39 期）		同上
		高岛武雄三飞曹（操练 44 期）		同上
		岩渊良雄一飞兵（操练 56 期）		第二次执行巡逻任务
	第五次	野田光臣一飞曹（甲飞 2 期）	11 时整至 13 时整	第一次攻击队归航
		吉松要二飞曹（操练 41 期）		同上
		铃木新一三飞曹（操练 45 期）		同上

续表

单位	小队/批次	操纵员	巡逻时间	备注
"飞龙"	第一次	日野正人一飞曹(操练27期)	4时30分至6时45分	—
		丰岛一一飞兵(操练56期)		—
		小谷贤治一飞兵(操练54期)		—
		佐佐木齐二飞曹(甲飞3期)		—
		林茂一飞兵(操练55期)		—
		今村幸一一飞兵(操练56期)		—
	第二次	村中一夫一飞曹(乙飞6期)	6时45分至9时45分	第一次攻击队归航
		田原功三飞曹(操练45期)		同上
		野口毅次郎一飞曹(操练24期)		同上
		原田敏尧三飞曹(操练41期)		同上
		专当哲男一飞兵(操练49期)		同上
	第三次	能野澄夫大尉(海兵61期)	9时35分至12时30分	第二次攻击队归航
		东中龙夫一飞兵(乙飞6期)		同上
		新田春雄三飞曹(操练48期)		同上
"翔鹤"	第一次	饭塚雅夫中尉(海兵66期)	1时35分至4时47分	—
		山本一郎二飞曹(操练50期)		—
		川俣辉男二飞曹(操练54期)		—
		住田刚飞曹长(操练26期)		—
		宫泽武男二飞曹(甲飞3期)		—
		真田荣治一飞兵(操练55期)		—
	第二次	半泽行雄飞曹长(乙飞5期)	4时32分至8时27分	
		川西仁一郎二飞曹(甲飞3期)		
		佐佐木原正夫二飞曹(甲飞4期)		
		冈部健二二飞曹(操练38期)		
		一之濑寿二飞曹(甲飞4期)		
		河野茂一飞兵(操练51期)		
	第三次	饭塚雅夫中尉(海兵66期)	10时02分至12时41分	第二次执行巡逻任务
		林富士雄一飞曹(乙飞7期)		—
		小町定三飞曹(操练49期)		—

续表

单位	小队/批次	操纵员	巡逻时间	备注
"瑞鹤"	第一次	塚本祐造中尉(海兵 67 期)	1 时 30 至 5 时整	—
		佃精一一飞曹(甲飞 2 期)		—
		二杉利次一飞兵(操练 54 期)		—
		岩本彻三一飞曹(操练 34 期)		—
		伊藤纯二郎一飞曹(甲飞 1 期)		—
		黑木实德三飞曹(操练 42 期)		—
	第二次	牧野茂一飞曹(操练 27 期)	4 时 30 分至 8 时整	—
		中田重信二飞曹(操练 40 期)		—
		前七次郎一飞兵(操练 54 期)		—
		加纳慧一飞曹(乙飞 6 期)		—
		坂井田五郎二飞曹(操练 43 期)		—
		松本达一飞兵(操练 50 期)		—
	第三次	伊藤纯二郎一飞曹(甲飞 1 期)	6 时 20 分至 9 时 50 分	第二次执行巡逻任务
		佃精一一飞曹(甲飞 2 期)		同上
		藤井孝一一飞兵(操练 54 期)		—
		岩本彻三一飞曹(操练 34 期)		第二次执行巡逻任务
		黑木实德二飞曹(操练 42 期)		—
		仓田信高一飞兵(操练 54 期)		—
	第四次	塚本祐造中尉(海兵 67 期)	9 时 15 分至 11 时 45 分	第二次执行巡逻任务
		佃精一一飞曹(甲飞 2 期)		同上
	第五次	二杉利次一飞兵(操练 54 期)		同上
		牧野茂一飞曹(操练 27 期)		同上
		坂井田五郎二飞曹(操练 43 期)		同上
		儿玉义美飞曹长(乙飞 2 期)	11 时 15 分至 13 时 45 分	第一次攻击队归航
		中田重信二飞曹(操练 40 期)		第二次执行巡逻任务
		黑木实德三飞曹(操练 42 期)		第三次执行巡逻任务

7. 1941年12月8日上午瓦胡岛美军舰艇出港情况

12月8日，5艘美军驱逐舰在日机空袭前曾离开珍珠港，并相继遭遇并攻击日军袖珍潜艇。驱逐舰"沃德"（USS Ward，DD-139）发现潜艇指挥台围壳出现在海军货船"心宿二"（USS Antares，AG-10）后方，随即向其射击。"沃德"号攻击的是日军袖珍潜艇（日方称为"甲标的"），当时试图跟随美军舰船进入珍珠港，然后伺机伏击。不过，"沃德"号在发现这艘潜艇后主动出击，先是用主炮射击，再往袖珍潜艇下潜区域投掷深水炸弹，最终将其炸沉。

2时56分，驱逐舰"赫尔姆"（USS Helm，DD-388）离开X7泊位，进入珍珠港西湾（West Loch），后因发现日机正攻击福特岛及珍珠港的舰艇，遂于3时30分从西湾离开，准备进入主道。3时47分，"赫尔姆"号发现一艘潜艇指挥台围壳，并于3分钟后以主炮射击，迫使这艘潜艇下潜。

驱逐舰"戴尔""莫纳汉"在3时40分离开X14泊位。4时07分，"莫纳汉"号撞击一艘日军袖珍潜艇，7分钟后投下两枚深水炸弹。4时17分，两艘驱逐舰进入出海口，然后沿着瓦胡岛海岸巡逻。

驱逐舰"布卢"（USS Blue，DD-387）在4时17分离开X7泊位，23分钟后出港，向一艘日军袖珍潜艇投下8枚深水炸弹。

此外，多艘美军巡洋舰、驱逐舰在12月8日相继离港搜索日军，相关情况如下：

驱逐舰"法拉格特"（USS Farragut，DD-348）在4时22分离开X14泊位。

驱逐舰"艾尔温"（USS Aylwin，DD-355）在4时28分离开X14泊位。

驱逐舰"帕特森"（USS Patterson，DD-392）在4时30分离开泊位。

驱逐舰"菲尔普斯"（USS Phelps，DD-360）于4时56分离开X2泊位。

驱逐舰"拉尔夫·塔尔博特"（USS Ralph Talbot，DD-390）于4时30分从X11泊位起航，5时04分出港。

轻巡洋舰"圣路易斯"（USS St. Louis，CL-49）于5时01分离开海军船坞17号码头。

驱逐舰"巴格利"（USS Bagley，DD-386）在5时10分起航。

驱逐舰"艾伦"（USS Allen，DD-66）于5时36分离开X5泊位。

驱逐舰"里德"（USS Reid，DD-369）于5时50分离开X8泊位。

驱逐舰"贾维斯"（USS Jarvis，DD-393）于5时40分离开海军船坞6号码头。

轻巡洋舰"凤凰城"在6时整出航。

驱逐舰"沃登"（USS Worden，DD-352）、"卡明斯"（USS Cummings，DD-365）于6时10分离开泊位。

轻巡洋舰"底特律"于6时45分离开位于福特岛西岸F13泊位，7时30分出港。

驱逐舰"马格福特"（USS Mugford，DD-389）于7时44分离开海军船坞6号码头。

驱逐舰"麦克唐纳"（USS Macdonough，DD-351）、"赫尔"（USS Hull，DD-350）于7时50分离开X2泊位。

8时12分，上述军舰与"明尼阿波利斯"会合。8时58分，"底特律"号、"圣路易斯"号、"凤凰城"号、第1驱逐舰中队（辖驱逐舰"麦克唐纳"、"沃登"、"艾尔温"、"戴尔"、"法拉格特"、"莫纳汉"）、第4驱逐舰中队（辖驱逐舰"布卢"、"巴格利"、"赫尔姆"、"马格福特"、"贾维斯"、"帕特森"、"拉尔夫·塔尔博特"）、

正在离开珍珠港的"凤凰城"号。

"里德"号、"卡明斯"号组成第1特混部队,由于接到情报,"得知"日军航母部队在瓦胡岛南,遂前往该处搜索。显然,这种基于错误情报的搜索是徒劳无功。12时过后,第1、第8特混部队会合,并不甘心的美军一直搜索到18时43分才开始向瓦胡岛回航,航行至12月11日抵达珍珠港。

8. 第二次攻击队返航以及机动部队撤退

机动部队第二次攻击队的返航方案如同第一次攻击队,即各部在完成攻击后自行前往集合点,然后返航。相关情况如下:

"赤城":第二次攻击队于5时17分开始回航。

"加贺":第二次攻击队从7时24分至8时16分返回母舰。

"苍龙":7时15分,第13攻击队、第3制空队返回母舰。

"飞龙":5时20分,第14攻击队、第4制空队开始返航,各机从7时整至8时14分相继返回母舰。第4制空队的西开地重德一飞曹(甲飞2期)因座机(编号"BII-120")中弹,独自离队迫降在尼豪岛(Niihau)。落地后,西开地一边等待己方潜艇救援,一边试图策划当地日裔暴动,最终因事情败露而被当地居民击毙。

"翔鹤":5时25分,第5攻击队完成集合,开始返航,6时50分降落在"翔鹤"号。

"瑞鹤":5时20分,岛崎带领第6攻击队返航,后于6时50分回到"瑞鹤"号。

此外,渊田美津雄从第一次攻击归来后,顺利降落到"赤城"号航母的飞行甲板上,并先后听取村田重治、板谷茂等飞行科干部的报告。随后，未等到吃饭，渊田即被南云忠一传召到舰桥，并在罗经舰桥向南云、草鹿龙之介等1航舰司令部主要人员汇报突击瓦胡岛的战果。听罢，南云面露笑容，对于已取得的战果十分满意。然而，在这个关节眼上，南云没有乘胜追击，对瓦胡岛的油库、船坞等设施进行新一轮空袭，反倒是见好就收，并率部离开夏威夷水域。原因有三：

首先，南云通过渊田的报告，得知已经重创瓦胡岛的美军舰队，认为这两次攻击已经完成预期目的。再发起新一轮攻击，难以取得更大的战果。

其次，机动部队的舰载机部队已在第一、第二次攻击中出现减员，损失30架舰载机及55名机组成员，另有97架中弹，且美军已经迅速组织防御。如果强行发动第三次攻击，那么将蒙受更大的损失。

最后，美军航母、飞机依然严重威胁着机动部队。机动部队处于美军飞机的攻击范围内，且多架美机从瓦胡岛出航搜索。此外，"企业"号与"列克星敦"号两艘航母在接到珍珠港遭到空袭的电报后，正与各自的护航舰船一道迅速向瓦胡岛方面回航，准备找南云算账。这两支航母部队共有两艘航母、6艘重巡洋舰、14艘驱逐舰。上文提及的第1特混部队正处于在瓦胡岛，该部辖1艘重巡洋舰、3艘轻巡洋舰、15艘驱逐舰。换言之，在瓦胡岛周边搜寻机动部队的美军主力舰艇就有2艘航母、7艘重巡洋舰、3艘轻巡洋舰、29艘驱逐舰，足以对机动部队构成严重威胁。1航舰司令部根据截获的美军电报，推测美军在瓦胡岛仍有50架以上的重

一架完成攻击任务的97式舰攻即将降落在"赤城"的飞行甲板上。

型轰炸机。对南云而言,在敌情不明的情况下迅速撤出夏威夷周边水域不失为上策。

由于南云忠一决意撤出夏威夷这片危险的水域,机动部队从12月8日12时40分开始调整航向北上,并且正式踏上归途。同日,潜艇"伊-19""伊-21""伊-23"离开机动部队,留守在瓦胡岛附近水域,准备营救在海上迫降的己方空勤人员,但是最终没有任何发现。12月14日,上述三艘潜艇奉命前往美国西海岸执行破交任务,直到1942年1月11日才返回夸贾林。

日军空袭瓦胡岛也被称为珍珠港事件,这一事件成为太平洋战争的导火索。日本算尽机关,计划在机动部队突击前夕将最后通牒告知美方,以图出师有名。但是日本驻美大使馆人员在瓦胡岛遭受日机空袭后才完成通牒的译电。再者,日本陆军早在12月8日就已登陆菲律宾、马来。既然明火执仗地在远东攻城略地,日本纠结是否赶在空袭瓦胡岛之前向美国宣战的问题已经意义不大。日本一连串侵略行径换来的是美国迅速、坚决的回应。当地时间1941年12月8日,美国总统罗斯福在国会发表对日宣战演讲。是日,美、英两国对日宣战。1941年12月9日,国民政府对德国、日本、意大利宣战。12月11日,德国、意大利对美宣战。随着战火的蔓延,第二次世界大战被推向新的阶段。

另外,珍珠港事件导致美军太平洋舰队高层出现人事变动。作为太平洋舰队总司令的基梅尔在这次珍珠港事件负有领导责任,12月18日被免职并接受美国国会调查,后于次年以海军少将的军衔退役,所留下的空缺暂时由威廉·萨特利·派伊(William Satterlee Pye,1901年毕业于美国海军学院)暂时接替。12月31日,原海军航海局局长切斯特·威廉·尼米兹(Chester William Nimitz,1905年毕业于美国海军学院)临危受命,接任太平洋舰队总司令。在未来,尼米兹将带领太平洋舰队走出困境,并给予日本海军迎头痛击。

12月9日8时30分,第1补给队、"霞"复归机动部队。同日,"赤城"、"苍龙"、"飞龙"出动零战在上空警戒,共计53架次(除"苍龙"17架次外,其余各出动18架次)。隶属"苍龙"号的野村荣良二飞曹完成警戒任务后在着舰时坠海身亡。2时10分以后,机动部队出动舰攻、水侦展开侦察(舰攻机组名单详见表3-5),均未发现美军舰艇:

2时10分,第3战队出动水侦,8时30分回收;

2时30分,"苍龙"号出动4架舰攻,9时40分回收3架,另有1架舰攻在海上迫降,机组获救;

2时30分,"飞龙"号出动4架舰攻,7时45分回收;

2时38分,"赤城"号出动8架舰攻,6时整回收。

一名搭乘员坐在"赤城"的舰桥旁边休息,舰桥的黑板写满攻击概况,包括第一、第二次攻击队突击示意图、珍珠港鱼雷攻击战果。

表 3-5　1941 年 12 月 9 日第 1 航空舰队搜索编制表

单位	搜索方位	操纵员	侦察员	电信员
"赤城"	—	汤浅只雄一飞曹（操练 25 期）	岩井健太郎大尉（海兵 65 期）	升内义信二飞曹（侦练 43 期）
		冈田岩一飞曹（甲飞 4 期）	菊地义盛二飞曹（侦练 45 期）	村上守司三飞曹（乙飞 9 期）
		铃木重男一飞曹（乙飞 5 期）	重永春喜飞曹长（侦练 18 期）	南木清之助一飞曹（甲飞 2 期）
		泷泽友一二飞曹（乙飞 8 期）	松岛正飞曹长（乙飞 2 期）	大岛正广一飞兵（侦练 51 期）
		五岛薰三飞曹	大沼茂治二飞曹	河原真治二飞曹（侦练 43 期）
		渡边晃一飞曹（操练 28 期）	阿曾弥之助一飞曹（乙飞 5 期）	五月女忠夫一飞兵（侦练 52 期）
		大谷康二二飞曹（操练 43 期）	西森遥飞曹长（侦练 24 期）	大久保光则二飞曹（侦练 43 期）
		行友一人一飞兵（操练 48 期）	向畑寿一一飞曹（乙飞 6 期）	仓谷定茂二飞曹（乙飞 8 期）
"苍龙"	—	原田正澄一飞曹（甲飞 2 期）	金井武和飞曹长（侦练 26 期）	细井喜代人二飞曹（乙飞 8 期）
		佐藤寿雄一飞曹（操练 26 期）	大迫加一飞曹长（侦练 29 期）	荒井辰雄三飞曹（侦练 43 期）
		木村正二飞曹（乙飞 8 期）	绀野嘉悦二飞曹（乙飞 8 期）	浮ヶ谷弘一飞兵
		川岛甲治三飞曹（操练 50 期）	宗形龙惠二飞曹	小野安卫一飞兵
"飞龙"	—	高桥利男一飞曹（操练 24 期）	汤本智美飞曹长（侦练 20 期）	松井信平一飞曹（乙飞 6 期）
		野中觉一飞曹（乙飞 5 期）	龙六郎飞曹长（侦练 27 期）	楢崎广典一飞曹（乙飞 6 期）
		大林行雄一飞曹（乙飞 5 期）	池龟秀敏一飞曹（侦练 25 期）	稻毛幸平一飞曹（甲飞 2 期）
		上杉丈助二飞曹（操练 38 期）	桥本敏男中尉（海兵 66 期）	小山富雄一飞兵（侦练 48 期）

此外，山本五十六在12月9日16时40分指示南云忠一："如情况允许，机动部队回航时对中途岛实施空袭，给予彻底击破，使之无法再度使用。"。

12月10日零时12分，机动部队调整航向为345度。12月11日5时35分，机动部队采取265度航向。12月13日12时25分，机动部队调整航向为255度。

在机动部队回国之际，由第4舰队编成的南洋部队却在进攻威克岛时受挫。1941年12月11日，驱逐舰"疾风""如月"分别遭受威克的美军岸炮炮击及"野猫"战斗机扫射轰炸，相继沉没。此外，日军另有"金刚丸"号、驱逐舰"弥生"、第33号巡逻艇受损。为尽快拿下威克岛，山本五十六在12月15日3时电示南云忠一，要求他对威克实施空中突击，消灭该处残存的美军飞机，协助南洋部队夺取威克。电令内容如下：

联合舰队机密第841番电
联合舰队电令作第19号
一、2、4航战自开战以来对威克实施数次空袭，给予当地设施、航空兵力相当损坏。12月11日攻略部队因敌残存战斗机折损两艘驱逐舰，遂一度中止作战，退回罗伊岛以图后策。

二、机动部队以相当之兵力击破位于威克之敌兵力，支援南洋部队进攻该岛。

12月16日15时以后，南云指示，调派由2航战、8战队、两艘驱逐舰编成增援部队支援进攻威克的友军，该部指挥官由第8战队司令官阿部弘毅少将担任。命令内容如下：

机动部队信令第34号
一、第8战队司令官指挥2航战、8战队及警戒队所属两艘驱逐舰，大致于12月20日以航空兵支援威克岛攻略作战，作战结束后可迅速返回内海西部。

二、如无特别情况，第2补给队受第8战队司令官节制。

三、本部余部经小笠原群岛北方水道向内海西部回航。

四、机动部队信令第30、第32号废止。

15时39分，大森仙太郎调派第17驱逐队第1小队的"谷风""浦风"这两艘驱逐舰参与支援威克岛作战。16时35分，由2航战、8战队等部编成的威克攻略增援部队离开机动部队南下，并将为南洋部队提供航空兵支援。

此外，南云继续带领机动部队主力向本土回航。同日4时35分，机动部队以航向230度回航。第1补给队在驱逐舰"霞"掩护下于12月16日5时30分离开机动部队，准备返回特鲁克。不过，南云在15时30分向"霞"、第1补给队发密电叫停，并指示上述舰船跟随威克增援部队行动。17时30分，机动部队调整航向为255度。此外，南云在15时电令12月6日离队的"霞"、第2补给队向吴港回航。

12月17日上午，"翔鹤"号按照计划出动6架99式舰爆、4架97式舰攻，在机动部队前方执行巡逻任务：7时45分，4架99式舰爆、两架97式舰攻率先升空，执行反潜任务，其中，舰爆队由三福岩吉负责指挥。9时35分，2号机发现"美军潜艇"，后者位于"赤城"号左舷40度，距离6000米。这架舰爆随即向目标抵近，于两分钟后投弹，并且确认命中目标；9时59分，大久保忠平发现一艘"潜艇"，位于"赤城"号方位290度，距离8海里（约15千米），遂向其投下4枚60公斤炸弹。10时35分，两架舰攻返回母舰。三福指挥的第一批舰爆于10时45

192 | 虎兕出柙——1941年12月至1942年4月日本海军航母编队作战记录

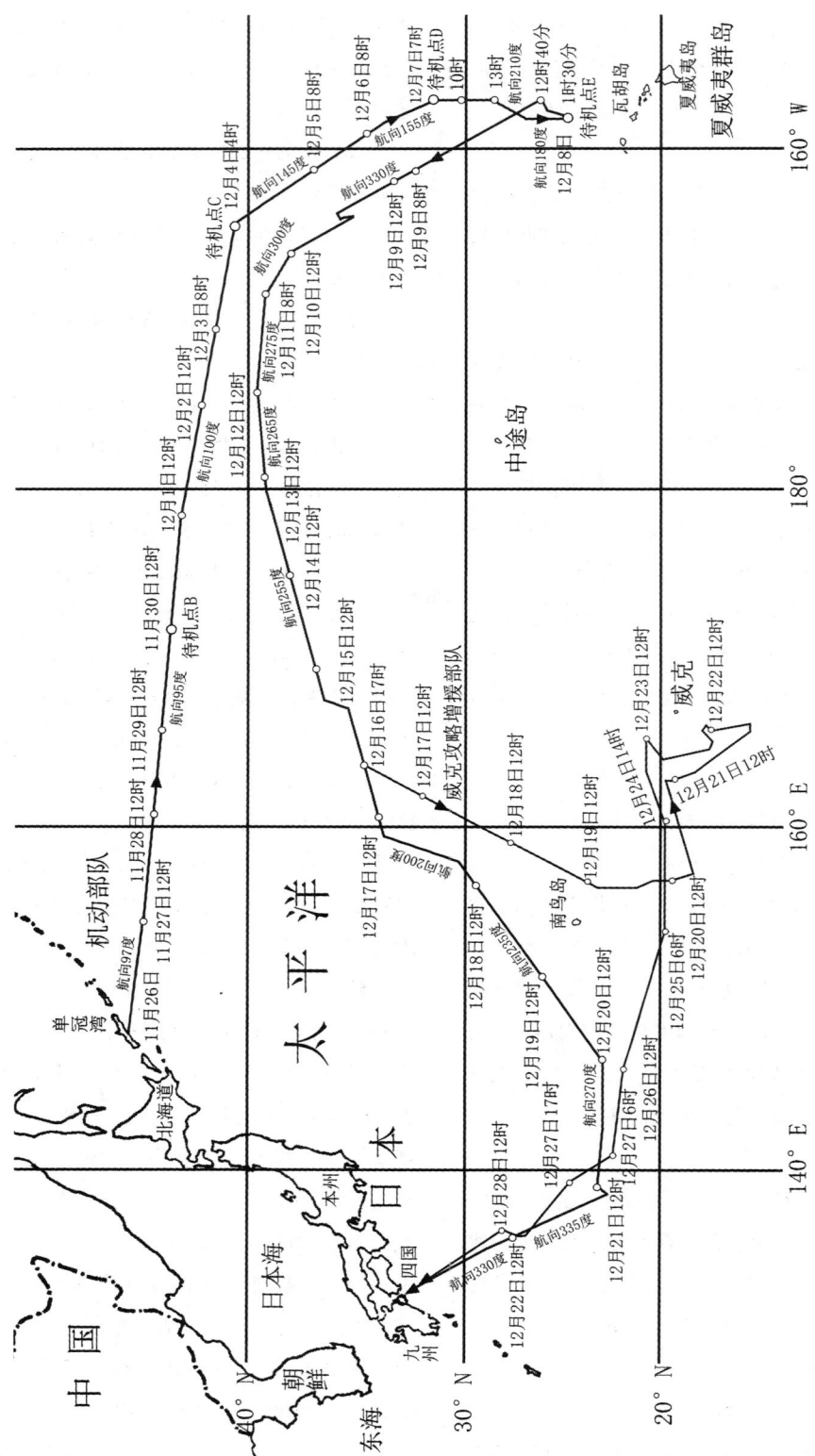

机动部队夏威夷作战行动示意图

分着舰；10时02分，"翔鹤"号出动第二批舰爆，此次由两架舰爆组成。12时28分，这两架舰爆在"赤城"号300度、距离5000米发现"潜望镜"，遂投下4枚60公斤航弹。投弹后，第二批舰爆于12时45分回航，并于13时25分降落在"翔鹤"；10时15分，"翔鹤"出动两架舰攻，其中1号机朝舰爆的弹着点投掷4枚60公斤炸弹。此外，"阳炎""滨风""矶风"号赶到现场后，向"潜艇"投放深水炸弹。17时07分，机动部队调整航向至200度，后于12月18日9时12分再调整为235度。

此外，"伊-7"号潜艇根据第6舰队司令长官的命令，秘密前往夏威夷岛以东水域。12月17日零时45分，该潜艇弹射一架96式小型水上飞机（飞机型号E9W）。这架飞机在操纵员加贺三信飞曹长的驾驶下冒险前往珍珠港的空域执行侦察任务，以查明美军在珍珠港的主力舰艇数量。这架飞机①成功飞抵珍珠港上空，发现港内仍有4艘战列舰、1艘航母，另外发现5艘巡洋舰、大约30艘驱逐舰及以下舰船。2时40分，日机开始回航。返回"伊-7"号潜艇旁边后，由于担心被美军飞机发现，"伊-7"没有回收这架水上飞机，待机组游泳回到潜艇后才离开现场。

12月20日11时，第3战队、1水战弹射7架水上飞机，其中"比叡"、"雾岛"号各出动3架95式水侦，在机动部队前方搜索，12时以342度航向北上，后于15时抵达父岛。同日12时10分，机动部队以航向270度驶向日本本土。

12月21日8时15分，第2补给队、驱逐舰"霞"以及第21、第27驱逐队与机动部队会合。此外，第3战队、1水战的7架水侦于当日8时30分离开父岛，在"比叡"号飞行长松崎重

吉少佐（海兵54期）的指挥下飞往日本，并一路执行反潜巡逻，14时55分抵达横须贺。机动部队于10时35分采取航向335度，并准备接近日本本土。12月22日10时30分，第2补给队、"霞"离开机动部队。12月23日9时03分，机动部队以350度航向开始接近广岛，10时25分开始进入丰后水道，18时22分抵达锚地。同日16时，第21、第27驱逐队离队。

12月24日11时，永野修身、山本五十六在"赤城"号航母对机动部队各级指挥官进行训示。13时以后，机动部队各部陆续离开柱岛锚地，其中1水战于13时起航作为前导，第3战队在13时30分出发，5航战在13时45分出发。同日15时30分后，机动部队各部相继抵达吴港。12月25日16时45分，第1补给队的油船与"霞"号驱逐舰一道抵达吴港。

9．插曲：中途岛破坏队的攻击

除了机动部队对瓦胡岛实施空中突击外，日军第7驱逐队第1小队（驱逐舰"潮""涟"）、供油舰"尻矢"编成的中途岛破坏队在1航舰空袭瓦胡岛同日突袭中途岛。第7驱逐队于1941年11月21日离开佐伯湾，翌日抵达横须贺，11月26日转移至馆山。11月28日，第7驱逐队离开馆山，12月2日与离开横须贺的"尻矢"会合，并接受油料补给。在完成两次补给后，"潮""涟""尻矢"秘密开赴中途岛。

12月8日18时31分，驱逐舰"潮""涟"开始向中途岛实施炮击，由于岛上美军在日军炮击后打开探照灯照射海面，并以岸炮还击，日军驱逐舰射击26分钟后迅速撤离。此次炮击，"潮"消耗127毫米炮弹108发，"涟"消耗127

---

① 这架水上飞机的操纵员是加贺三信飞曹长（乙飞2期），侦察员是冈本无类雄二飞曹（侦练38期）。

毫米炮弹 193 发，造成 4 名美军死亡。离开中途岛后，第 7 驱逐队与"尻矢"会合并接受补给，随后开始回航。1941 年 12 月 21 日，上述舰船返回日本内海。

(1)

(2)

日舰炮击中途岛后留下的破坏痕迹。

10. 总结：机动部队攻击成果及损失情况

机动部队在12月8日出动零战79架、99式舰爆131架、97式舰攻143架，共计353架舰载机对瓦胡岛美军机场、舰艇实施突袭，消耗航空鱼雷40条、800公斤航空穿甲弹49枚、250公斤通常弹78枚、250公斤陆用弹132枚、60公斤通常弹162枚，给予美军极大的打击：炸沉4艘战列舰、1艘驱逐舰、1艘靶舰，重创1艘战列舰、1艘轻巡洋舰、2艘驱逐舰、1艘修理舰，另外击伤3艘战列舰、2艘轻巡洋舰、1艘驱逐舰、1艘水上飞机母舰。此外，机动部队击落或击毁165架美军飞机。当日的空袭造成2335名美军官兵、68名平民死亡，以及1143名官兵、35名平民受伤①。

为此，机动部队损失30架舰载机（9架零战、15架99式舰爆及6架97式舰攻）及55名搭乘员，中弹的舰载机多达97架，包括18架零战、49架99式舰爆及33架97式舰攻。此外，根据1航舰参谋坂上五郎机关少佐的记录，机动部队在两次突击后仍有80架零战、67架舰爆及108架舰攻，共255架舰载机可即时投入战场。此外，13架零战、46架舰爆及27架共86架舰载机经过维修后才能投入战斗。18架零战、7架舰爆以及4架舰攻由于严重受损，无法在母舰维修（见表3-6、表3-7）。

表3-6 机动部队1941年12月8日航母舰载机战损情况表

单位	保有量（单位：架）				损失数量（单位：架）				回收后能直接使用数量（单位：架）				维修后能使用数量（单位：架）			
	零战	舰爆	舰攻	小计	零战	舰爆	舰攻	小计	零战	舰爆	舰攻	小计	零战	舰爆	舰攻	小计
"赤城"	21	18	27	66	1	4	0	5	16	2	20	38	4	11	7	22
"加贺"	21	27	27	75	4	6	5	15	14	6	18	38	1	11	3	15
"苍龙"	21	18	18	57	3	2	0	5	9	7	14	30	4	7	2	13
"飞龙"	21	18	18	57	1	2	0	3	9	16	18	43	0	0	0	0
"翔鹤"	18	27	27	72	0	1	0	1	17	22	13	52	1	4	13	18
"瑞鹤"	18	27	27	72	0	0	0	0	15	14	25	54	3	13	2	18
合计	120	135	144	399	9	15	5	29	80	67	108	255	13	46	27	86

---

① 美国海军有2008人阵亡，710人受伤；陆战队有109人阵亡，69人受伤；陆军有218人阵亡，364人受伤；平民有68人死亡，35人受伤。

表 3-7　第 1 航空舰队 1941 年 12 月 8 日飞机损失数量表

单位	出动飞机数量（单位：架）	被击落飞机数量（单位：架）	迫降飞机数量（单位：架）	中弹飞机数量（单位：架）	空勤人员阵亡人数（单位：个）
第一次攻击队					
零战					
"赤城"	9	1	0	3	1
"加贺"	9	2	0	2	2
"苍龙"	8	0	0	2	0
"飞龙"	6	0	0	0	0
"翔鹤"	5	0	0	1	0
"瑞鹤"	6	0	0	3	0
小计	43	3	0	11	3
99 式舰爆					
"翔鹤"	26	1	0	4	2
"瑞鹤"	25	0	0	3	0
小计	51	1	0	7	2
97 式舰攻（水平轰炸）					
"赤城"	15	0	0	3	0
"加贺"	14	0	0	2	0
"苍龙"	10	0	0	2	0
"飞龙"	10	0	0	0	0
小计	49	0	0	7	0
97 式舰攻（鱼雷攻击）					
"赤城"	12	0	0	4	1
"加贺"	12	5	0	5	15
"苍龙"	8	0	1	1	0
"飞龙"	8	0	0	0	0
小计	40	5	1	10	16
合计	183	9	1	35	21

续表

单位	出动飞机数量（单位：架）	被击落飞机数量（单位：架）	迫降飞机数量（单位：架）	中弹飞机数量（单位：架）	空勤人员阵亡人数（单位：个）
第二次攻击队					
零战					
"赤城"	9	0	0	1	0
"加贺"	9	2	0	3	2
"苍龙"	9	3	0	4	3
"飞龙"	9	0	1	0	1
小计	36	6	1	8	6
99式舰爆					
"赤城"	18	4	0	12	8
"加贺"	26	6	0	16	12
"苍龙"	17	2	0	13	4
"飞龙"	18	2	0	1	4
小计	79	14	0	42	28
97式舰攻					
"翔鹤"	27	0	0	14	0
"瑞鹤"	27	0	0	2	0
小计	54	0	0	16	0
合计	169	20	1	66	34

第四章 支援威克作战

1. 1941年12月21日第一次空袭威克

1941年12月，日军除了空袭瓦胡岛，还在亚太其他地区发起攻势。其中，南洋部队指挥官、第4舰队司令长官井上成美中将在同期发动进攻威克、关岛的作战，麾下的威克攻略部队于1941年12月8日从罗伊岛（Roi）出发，准备夺取威克岛，不料在第一次登陆就出师不利，折损两艘驱逐舰，12月13日退回罗伊岛，并不得已求救于友军。12月16日16时30分，阿部弘毅带领增援部队，共计航母、重巡洋舰、驱逐舰各两艘，与机动部队主力分道扬镳。原来准备返回特鲁克的"霞"、第1补给队在当日夜晚接到阿部弘毅的指示，遂与威克攻略增援部队会合，并在12月17日6时50分为第8战队提供油料补给。

12月19日，"苍龙"号航母与驱逐舰一道接受补给。同日13时30分，"霞"、第1补给队离队。随后增援部队向南航渡，12月20日下午以后加速至30节，并向东航渡接近威克环礁。

威克地处夏威夷与关岛之间，由威克岛（Wake）、威尔克斯岛（Wilkes）、皮尔岛（Peale）组成，总面积仅6.5平方千米。岛上守军为美军的一个陆战队营，配有6个炮兵连以及6门140毫米炮、12门76.2毫米高射炮、24挺12.7毫米机枪、24挺7.62毫米机枪。另外，12架隶属陆战队第211战斗机中队（VMF-211）的"野猫"战斗机由"企业"号航母转运，从12月4日开始进驻该岛。

与此同时，急于复仇的基梅尔派出仅有的两艘航母，试图找到机动部队，"列克星敦"号与3艘重巡洋舰、7艘驱逐舰一道，于12月15日离开珍珠港，在瓦胡岛、约翰斯顿环礁（Johnston Atoll）、帕尔米拉环礁（Palmyra Atoll）之间的水域巡逻，之后调整任务，准备前往攻击吉伯特群岛的日军据点。"企业"号、三艘重巡洋舰、9艘驱逐舰在12月20日出发，向西机动。

12月21日，增援部队抵达威克以西330海里，组织航空兵对威克岛实施空中突击。4时15分，由18架零战、29架99式舰爆及两架97式舰攻编成的攻击队从"苍龙"上空出航，江草隆繁担任攻击队的指挥官。早前错过突击瓦胡岛的小林道雄亲自带领第14攻击队参加对威克的突击。此外，第8战队弹射两架水侦前往威克遂行侦察任务。6时40分，江草发现威克，4分钟后对该岛实施侦察。6时58分，第13攻击队开始轰炸威克，轰炸结束后，又在7时05分扫射一艘小艇。7时30分，江草率部全体返航，于8时50分降落在母舰上。

7时07分，小林道雄指挥第14攻击队轰炸岛上阵地、营房。7时20分，小林带领部下全体回航，9时37分返回母舰。同日中午前，增援部队向东南机动，为翌日的行动做准备。

表 4-1　1941 年 12 月 21 日第 2 航空战队空袭威克岛编制表

航母	单位	中队	小队	操纵员	侦察员	电信员	备注
"飞龙"	引导队		第43小队	高桥利男一飞曹（操练24期）	近藤正次郎中尉（海兵66期）	村井定一飞曹（乙飞6期）	
				笠岛敏夫一飞兵（操练39期）	鸟羽重信一飞曹（侦练31期）	文宫府知一飞兵（侦练48期）	
"苍龙"	第13攻击队	第1中队	第21小队	江草隆繁少佐（海兵58期）	石井树飞曹长（乙飞1期）		第13攻击队共有2机中弹
				山崎武男二飞曹（操练45期）	远藤正一飞曹（甲飞1期）		
			第22小队	山田隆一飞曹（甲飞1期）	山下途二大尉（海兵65期）		
				须藤市郎二飞曹（乙飞8期）	山口积二飞曹（甲飞3期）		
			第23小队	朝仓畅一飞曹（甲飞2期）	船崎金二一飞曹（侦练28期）		
				井后义雄三飞曹（操练44期）	石田重吉一飞曹（侦练35期）		
		第2中队	第24小队	池田正伟大尉（海兵61期）	寺井荣飞曹长（乙飞2期）		
				土屋庚道一飞曹（乙飞7期）	土屋嘉彦二飞曹（甲飞4期）		
				藤田辰男三飞曹（操练46期）	金贺五郎一飞曹（乙飞7期）		
			第25小队	小井手护之大尉（海兵65期）	山本博一飞曹（侦练30期）		
				山中正三二飞曹（甲飞4期）	土屋嘉彦二飞曹（甲飞4期）		
			第26小队	菅原隆一飞曹（乙飞5期）	山口幸男飞曹长（侦练26期）		
				加藤求一飞兵（操练48期）	土井安松二飞曹（侦练45期）		
				渡边敬一飞兵	中竹悟二飞曹（甲飞4期）		

续表

航母	单位	中队	小队	操纵员	侦察员	电信员	备注
"飞龙"	第14攻击队	第1中队	第21小队	小林道雄大尉（海兵63期）	小野义范飞曹长（乙飞3期）		
				崎山保一飞曹（操练36期）	内之村保一飞曹（乙飞6期）		
				坂井秀男一飞兵（操练48期）	前田孝一飞曹（乙飞5期）		
			第22小队	土屋孝美三飞曹（操练48期）	福永义晖一飞曹（甲飞2期）		
				池田高三二飞曹（乙飞8期）	田中国男一飞兵		
			第23小队	山田喜七郎一飞曹（甲飞2期）	吉川启次郎飞曹长（乙飞4期）		
				中尾信道三飞曹（操练50期）	冈村荣光一飞曹（甲飞2期）		
		第2中队	第24小队	西原敏胜飞曹长（乙飞2期）	中川俊大尉（海兵64期）		
				大石幸雄一飞曹（乙飞7期）	田岛一男一飞曹（乙飞5期）		
				黑木顺一三飞曹（操练47期）	村上亲爱三飞曹（侦练46期）		
			第25小队	中川静夫一飞曹（乙飞5期）	中山七五三松特务少尉（侦练18期）		
				濑尾铁夫一飞曹（甲飞2期）	安田信惠一飞曹（甲飞2期）		
				近藤澄夫一飞兵（操练49期）	板津辰雄三飞曹（侦练45期）		
			第26小队	川畑弘保一飞曹（甲飞1期）	石井正郎飞曹长（乙飞3期）		
				曙贤吾三飞曹	水野泰彦一飞兵（侦练51期）		

续表

航母	单位	中队	小队	操纵员	侦察员	电信员	备注
"苍龙"	第3制空队		第11小队	菅波政治大尉（海兵61期）			第3制空队有1机中弹
				萩野恭一郎三飞曹（操练44期）			
				长泽源造三飞曹（操练50期）			
			第12小队	藤田怡与藏中尉（海兵66期）			
				原田要一飞曹（操练35期）			
				岩渊良雄一飞兵（操练56期）			
			第13小队	杉山武夫飞曹长（操练26期）			
				久保田亘一飞曹（操练36期）			
				东幸雄一飞兵（操练56期）			
"飞龙"	第4制空队		第11小队	能野澄夫大尉（海兵61期）			
				东中龙夫一飞曹（乙飞6期）			
				新田春雄三飞曹（操练48期）			
			第12小队	重松康弘中尉（海兵66期）			
				日野正人一飞曹（操练27期）			
				户高升二飞曹（乙飞8期）			

续表

航母	单位	中队	小队	操纵员	侦察员	电信员	备注
"飞龙"	第4制空队		第13小队	松山次男飞曹长（乙飞3期）			
				牧野田俊夫一飞曹（甲飞1期）			
				千代岛丰一飞兵（操练50期）			

2. 1941年12月22日第二次空袭威克

随着己方航母赶到战场，并提供航空兵火力支援，南洋部队攻略部队于1941年12月21日从马绍尔群岛出发，准备再度进攻威克。

12月22日，阿部弘毅带领增援部队北上，并于当日3时与攻略部队会合。作为支援队北上的第6战队记录，当日6时发现增援部队位于西南方。随后，增援部队北上，向威克以西水域航渡，并在同日上午再次对威克实施突击。

9时整，3架零战、16架舰攻依次从"苍龙"号升空，8分钟后，"飞龙"号所属的3架零战、17架舰攻同样起飞。9时10分，"飞龙"攻击队出航，"苍龙"攻击队则于9时15分出航（见表4-2）。10时10分，阿部平次郎发现威克并下令突击。不过，阿部在进入轰炸航路时便遭遇美军战斗机。VMF-211的赫伯特·弗罗伊勒（Herbert C. Freuler）上尉、卡尔·戴维森（Carl R. Davidson）中尉分别驾驶两架F4F升空，正好碰上阿部所在的第41小队，并几乎将对方全歼。弗罗伊勒首先攻击该小队的3号机，后者在10时31分中弹坠落。时隔两分钟后，负责引导水平轰炸的2号机同样被弗罗伊勒击毁。阿部平次郎的舰攻在这两架"野猫"战斗机突袭中受创。此外，第42小队的2号、3号机同样在"野猫"的袭击下中弹，但仍能够执行轰炸任务。发现美军战斗机干扰己方攻击机后，冈岛清熊亲率3架零战将对方击退。

表4-2　1941年12月22日第2航空战队空袭威克岛编制表

航母	单位	中队	小队	操纵员	侦察员	电信员	备注
"苍龙"	第3攻击队	第1中队	第41小队	笠原治助飞曹长（乙飞4期）	阿部平次郎大尉（海兵61期）	小町龄一飞曹（乙飞6期）	中弹后迫降在海上
				佐藤治尾飞曹长（操练18期）	金井升一飞曹（侦练35期）	花田芳一二飞曹（乙飞8期）	被"野猫"战斗机击落
				栗田照秋一飞兵（操练50期）	大谷末吉三飞曹（侦练49期）	小纸彰正一飞兵（侦练50期）	同上

续表

航母	单位	中队	小队	操纵员	侦察员	电信员	备注
"苍龙"	第3攻击队	第1中队	第42小队	中岛巽大尉（海兵65期）	中村太门飞曹长（乙飞2期）	西田孝雄一飞兵（侦练47期）	—
				藤原嘉六一飞兵（操练48期）	石井利一一飞曹（乙飞7期）	渡边勇三二飞曹（甲飞3期）	座机中弹1发
				小松崎照夫一飞兵	佐佐木隆寿三飞曹（乙飞9期）	岛田清守三飞曹（乙飞9期）	座机中弹2发
			第43小队	佐藤寿雄一飞曹（操练26期）	大迫加一飞曹长（侦练29期）	荒井辰雄三飞兵（侦练43期）	—
				二瓶务二飞曹（甲飞4期）	宗形龙惠飞曹长	小野安卫一飞兵	—
		第2中队	第44小队	长井彊大尉（海兵64期）	谷口惣一郎飞曹长（侦练22期）	太田五郎一飞曹（乙飞6期）	—
				大多和达也一飞曹（乙飞5期）	藤波贯二一飞曹（侦练27期）	永井福太郎一飞兵（侦练51期）	—
				茅原义博一飞兵（操练48期）	安藤百平三飞曹（侦练49期）	江塚寿二飞曹（甲飞4期）	—
			第45小队	新谷洁一飞曹（甲飞2期）	山本贞雄中尉（海兵66期）	铃木四郎三飞曹（侦练43期）	—
				沼尻三二一飞兵	吉冈政光三飞曹（侦练43期）	若宫秀夫二飞曹（甲飞4期）	—
				田边正直二飞曹（甲飞4期）	田村重年二飞曹（甲飞3期）	新井嘉年男二飞曹（甲飞4期）	—
			第46小队	野崎实男三飞曹（操练41期）	八代七郎飞曹长（侦练23期）	若林澄男二飞曹（侦练43期）	—
				鹤见茂二飞曹（甲飞4期）	绀野嘉悦二飞曹（乙飞8期）	浮ヶ谷弘三飞曹	—
"飞龙"	第4攻击队	第1中队	第40小队	楠美正少佐（海兵57期）	近藤正次郎中尉（海兵66期）	福田正雄一飞兵（乙飞5期）	—
				石井善吉一飞曹（操练31期）	小林正松一飞曹（侦练31期）	仲野开市二飞曹（甲飞3期）	座机中弹5发
				浦田直一飞兵（操练53期）	佐藤繁治二飞曹（乙飞8期）	久原滋一飞兵	—

续表

航母	单位	中队	小队	操纵员	侦察员	电信员	备注
"飞龙"	第4攻击队	第1中队	第42小队	角野博治大尉（海兵65期）	福田政司飞曹长	森田宽二飞曹（甲飞3期）	—
				杉本八郎一飞曹（甲飞2期）	丸山泰辅二飞曹（甲飞3期）	金泽秀利二飞曹（乙飞8期）	—
				宫内政治二飞曹（甲飞4期）	中岛政时一飞曹（乙飞7期）	实田陆男一飞兵（侦练49期）	—
			第41小队	阪本宪司一飞曹（甲飞2期）	城武夫一飞曹（乙飞5期）	村井定一飞曹（乙飞6期）	—
				中尾春木一飞兵	后藤时也二飞曹（甲飞4期）	二宫一宪二飞曹（乙飞8期）	—
		第2中队	第1小队	菊池六郎大尉（海兵64期）	汤本智美飞曹长（侦练20期）	松井信平一飞曹（乙飞6期）	—
				住友清真一飞曹（操练23期）	梅泽幸男二飞曹（侦练33期）	田村满二飞曹（甲飞3期）	—
				大林行雄一飞曹（乙飞5期）	工藤博之二飞曹（侦练44期）	谷口一也一飞兵（侦练50期）	—
			第46小队	上杉丈助二飞曹（操练38期）	桥本敏男中尉（海兵66期）	小山富雄一飞兵（侦练48期）	—
				柳本拓郎三飞曹（操练42期）	后藤亲思一飞曹（侦练29期）	笠井清二飞曹（乙飞8期）	—
				渡部重则二飞曹（甲飞4期）	齐藤清西二飞曹（甲飞3期）	宫川次宗二飞曹（甲飞4期）	—
			第47小队	野中觉一飞曹（乙飞5期）	龙六郎飞曹长（侦练27期）	楢崎广典一飞曹（甲飞6期）	—
				铃木武一飞兵（操练53期）	山田贞次郎二飞曹（甲飞4期）	鸟原力二飞曹（侦练51期）	—
				渡边惠二飞曹（甲飞4期）	特田竹雄三飞曹	清水巧三飞曹（乙飞9期）	—

续表

航母	单位	中队	小队	操纵员	侦察员	电信员	备注
"苍龙"	第3制空队		第1小队	藤田怡与藏中尉（海兵66期）	—	—	—
				高桥宗三郎一飞曹（操练30期）			
				冈元高志二飞曹（操练43期）			
"飞龙"	第4制空队		第16小队	冈岛清雄大尉（操练63期）			
				村中一夫一飞曹（乙飞6期）			
				田原功三飞曹（操练45期）			

上文提及的2号机侦察员正是12月8日引导第3攻击队第1中队轰炸美军战列舰的金井升。金井完成侦察练习生训练后，于1937年12月作为"苍龙"乘组并转至华中、华南，1938年11月归国后加入横须贺航空队，并接受第1期特修科练习生训练，直至1939年12月完成轰炸课程。随后，金井先后在"赤城""苍龙"服役，并在联合舰队轰炸竞技中获得优异的成绩。金井命丧威克上空，对日军而言可谓是极大的损失。1943年，金井与机长佐藤治尾飞曹长分别被追授海军少尉、海军中尉，相关事迹更是通告全军。

消灭美军的抵抗力量后，2航战的舰攻仅须冒着美军高射炮射击，完成水平轰炸。阿部继续率部进入轰炸航路，于10时52分向皮科克角（Peacock Point）的美军陆战队A炮兵连（装备140毫米岸炮）阵地投弹。11时04分，阿部平次郎带领第1中队先行回航。由于座机中弹，阿部在飞抵2航战上空后迫降在海面，机组三人被驱逐舰救起。

第3攻击队第2中队于10时37分完成轰炸且毫发无损。11时15分，该中队开始返航，12时30分降落在母舰；第4攻击队从10时31分开始轰炸，10时50分投弹完毕，其间有1架舰攻中弹。11时15分，第4攻击队完成集合后返航，后于12时45分在母舰降落。

完成轰炸任务的97式舰攻，编号为"BI-318"。

正当机动部队撤退以及2航战支援威克攻略部队之际，基梅尔组织航母尝试进行反击，

第 2 航空战队所属的一架 97 式舰攻在轰炸威克后撤退,下方冒烟处是刚遭受轰炸的皮尔岛的水上飞机基地。

他在 1941 年 12 月 15 日指示 3 支美军航母特混部队分三路前往瓦胡岛西水域,其中南路的第 11 特混部队在 12 月 15 日由原来的第 12 特混部队(航母"列克星敦"号)改编,并于当日上午离开珍珠港,随后一直向西南机动,12 月 18 日接到基梅尔有关攻击马绍尔群岛的命令。不过,基梅尔随后被革职,临时接管太平洋舰队的派伊在 12 月 22 日下令取消计划,以避免宝贵的航母遭受损失。同日,第 11 特混部队奉命北上,准备支援第 14 特混部队;中路的第 14 特混部队由近期抵达瓦胡岛的"萨拉托加"号航母等舰艇组成,12 月 17 日由珍珠港出发后,一路向西航渡,准备为威克守军解围,截至 12 月 22 日已抵达威克东北。正当该部在威克以东 200 海里时,派伊下令取消舰载机支援任务;北路的第 8 特混部队(航母"企业"号)在 12 月 20 日上午出击,在中途岛、约翰斯顿、帕尔米拉一带水域机动,至 12 月 22 日抵达中途岛以南。12 月 23 日,第 11、第 14 特混部队相继回航。

3. 1941 年 12 月 23 日第三次空袭威克

在 2 航战持续两天的航空兵突击之后,南洋部队派出陆战队登陆威克。1941 年 12 月 23 日 1 时 20 分,负责进攻威克的联合特别陆战队各中队乘船向威克发起登陆,并在登岛后与美军爆发激战。同日,2 航战没有闲下来,在这一天出动舰载机 5 波次连续突击威克,以配合联合特别陆战队的作战(见表 4-3)。

表 4-3　1941 年 12 月 23 日第 2 航空战队空袭威克编制表

航母	单位	小队	操纵员	侦察员	电信员	备注
			第 一 波			
"苍龙"	第 13 攻击队	第 24 小队	池田正伟大尉（海兵 61 期）	寺井荣飞曹长（乙飞 2 期）	—	—
			山田隆一飞曹（甲飞 1 期）	藤田多吉一飞曹（侦练 33 期）	—	—
		第 25 小队	朝仓畅一飞曹（甲飞 2 期）	山下途二大尉（海兵 65 期）	—	—
			须藤市郎二飞曹（乙飞 8 期）	山口积二飞曹（甲飞 3 期）	—	—
		第 26 小队	菅原隆一飞曹（乙飞 5 期）	山口幸男飞曹长（侦练 26 期）	—	—
			加藤求一飞兵（操练 48 期）	土井安松二飞曹（侦练 45 期）	—	—
	第 3 制空队	第 11 小队	菅波政治大尉（海兵 61 期）	—	—	—
			田中二郎二飞曹（操练 39 期）	—	—	—
			铃木新一三飞曹（操练 45 期）	—	—	—
		第 14 小队	杉山武夫飞曹长（操练 26 期）	—	—	—
			野田光臣一飞曹（甲飞 2 期）	—	—	—
			吉松要二飞曹（操练 41 期）	—	—	—
			第 二 波			
"飞龙"	第 14 攻击队	第 21 小队	小林道雄大尉（海兵 63 期）	小野义范飞曹长（乙飞 3 期）	—	—
			崎山保一飞曹（操练 36 期）	内之村保一飞曹（乙飞 6 期）	—	—

续表

航母	单位	小队	操纵员	侦察员	电信员	备注
"飞龙"	第14攻击队	第22小队	下田一郎中尉（海兵66期）	住吉语一飞曹（乙飞3期）	—	—
			中尾信道三飞曹（操练50期）	冈村荣光一飞曹（甲飞2期）	—	—
		第26小队	川畑弘保一飞曹（甲飞1期）	石井正郎飞曹长（乙飞3期）	—	—
			渊上一生一飞兵（操练54期）	水野泰彦一飞兵（侦练51期）	—	—
	第4制空队	第11小队	能野澄夫大尉（海兵61期）	—	—	—
			新田春雄三飞曹（操练48期）	—	—	—
			丰岛一一飞兵（操练56期）	—	—	—
		第18小队	日野正人一飞曹（操练27期）	—	—	—
			佐佐木齐二飞曹（甲飞3期）	—	—	—
			小谷贤治一飞兵（操练54期）	—	—	—

第 三 波

航母	单位	小队	操纵员	侦察员	电信员	备注
"苍龙"	第3攻击队	第41小队	长井彊大尉（海兵64期）	谷口惣一郎飞曹长（侦练22期）	太田五郎一飞曹（乙飞6期）	座机中弹2发
			森拾三二飞曹（操练38期）	加藤丰则一飞曹（甲飞2期）	早川润一二飞曹（甲飞3期）	座机中弹4发
			宫崎德三郎一飞兵（操练48期）	佐野觉一飞曹（甲飞2期）	秋滨哲郎一飞兵（侦练48期）	—
		第42小队	原田正澄一飞曹（甲飞2期）	金井武和飞曹长（侦练26期）	细田喜代人二飞曹（乙飞8期）	—
			木村正二飞曹（乙飞8期）	佐佐木隆寿三飞曹（乙飞9期）	岛田清守三飞曹（乙飞9期）	—
			鹤见茂二飞曹（甲飞4期）	绀野嘉悦二飞曹（乙飞8期）	浮ヶ谷弘三飞曹	—

续表

航母	单位	小队	操纵员	侦察员	电信员	备注
"苍龙"	第3攻击队	第43小队	佐藤寿雄一飞曹（操练26期）	大迫加一飞曹长（侦练29期）	荒井辰雄三飞曹（侦练43期）	—
			根食贞宪二飞曹（乙飞8期）	杉山弘兴一飞曹（甲飞1期）	丸山忠雄二飞曹（甲飞3期）	—
			川岛甲治三飞曹（操练50期）	田中敬介一飞曹（甲飞2期）	小川政次三飞曹（乙飞8期）	—
	第3制空队		田中平飞曹长（操练19期）	—	—	—
			土井川勋一飞兵（操练47期）	—	—	—
第 四 波							
"飞龙"	第4攻击队	第41小队	松村平太大尉（海兵63期）	城武夫一飞曹（乙飞5期）	松井信平一飞曹（乙飞6期）	—
			于久保己三飞曹（操练41期）	胁黑定美二飞曹（甲飞3期）	稻毛幸平一飞曹（甲飞2期）	—
			永山义光一飞兵（操练52期）	佐小田香二飞曹（甲飞4期）	铃木睦男二飞曹（甲飞4期）	—
		第45小队	菊池六郎大尉（海兵64期）	汤本智美飞曹长（侦练20期）	栖崎广典一飞曹（乙飞6期）	—
			大林行雄一飞曹（乙飞5期）	吉村武夫二飞曹（甲飞4期）	矢作实二飞曹（甲飞4期）	—
			福田幸雄一飞曹	后藤时也二飞曹（甲飞4期）	二宫一宪二飞曹（乙飞8期）	—
		第43小队	高桥利男一飞曹（操练24期）	近藤正次郎中尉（海兵66期）	村井定一飞曹（乙飞6期）	—
			笠岛敏夫一飞兵（操练39期）	池龟秀敏一飞曹（侦练25期）	文宫府知一飞兵（侦练48期）	—
			富田文男二飞曹（甲飞4期）	特田竹雄三飞曹	清水巧三飞曹（乙飞9期）	—

续表

航母	单位	小队	操纵员	侦察员	电信员	备注
"飞龙"	第4制空队	第12小队	重松康弘中尉(海兵66期)	—	—	—
			户高升二飞曹(乙飞8期)	—	—	—
			林茂一飞兵(操练55期)	—	—	—
第 五 波							
"飞龙"	第4攻击队	第40小队	楠美正少佐(海兵57期)	小林正松一飞曹(侦练31期)	福田正雄一飞曹(乙飞5期)	—
			阪本宪司一飞曹(甲飞2期)	中岛政时一飞曹(乙飞7期)	实田陆男一飞兵(侦练49期)	—
			柳本拓郎三飞曹(操练42期)	工藤博之二飞曹(侦练44期)	谷口一也一飞兵(侦练50期)	—
		第42小队	角野博治大尉(海兵65期)	稻田政司飞曹长(乙飞2期)	森田宽二飞曹(甲飞3期)	—
			杉本八郎一飞曹(甲飞2期)	丸山泰辅二飞曹(甲飞3期)	金泽秀利二飞曹(乙飞8期)	—
			浦田直一飞兵(操练53期)	佐藤繁治二飞曹(乙飞8期)	田村满二飞曹(甲飞3期)	—
		第46小队	上杉丈助二飞曹(操练38期)	桥本敏男中尉(海兵66期)	小山富雄一飞兵(侦练48期)	—
			高桥仲夫一飞曹(甲飞2期)	后藤亲思一飞曹(侦练29期)	笠井清二飞曹(乙飞8期)	—
			铃木武一飞兵(操练53期)	山田贞次郎二飞曹(甲飞4期)	久原滋一飞兵	—
	第4制空队	第17小队	野口毅次郎一飞曹(操练24期)			
			专当哲男一飞兵(操练49期)			
			今村幸一一飞兵(操练56期)			

4时09分，"苍龙"号航母所属的6架零战、6架舰爆率先起飞，4时12分在池田正伟大尉指挥下出航。5时15分，抵达威克。5时30分至5时45分，池田率领舰爆对威克实施俯冲轰炸。6时35分，参与第一波攻击的舰载机完成集合并开始返航，后于7时18分降落在母舰上。

5时整，"飞龙"号航母的6架战斗机、6架舰爆出航，后于6时45分至6时50分轰炸威克，7时整返航，8时10分返回母舰。

6时整，"苍龙"派出两架零战、9架舰攻对威克实施第三波攻击。7时05分，负责指挥第三波攻击的长井彊发现威克，并于5分钟后抵达威克上空。7时17分，长井带领2号机实施侦察，不料于7时35分中弹，2小队于7时40分轰炸皮尔岛。8时10分，长井收拢部下，开始返航。9时02分，返回母舰。

"飞龙"于7时05分派出6架零战和9架舰攻，8时18分抵达威克。8时48分至9时25分，飞龙舰载机轰炸岛上美军阵地，10时40分返回母舰。

8时45分，"飞龙"派遣由3架零战、9架舰攻组成的第五波攻击队，9时45分发现威克，9时50分至11时06分实施侦察。由于没有发现可以攻击的目标，攻击队于11时07分开始返航，12时15分在母舰着舰。

同日，日军陆战队经过苦战，夺占威克三岛。第8战队的水侦于6时20分发现岛上的美军举起白旗。此外，2航战舰载机也报告发现美军投降。威克失守后，在附近水域机动的美军特混部队相继回航，错过了与2航战交战的机会。

激战过后的威克岛，由"飞龙"的舰载机拍摄。

(1)

(2)

被遗弃在威克的 F4F 战斗机，隶属美国海军陆战队第 211 战斗机中队。

2航战在持续三天的突击中共出动零战47架次、舰爆41架次、舰攻62架次，共计150架次，损失3架舰攻及6名搭乘员，另有5架舰攻中弹。通过2航战对威克的航空火力打击，第4舰队成功夺取了威克。

12月23日12时30分，增援部队向西航渡，后于同日19时20分正式脱离第4舰队指挥。2航战、8战队以及第17驱逐队在阿部弘毅带领下开始回航。12月24日，一架隶属"利根"的水战在完成巡逻任务后，返回"利根"旁，结果在回收过程中因高海况而严重受损（表4-4和表4-5）。

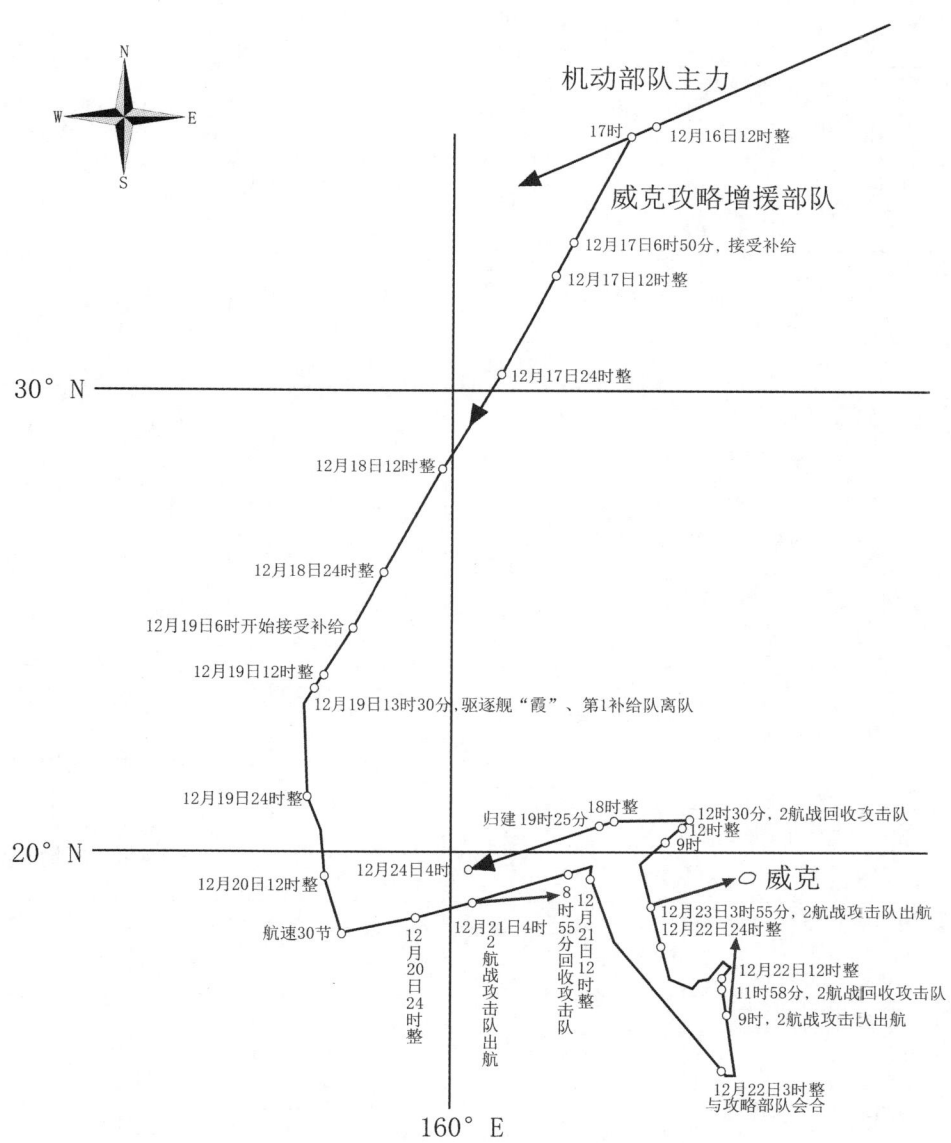

1941年12月16日至12月24日威克攻略增援部队行动示意图。

表 4-4　第 2 航空战队 1941 年 12 月 21 日至 12 月 23 日突击威克概况表

航母	单位	指挥官	机种	数量（单位：架）	携带炸弹/鱼雷	起飞时间	出航时间
\multicolumn{8}{c}{1941 年 12 月 21 日}
"苍龙"	第 3 制空队	菅波政治大尉	零战	9	—	4 时 15 分	4 时 28 分
	第 13 攻击队	江草隆繁少佐	99 式舰爆	14	各挂载 1 枚 250 公斤航空炸弹	—	—
"飞龙"	第 4 制空队	能野澄夫大尉	零战	9	—	4 时 15 分	4 时 25 分
	第 14 攻击队	小林道雄大尉	99 式舰爆	15	各挂载 1 枚 250 公斤航空炸弹	—	—
	引导	近藤正次郎中尉	97 式舰攻	2			
\multicolumn{8}{c}{1941 年 12 月 22 日}
"苍龙"	第 3 制空队	藤田怡与藏中尉	零战	3	—	9 时整	9 时 15 分
	第 3 攻击队	阿部平次郎大尉	97 式舰攻	16	各挂载 2 枚 250 公斤航空炸弹	—	—
"飞龙"	第 4 制空队	冈岛清雄大尉	零战	3	—	9 时整	9 时 10 分
	第 4 攻击队	楠美正少佐	97 式舰攻	17	各挂载 1 枚 250 公斤炸弹	—	—
\multicolumn{8}{c}{1941 年 12 月 23 日}
"苍龙"	第 3 制空队	菅波政治大尉	零战	6	—	4 时 09 分	4 时 12 分
	第 13 攻击队	江草隆繁少佐	99 式舰爆	6	各挂载 1 枚 250 公斤航空炸弹	—	—
"飞龙"	第 4 制空队	能野澄夫大尉	零战	6		5 时整	—
	第 14 攻击队	小林道雄大尉	99 式舰爆	6	各挂载 2 枚 60 公斤航空炸弹		

续表

航母	单位	指挥官	机种	数量（单位：架）	携带炸弹/鱼雷	起飞时间	出航时间
"苍龙"	第3制空队	田中平飞曹长	零战	2	—	6时整	6时07分
"苍龙"	第3攻击队	长井疆大尉	97式舰攻	9	各挂载2枚250公斤航空炸弹	—	—
"飞龙"	第4制空队	重松康弘中尉	零战	6	—	7时05分	—
"飞龙"	第4攻击队	松村平太大尉	97式舰攻	9	各挂载2枚60公斤航空炸弹	—	—
"飞龙"	第4制空队	野口毅次郎一飞曹	零战	3	—	8时45分	—
"飞龙"	第4攻击队	楠美正少佐	97式舰攻	9	—	—	—

表4-5　第2航空战队突击威克的飞机损失数量表

单位	出动飞机数量（单位：架次）	被击落飞机数量（单位：架）	迫降飞机数量（单位：架）	中弹飞机数量（单位：架）	空勤人员阵亡人数（单位：个）
零战					
"苍龙"	20	0	0	0	0
"飞龙"	27	0	0	0	0
小计	47	0	0	0	0
99式舰爆					
"苍龙"	20	0	0	0	0
"飞龙"	21	0	0	0	0
小计	41	0	0	0	0
97式舰攻（水平轰炸）					
"苍龙"	25	2	1	3	6
"飞龙"	37	0	0	1	0
小计	62	2	1	4	6
合计	150	2	1	4	6

12月25日，2航战的两艘航母为驱逐舰补给油料。同日，阿部弘毅接到南云忠一的电令，遂率部返回吴港。12月26日，第23驱逐队依照南洋部队指挥官的指示，于12时与参与威克攻略的增援部队会合。12月27日7时整，第23驱逐队离开增援部队。12月28日，第17驱逐队第1小队前出与第23驱逐队会合，为2航战、8战队实施反潜巡逻。12月29日15时30分，2航战、8战队等部驶入吴港。"苍龙""飞龙"抵达吴港后进行维修，直到1942年1月11日。

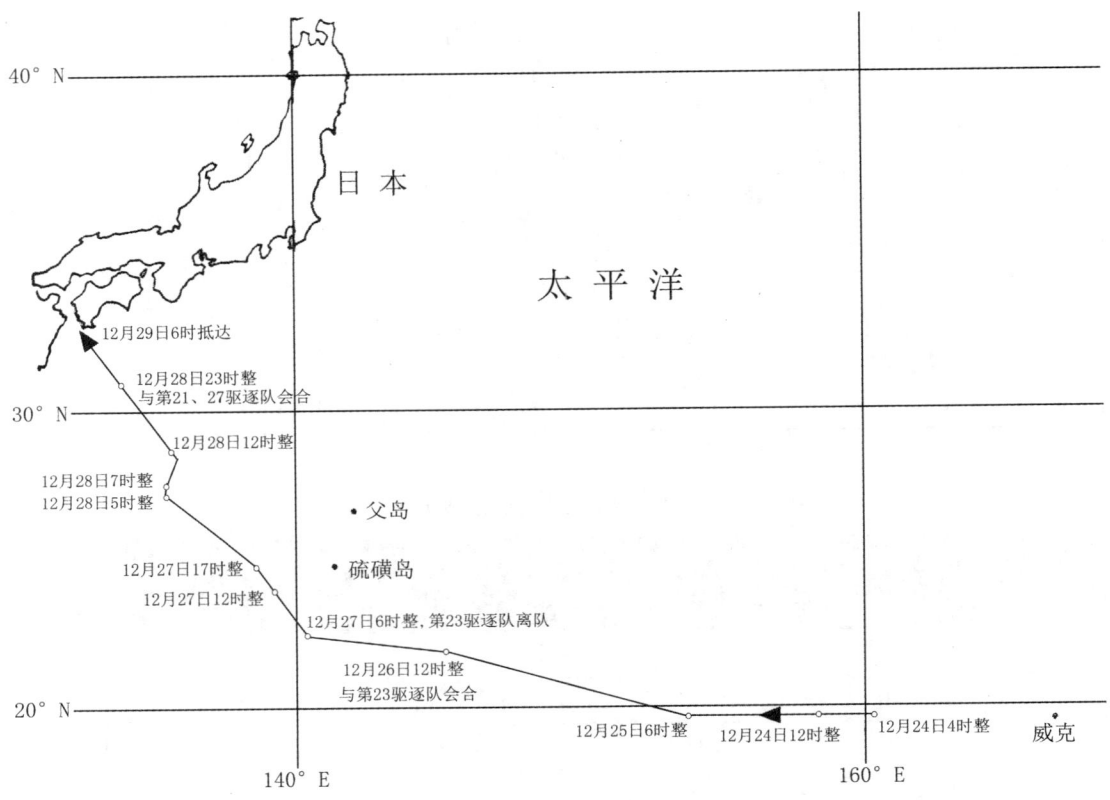

1941年12月24日至12月29日威克攻略增援部队行动示意图。

第三部 1942年1月至3月机动部队作战情况

第五章 空袭拉包尔及安汶岛

1. 机动部队集结及出航

1941年12月26日10时30分,山本五十六下达《联合舰队电令作第30号》(即《联合舰队机密第937番电》),决定从当日12时起执行第一段作战第二期兵力部署。根据上述指示,刚夺取威克的南洋部队奉命进攻拉包尔(Rabaul),机动部队(欠2航战)负责为南洋部队提供航空火力支援。这次进攻以拉包尔的首字母命名为R作战。拉包尔位于新不列颠岛加泽尔半岛(Gazelle)北端,三面被火山环绕,东临辛普森港(Simpson),常年高温多雨。

1942年1月3日,南云忠一下达《机密机动部队命令作第17号》,要求机动部队(欠2航战)"待完成整备、补给后前出至特鲁克方面,协助南洋部队歼灭俾斯麦群岛(Bismarck Archipelago)及附近之敌航空兵力、基地。我将于南洋获得作战据点"。同时指示2航战"前出至达沃方面,参加南方部队之作战,负责击灭安汶岛方面之敌航空兵力"。

为遂行新的作战计划,刚从夏威夷作战归来的机动部队除2航战外,主力稍作休整后便从日本本土出港南下,尔后集结于日本海军在西太平洋的要冲特鲁克群岛(Truk Islands)。相关情况如下:

1942年1月5日13时以后,1水战(欠第17驱逐队第1小队、驱逐舰"矶风")离开吴港,并于16时以后转移至岩国外海。5航战则于14时30分出发,16时30分抵达广岛湾。

1月8日5时45分,1水战离开岩国外海。6时30分,5航战、第3战队第1小队从柱岛泊地起航,7时30分与"赤城"号航母会合。同日12时整,5航战与上述舰艇会合。1月14日8时30分,"赤城"、5航战进入特鲁克的枫岛附近,第3战队第1小队则于10时26分驶入特鲁克。

1月7日17时整,"矶风"掩护第2补给队由吴港起航,16时整在屋代岛北方停泊,翌日3时整起航,1月18日9时20分抵达特鲁克。

1月9日,"加贺"号航母、第8战队、第17驱逐队第1小队(驱逐舰"谷风""浦风")由吴港起航,其中第8战队15时整抵达广岛湾,稍作停留后于1月10日6时离开。

1月10日7时30分,第8战队与"加贺"、第17驱逐队第1小队会合并开始南下。1月14日,两架隶属"加贺"的99式舰爆完成巡逻任务后,于11时15分迫降在海面,机组随后被救起。1月15日下午,"加贺"、第8战队、第17驱逐队第1小队抵达特鲁克。

完成集结后,机动部队制订了空袭拉包尔

计划，并于1月17日7时由特鲁克起航，1月17日7时整，机动部队起航，9时32分通过南水道后以航向220度向西南机动。此次，机动部队共有4艘航母、2艘战列舰、2艘重巡洋舰、1艘轻巡洋舰、7艘驱逐舰及5艘油船（见表5-1）。

表5-1　1942年1月17日机动部队战斗序列

\multicolumn{3}{|c|}{1942年1月17日机动部队战斗序列机动部队}		
空袭部队	第1航空战队	航母"赤城""加贺"
	第5航空战队	航母"瑞鹤""翔鹤"
支援部队	第3战队第1小队	战列舰"比叡""雾岛"
	第8战队	重巡洋舰"利根""筑摩"
警戒队	第1水雷战队	轻巡洋舰"阿武隈"
	第17驱逐队	驱逐舰"谷风""浦风""滨风"
	第18驱逐队	驱逐舰"不知火""霞""阳炎""霰"
	驱逐舰"秋云"	
	第1补给队	油船"旭东丸""神国丸"
	第2补给队	油船"日朗丸""第二共荣丸""丰光丸"

根据1941年12月31日的命令（官房机密第89番电），1航舰各航母的舰载机数量有所调整，其中1、5航战的舰载机出现缩编：

"赤城"——18架零战（另有备用机3架）、18架99式舰爆（另有备用机3架）、18架97式舰攻（另有备用机3架）

"加贺"——18架零战（另有备用机3架）、18架99式舰爆（另有备用机3架）、27架97式舰攻（另有备用机3架）

"苍龙"——18架零战（另有备用机3架）、18架99式舰爆（另有备用机3架）、18架97式舰攻（另有备用机3架）

"飞龙"——18架零战（另有备用机3架）、18架99式舰爆（另有备用机3架）、18架97式舰攻（另有备用机3架）

"翔鹤"——18架零战（另有备用机3架）、18架99式舰爆（另有备用机3架）、18架97式舰攻（另有备用机3架）

"瑞鹤"——18架零战（另有备用机3架）、18架99式舰爆（另有备用机3架）、18架97式舰攻（另有备用机3架）

此外，1航舰所属航母的飞行科干部在夏威夷作战后均出现人事变动，主要的人员调动发生在1942年1月5日。相关变动情况如下：

"赤城"：进藤三郎由于在体检中被发现有航空神经症及病毒性肝炎，结果在1941年12月30日被调离原来的单位，其留下的"赤城"战斗机分队长空缺由原来在"凤翔"号航母任职的白根斐夫接替。同日，指宿正信大尉升任"赤城"分队长。舰攻队方面，根岸朝雄于1942年1月5日升任"赤城"分队长。同日，岩崎五郎、岩井健太郎分别前往大井航空队、"加贺"任职。

"加贺"：战斗机队的坂井知行在1941年12月31日离开，担任横须贺航空队分队长。舰爆队的分队长伊吹正一在1942年1月5日离开"加贺"，前往宇佐航空队。另外，1月15日，渡部俊夫升任"加贺"分队长。舰攻队方面，福田稔在1月15日升任分队长，上文提及的岩井健太郎在"加贺"舰攻队任职。

"苍龙"：饭田房太阵亡后，菅波政治成为战斗机队的首席分队长，藤田怡与藏在1941年12月31日升任分队长。舰爆队方面，小井手护之在1942年1月5日升任分队长。翌日，山下途二被调派至"飞龙"。1月7日，海军兵学校第67期毕业的栗原一弥被调派至"苍龙"舰爆队。

"飞龙"：战斗机队的重松康弘于1942年1月5日升任分队长。1月7日，冈岛清熊担任"瑞鹤"分队长。1月6日，舰爆队的中川俊担任横须贺航空队教官，山下途二升任分队长。舰攻队的角野博治于1月5日升任分队长。一天后，松村平太被调离"飞龙"。

"翔鹤"：比良国清、入来院良秋在1月5日离开"翔鹤"，分别前往岩国航空队、"凤翔"任职。

"瑞鹤"：佐藤正夫、林亲博、中本道次郎在1月5日离开"瑞鹤"。

至此，1航舰所属航母共有71名毕业于海军兵学校的飞行科干部，包括8名飞行队长、37名分队长以及26名乘组。相关名单见表5-2：

表5-2 1航舰所属航母的飞行科干部名单

单位	飞行队	飞行队长	任职时间	分队长	任职时间	分队士	任职时间
"赤城"	舰战队	板谷茂少佐(海兵57期)	1941年4月1日	白根斐夫(海兵64期)	1941年12月30日	山本重久中尉(海兵66期)	1941年11月10日
				指宿正信大尉(海兵65期)	1941年12月30日(升任)	—	—
	舰爆队	—	—	千早猛彦大尉(海兵62期)	1941年4月1日	山田昌平大尉(海兵65期)	1941年4月1日
				阿部善次大尉(海兵64期)	1941年8月20日	大渊珪三中尉(海兵66期)	1941年4月15日
	舰攻队	渊田美津雄中佐(海兵52期)	1941年8月25日	布留川泉大尉(海兵63期)	1941年4月15日	松崎三男大尉(海兵65期)	1941年4月1日
		村田重治少佐(海兵58期)	1941年9月27日	根岸朝雄大尉(海兵65期)	1942年1月5日(升任)	后藤仁一中尉(海兵66期)	1941年9月27日

续表

单位	飞行队	飞行队长	任职时间	分队长	任职时间	分队士	任职时间
"加贺"	舰战队	—	—	志贺淑雄大尉（海兵62期）	1941年4月1日	—	—
				二阶堂易大尉（海兵64期）	1941年9月1日	—	—
	舰爆队	—	—	小川正一大尉（海兵61期）	1941年5月22日	三浦尚彦中尉（海兵66期）	1941年4月15日
				渡部俊夫大尉（海兵65期）	1942年1月15日	相川嘉逸中尉（海兵66期）	1940年11月15日
	舰攻队	桥口乔少佐（海兵56期）	1940年11月1日	牧秀雄大尉（海兵61期）	1941年9月27日	三上良孝大尉（海兵65期）	1940年11月1日
				福田稔大尉（海兵65期）	1942年1月15日（升任）	葛城正彦中尉（海兵66期）	1941年9月27日
				—	—	岩井健太郎大尉（海兵65期）	1942年1月5日
"苍龙"	舰战队	—	—	菅波政治大尉（海兵61期）	1941年9月27日	—	—
				藤田怡与藏中尉（海兵66期）	1941年12月31日（升任）	—	—
	舰爆队	江草隆繁少佐（海兵58期）	1941年8月25日	池田正伩大尉（海兵61期）	1941年8月15日	栗原一弥中尉（海兵65期）	1942年1月7日
				小井手护之大尉（海兵65期）	1942年1月5日（升任）	大渊珪三中尉（海兵66期）	1941年4月15日
	舰攻队	—	—	阿部平次郎大尉（海兵61期）	1941年9月1日	中岛巽大尉（海兵65期）	1940年11月1日
				长井彊大尉（海兵64期）	1941年9月1日	山本贞雄中尉（海兵66期）	1941年4月15日
"飞龙"	舰战队	—	—	能野澄夫大尉（海兵61期）	1940年11月1日	—	1941年9月27日
				重松康弘中尉（海兵66期）	1942年1月5日（升任）		

续表

单位	飞行队	飞行队长	任职时间	分队长	任职时间	分队士	任职时间
"飞龙"	舰爆队	—	—	小林道雄大尉（海兵63期）	1940年11月1日	下田一郎中尉（海兵66期）	1941年9月1日
				山下途二大尉（海兵65期）	1942年1月6日（升任）	—	—
	舰攻队	楠美正少佐（海兵57期）	1941年9月1日	菊池六郎大尉（海兵64期）	1941年8月11日	近藤正次郎中尉（海兵66期）	1940年11月15日
				角野博治大尉（海兵65期）	1942年1月5日（升任）	桥本敏男中尉（海兵66期）	1941年4月15日
"翔鹤"	舰战队	—	—	兼子正大尉（海兵60期）	1941年9月1日	饭塚雅夫中尉（海兵66期）	1941年9月1日
				帆足工大尉（海兵63期）	1941年9月27日		
	舰爆队	高桥赫一少佐（海兵56期）	1941年8月20日	山口正夫大尉（海兵63期）	1941年9月1日	小泉精三中尉（海兵66期）	1941年9月27日
				藤田久良大尉（海兵64期）	1941年8月20日	三福岩吉中尉（海兵66期）	1941年9月1日
	舰攻队	—	—	市原辰雄大尉（海兵60期）	1941年9月1日	岩村胜夫中尉（海兵66期）	1941年9月1日
				萩原努大尉（海兵63期）	1941年8月20日	矢野矩穗中尉（海兵66期）	1941年10月21日
"瑞鹤"	舰战队	—	—	冈岛清熊大尉（海兵63期）	1942年1月7日	塚本祐造中尉（海兵66期）	1941年9月25日
				牧野正敏大尉（海兵65期）	1941年11月10日	—	—
	舰爆队	—	—	坂本明大尉（海兵63期）	1941年10月24日	大塚礼治郎中尉（海兵66期）	1941年10月21日
				江间保大尉（海兵63期）	1941年9月25日	—	—
	舰攻队	岛崎重和少佐（海兵57期）	1941年9月25日	坪田义明大尉（海兵62期）	1941年9月25日	村上喜人中尉（海兵66期）	1941年9月27日
				石见丈三大尉（海兵62期）	1941年11月10日	佐藤善一中尉（海兵66期）	1941年9月25日

2. 1942年1月20日空袭拉包尔

1月18日下午以后，机动部队前往新几内亚附近，该部先于14时16分调整航向至180度，15时15分又调整航向至130度，完成转弯后，机动部队于17时03分以105度航向向东南航渡。同日14时10分，草鹿龙之介向身处"瑞鹤"号舰桥的原忠一发信号，希望后者按计划攻击新几内亚的莱城（Lae）、马当（Madang）以及萨拉马瓦（Salamaua），彻底摧毁上述三地的机库及设施。

1月19日12时10分，机动部队调整航向为155度，向东南机动，以接近新爱尔兰岛东北，航渡至15时08分又调整航向为150度。16时30分，该部组成第5警戒航行序列。

1月20日4时30分，机动部队组成第6警戒航行序列，以155度航向，16节（约29千米/

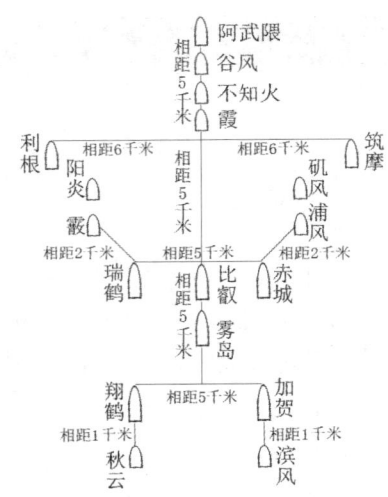

机动部队第5警戒航行序列示意图。

小时）航速驶向拉包尔。5时整，机动部队抵达152°E，1°S。5时20分，机动部队以航向330度向西北航渡。机动部队所在的水域气温大约29摄氏度，天气晴转多云，能见度良好。7时18分，"赤城"派出两架舰攻，前往拉包尔上空

97式舰攻从"瑞鹤"号航母升空，摄于日军空袭拉包尔期间。

准备起飞的"瑞鹤"的零战,摄于空袭拉包尔期间。

执行气象侦察任务,以查明该区域的气象状况。9时30分,机动部队调整航向为140度,再次向东南机动。10时整起,机动部队调整航向至300度,派出由18架零战、38架舰爆和45架舰攻组成的第一次攻击队。在此次攻击中,1航战派出了舰攻、零战,5航战仅派出舰爆。攻击队指挥官由渊田担任,他直接指挥舰攻执行水平轰炸,高桥赫一负责指挥舰爆轰炸,板谷茂指挥零战。10时15分,攻击队完成集结,以航向172度,高度3000米向拉包尔直航。机动部队则于10时18分以140度航向向东南机动。

11时30分,第1、第2制空队离开编队,先行前往拉包尔执行夺取制空权任务。驻扎在拉包尔的澳大利亚皇家空军第24中队根据海岸观察哨的报告,紧急派出5架英联邦飞机公司的"维勒威"(Wirraway)教练机,其中两架从拉库奈(Lakunai)机场①起飞,余下3架从瓦纳卡努机场起飞。此外,两架同类型的战斗机在机场上空警戒。"维勒威"机长8.48米,翼展13.11米,机高2.66米,最大起飞重量2991公斤,最高飞行速度354千米/小时,续航力1158米,升限7010米,装有2挺7.7毫米机枪。这些飞机在升空后便遭到第1、第2制空队袭击,结局不言而喻。约翰·卡梅隆·洛(John Cameron Lowe)空军中尉驾驶编号"A20-179"的"维勒威"最先被击落,洛与同机的克利弗·艾伯特·阿什福德(Clive Albert Ashford)空军中士阵亡。赫林(G. R. Herring)空军中士驾驶编号为"A20-177"号的"维勒威"中弹,最后成功降落迫降在拉库奈机场,赫林与机组的克莱尔(A. G. Claire)空军少尉受伤。

休伊特(W. O. K. Hewett)空军中士驾驶"A20-437"升空后,尝试对舰爆编队实施突击,结果被零战击落。在飞机坠毁前,休伊特与蒂勒尔(J. V. Tyrrell)空军少尉成功跳伞逃生。罗伯特·艾尔弗雷德·布莱克曼(Robert Alfred

---

① 拉库奈位于辛普森港东,作为拉包尔南的瓦纳卡努(Vunakanau)机场的备用机场。

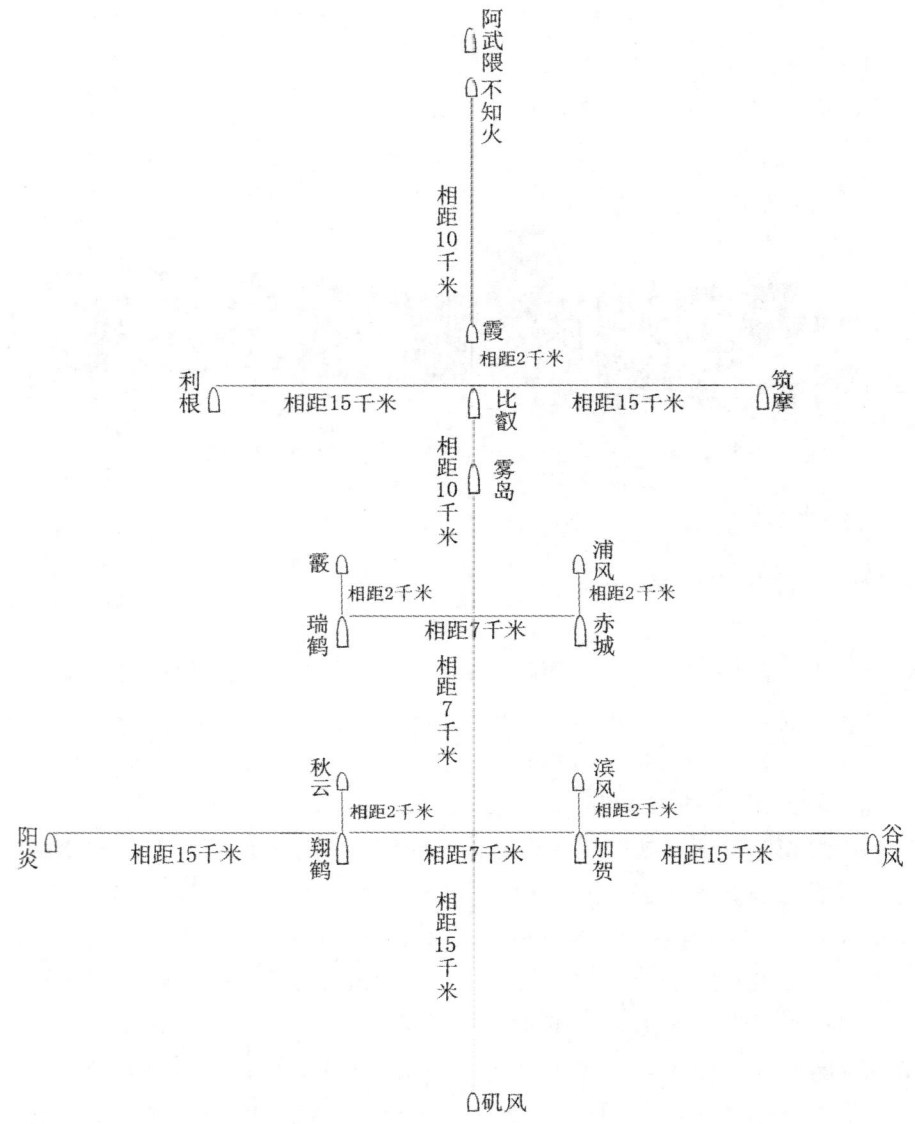

机动部队第 6 警戒航行序列示意图。

Blackman）中士驾驶的"A20-319"（后座为斯坦利·欧内斯特·伍德克拉夫特（Stanley Ernest Woodcraft））、查尔斯·弗雷德里克·布罗姆利（Charles Frederick Bromley）空军中士驾驶的"A20-303"（后座为理查德·沃尔什（Richard Walsh）空军中士）同样被零战击落，两机均无人生还。米尔恩（W. G. Milne）、利特尔（R. C. G. Little）空军中士分别驾驶"A20-178"、"A20-156"躲进云层，之后返回机场，其中，利特尔的座机遭日机扫射。一架洛克希德"赫德森"（Hudson）轰炸机被零战击伤。日军记录在拉包尔击落 4 架飞机，第 1 制空队于 11 时 40 分击落一架盟军飞机，第 2 制空队于 11 时 35 分飞抵拉包尔上空，随后确认击落 3 架飞机。

11 时 38 分，渊田美津雄向攻击队下达突击的命令，后于 11 时 57 分率领第 1 攻击队轰炸拉库奈机场。此外,第 1 制空队下降高度扫射地面目标。12 时 01 分,第 2 攻击队第 1 中队中除第 44、第 45 小队轰炸瓦托姆岛外,仅桥口乔指挥的第 40 小队轰炸辛普森港的船舶。不过,第 40 小队遭受防空火器射击,该小队 2 号机当场被高射炮击落,操纵员杉原达也一飞曹、侦察员山本胜男一飞曹、电信员田中洋一二飞曹阵亡。此外,桥口的座机以及 3 号机均中弹受损。第 2 攻击队第 2 中队除一部与第 3 中队轰炸辛普森港的船舶外,余部向北飞行,最后向塔维角 (Tavui) 炮台投弹。

11 时 41 分,高桥赫一带领第 15 攻击队抵达拉包尔 55 度、距离 20 千米的空域,随即下降高度 1500 米并沿着拉包尔外围进行侦察。直到 11 时 57 分,高桥电令第 15 攻击队突击,然后率部进入轰炸航路。12 时 05 分至 12 时 15 分,第 15 攻击队所属的舰爆分别轰炸油船、仓库、货船、营房等目标,其中 6 架轰炸拉包尔东的营房、普雷特角 (Praed) 炮台,6 架轰炸货船,余下的 7 架轰炸仓库。货船 "赫尔斯泰恩" (MV Herstein,排水量 9030 吨) 遭到 3 架舰爆轰炸,3 枚 250 公斤航弹击中这艘商船,爆炸产生的火灾迫使船员弃船游泳上岸。最终,这艘货船一直漂流到马图皮特岛 (Matupit) 搁浅,战后被日本人缴获。客轮 "马塔费尔" (HMAS Matafele) 侥幸躲过日机轰炸,并且在日军登陆前成功逃离拉包尔。

第 16 攻击队于 11 时 45 分飞抵拉包尔上空,随后向北搜寻攻击目标,指挥官坂本明亲率第 1 中队直接轰炸塔维角炮台,江间保带领第 2 中

遭受日机空袭的辛普森港。

拉包尔的普雷特角炮台在5航战的舰载机轰炸期间中弹并发生剧烈爆炸,冒出滚滚浓烟。

高桥赫一驾驶的99式舰爆进入俯冲,准备对拉包尔的目标实施攻击。

高桥赫一驾驶的 99 式舰爆，编号为"EI-238"。

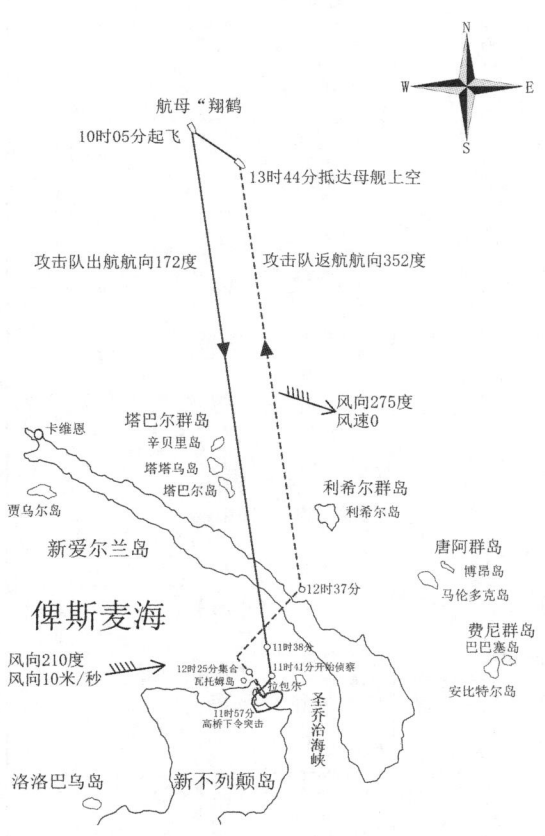

1942 年 1 月 20 日第 15 攻击队突击拉包尔示意图。

队对瓦托姆岛实施侦察，后因发现岛上无可以攻击的目标，遂转向飞往塔维角炮台，并对其进行轰炸。随队的葛原丘、大塚礼治郎中尉均参加过夏威夷作战。

12 时 25 分，"赤城""翔鹤"的舰载机在瓦托姆岛上空集合，然后开始返航。12 时 30 分，第 16 攻击队开始返航。13 时 25 分，第 2 攻击队滨野孝一二飞曹的舰攻迫降于"加贺"附近，滨野与操纵员大迫弘毅一飞兵、电信员岛田直三飞曹于 14 时被"利根"号重巡洋舰救起。"翔鹤"的中川贞信三飞曹驾驶舰爆在盘旋等待降落时坠海，中川与侦察员早坂庚四郎一飞兵身亡。空袭期间，第 1 攻击队有一架舰攻中弹，第 2 攻击队则有 4 架舰攻中弹，包括桥口乔的座机。此外，第 2 制空队的平石勋驾机扫射地面时被地面火力击中，虽然挣扎着前往集合点，但最后因失去控制而坠海。志贺淑雄的座机同样在突击期间中弹，但是仍然能够回航。13 时 40 分，"赤城""瑞鹤"攻击队返回各自母舰上空。13 时 44 分，"翔鹤"号回收舰载机。14 时 20 分，"加贺"回收舰载机。

表 5-3　1942 年 1 月 20 日第 1、第 5 航空战队突击拉包尔编制表

航母	单位	中队	小队	操纵员	侦察员	电信员	备注
"赤城"	第 1 攻击队	第 1 中队	第 40 小队	松崎三男大尉（海兵 65 期）	渊田美津雄中佐（海兵 52 期）	水木德信一飞曹（侦练 39 期）	—
				竹村章一飞曹（甲飞 2 期）	雨宫享勇一飞曹（普电练 40 期）	中野利夫二飞曹（乙飞 8 期）	—
				安江巴一飞兵（操练 47 期）	远藤恒次二飞曹（侦练 36 期）	萩谷几久男三飞曹（乙飞 9 期）	—
			第 41 小队	中井留一飞曹长（乙飞 3 期）	西森暹飞曹长（侦练 24 期）	中岛光升三飞曹（侦练 43 期）	—
				渡边晃一飞曹（操练 28 期）	阿曾弥之助一飞曹（乙飞 5 期）	五月女忠夫一飞兵（侦练 52 期）	—
				冈崎行男一飞曹（甲飞 2 期）	池田弘二飞曹	前野哲男一飞兵（侦练 48 期）	—
			第 42 小队	铃木重男一飞曹（乙飞 5 期）	川村正明飞曹长（侦练 18 期）	南木清之助一飞曹（甲飞 2 期）	—
				蓼原勇雄二飞曹（操练 48 期）	松冈孝一飞曹（甲飞 2 期）	村上守司三飞曹（乙飞 9 期）	—
				香川定辅一飞兵（操练 52 期）	栗田厚吉二飞曹（甲飞 3 期）	杉田好弘二飞曹（甲飞 3 期）	—
		第 2 中队	第 44 小队	村田重治少佐（海兵 58 期）	星野要二飞曹长（侦练 21 期）	渡边繁治二飞曹（侦练 34 期）	—
				泷泽友一二飞曹（乙飞 8 期）	松岛正飞曹长（乙飞 2 期）	大岛正广一飞兵（侦练 51 期）	—
				井上福治一飞兵（操练 48 期）	川村善作一飞曹（甲飞 2 期）	藤本兼雄一飞兵（侦练 48 期）	座机中 1 弹
			第 45 小队	根岸朝雄大尉（海兵 65 期）	重永春喜飞曹长（侦练 18 期）	清水贤一飞曹（甲飞 2 期）	—
				海藤军治三飞曹（操练 42 期）	伊藤光义一飞曹（甲飞 2 期）	堀井孝行一飞曹（甲飞 3 期）	—
				花井圭吾一飞兵（操练 50 期）	佐野刚也一飞曹（甲飞 2 期）	松田宪雄一飞兵（侦练 50 期）	—

续表

航母	单位	中队	小队	操纵员	侦察员	电信员	备注
"赤城"	第1攻击队	第2中队	第46小队	后藤仁一中尉（海兵66期）	宫岛睦夫一飞曹（侦练28期）	大久保光则二飞曹（侦练43期）	座机中1弹
				铃木忍一飞兵（操练52期）	加藤升一飞曹（乙飞5期）	藤田军平二飞曹（乙飞8期）	—
				行友一人一飞兵（操练48期）	宫田政人一飞曹（侦练36期）	女田竹利一飞兵（侦练48期）	
"加贺"	第2攻击队	第1中队	第40小队	浦田丰四飞曹长（乙飞2期）	桥口乔少佐（海兵56期）	松本光一飞曹（乙飞7期）	座机中弹2发
				杉原达也一飞曹（甲飞1期）	山本胜男一飞曹（乙飞5期）	田中洋一二飞曹（甲飞3期）	被击落
				切通亲三飞曹（操练45期）	樫田一郎一飞曹（侦练44期）	田村三郎二飞曹（甲飞4期）	座机中弹5发
			第44小队	佐藤重雄一飞曹（乙飞5期）	福田稔大尉（海兵65期）	大西春雄二飞曹（甲飞3期）	座机中弹1发
				中川一二二飞曹（操练46期）	吉野治男一飞曹（甲飞2期）	川崎光男一飞兵（侦练50期）	—
				五岛薰三飞曹	樋口金造二飞曹（乙飞8期）	西谷芳数三飞曹（乙飞9期）	座机中弹1发
			第45小队	松山政人二飞曹（操练33期）	葛城正彦中尉（海兵66期）	米泽一二飞曹（甲飞3期）	—
				大串军治三飞曹（操练50期）	森崎英夫一飞曹（甲飞1期）	平山繁树二飞曹（乙飞9期）	—
				冈田岩一飞曹（甲飞4期）	中山操三飞曹	黑木勇三郎三飞曹（乙飞9期）	—
		第2中队	第41小队	北岛一良大尉（海兵61期）	明胁丰飞曹长（侦练22期）	山本静男二飞曹（侦练43期）	
				吉川与四郎三飞曹（操练53期）	王子野光二三飞曹（乙飞7期）	前田武二飞曹（甲飞3期）	—
				武信太助三飞曹	井藤弥一三飞曹	公平正利一飞兵	—

续表

航母	单位	中队	小队	操纵员	侦察员	电信员	备注
"加贺"	第2攻击队	第2中队	第42小队	三上良孝大尉（海兵65期）	竹原贞喜一飞曹（乙飞5期）	饭盛清太三飞曹（侦练47期）	—
				铃木勋二飞曹（操练48期）	信田安治一飞曹（甲飞1期）	渡边祯夫二飞曹（乙飞8期）	—
				佐佐木龟藏一飞兵	田村平治二飞曹（甲飞2期）	坂田惠介二飞曹（甲飞4期）	—
			第43小队	三岛辉夫一飞曹（乙飞7期）	森永隆义飞曹长（乙飞4期）	久恒吾市二飞曹（乙飞8期）	—
				柴田寿二飞曹（甲飞3期）	吉村直次郎一飞曹（甲飞1期）	上野秀一二飞曹（甲飞3期）	—
				羽田工一飞兵	吉日隆成二飞曹	增田良治一飞兵	—
		第3中队		牧秀雄大尉（海兵61期）	松村务飞曹长（侦练22期）	三矢武一二飞曹（侦练43期）	
			第47小队	田中庄市一飞曹（甲飞1期）	菊地藤三一飞曹（甲飞1期）	冲中明二飞曹（甲飞3期）	
				阿部春义一飞兵	西村武二飞曹	高杉教太郎一飞兵	
			第48小队	岩田广丈一飞曹（操练26期）	岩井健太郎大尉（海兵65期）	平野晴一郎二飞曹（甲飞3期）	
				田中一则二飞曹（乙飞8期）	中村丰弘二飞曹（侦练44期）	冈田幸男一飞兵（侦练53期）	
				大迫弘毅一飞曹	滨野孝一二飞曹（甲飞3期）	岛田直三飞曹（乙飞9期）	迫降在海上，机组被"利根"号救起
			第49小队	植村信雄一飞曹（甲飞2期）	福元实惠飞曹长（乙飞4期）	村上欣二二飞曹（甲飞3期）	
				小川益一一飞兵（操练48期）	天野明一一飞曹（甲飞1期）	伊藤拾久二飞曹（甲飞3期）	—
				中马与三郎一飞兵	藤井淳一二飞曹（甲飞3期）	小滨春雄一飞兵	—

续表

航母	单位	中队	小队	操纵员	侦察员	电信员	备注
"翔鹤"	第15攻击队	第1中队	第20小队	高桥赫一少佐（海兵56期）	野津保卫特务少尉（侦练19期）	—	—
				篠原一男一飞曹（甲飞2期）	染野文雄一飞曹（甲飞1期）	—	—
				福原淳二飞曹（甲飞3期）	铃木富三二飞曹（侦练51期）	—	—
			第21小队	山口正夫大尉（海兵63期）	中定次郎飞曹长（乙飞1期）	—	—
				上岛初一飞曹（甲飞2期）	九岛作次郎二飞曹（乙飞8期）	—	—
				小田桐忠造一飞兵（操练55期）	横田益太郎一飞兵（侦练53期）	—	—
			第22小队	三福岩吉中尉（海兵66期）	小板桥博司一飞曹（乙飞6期）	—	—
				中所修平二飞曹（甲飞3期）	长泽重信二飞曹（侦练45期）	—	—
				加藤熊一三飞曹（操练50期）	大浦民平二飞曹（乙飞8期）	—	—
			第23小队	伊藤勇三一飞曹（操练39期）	国分丰美飞曹长（侦练28期）	—	—
				白井五郎一飞曹（甲飞2期）	元俊二郎二飞曹（甲飞3期）	—	—
				原岛正义一飞曹（操练53期）	田中广吉三飞曹	—	—
		第2中队	第24小队	藤田久良大尉（海兵64期）	长光雄飞曹长（乙飞5期）	—	—
				铃木敏夫二飞曹（操练47期）	今田彻一飞曹（甲飞1期）	—	—
				塙明重一飞兵（操练55期）	山内博一飞兵（侦练52期）	—	—
				大川丰信一飞兵（操练53期）	吉永四郎一飞兵（侦练53期）	—	—

续表

航母	单位	中队	小队	操纵员	侦察员	电信员	备注
"翔鹤"	第15攻击队	第2中队	第25小队	松田幸德飞曹长（乙飞3期）	小泉精三中尉（海兵66期）	—	—
				池田清三飞曹（操练47期）	野边武夫一飞曹（乙飞6期）	—	—
				中川贞信三飞曹（操练46期）	早坂庚四郎一飞兵（侦练48期）	—	着舰时坠海
"瑞鹤"	第16攻击队	第1中队	第1小队	坂本明大尉（海兵63期）	井塚芳夫飞曹长（乙飞4期）	—	—
				中西义男一飞曹（乙飞6期）	藤冈寅夫二飞曹（侦练39期）	—	—
				酒卷秀明二飞曹（操练39期）	根岸正明二飞曹（侦练46期）	—	—
			第2小队	葛原丘中尉（海兵66期）	小山茂飞曹长（乙飞4期）	—	—
				谷时正治二飞曹（甲飞3期）	深江雄一一飞曹（甲飞2期）	—	—
				岩本茂二飞曹（甲飞3期）	萩原道治三飞曹（侦练42期）	—	—
			第3小队	菅崎正生二飞曹（甲飞4期）	松田一飞兵	—	—
				氏木平槌飞行特务少尉（操练16期）	松本彦一一飞曹（侦练31期）	—	—
				斋藤益一一飞曹（乙飞7期）	雨宫贞雄一飞曹（甲飞1期）	—	—
				加藤清武二飞曹（甲飞3期）	富樫胜介二飞曹（甲飞4期）	—	—
		第2中队	第1小队	江间保大尉（海兵63期）	东藤一飞曹长（乙飞3期）	—	—
				稻垣富士夫一飞曹（甲飞2期）	石川重一一飞曹（甲飞1期）	—	—
				野原忠明三飞曹（操练45期）	杉木铁司二飞曹（侦练37期）	—	—

续表

航母	单位	中队	小队	操纵员	侦察员	电信员	备注
"瑞鹤"	第16攻击队	第2中队	第2小队	安藤五郎一飞曹（操练34期）	大塚礼治郎中尉（海兵66期）	—	—
				井方作男一飞曹（乙飞7期）	白仓耕太二飞曹（侦练45期）	—	—
				江种繁树一飞兵（操练48期）	川添正义三飞曹（侦练52期）	—	—
			第36小队	福永政登飞曹长（操练22期）	川濑孝治一飞曹（甲飞1期）	—	—
				堀建二二飞曹（甲飞3期）	上谷睦夫二飞曹（甲飞3期）	—	—
				松本芳一郎一飞兵（操练49期）	福垣内实美三飞曹（侦练39期）	—	—
"赤城"	第1制空队	—	第11小队	白根斐夫大尉（海兵64期）	—	—	消耗7.7毫米机枪枪弹200发
				菊地哲生一飞曹（操练39期）	—	—	—
				川原田三二飞曹（甲飞4期）	—	—	消耗7.7毫米机枪枪弹400发、20毫米机炮炮弹110发
			第12小队	山本重久中尉（海兵66期）	—	—	消耗7.7毫米机枪枪弹100发、20毫米机炮炮弹58发
				高原重信二飞曹（乙飞8期）	—	—	消耗7.7毫米机枪枪弹100发、20毫米机炮炮弹100发
				森荣一飞兵（操练50期）	—	—	消耗7.7毫米机枪枪弹200发

续表

航母	单位	中队	小队	操纵员	侦察员	电信员	备注
"赤城"	第1制空队	—	第16小队	田中克视一飞曹（甲飞1期）	—	—	消耗7.7毫米机枪枪弹300发、20毫米机炮炮弹110发
				大原广司三飞曹（操练50期）	—	—	消耗7.7毫米机枪枪弹50发、20毫米机炮炮弹32发
				石田正志一飞兵（操练55期）	—	—	消耗7.7毫米机枪枪弹280发、20毫米机炮炮弹110发
"加贺"	第2制空队	—	第11小队	志贺淑雄大尉（海兵62期）	—	—	座机中弹2发
				平石勋二飞曹（操练27期）	—	—	阵亡
				高冈松太郎一飞兵（操练54期）	—	—	—
			第12小队	饭塚雅夫中尉（海兵66期）	—	—	—
				丰田一义一飞曹（甲飞1期）	—	—	—
				阪东诚一飞兵（操练48期）	—	—	—
			第13小队	山本旭一飞曹（操练24期）	—	—	—
				田中行雄一飞曹（乙飞6期）	—	—	—
				中上乔一飞兵（操练53期）	—	—	—

14时30分，由5航战、"筑摩"、第18驱逐队（欠"霞"）及"秋云"号驱逐舰编成的特别空袭队离开机动部队，前往次日将派遣舰载机轰炸新几内亚要地的待机点。机动部队主队于14时41分开始向西北机动，航向265度。14时45分，机动部队依照第12警戒航行序列组成警戒幕，至16时20分调整航向为320度（见表5-4）。

续表

机动部队	单　位	
特别空袭队	第5航空战队	航母"瑞鹤""翔鹤"
	重巡洋舰"筑摩"	
	第18驱逐队	驱逐舰"不知火""霞""阳炎"
	驱逐舰"秋云"	
第1补给队	油船"旭东丸""神国丸"	
第2补给队	油船"日朗丸""第二共荣丸""丰光丸"	

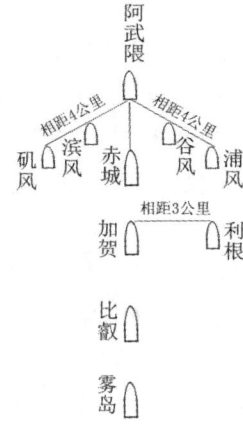

机动部队第12警戒航行序列示意图。

表5-4　1942年1月20日下午机动部队战斗序列

机动部队	单　位	
空袭部队	第1航空战队	航母"赤城""加贺"
支援部队	第3战队第1小队	战列舰"比叡""雾岛"
	第8战队	重巡洋舰"利根"
警戒队	第1水雷战队	轻巡洋舰"阿武隈"
	第17驱逐队	驱逐舰"谷风""浦风""滨风"
	驱逐舰"霞"	

3. 1942年1月21日空袭新爱尔兰岛、新几内亚

1942年1月21日2时10分，机动部队主队以210度航向前往西南方向。5时至5时05分，1航战派出由18架零战（"赤城""加贺"各派遣9架）、34架舰爆编成的攻击队，对新爱尔兰岛北端的卡维恩实施突击。5时15分，1航战攻击队出航。5时40分，第2制空队及第1制空队离队，先于舰爆展开行动。5时55分，第2制空队在二阶堂易的带领下扫射仓库以及陆军补给船"族长之星"（Induna Star），将其舷侧板打成筛子。为避开日机攻击，"族长之星"号紧急离开现场，航渡到卡维恩以南2海里珊瑚礁时搁浅，船上除两名船员死于日机扫射之外，另有一名船员在跳海后被鲨鱼咬死。

6时17分，第1制空队在指宿正信大尉的指挥下对地面目标进行扫射。6时22分，"加贺"分队长小川正一率第12攻击队轰炸机场、仓库。千早猛彦则于6时30分指挥第11攻击队轰炸和扫射仓库。6时50分，1航战攻击队开

始返航,后于8时10分返回母舰。

13时52分,机动部队以90度航向向东机动,航渡至18时40分,调整航向至150度,20时40分以140度航向机动。

同日9时整,特别空袭队前出至新爱尔兰岛东北水域(坐标149°27′E,3°57′S),随后出动舰载机遂行突击任务。攻击队兵分三路对莱城、马当及萨拉马瓦实施空中突击。莱城、萨拉马瓦位于新几内亚岛东部休恩湾北岸,其中莱城靠近马卡姆(Markham)河,是新几内亚的重要港口之一。萨拉马瓦地处莱城南约38千米处,澳大利亚人战前在萨拉马瓦西南即弗兰西斯科(Francisco)河北岸修筑一条机场,以方便开采金矿。马当在莱城西北约210千米处,位于新几内亚北部沿海。

9时10分,攻击队完成编队,按照战前安排,5航战的舰载机兵分三路,其中"瑞鹤"负责空袭莱城,"翔鹤"同时空袭马当和萨拉马瓦。当日,上述三地上空晴朗,有利于攻击队观察及投弹。其舰载机出航后,5航战在新爱尔兰岛以西230海里(约426千米)附近机动,航速16节(约29千米/小时)。

一方面,萨拉马瓦攻击队(由"翔鹤"号所属的6架零战、6架99式舰爆、6架97式舰攻编成)先于10时发现新不列颠岛西的格洛斯特角,遂开始警戒,至10时10分抵达丹皮尔海峡(Dampier),并继续向东南进击。10时25分,兼子正率零战离开编队,准备先行攻击。10时40分,萩原努下令展开队形准备突击,并于3分钟后电令攻击队突击。随后,舰攻、舰爆在克雷廷角(Cretin)上空分开,其中,前者在山口正夫带领下经过格哈茨角(Cape Gerhards)①、莱城,迂回到萨拉马瓦机场西方;后者由萩原努指挥,从休恩湾上空通过后直奔机场以东。

先行离开的零战从10时55分至11时05分扫射萨拉马瓦机场。11时10分及11时20分,萩原率舰攻队对机场展开两次水平轰炸,投弹高度2500米;山口正夫带领99式舰爆完成迂回后,在11时15分从西进入俯冲轰炸并扫射地面目标,炸毁3架民航飞机和一架隶属澳大利亚皇家空军第24中队的"赫德森"轰炸机。在突击期间,"翔鹤"有一架舰爆、一架零战中弹。11时10分,兼子正向母舰报告:"我轰炸萨拉马瓦机场,效果甚大"。完成攻击后,萨拉马瓦攻击队陆续前往格哈茨角上空集合。11时35分,萨拉马瓦攻击队集合完毕。

另一方面,莱城攻击队(由"瑞鹤"所属的9架零战、9架99式舰爆、18架97式舰攻编成)指挥官岛崎重和于10时49分下令展开队形,10时56分下令突击。"瑞鹤"分队长牧野正敏大尉指挥第6制空队飞往莱城西南约67千米处的布洛洛(Bulolo)机场,然后对该机场进行扫射,击毁3架在停机坪的德国容克斯(Junkers)G31三发客机。舰攻队、舰爆队同样轰炸了这个民用机场,包括客机机库、跑道等。

12时10分,萨拉马瓦攻击队与"瑞鹤"攻击队会合,然后沿克雷廷角、丹皮尔海峡、新不列颠岛一路回航,之后于13时40分返回5航战上空。

马当攻击队(由"翔鹤"所属的6架零战、6架99式舰爆、9架97式舰攻编成)以航向247度、高度2500米前往目标空域。10时40分,马当攻击队指挥官高桥赫一发现马当机场,遂于10时44分下令突击。帆足工带领零战提前飞到目标上空。11时03分,马当攻击队对马当机场、机库、仓库等目标实施轰炸及扫射。攻击

---

① 日方档案仍沿用格哈茨角的旧称"戴恩策赫角"(Deinzerhöhe)。

结束后,马当攻击队于 11 时 21 分集合完毕并开始返航。12 时 55 分,"翔鹤"回收上述舰载机。

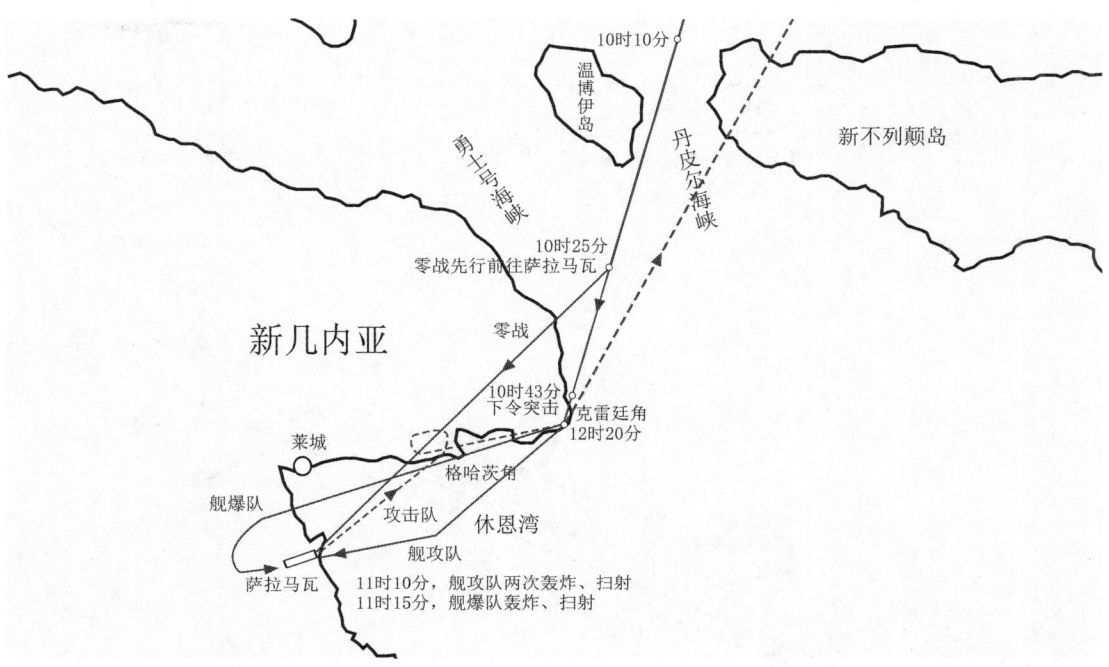

1942 年 1 月 21 日"翔鹤"舰载机突击萨拉马瓦示意图。

遭受"瑞鹤"舰载机突击的莱城。

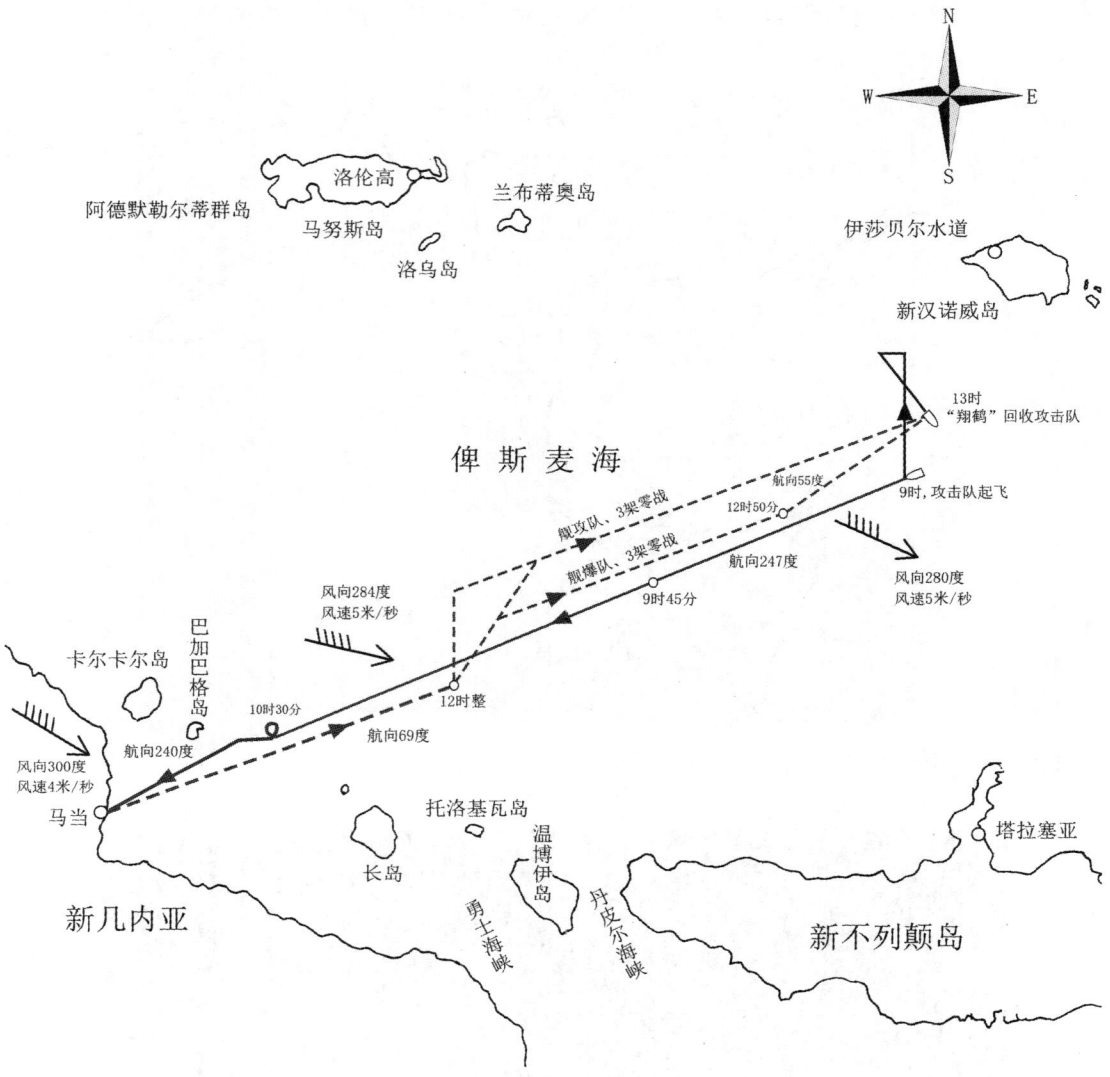

1942年1月21日"翔鹤"攻击队突击马当示意图。

当日，澳大利亚皇家空军第11中队的一架PBY（编号"A24-9"）负责向萨拉马瓦运输无线电设备，刚好发现参与拉包尔行动的第6战队。机长、美国海军上尉乔治·利兰·哈钦森（George Leland Hutchinson）驾机跟踪[1]。第6战队在11时20分开始报告遭盟军飞机跟踪。5航战司令部得知情况后，于12时17分指示出动零战截击。12时45分，3架零战离开"瑞鹤"，赶

---

[1] 哈钦森机组包括空军中尉托马斯·尼科尔·罗（Thomas Nicoll Rowe）、空军中士道格·查尔斯·库特（Doug Charles Coote）、空军下士汤姆·基恩（Tom Keen）、杰克·雷蒙德·威奇（Jack Raymond Wyche）、空军上等兵亚瑟·梅多（Arthur Drohen Meadow）、艾伦·唐斯（Allan Downes）、一等兵布鲁斯·克雷吉（Bruce Edward Craigie）、肯尼思·劳伦斯·墨菲（Kenneth Laurence Murphy）。

赴第 6 战队所在水域。13 时 30 分，上述零战抵达第 6 战队上空，在友军的指示下找到并攻击这架 PBY。两方进行空战期间，PBY 由于右机翼的油箱中弹起火，最终迫降在海面。两架零战在攻击 PBY 期间遭到对方反击并且中弹。对照第 6 战队的日志来看，哈钦森机组共有 5 人被该战队旗舰"青叶"号重巡洋舰俘虏。14 时 40 分，零战返回母舰。

表 5-5　1942 年 1 月 21 日第 1、第 5 航空战队突击编制表

航母	单位	中队	小队	操纵员	侦察员	电信员	备注
"赤城"	第 11 攻击队	第 1 中队	第 21 小队	古田清人一飞曹（操练 32 期）	千早猛彦大尉（海兵 62 期）	—	—
				向后荣三飞曹（操练 48 期）	山本义一一飞曹（乙飞 5 期）	—	—
				大野孝一飞兵（操练 54 期）	长谷川菊之助一飞兵（侦练 50 期）	—	—
			第 22 小队	山田昌平大尉（海兵 65 期）	野坂悦盛一飞曹（乙飞 2 期）	—	—
				望月伊作一飞兵（操练 48 期）	土屋亮六二飞曹（侦练 39 期）	—	—
				石井信一二飞曹（甲飞 4 期）	山下敏平二飞曹（甲飞 3 期）	—	—
			第 23 小队	高野秀雄一飞曹（乙飞 7 期）	清水竹志飞曹长（乙飞 4 期）	—	—
				饭塚德次三飞曹（操练 50 期）	川井祐二飞曹（乙飞 8 期）	—	—
				山川光好一飞兵（操练 54 期）	青木丰二郎二飞曹（甲飞 4 期）	—	—
		第 2 中队	第 25 小队	阿部善次大尉（海兵 64 期）	斋藤千秋飞曹长（乙飞 1 期）	—	—
				秋元保一飞曹（甲飞 2 期）	土屋睦邦一飞曹（侦练 33 期）	—	座机中 1 弹
				菊地五一三飞曹（操练 50 期）	饭田好弘二飞曹（乙飞 8 期）	—	—

卡维恩攻击队

续表

航母	单位	中队	小队	操纵员	侦察员	电信员	备注
"赤城"	第11攻击队	第2中队	第26小队	田中义春一飞曹（乙飞6期）	大渊珪三中尉（海兵66期）	—	—
				雨宫伊佐男二飞曹（操练46期）	佐藤直人二飞曹（侦练43期）	—	—
				芥川武志一飞兵（操练53期）	佐佐木三男一飞兵（侦练49期）	—	座机中3弹
			第27小队	铃木要一飞曹（乙飞7期）	前川贤次飞曹长（乙飞4期）	—	—
				武居一马一飞兵（操练48期）	原田嘉太男一飞曹（甲飞2期）	—	—
				长岛善作一飞兵（操练56期）	西山强三飞曹（侦练41期）	—	座机中1弹
"加贺"	第12攻击队	第1中队	第1小队	小川正一大尉（海兵61期）	吉川克己一飞曹（乙飞1期）	—	—
				田中武夫二飞曹（操练44期）	市町准一一飞曹（乙飞6期）	—	—
				石塚重男二飞曹（甲飞3期）	松家正则二飞曹（己方4期）	—	座机中1弹
			第2小队	今宫保一飞曹（操练27期）	三浦尚彦中尉（海兵66期）	—	—
				吉元实秀三飞曹（操练47期）	永岭雪雄一飞兵（侦练50期）	—	座机中2弹
				山中隆三一飞兵（操练53期）	伊藤乡实一飞兵（侦练46期）	—	—
			第3小队	内门武藏一飞曹（操练32期）	鹤胜义飞曹长（侦练23期）	—	—
				前间佐喜三飞曹	东乡幸男一飞曹（甲飞1期）	—	座机中1弹
				角田光威一飞兵（操练50期）	川口俊光一飞兵（侦练53期）	—	座机中1弹

续表

航母	单位	中队	小队	操纵员	侦察员	电信员	备注
		第2中队	第1小队	樋渡利吉一飞曹（操练22期）	渡部俊夫大尉（海兵65期）	—	座机中1弹
				小野源一飞兵（操练48期）	藤野惣八一飞曹（乙飞6期）	—	—
				山口利七一飞兵	岩政将雄三飞曹	—	—
			第2小队	藤本卓马一飞曹	中岛米吉飞曹长（乙飞4期）	—	—
				西森俊雄二飞曹（乙飞8期）	野田绚治二飞曹（甲飞3期）	—	—
			第3小队	村上吉喜二飞曹	内川祐辅一飞曹（乙飞5期）	—	—
				山川新作一飞兵（操练48期）	中田胜藏一飞兵（侦练53期）	—	—
"赤城"	第1制空队	—	第15小队	指宿正信大尉（海兵65期）	—	—	—
				岩城芳雄一飞曹（甲飞2期）	—	—	—
				羽生十一郎一飞兵（操练51期）	—	—	—
			第16小队	小山内末吉飞曹长（乙飞2期）	—	—	座机中2弹
				谷口正夫二飞曹（操练51期）	—	—	—
				高须贺满美一飞兵（操练51期）	—	—	座机中1弹
			第17小队	木村惟雄一飞曹（甲飞1期）	—	—	—
				岩间品次一飞曹（甲飞2期）	—	—	座机中2弹
				井石清次三飞曹（操练50期）	—	—	—

续表

航母	单位	中队	小队	操纵员	侦察员	电信员	备注
"加贺"	第2制空队		第15小队	二阶堂易大尉（海兵64期）	—	—	—
				石川友年一飞曹（甲飞1期）	—	—	座机中弹1发
				甲斐巧二飞曹（乙飞8期）	—	—	—
			第16小队	铃木清延一飞曹（操练28期）	—	—	—
				长滨芳和一飞曹（甲飞2期）	—	—	—
				高桥英市一飞兵（操练53期）	—	—	—
			第17小队	萩原二男一飞曹（操练30期）	—	—	—
				平山岩二飞曹（操练38期）	—	—	—
				惠川好雄一飞兵（操练53期）	—	—	—
莱城攻击队							
"瑞鹤"	第6攻击队	第1中队	第41小队	岛崎重和少佐（海兵57期）	石见丈三大尉（海兵62期）	吉永正夫一飞曹（乙飞7期）	—
				八重樫春造飞曹长（操练20期）	姬石忠男一飞曹（乙飞5期）	大内公威一飞兵（侦练48期）	—
				横枕秀纲三飞曹（操练49期）	贵志亿二飞曹（侦练43期）	佐藤敏男二飞曹（甲飞4期）	—
			第42小队	村上喜人中尉（海兵66期）	马场常一飞曹长（乙飞2期）	宫田长喜三飞曹（侦练40期）	—
				石原久一飞曹（乙飞6期）	原直一一飞曹（侦练44期）	内海寿夫一飞兵（侦练48期）	—
				西谷一郎一飞兵	川原信男二飞曹（甲飞3期）	本多信广一飞兵	—

续表

航母	单位	中队	小队	操纵员	侦察员	电信员	备注
"瑞鹤"	第6攻击队	第1中队	第43小队	堀龟三一飞曹（操练26期）	野村竹一特务中尉	太田毅二飞曹（乙飞8期）	—
				小山鸡喜一飞曹（操练31期）	川畑小吉一飞曹（乙飞7期）	吉村武治一飞曹（侦练51期）	—
				佐藤份一飞曹（甲飞2期）	樋渡隆康二飞曹（甲飞3期）	谷千寻一飞兵（侦练53期）	—
		第2中队	第45小队	坪田义明大尉（海兵62期）	小板田登一飞曹	远藤多作二飞曹（侦练43期）	—
				杉本谕一飞曹（乙飞7期）	新野多喜男飞曹长（侦练21期）	长谷川清松一飞兵（侦练53期）	—
				畑中正人一飞兵（操练51期）	井手原春信二飞曹（甲飞4期）	生岛亮二飞曹（甲飞4期）	—
			第46小队	佐藤善一中尉（海兵66期）	金泽卓一飞曹长（侦练30期）	吉田凑二飞曹（侦练37期）	—
				田平幸男一飞曹（甲飞2期）	大谷良一一飞曹（甲飞1期）	篠田英治一飞兵（侦练52期）	—
				坪川岩一飞兵	大西久夫二飞曹（甲飞4期）	兼藤二郎三飞曹（乙飞9期）	—
			第47小队	河田忠义一飞曹（甲飞1期）	金田数正特务少尉（侦练12期）	西泽十一郎三飞曹（侦练52期）	—
				本间秀雄二飞曹（甲飞2期）	牛岛静人一飞曹（乙飞7期）	森下亮一郎一飞兵（侦练52期）	—
				福谷知康二飞曹（甲飞4期）	小岛新八三飞曹（侦练45期）	原明一飞兵（侦练52期）	—
		—	第21小队	坂本明大尉（海兵63期）	井塚芳夫飞曹长（乙飞4期）	—	—
				中西义男一飞曹（乙飞6期）	藤冈寅夫二飞曹（侦练39期）	—	—
				酒卷秀明二飞曹（操练39期）	根岸正明二飞曹（侦练46期）	—	—

续表

航母	单位	中队	小队	操纵员	侦察员	电信员	备注
"瑞鹤"	第16攻击队			江间保大尉（海兵63期）	东藤一飞曹长（乙飞3期）	—	—
			第24小队	稻垣富士夫一飞曹（甲飞2期）	石川重一一飞曹（甲飞1期）	—	—
				野原忠明三飞曹（操练45期）	杉木铁司二飞曹（侦练37期）	—	—
				安藤五郎一飞曹（操练34期）	大塚礼治郎中尉（海兵66期）	—	—
			第25小队	井方作男一飞曹（乙飞7期）	白仓耕太二飞曹（侦练45期）	—	—
				江种繁树一飞兵（操练48期）	川添正义三飞曹（侦练52期）	—	—
	第6制空队	第1中队		牧野正敏大尉（海兵65期）	—	—	第6制空队有1机中弹
			第1小队	中田重信二飞曹（操练40期）	—	—	—
				松本达一飞兵（操练50期）	—	—	—
			第2小队	岩本彻三一飞曹（操练34期）	—	—	—
				伊藤纯二郎一飞曹（甲飞1期）	—	—	—
		第2中队	第1小队	塚本祐造中尉（海兵66期）	—	—	—
				佃精一一飞曹（甲飞2期）	—	—	—
			第2小队	牧野茂一飞曹（操练27期）	—	—	—
				坂井田五郎二飞曹（操练43期）	—	—	—

续表

航母	单位	中队	小队	操纵员	侦察员	电信员	备注
	萨拉马瓦攻击队						
"翔鹤"	第5攻击队	—	第43小队	石川锐一飞曹（操练31期）	萩原努大尉（海兵63期）	相良荣吉二飞曹（侦练43期）	—
				米仓久人飞曹长（乙飞4期）	中村幸次郎一飞兵	福田仪男二飞曹（侦练45期）	—
				村上长门一飞兵（操练53期）	高桥弘三飞曹（甲飞3期）	菊地四郎一飞兵（侦练53期）	—
			第44小队	岩村胜夫中尉（海兵66期）	柴田正信飞曹长（乙飞4期）	三角申松三飞曹（侦练43期）	—
				关德治二飞曹（操练46期）	大竹登美卫一飞曹（侦练35期）	明石达三二飞曹（甲飞4期）	—
				人见达弥一飞兵（操练48期）	白井福次郎一飞曹（乙飞7期）	堂前清作三飞曹（乙飞9期）	—
	第15攻击队	—	第21小队	山口正夫大尉（海兵63期）	中定次郎飞曹长（乙飞1期）	—	第15攻击队共有2机中弹
				上岛初一飞曹（甲飞2期）	九岛作次郎二飞曹（乙飞8期）	—	
				小田桐忠造一飞兵（操练55期）	横田益太郎一飞兵（侦练53期）	—	
			第22小队	三福岩吉中尉（海兵66期）	小板桥博司一飞曹（乙飞6期）	—	
				中所修平二飞曹（甲飞3期）	长泽重信二飞曹（侦练45期）	—	
				加藤熊一三飞曹（操练50期）	大浦民平二飞曹（乙飞8期）	—	
			第11小队	兼子正大尉（海兵60期）			第5制空队共有2机中弹
				林富士雄一飞曹（乙飞7期）			
				小町定一飞兵（操练49期）			

续表

航母	单位	中队	小队	操纵员	侦察员	电信员	备注
"翔鹤"	第5制空队	—	第12小队	安部安次郎特务少尉(乙飞1期)	—	—	—
				田中喜藏三飞曹(操练46期)	—	—	—
				堀口春次一飞兵(操练51期)	—	—	—
马当攻击队							
"翔鹤"	第5攻击队	—	第40小队	市原辰雄大尉(海兵60期)	矶野贞治飞曹长(侦练21期)	宗形义秋二飞曹(侦练43期)	—
				冲村觉二飞曹(操练35期)	浮田忠明飞曹长(乙飞3期)	户田博三飞曹(侦练44期)	—
				折笠俶三三飞曹(操练52期)	松山弥高二飞曹(侦练44期)	森下升一飞兵(侦练53期)	—
			第41小队	进藤三郎飞曹长(乙飞4期)	矢野矩穗中尉(海兵66期)	伊林顺平三飞曹(侦练49期)	—
				佐藤孝司一飞曹(甲飞2期)	菅野兼藏一飞曹(侦练26期)	儿玉清三二飞曹(甲飞3期)	—
				大谷信治一飞兵(操练53期)	山内一夫二飞曹(甲飞3期)	五味茂雄一飞兵(侦练51期)	—
			第42小队	大久保优一飞曹(操练20期)	斋藤政二飞曹长(侦练30期)	石原芳雄三飞曹(侦练41期)	—
				户田仪助二飞曹(操练47期)	堀江勇二飞曹(甲飞4期)	安部晃二飞曹(甲飞4期)	—
				伊藤东吾一飞兵(操练51期)	佐藤一三三飞曹(侦练45期)	高田忠胜三飞曹(乙飞9期)	—
	第15攻击队	—	第20小队	高桥赫一少佐(海兵56期)	野津保卫特务少尉(侦练19期)	—	
				篠原一男一飞曹(甲飞2期)	染野文雄一飞曹(甲飞1期)	—	

续表

航母	单位	中队	小队	操纵员	侦察员	电信员	备注
"翔鹤"	第15攻击队	—	第24小队	藤田久良大尉（海兵64期）	长光雄飞曹长（乙飞5期）	—	—
				铃木敏夫二飞曹（操练47期）	今田彻一飞曹（甲飞1期）	—	—
			第25小队	松田幸德飞曹长（乙飞3期）	小泉精三中尉（海兵66期）	—	—
				池田清三飞曹（操练47期）	野边武夫一飞曹（乙飞6期）	—	—
	第5制空队		第14小队	帆足工大尉（海兵63期）	—	—	—
				半泽行雄飞曹长（乙飞5期）	—	—	—
				山本一郎二飞曹（操练50期）	—	—	—
			第13小队	住田刚一飞曹	—	—	—
				冈部健二二飞曹（操练38期）	—	—	—
				河野茂一飞兵（操练51期）	—	—	—
截击澳大利亚皇家空军PBY								
"瑞鹤"	—	—	—	儿玉义美飞曹长（乙飞2期）	—	—	消耗20毫米炮弹110发、7.7毫米机枪弹1440发，另有两机中弹
		—	—	小见山贤太二飞曹（乙飞7期）	—	—	
		—	—	藤井孝一一飞兵（操练54期）	—	—	

4. 1942年1月22日空袭拉包尔

1月22日4时59分，机动部队主队以220度航向迎风航渡。5时整，1航战派出由两架零战、16架舰爆及18架舰攻编成的攻击队，指挥官为村田重治。6时20分，攻击队飞抵新爱尔兰岛上空，白根斐夫大尉率第1制空队前往拉包尔，抵达指定空域后下降高度，于 6 时 40 分扫射机场等设施。二阶堂易率第 2 制空队于 6 时 30 分扫射机场油料存放处。白根斐夫曾作为第 12 航空队一员参加中国方面的作战，于 1940 年 9 月 13 日参加壁山空战，后于同年 10 月 4 日突袭太平寺机场，1941 年 9 月升任航母"凤翔"分队长，同年 12 月 30 日调任"赤城"分队长，以填补进藤三郎被调离后的空缺。

7 时整，村田重治、布留川泉分别带领第 1 攻击队第 1、第 2 中队轰炸普雷特角炮台。7 时 10 分，第 12 攻击队指挥官小川正一大尉率第 21 小队对炮台实施俯冲轰炸，余部自 7 时 12 分至 7 时 17 分轰炸营房。轰炸结束后，"加贺"攻击队完成集合于 7 时 25 分开始返航，10 分钟后"赤城"攻击队同样踏上归途。8 时 45 分至 8 时 52 分，1 航战攻击队陆续返回母舰上空。两架隶属"加贺"的舰爆在海上迫降，机组获救，其中，东乡幸男一飞曹的舰爆（操纵员前间佐喜三飞曹、侦察员东乡）于 9 时 10 分在海上迫降。5 分钟后，山中隆三一飞兵、伊藤乡实一飞兵所搭乘的舰爆也迫降在海面。11 时 10 分，机动部队完成攻击队回收作业，随后调整航向至 100 度。19 时 09 分，机动部队以航向 130 度机动。同日 10 时 40 分，"矶风"号驱逐舰、第 1 补给队离开特鲁克，准备与主队会合（见表 5-6）。

表 5-6　1942 年 1 月 22 日第 1、第 5 航空战队突击编制表

航母	单位	中队	小队	操纵员	侦察员	电信员	备注
"赤城"	第 1 攻击队	第 1 中队	第 44 小队	村田重治少佐（海兵 58 期）	星野要二飞曹长（侦练 21 期）	渡边繁治二飞曹（侦练 34 期）	—
				泷泽友一二飞曹（乙飞 8 期）	松岛正飞曹长（乙飞 2 期）	大岛正广一飞兵（侦练 51 期）	—
				井上福治一飞兵（操练 48 期）	川村善作一飞曹（甲飞 2 期）	藤本兼雄一飞兵（侦练 48 期）	—
			第 46 小队	后藤仁一中尉（海兵 66 期）	宫岛睦夫一飞曹（侦练 28 期）	大久保光则二飞曹（侦练 43 期）	—
				铃木忍一飞兵（操练 52 期）	加藤升一飞曹（乙飞 5 期）	藤田军平二飞曹（乙飞 8 期）	—
				行友一人一飞兵（操练 48 期）	宫田政人一飞曹（侦练 36 期）	女田竹利一飞兵（侦练 48 期）	—
			第 47 小队	藤本谕一飞曹（操练 29 期）	西森暹飞曹长（侦练 24 期）	芦野正男二飞曹（乙飞 8 期）	—
				大谷康二二飞曹	德留明一飞曹（甲飞 1 期）	村上守司三飞曹（乙飞 9 期）	—
				松浦清一飞兵	铃木胜二飞曹（甲飞 4 期）	杉田好弘二飞曹	—

续表

航母	单位	中队	小队	操纵员	侦察员	电信员	备注
"赤城"	第1攻击队	第2中队	第41小队	中井留一飞曹长（乙飞3期）	布留川泉大尉（海兵63期）	中岛光升三飞曹（侦练43期）	—
				渡边晃一飞曹（操练28期）	阿曾弥之助一飞曹（乙飞5期）	五月女忠夫一飞兵（侦练52期）	—
				冈崎行男一飞曹（甲飞2期）	池田弘二飞曹	前野哲男一飞兵（侦练48期）	—
			第43小队	松崎三男大尉（海兵65期）	雨宫享勇一飞曹（普电练40期）	水木德信一飞曹（侦练39期）	—
				竹村章一飞曹（甲飞2期）	远藤恒次二飞曹	中野利夫二飞曹（乙飞8期）	—
				安江巴一飞兵（操练47期）	远藤恒次二飞曹（侦练36期）	萩谷几久男三飞曹（乙飞9期）	—
			第42小队	铃木重男一飞曹（乙飞5期）	川村正明飞曹长（侦练18期）	南木清之助一飞曹（甲飞2期）	—
				蓼原勇雄二飞曹（操练48期）	松冈孝一飞曹（甲飞2期）	村上守司三飞曹（乙飞9期）	—
				香川定辅一飞兵（操练52期）	栗田厚吉二飞曹（甲飞3期）	杉田好弘二飞曹（甲飞3期）	—
"加贺"	第12攻击队	第1中队	第21小队	小川正一大尉（海兵61期）	吉川克己一飞曹（乙飞1期）	—	—
				田中武夫二飞曹（操练44期）	市町准一一飞曹（乙飞6期）	—	—
				石塚重男二飞曹（甲飞3期）	松家正则二飞曹（己方4期）	—	—
			第22小队	今宫保一飞曹（操练27期）	三浦尚彦中尉（海兵66期）	—	—
				吉元实秀三飞曹（操练47期）	永岭雪雄一飞兵（侦练50期）	—	—
				山中隆三一飞兵（操练53期）	伊藤乡实一飞兵（侦练46期）	—	迫降在海上

续表

航母	单位	中队	小队	操纵员	侦察员	电信员	备注
"加贺"	第12攻击队	第1中队	第23小队	内门武藏一飞曹（操练32期）	鹤胜义飞曹长（侦练23期）	—	—
				前间佐喜三飞曹	东乡幸男一飞曹（甲飞1期）	—	迫降在海上
				角田光威一飞兵（操练50期）	川口俊光一飞兵（侦练53期）	—	—
		第2中队	第24小队	樋渡利吉一飞曹（操练22期）	渡部俊夫大尉（海兵65期）	—	—
				小野源一飞兵（操练48期）	藤野惣八一飞曹（乙飞6期）	—	—
				山口利七一飞兵	岩政将雄三飞曹	—	—
			第25小队	藤本卓马一飞曹	中岛米吉飞曹长（乙飞4期）	—	—
				西森俊雄二飞曹（乙飞8期）	野圧绚治二飞曹（甲飞3期）	—	—
			第26小队	村上吉喜二飞曹	内川祐辅一飞曹（乙飞5期）	—	—
				山川新作一飞兵（操练48期）	中田胜藏一飞兵（侦练53期）	—	—
"赤城"	第1制空队		第11小队	白根斐夫大尉（海兵64期）	—	—	—
				菊地哲生一飞曹（操练39期）	—	—	—
				川原田三二飞曹（甲飞4期）	—	—	—
			第12小队	山本重久中尉（海兵66期）	—	—	消耗7.7毫米机枪70发、20毫米机炮炮弹16发

续表

航母	单位	中队	小队	操纵员	侦察员	电信员	备注
"赤城"	第1制空队	第12小队		大原广司三飞曹（操练50期）	—	—	消耗7.7毫米机枪100发、20毫米机炮炮弹44发
				佐野信平一飞兵（操练49期）	—	—	消耗7.7毫米机枪200发、20毫米机炮炮弹110发
"加贺"	第2制空队	第15小队		二阶堂易大尉（海兵64期）	—	—	—
				石川友年一飞曹（甲飞1期）	—	—	—
		第12小队		饭塚雅夫中尉（海兵66期）	—	—	—
				丰田一义一飞曹（甲飞1期）	—	—	—
		第17小队		萩原二男一飞曹（操练30期）	—	—	—
				惠川好雄一飞兵（操练53期）	—	—	—

当日，特别空袭队以航速16节（约29千米/小时）在俾斯麦群岛附近水域机动，未派遣舰载机突击新几内亚。18时整，该部开始以180度航向南下。

5. 1942年1月23日至1月27日机动部队行动情况

1月23日零时15分，机动部队主队以航向225度向西南航渡。4时30分，主队抵达152°E，2°S，尔后在距离拉包尔130至200海里（240至370千米）的水域机动。当日，"赤城""瑞鹤"投入23架零战和15架舰爆，协助南海支队肃清拉包尔一带的抵抗力量。

5时30分，"利根"弹射2架零式水侦与1架95式水侦，对布干维尔岛（Bouganville）北端的布卡（Buka）执行侦察攻击任务。上述水侦完成任务后于9时50分被回收。13时10分，机动部队以航向零度向北航渡，后于14时43分调整航向为335度。16时10分，机动部队距离特鲁克南 100 海里（约 185 千米）。

1942 年 1 月 20 日至 1 月 23 日，机动部队为突击拉包尔、新几内亚，出动零战 87 架次、99 式舰爆 121 架次、97 式舰攻 98 架次，共计 306 架次，损失 1 架 97 式舰攻，击落 5 架 "维勒威"、1 架 PBY，击毁 3 架 G31 客机，击伤两艘船舶，并协助陆军南海支队成功占领拉包尔（见表 5-7）。

1942 年 1 月机动部队空袭拉包尔、新几内亚示意图。

表 5-7　机动部队 1942 年 1 月 20 日至 1 月 23 日突击拉包尔、新几内亚要地概况表

航母	单位	指挥官	机种	数量（单位：架）	携带炸弹/鱼雷	起飞时间	出航时间
1942 年 1 月 20 日							
"赤城"	第 1 制空队	白根斐夫大尉	零战	9	—	10 时整	—
	第 1 攻击队	渊田美津雄中佐	97 式舰攻	18	各挂载 6 枚 60 公斤航空炸弹	—	—
	天气侦察	布留川泉大尉	97 式舰攻	2	—	7 时 18 分	—
"加贺"	第 2 制空队	志贺淑雄大尉	零战	9	—	—	10 时 15 分
	第 2 攻击队	桥口乔少佐	97 式舰攻	27	各挂载 6 枚 60 公斤航空炸弹	—	—
"翔鹤"	第 15 攻击队	高桥赫一少佐	99 式舰爆	19	各挂载 1 枚 250 公斤陆用弹	—	—
"瑞鹤"	第 16 攻击队	坂本明大尉	99 式舰爆	19	各挂载 1 枚 250 公斤陆用弹	—	—
1942 年 1 月 21 日							
"赤城"	第 1 制空队	指宿正信大尉	零战	9	—	5 时 05 分	—
	第 11 攻击队	千早猛彦大尉	99 式舰爆	18	各挂载 1 枚 250 公斤航空炸弹	—	—
"加贺"	第 2 制空队	二阶堂易大尉	零战	9	—	5 时整	5 时 15 分
	第 12 攻击队	小川正一大尉	99 式舰爆	16	各挂载 1 枚 250 公斤航空炸弹	—	—
"瑞鹤"	第 6 制空队	牧野正敏大尉	零战	9	—	—	—
	第 16 攻击队	坂本明大尉	99 式舰爆	9	各挂载 1 枚 250 公斤陆用弹	—	—

续表

航母	单位	指挥官	机种	数量(单位：架)	携带炸弹/鱼雷	起飞时间	出航时间
"瑞鹤"	第6攻击队	岛崎重和少佐	97式舰攻	18	共挂载18枚250公斤陆用弹、50枚60公斤陆用弹、58枚70公斤炸弹	—	—
"翔鹤"	第5制空队	兼子正大尉	零战	6	—	—	—
	第15攻击队	山口正夫大尉	99式舰爆	6	各挂载1枚250公斤陆用弹	—	—
	第5攻击队	萩原努大尉	97式舰攻	6	共挂载1枚250公斤陆用弹、2枚60公斤陆用弹、4枚70公斤炸弹	—	—
	第5制空队	帆足工大尉	零战	6	—	—	—
	第15攻击队	高桥赫一少佐	99式舰爆	6	各挂载1枚250公斤航空炸弹	—	—
	第5攻击队	市原辰雄大尉	97式舰攻	9	共挂载3枚250公斤陆用弹、27枚60公斤陆用弹、27枚70公斤炸弹	—	—
1942年1月22日							
"赤城"	第1制空队	白根斐夫大尉	零战	9	—	5时整	—
	第1攻击队	村田重治少佐	97式舰攻	18	各挂载1枚800公斤航空炸弹	—	—
"加贺"	第2制空队	二阶堂易大尉	零战	9	—	5时整	5时15分
	第12攻击队	小川正一大尉	99式舰爆	16	各挂载1枚250公斤航空炸弹	—	—

续表

航母	单位	指挥官	机种	数量(单位：架)	携带炸弹/鱼雷	起飞时间	出航时间
1942年1月23日							
"赤城"	第1制空队	—	零战	6	—	—	—
	第11攻击队	—	99式舰爆	6	各挂载1枚250公斤航空炸弹	—	—
"瑞鹤"	第5制空队	—	零战	6	—	—	—
	第15攻击队	—	99式舰爆	6	各挂载2枚60公斤航空炸弹	—	—

1月24日7时06分，"筑摩"号重巡洋舰离开特别空袭队，随后于9时与"矶风"号驱逐舰、第1补给队会合。11时06分，上述舰艇与机动部队主队会合。主队于12时整以航向零度北上，后于17时43分向南机动。22时整，8战队、"阿武隈"号轻巡洋舰离开主队，前往阿德默勒尔蒂群岛（Admiralty Islands）的马努斯岛（Manus Island）附近①。

1月25日4时56分，机动部队以航向300度航渡。同日，第8战队、"阿武隈"于5时后派出水侦，共计2架零式水侦、3架94式水侦、2架95式水侦，对马努斯岛北部的洛伦高（Lorengau）实施侦察，并轰炸了岛上的电台、营房。8时48分后，上述水侦归航。同日上午，机动部队主队调整航向，开始向西北机动。14时10分，第8战队、"阿武隈"与机动部队主队会合。18时30分，机动部队以30度航向开始回航。

1月26日零时，机动部队主队调整航向，向特鲁克回航。13时05分，机动部队主队最后一次调整航向，以20度航向继续接近特鲁克。1月27日8时45分，机动部队主力返回特鲁克。1月29日8时20分，5航战与驱逐舰"不知火""霞""秋云"抵达特鲁克。同日14时，"翔鹤"与驱逐舰"滨风""阳炎"一道从特鲁克起航，准备回国补充舰载机。

随着成功夺取拉包尔，日军的"R作战"取得成功。自此，拉包尔成为日军重要的军事要塞，并作为南进战略的前进基地。为进一步推进南进战略，军令部在1月29日向山本五十六下达指示，要求联合舰队进攻新几内亚的莱城、萨拉马瓦、莫尔兹比港，以及位于所罗门群岛的图拉吉（Tulagi）。相关指示如下：

大海指第47号

联合舰队司令长官务必按照附件之中央协定，实施对英属新几内亚及所罗门群岛之作战。

---

① 阿德默勒尔蒂群岛现为巴布亚新几内亚马努斯省，位于新几内亚岛北，属于俾斯麦群岛一部分，其中马努斯是面积最大的岛。

附件

关于英属新几内亚及所罗门群岛作战之陆海军中央协定

一、作战目的

攻略英属新几内亚东部及所罗门群岛之要地，遮断澳大利亚本土与上述地区之联络，控制澳大利亚东部之北方水域。

二、作战方针

陆海协同迅速攻略莱城、萨拉马瓦一线，另伺机攻克图拉吉以获得航空基地。待攻下莱城、萨拉马瓦后，陆海协同攻略莫尔兹比港。

三、使用兵力

陆军 南海支队

海军 以第4舰队为基干之部队

四、作战要领

由陆海军指挥官协议决定

五、陆上警备

海军负责莱城、萨拉马瓦一线及图拉吉，陆军负责莫尔兹比港。

对此，山本在1月31日零时下令对前线部队编制作出调整（《联合舰队电令作第54号》）：

一、机动部队（2月3日就绪）及第6舰队一部（潜艇番号后定）编入南方部队。

二、南方部队指挥官以上述部队为基本兵力，于爪哇南方水域机动，务必捕捉、击灭敌舰队及船队。

6. 空袭安汶岛以及支援陆军进攻荷属东印度

1941年12月23日，第三南遣舰队司令长官兼兰印（荷属东印度）部队指挥官高桥伊望中将（海兵36期、海大17期）指示2航战于1942年1月16日编入南洋部队航空部队。1月8日23时20分，第二舰队司令长官兼南方部队指挥官近藤信竹中将（海兵35期、海大17期）电令2航战、第7驱逐队、第27驱逐队第2小队组成航母航空部队并编入南方部队，主要任务为歼灭荷属东印度之盟军空中力量、舰艇，并协助友军进攻安汶岛（Ambon）。安汶岛属于马鲁古群岛，面积为775平方米，岛上有一座机场。此外，皇家荷兰陆军东印度部队马鲁古旅以及澳大利亚陆军一部驻守该岛。

1月21日，2航战、重巡洋舰"摩耶"、第7驱逐队（驱逐舰"潮""曙""涟"）、第27驱逐队第2小队（驱逐舰"有明""白露"）编成安汶岛空袭部队，由帕劳起航，南下前往安汶岛。

正在航行的"苍龙"号航母，远处为"摩耶"号重巡洋舰。

1月23日，2航战出动舰载机准备对安汶岛实施突击，但是由于天气恶劣，攻击队被迫折返。1月24日早上，2航战对安汶组织第二次突击，此次共出动54架舰载机，包括零战、舰爆、舰攻各18架。6时10分，"飞龙"攻击队出航，8时25分开始突击（见表5-8）。8时35分，菊池六郎大尉指挥第4攻击队轰炸安汶岛街道西南的营房。8时43分，第14攻击队在新晋任分队长山下途二大尉的指挥下轰炸炮台，两分钟后，制空队进入并低空扫射机场、仓库。

11时整，全体返回"飞龙"。

"苍龙"攻击队（零战、舰爆、舰攻各9架）于6时15分依次升空，6时22分出航。飞行期间，第13攻击队第22小队2号机因故中途返航。8时05分，第3攻击队与第3制空队分开。

8时10分，攻击队抵达安汶。8时30分至8时50分，攻击队轰炸安汶西南的营房。9时25分，攻击队集合后开始返航，10时50分抵达"苍龙"。在回收舰载机后，安汶岛空袭部队迅速回航，1月25日抵达达沃（Davao）①。

表5-8　1942年1月24日第2航空战队突击安汶岛编制表

航母	单位	小队	操纵员	侦察员	电信员
"苍龙"	第3攻击队	第41小队	笠原治助飞曹长（乙飞4期）	阿部平次郎大尉（海兵61期）	小町龄一飞曹（乙飞6期）
			越智正武二飞曹（甲飞2期）	向畑寿一一飞曹（乙飞6期）	仓谷定茂二飞曹（乙飞8期）
			田边正直二飞曹（甲飞4期）	田村重年二飞曹（甲飞3期）	新井嘉年男二飞曹（甲飞4期）
		第42小队	中岛巽大尉（海兵65期）	中村太门飞曹长（乙飞2期）	西田孝雄一飞兵（侦练47期）
			藤原嘉六一飞兵（操练48期）	石井利一一飞曹（甲飞7期）	渡边勇三二飞曹（甲飞3期）
			根食贞宪二飞曹（乙飞8期）	杉山弘兴一飞曹（甲飞1期）	丸山忠雄二飞曹（甲飞3期）
		第43小队	佐藤寿雄一飞曹（操练26期）	大迫加一飞曹长（侦练29期）	荒井辰雄三飞曹（侦练43期）
			川岛甲治三飞曹（操练50期）	田中敬介一飞曹（甲飞2期）	小川政次三飞曹（乙飞8期）
			二瓶务二飞曹（甲飞4期）	宗形龙惠飞曹长	小野安卫一飞兵
"飞龙"	第4攻击队	第41小队	菊池六郎大尉（海兵64期）	汤本智美飞曹长（侦练20期）	村井定一飞曹（乙飞6期）
			住友清真一飞曹（操练23期）	梅泽幸男二飞曹（侦练33期）	金泽秀利二飞曹（乙飞8期）
			大林行雄一飞曹（乙飞5期）	工藤博之二飞曹（侦练44期）	谷口一也一飞兵（侦练50期）

---

① 达沃位于菲律宾棉兰老岛东南、达沃湾西北，是菲律宾重要的港口城市。

续表

航母	单位	小队	操纵员	侦察员	电信员
"飞龙"	第4攻击队	第42小队	上杉丈助二飞曹（操练38期）	桥本敏男中尉（海兵66期）	小山富雄一飞兵（侦练48期）
			柳本拓郎三飞曹（操练42期）	后藤亲思一飞曹（侦练29期）	二宫一宪二飞曹（乙飞8期）
			渡部重则二飞曹（甲飞4期）	齐藤清西二飞曹（甲飞3期）	宫川次宗二飞曹（甲飞4期）
		第43小队	野中觉一飞曹（乙飞5期）	龙六郎飞曹长（侦练27期）	楢崎广典一飞曹（乙飞6期）
			阪本宪司一飞曹（甲飞2期）	中岛政时一飞曹（乙飞7期）	笠井清二飞曹（乙飞8期）
			铃木武一飞兵（操练53期）	佐小田香二飞曹（甲飞4期）	清水巧三飞曹（乙飞9期）
"苍龙"	第13攻击队	第21小队	江草隆繁少佐（海兵58期）	石井树飞曹长（乙飞1期）	—
			山崎武男二飞曹（操练45期）	远藤正一飞曹（甲飞1期）	—
			须藤市郎二飞曹（乙飞8期）	山口积二飞曹（甲飞3期）	—
		第22小队	小井手护之大尉（海兵65期）	山本博一飞曹（侦练30期）	—
			朝仓畅一飞曹（甲飞2期）	石田重吉一飞曹（侦练35期）	—
			山中正三二飞曹（甲飞4期）	土屋嘉彦二飞曹（甲飞4期）	—
		第23小队	菅原隆一飞曹（乙飞5期）	山口幸男飞曹长（侦练26期）	—
			池永弘二飞曹（操练39期）	高桥秀吉二飞曹（甲飞4期）	—
			渡边敬一飞兵	中竹悟二飞曹（甲飞4期）	—

续表

航母	单位	小队	操纵员	侦察员	电信员
"飞龙"	第14攻击队	第24小队	西原敏胜飞曹长(乙飞2期)	山下途二大尉(海兵65期)	—
			大石幸雄一飞曹(乙飞7期)	田岛一男一飞曹(乙飞5期)	—
			黑木顺一三飞曹(操练47期)	村上亲爱三飞曹(侦练46期)	—
		第25小队	中泽岩雄飞曹长	中山七五三松特务少尉(侦练18期)	—
			濑尾铁夫一飞曹(甲飞2期)	安田信惠一飞曹(甲飞2期)	—
			近藤澄夫一飞兵(操练49期)	清水巧二飞曹(乙飞9期)	—
		第26小队	川畑弘保一飞曹(甲飞1期)	石井正郎飞曹长(乙飞3期)	—
			土屋孝美三飞曹(操练48期)	板津辰雄三飞曹(侦练45期)	—
			渊上一生一飞兵(操练54期)	水野泰彦一飞兵(侦练51期)	—
"苍龙"	第3制空队	第15小队	菅波政治大尉(海兵61期)	—	—
			久保田亘一飞曹(操练36期)	—	—
			铃木新一三飞曹(操练45期)	—	—
		第17小队	杉山武夫飞曹长(操练26期)	—	—
			野田光臣一飞曹(甲飞2期)	—	—
			吉松要二飞曹(操练41期)	—	—

续表

航母	单位	小队	操纵员	侦察员	电信员
"苍龙"	第3制空队	第11小队	高桥宗三郎一飞曹（操练30期）	—	—
			冈元高志二飞曹（操练43期）	—	—
			东幸雄一飞兵（操练56期）	—	—
"飞龙"	第4制空队	第16小队	重松康弘中尉（海兵66期）	—	—
			村中一夫一飞曹（乙飞6期）	—	—
			田原功三飞曹（操练45期）	—	—
		第17小队	野口毅次郎一飞曹（操练24期）	—	—
			原田敏尧三飞曹（操练41期）	—	—
			林茂一飞兵（操练55期）	—	—
		第11小队	东中龙夫一飞曹（乙飞6期）	—	—
			新田春雄三飞曹（操练48期）	—	—
			丰岛一一飞兵（操练56期）	—	—

1月27日，2航战由达沃出港，并于次日进入帕劳，该部的零战、舰爆暂时离开母舰，前往西里伯斯、婆罗洲驻守，其中19架零战、9架99式舰爆于1月27日转场至西里伯斯岛东南的肯达里（Kendari）[①]机场待命，并作为肯达里派遣队，纳入第21航空战队（第1空袭部队）的指挥系统。

1月28日8时15分，6架零战（指挥官能野

---

① 肯达里是苏拉威西的首府，位于苏拉威西岛东南，毗邻马鲁古海。

澄夫)在一架隶属第3航空队的陆侦(操纵员柴冈直治一飞兵，侦察员田中竹雄二飞曹)引导下，先后扫射布鲁岛东北岸的楠勒阿(Namlea)以及安汶岛机场，确认击毁4架大型飞机，但有一架零战中弹。10时40分，零战开始回航，13时抵达肯达里。

1月29日，小林道雄率领9架舰爆进驻巴厘巴板(Balikpapan)机场①，作为巴厘巴板派遣队，听从第23航空战队即第2空袭部队指挥。同日，"苍龙"所属的4架舰爆从肯达里出航，搜索盟军舰船。其中2架舰爆前往蒂奥洛(Tioro)海峡至布顿(Buton)海峡方面搜索盟军舰船，最终无功而返。另外2架舰爆搜索在珀伦(Peleng)海峡方面的盟军潜艇，因天气不良而提前返航。

1月30日7时15分，3架"苍龙"的零战掩护鹿屋航空队所属的7架陆攻依次轰炸安汶岛、楠勒阿，时间分别是9时24分、10时16分，其间1架零战中弹受伤。12时05分，陆攻返回基地。

8时05分，6架隶属"苍龙"的零战(指挥官菅波政治)与一架第3航空队的陆上侦察机(操纵员森田稔一飞曹，侦察员铃木铣太郎大尉)一道离开肯达里，并于10时整后在帝汶岛的古邦(Kupang)、科尔巴诺(Kolbano)扫射地面目标，攻击了一架在跑道滑跑的飞机，随后于10时15分在古邦115度、30海里击毁一架刚在海上降落的飞机，最后在科尔巴诺击伤两架"洛克希德"，10时35分开始回航，12时30分抵达肯达里。

同日，3架舰爆前往西里伯斯南部的波里哇利(Polewali)、拉邦(Rapang)、巴里巴里(Parepare)、望加锡(Makassar)一带进行搜索，并轰炸了巴里巴里的仓库。另外6架舰爆轰炸安汶岛、楠勒阿，其中一架舰爆归航后因迫降而导致严重损毁。

小林带领3架舰爆在望加锡海峡搜索盟军舰船，其中，下田一郎在西里伯斯岛西部的栋加拉(Donggala)附近发现小型舰舶，并在当日12时10分实施轰炸。

2月1日11时15分，冈村荣光一飞曹的舰爆在望加锡海峡南部发现荷兰皇家海军潜艇"K-XIV"，并向其指挥台围壳投掷两枚60公斤航弹。12时15分，小林道雄带领9架舰爆前往搜索上述潜艇，13时10分发现目标并投掷航弹。日机投掷的航弹虽然脱靶，但仍然造成"K-XIV"的指挥台围壳出现破口，火炮及鱼雷发射管受损。

2月2日、3日，小林道雄带领舰爆队轰炸劳特岛(Laut)的哥打巴鲁(Kotabaru)②，每次均出动8架舰爆。随着日军陆续占领荷属东印度各地，2航战的舰载机结束在当地的作战并于2月6日返回达沃休整。

---

① 婆罗洲即加里曼丹岛，分别由马来西亚、印度尼西亚以及文莱管辖。巴厘巴板位于婆罗洲东岸，邻近望加锡海峡。1942年1月24日，日军坂口支队占领该处。

② 劳特岛位于婆罗洲东南端。

第六章 空袭达尔文

1. 机动部队集结及出航

"R作战"结束后,机动部队(欠2航战)于特鲁克驻泊休整。1942年1月31日零时,山本五十六电令近藤信竹、南云忠一,指示机动部队及第6舰队一部编入南方部队(《联合舰队电令作第54号》(即机密联合舰队第166番电))。相关指示如下:

一、机动部队(2月3日编入)及第6舰队一部(舰艇名单见随后之电报)编入南方部队。

二、南方部队指挥官以上述部队为骨干兵力,于爪哇南方水域机动,捕捉、击灭敌舰队及船队。

2月1日,美军第8、第11特混部队(包括"企业"号与"列克星敦"号)出动舰载机,分别突袭马绍尔群岛的夸贾林环礁、沃特杰环礁(Wotje Atoll)、塔罗阿岛(Taroa Island)、贾卢伊特环礁(Jaluit Atoll)、米利环礁(Mili Atoll),以及吉尔伯特群岛(Gilbert Islands)的马金岛,掀起美军在太平洋反攻的序幕。当日,美军共出动11架F4F、100架次SBD以及36架次TBD,消耗100磅(约45公斤)航弹94枚、500磅(约227公斤)航弹155枚、鱼雷9条。在行动中,美军损失6架SBD、5架TBD,炸沉三艘日军舰船,炸伤轻巡洋舰"香取"在内的8艘舰艇,并派出水面舰艇对日占岛屿实施炮击。

接到美军航母空袭马绍尔群岛的警报后,南云忠一于10时整率领1航战、5航战(欠"翔鹤")、第3战队第1小队、1水战(欠驱逐舰"滨风""阳炎")由特鲁克出击,开赴马绍尔群岛以北水域搜索美军航母,最终一无所获。2月2日23时20分,山本通过电报向南云作出指示,要求机动部队"停止前出至马绍尔群岛方面。依照联合舰队电令作第54号作战前准备"(《联合舰队电令作第64号》即机密联合舰队第204番电)。2月3日,机动部队停止搜索并开始回航。由于机动部队尚在回航途中,山本于当日11时整电告南云、近藤,决定延迟机动部队编入南方部队的日期。

2月8日9时,机动部队返回帕劳。当时,2航战的航母早在1月27日离开达沃,并于次日抵达帕劳。至此,机动部队的航母重聚。山本五十六在2月8日零时下达《联合舰队电令作第64号》(即机密联合舰队第242番电),对编入机动部队的3个航空战队做出调整——机动部队大部被划归南方部队(由第2舰队组成),5航战归联合舰队直辖,以防备美军空袭东京:

一、机动部队(欠5航战(欠"胧")、"霞"、"阳炎")及第2潜水队编入南方部队。

二、5航战（欠"胧"）、"霞"、"阳炎"为联合舰队直属，名为附属航空部队（指挥官为5航战司令官）。

三、附属航空部队整备舰载机后回航，拟防备敌机动部队空袭东京方面，并从事训练。

2月7日，"滨风"由横须贺起航，一直南下，2月10日10时15分抵达帕劳，复归第17驱逐队。同日15时整，山本以《联合舰队电令作第70号》电令近藤，命令2航战（欠第23驱逐队）、第7驱逐队复归机动部队，而第27驱逐队第2小队则编入机动部队。

2月9日，近藤信竹于15时整下达《南方部队电令作第92号》（机密第2舰队第889番电），要求机动部队于适当时机展开两次机动战：机动部队先于2月由帕劳出击，奇袭达尔文港（Port Darwin），此乃第一次机动战；3月该部从位于西里伯斯岛东南的斯塔林湾（Starring）出击，于东印度洋机动实施持续大约5日之战斗，此乃第二次机动战。

达尔文位于澳大利亚西北，内有港口、澳大利亚皇家空军基地，是澳大利亚重要的港口城市之一。该市毗邻当时荷属东印度，距离帝汶约660千米。由于达尔文以北水域的岛屿众多，不利于大舰队行动。

2月9日，"加贺"在帕劳转移泊地时因触礁而导致船底受损，经过短暂维修后继续跟随机动部队行动。同日，"瑞鹤""秋云""霞"出航并在13日抵达横须贺港。

机动部队于2月15日14时整从由帕劳起航，当时机动部队仍有1、2航战、8战队、1水战（旗舰、第17驱逐队、第18驱逐队第1小队、第27驱逐队第2小队），共4艘航母、2艘重巡洋舰、1艘轻巡洋舰以及8艘驱逐舰。该部经马鲁古湾（Maluku）、塞兰海（Seram）、班达海（Banda）一路南下（见表6-1）。

表6-1 达尔文作战机动部队战斗序列

机动部队		
空袭部队	第1航空战队	航母"赤城""加贺"
	第2航空战队	航母"苍龙""飞龙"
支援队	第8战队	重巡洋舰"利根""筑摩"
警戒队	第1水雷战队	轻巡洋舰"阿武隈"
	第17驱逐队	驱逐舰"谷风""浦风""矶风""滨风"
	第18驱逐队第1小队	驱逐舰"不知火""霞"
	第27驱逐队第2小队	驱逐舰"有明""夕暮"

2. 1942年2月19日机动部队空袭达尔文

机动部队离开帕劳后一路南下，至1942年2月17日21时50分通过赤道。2月19日6时，机动部队进入阿拉弗拉海（Arafura），前出至待机点，即巴巴尔岛（Babar）以南约80海里处（约148千米）。当日，机动部队所在区域天气晴转多云，气温28摄氏度左右。6时22分，

36架零战、71架舰爆、81架舰攻，共188架舰载机分别从日军航母升空，后于6时55分集结完毕并出航。在此次攻击中，1、2航战均投入零战、舰爆及舰攻。渊田、江草、板谷这三名经验老到的军官指挥这一次对达尔文港的突击（见表6-2）。

表6-2　1942年2月19日机动部队突击达尔文概况表

航母	单位	指挥官	机种	数量（单位：架）	携带炸弹/鱼雷	起飞时间	出航时间
"赤城"	第1制空队	板谷茂少佐	零战	9	—	—	6时57分
	第11攻击队	千早猛彦大尉	99式舰爆	18	各挂载1枚250公斤航空炸弹		6时57分
	第1攻击队	渊田美津雄中佐	97式舰攻	18	各挂载1枚800公斤航空炸弹	6时22分	7时整
"加贺"	第2制空队	二阶堂易大尉	零战	9			6时55分
	第12攻击队	小川正一大尉	99式舰爆	18	各挂载1枚250公斤航空炸弹		7时15分
	第2攻击队	桥口乔少佐	97式舰攻	27	各挂载1枚800公斤航空炸弹	—	—
"苍龙"	第3制空队	藤田怡与藏中尉	零战	9		6时26分	7时整
	第13攻击队	江草隆繁少佐	99式舰爆	18	各挂载1枚250公斤航空炸弹		
	第3攻击队	阿部平次郎大尉	97式舰攻	18	各挂载1枚800公斤航空炸弹	—	—
"飞龙"	第4制空队	能野澄夫大尉	零战	9	9架零战		6时28分
	第14攻击队	小林道雄大尉	99式舰爆	17	各挂载1枚250公斤航空炸弹		
	第4攻击队	楠美正少佐	97式舰攻	18	各挂载1枚800公斤航空炸弹	—	—

7时35分，第2制空队第17小队2号机的长滨芳和一飞曹发现一架PBY"卡塔琳娜"水上

飞机，遂独自离队实施攻击。遭到长滨袭击的"卡塔琳娜"来自美国海军第 22 巡逻机中队，座机编号"22-P-18"。机长托马斯·欣曼·穆勒（Thomas Hinman Moorer，1933 年毕业于美国海军学院）上尉驾机迫降海上，并与机组顺利搭乘救生筏离开，最后被"佛罗伦斯"（SS Florence D）救起。

长滨芳和击落穆勒的 PBY 后继续搜索。8 时 07 分，长滨遭遇美军陆航第 33 驱逐中队所属的 5 架 P-40 战斗机，便趁着这些美军战斗机毫无防备之际迅速抵近。长滨率先击落杰克·佩雷斯（Jack R. Peres）、埃尔顿·佩里（Elton S. Perry）这两名陆军中尉的 P-40，接着迅速向马克斯·威克斯（Max R. Wiecks）陆军中尉的 P-40 抵近并将其击落，威克斯成功跳伞逃生。最后，长滨击伤威廉·沃克（William R. Walker）陆军中尉的座机，沃克艰难地驾机迫降在澳大利亚皇家空军达尔文基地。

机动部队攻击队继续向达尔文抵近，7 时 45 分在梅尔维尔（Melville）岛上空展开队形。途中，第 4 制空队发现巴瑟斯特（Bathurst）岛①停放着一架大型飞机，遂自行前往攻击，并将其击毁。第 4 制空队扫射的这架飞机是道格拉斯 C-53"空中骑兵"（Skytrooper）运输机，隶属第 22 运输中队。机动部队攻击队主力继续直飞达尔文东南，尔后向西北转弯。

8 时整，板谷茂带领第 1 制空队协同第 2 制空队一道扫射澳大利亚皇家空军达尔文基地。第 33 驱逐中队所属的 5 架 P-40 紧急升空，中队长弗洛伊德·华金·佩尔（Floyd Joaquin Pell）陆军少校刚升空就被零战击落，结果被迫在低空跳伞，但还没来得及打开降落伞就坠落到地面，

尔后在零战扫射中身亡。查尔斯·休斯（Charles W. Hughes）陆军中尉还没来得及升空就遭到零战扫射，死于座舱内。罗伯特·麦克马洪（Robert F. McMahon）陆军中尉升空后遭遇零战，随即驾机绕到日机后方，并进行两次射击，不过他的座机身中数弹。麦克马洪脱离零战后返回机场途中，看见并攻击一架舰爆，尽管确认打死了舰爆的侦察员，但由于座机的发动机中弹起火，麦克马洪被迫跳伞。最后与零战交手的 33 中队飞行员是波特·赖斯（Eurt Rice）、约翰·格洛弗（John G. Glover）这两名中尉。赖斯升空后很快被零战击落，他在座机陷入尾旋的情况下跳伞。为了掩护赖斯安全落地，格洛弗在一旁盘旋，向一架攻击赖斯的零战射击，但很快就由于座机中弹而迫降在机场。虽然飞机翻转，但格洛弗安然无恙。

8 时 10 分，渊田向攻击队下令突击，攻击队随即从东南包括进入攻击航路，对达尔文的目标展开突击。8 时 27 分，渊田带领第 1 攻击队第 1 中队轰炸铁路、斯托克斯·希尔（Stokes Hill）码头及停在码头的货船"涅普顿"（SS Neptuna）、"巴罗萨"（MV Barossa），确认重创目标。8 时 29 分，根岸朝雄指挥第 2 中队轰炸大型商船，所投航弹脱靶。

机动部队舰载机在没有盟军飞机的干扰下完成突击任务，以致参加空袭的松田宪雄在回忆录中形容此次突击比训练还要轻松：

上空没有发现敌军战斗机的踪影。警戒敌机的（后座）机枪那边也没有敌机。在我们的航路前方升起黑色弹幕，可也要决心瞄准目标，弹幕比起我们的高度还高。

---

① 梅尔维尔、巴瑟斯特两岛均位于达尔文北，其中，梅尔维尔岛面积约 5786 平方千米，巴瑟斯特岛位于梅尔维尔岛西，面积约 2600 平方千米。

"德留兵曹,目标是什么?"

"嗯,应该是栈桥。松君,进入航路。"

"明白。拜托了。"

轰炸机队进入轰炸航路。目标是长的栈桥以及一群相毗邻的仓库。没有敌机,可见高射炮还在下方。这样的攻击完全比训练轻松,不过向导机冷静瞄准,一次投下炸弹。

编队的 800 公斤炸弹全部命中,着实厉害,栈桥、仓库化成碎片四散,港内升起浓烟和火焰。

8 时 20 分至 8 时 30 分,第 3 攻击队各中队轰炸达尔文市区及船舶,其中,阿部平次郎带领第 1 中队轰炸一艘大型汽船,长井彊指挥第 2 中队轰炸 2 艘汽船。中岛巽的第 3 中队将达尔文医院误认为营房及火药库,并实施水平轰炸。长井彊报告称 8 时 35 分遭受战斗机攻击。

8 时 30 分,桥口乔带领第 2 攻击队第 1、第 2 中队共 18 架舰攻轰炸市政府附近,两个中队各有一弹命中行政大楼及警察宿舍,并将其炸毁。另有一弹命中邮局,炸死 9 人。8 时 33 分,牧秀雄带领第 3 中队轰炸"涅普顿"或"巴罗萨"号,确认一枚航弹命中商船的船尾。

8 时 32 分,楠美正亲率第 4 攻击队第 1 中队轰炸货船,确认 1 弹命中并将目标炸沉。8 时 46 分,菊池六郎带领第 4 攻击队第 2 中队轰炸油船"英国车手"(SS British Motorist),确认一弹命中,另有一弹在油船的一侧爆炸,导致该油船起火并从艉部向右下沉。

8 时 40 分,第 13 攻击队轰炸护卫舰、油船、油库等目标,攻击情况如下:

第 21 小队(欠 3 号机)、第 23 小队轰炸两

机动部队空袭下的达尔文港。

艘驱逐舰，其中，江草隆繁少佐、山口幸男飞曹长各自确认命中一艘驱逐舰。受攻击的盟军舰艇可能是澳大利亚皇家海军护卫舰"天鹅"（HMAS Swan）、"沃里戈河"（HMAS Warrego），其中前者有3人阵亡。第21小队3号机独自轰炸油库，确认目标中弹起火。

小井手护之带领第22小队确认击伤"驱逐舰"、商船、油船各一艘，其中，小井手轰炸"英国车手"；第24小队各机分别轰炸"特设巡洋舰"、油库、商船，所投炸弹脱靶。3号机退出俯冲后扫射澳洲航空的水上飞机。

栗原一弥中尉带领第25小队轰炸一艘商船，确认将其炸伤。第26小队轰炸商船，但所投炸弹脱靶。退出俯冲后，该小队的2号、3号机扫射炮舰与驱逐舰。

8时45分，第11攻击队对达尔文的盟军舰船展开攻击。攻击队指挥官千早猛彦指挥第1中队炸伤一艘驱逐舰和一艘商船。阿部善次率领第2中队炸伤了3艘商船，并确认其中两艘严重受损。

8时45分至8时46分，第12攻击队第1中队第1、第3小队轰炸澳大利亚皇家空军达尔文基地，炸毁机库及停放在里面的3架P-40、2架A-24"报丧女妖"（Banshee，即SBD）俯冲轰炸机，重创1架"维勒威"教练机。退出俯冲后，第1中队从8时47分至9时整扫射地面目标，击毁6架洛克希德"赫德森"（Hudson）轰炸机、2架比奇18运输机、1架LB-30轰炸机（即B-24轰炸机）。第1中队第2小队轰炸民用机场，炸毁1架德哈维兰（de Havilland）"天蛾"（Tiger Moth）双翼机。

8时53分，渡部俊夫大尉指挥第12攻击队第2中队轰炸达尔文东南的铁路及"涅普顿""巴罗萨"号，然后扫射市政府西北侧的高射炮阵地，击伤一辆装甲车。跟随渡部一起轰炸达尔文港口的山川新作回忆道：

> 机场那边开始升起爆炸产生的浓烟。黑点陆续出现在空中，这是高射炮炮弹爆炸后的弹幕。
>
> "展开突击队形"，编队解散并开始在港湾上空实施大幅度的转弯。队形是单纵队，"苍龙"飞机首先进入俯冲。（港内）舰船大约有50艘，估计没有航母或战列舰，疑似轻巡洋舰和驱逐舰各一艘，其余的应该是运输船。
>
> 港湾上空几乎没有高射炮弹幕，偶尔会有几发炮弹爆炸。
>
> "赤城""加贺"舰爆队跟着"飞龙"舰爆队，从容不迫地盘旋在高度5000米。
>
> 港内的敌军舰船不时被浓烟、火柱、水柱包围。船舶慌乱逃窜，攻击队为攻击逃窜船舶而下降高度，船舶消失在浓烟之中。这时，我发现敌军船舶开始被击沉。
>
> 这时，大型驱逐舰或轻巡洋舰以密集的防空炮火对空射击，并喷出巨大的火柱。火柱高度大概200米。当火柱变为浓烟时，火柱消失无踪影，只留下黑色的油污。其他的也看不见。一瞬间的事情，表明击沉了目标。
>
> 总算轮到殿后的"加贺"舰爆队进入俯冲。高度5000米。
>
> "进入俯冲。"
>
> "目标大型运输船。"
>
> 爱机一头朝下俯冲。船舶在瞄准具中变得越来越大。
>
> 高度3000米，握住机枪扳机，两挺机枪吐出两条火舌，刚好地钻进船舶。高度1000米，一号机的炸弹在目标一侧炸起水柱，2号机也在同一位置扬起水柱。我的责任越发重大。
>
> 高度450米。这枚炸弹怎么样也要命中。想着让飞机下降高度。

"高度300米。"

"放!"

我用尽力气推动扳机投弹。

因为还在下降,速度过快,紧急拉起时眼前会一片漆黑,脑袋满天星。但是,我仍用尽力气拉杆。飞机掠过海面并恢复平飞。同时,双眼总算能看到东西。我回头观察弹着,可惜,目标一侧升起大水柱。

"糟了!"

按照规定炸弹在450米高度投下的,原本是能命中目标,但只是从投弹高度下降,在目标前方落下。

可惜,我自己也不知道怎样才能再接再厉,但一心想着命中目标,却错失良机。只有一枚炸弹,无法重来,本来就是一招定胜负的事。

"唉,可恶!"就在这时,我拉起操纵杆,开始转弯并进行扫射。在飞越船舶上方之时,我清楚看见3枚250公斤炸弹在敌军船舶一侧擦过,导致舷侧板破损,敌军船舶慢慢地倾斜。虽然不是最后一击,但是三枚炸弹应该能击沉一艘船舶。

第14攻击队第1中队1小队(欠3号机)轰炸大型商船,航弹在其附近爆炸,3号机轰炸另一艘大型商船并取得命中;第1中队第2小队、第3小队1号机及第2中队第3小队(欠3号机)轰炸外逃舰船,取得1枚命中弹以及3靠近弹。上述6架舰爆轰炸的可能是美军水上飞机母舰"威廉·普雷斯顿"(USS William B. Preston, AVD-7),该舰发现日机后,从8时40分开始右转,航速20节(约37千米/小时)以上。须臾,舰爆向"威廉·普雷斯顿"投弹,一枚炸弹命中舰艉,另一枚弹命中左后舷。第1中队第3小队2号机轰炸中型商船,炸弹在船体旁爆炸。3号机轰炸大型商船,所投炸弹脱靶。第2中队第1、2小队轰炸一艘商船,3枚炸弹在目标旁边爆炸。

美军水上飞机母舰"威廉·普雷斯顿"正在规避99式舰爆轰炸。在当日的空袭中,一枚航弹命中该舰,另有数枚航弹在旁边爆炸。

轰炸结束后,1、2航战攻击队于9时15分集合回航,后于10时40分返回母舰。当日,机动部队炸沉8艘在达尔文港的盟军舰船,导致澳大利亚方面有236人死亡。

货船"涅普顿""巴罗萨"停泊在码头,遭到第1攻击队第1中队、第2攻击队第3中队、第12攻击队第2中队轰炸,其中"涅普顿"号在轰炸期间中弹起火,后因大火蔓延,船上搭载的深水炸弹发生殉爆,继而引起该船沉没以及36人死亡。"巴罗萨"号中弹后搁浅,后于1942年4月17日被打捞出水。

驱逐舰"皮尔里"(USS Peary,DD-226)被一枚250公斤航弹击中,导致其起火并迅速沉没,88人阵亡。

"皮尔里"号驱逐舰(图片中央)在中弹后失去动力,开始漂流,医院船"马南达"(图右)在一旁。

"皮尔里"号驱逐舰爆炸后剧烈燃烧。

油船"英国车手"、客轮"西兰"(HMAT Zealandia)、运输船"梅格斯"(SS Meigs)、"莫纳罗亚山"(SS Mauna Loa)以及帆船"马尔维"(SS Malvie)同样被日机击沉,其中,"英国车手"号被舰攻炸沉,2人死亡;"西兰"号毁于舰爆轰炸,2人死亡;"梅格斯"号被多枚航弹命中,1人死亡;"马尔维"号由于靠近弹爆炸导致舷侧板进水而沉没;渡船"图拉吉"(MV Tulagi)中弹后在浅水区搁浅。

油船"英国车手"(左)中弹后开始向右翻沉,美军驱逐舰"皮尔里"(右)从舰艉开始缓慢下沉。

中弹后向右舷翻沉的油船"英国车手"。

(1)

(2)

中弹冒烟的客轮"西兰"。

正在燃烧的客船"西兰"(图左)、货船"涅普顿"(图右)。

货船"涅普顿"(图左)中弹起火,产生滚滚浓烟。

货船"涅普顿"与其他中弹的油船熊熊燃烧,并冒出浓烟。

货船"马尔港"(SS Port Mar)、运煤船"克拉特"(Kelat)分别停泊在达尔文对岸的中角东西两侧,前者中弹后船艉下沉,后者因日机扫射导致舷侧板进水,最终沉入海底,仅有桅杆露出海面。

货船"马尔港"由于日机航弹在一旁爆炸,导致船身出现破口以及海水倒灌,最终该船从船艉开始下沉。

此外，9艘在达尔文的舰船被击伤：医院船"马南达"（AHS Manunda）在空袭期间被一枚250公斤航弹击中，包括一名女护士在内的12人不幸遇难。

正遭受日机轰炸的医院船"马南达"。在日军空袭中，一枚250公斤航弹命中该船，造成一名女护士、4名船员在内的12人遇难。

中弹受创的医院船"马南达"。

水上飞机母舰"威廉·普雷斯顿"被一枚 250 公斤航弹击中。停泊在"马尔维"号一旁的补给船"鸭嘴兽"（HMAS Platypus）遭受 3 枚靠近弹袭击。护卫舰"天鹅""沃里戈河"，布网船"笑翠鸟"（HMAS Kookaburra）、"卡拉卡拉"（HMAS Kara Kara）、"昆古拉"（HMAS Coongoola）以及商船"霍尔斯特德上将"（SS Admiral Halstead）因靠近弹袭击而导致人员伤亡。

机动部队在此次突击达尔文行动中投入零战 36 架，99 式舰爆 71 架，97 式舰攻 81 架，共计 188 架舰载机。日军损失 2 架舰爆、1 架舰攻、1 架零战以及 3 名空勤人员：第 12 攻击队第 3 小队 1 号机（编号"AII-254"）8 时 46 分被高射炮击落，坠落点是澳大利亚皇家空军达尔文基地以东 2 千米的铁石岭（Ironstone Ridge），操纵员内门武藏一飞曹、侦察员鹤胜义飞曹长阵亡；第 4 制空队的丰岛一一飞兵由于座机的油箱中弹，油料泄漏，驾驶编号"BII-124"的零战迫降在梅尔维尔岛，随即为澳大利亚人所俘。丰岛被俘后化名南忠男进入战俘营，并在 1944 年 8 月 5 日因参加战俘营的暴动而被澳军击毙；第 2 攻击队第 1 中队第 2 小队 3 号机归航后因无法放下起落架，遂于 10 时 35 分迫降在"谷风"号驱逐舰旁边，三名机组成员为该驱逐舰救起；11 时 10 分，第 13 攻击队第 26 小队 1 号机同样在海上迫降，机组被己方驱逐舰救起。

由于攻击队发现其他盟军"舰船"，南云决定再次出动舰载机进行搜索。8 战队弹射了两架水侦，对达尔文周边进行侦察，后于 10 时 05 分发现"大型武装商船"，地点位于达尔文 350 度、120 海里（约 222 千米）。随后，日机开始跟踪。13 时 06 分，2 航战出动 18 架 99 式舰爆（"苍龙""飞龙"各出动 9 架），13 时 14 分，攻击队出航。14 时 56 分，攻击队在巴瑟斯特（Bathurst）岛西的福克罗伊角（Cape Fourcroy）135 度、32 海里（约 59 千米）发现两艘轮船，随即展开突击，其中，池田正伟指挥 9 架舰爆轰炸客

图片左起：护卫舰"天鹅"、运输船"莫纳罗亚山"、护卫舰"沃里戈河"。

轮"堂·伊西德罗"（SS Don Isidro），确认3枚航弹命中目标，最终该客轮搁浅在梅尔维尔岛附近。8架来自第14攻击队的舰爆在山下途二的带领下于14时56分轰炸"弗洛伦斯"号商船，并将其击沉。余下一架舰爆在15时20分轰炸"堂·伊西德罗"号。15时29分，第13攻击队开始返航，后于16时51分返回母舰。第14攻击队于17时整飞抵"飞龙"上空。

1942年2月19日，机动部队共出动舰载机206架次，炸沉1艘驱逐舰、12艘商船，炸伤1艘水上飞机母舰、1艘医院船等，击落1架PBY、5架P-40，击毁3架P-40、2架A-24、1架C-53、6架"赫德森"、1架比奇18、1架LB-30、1架"天社蛾"（见表6-3、表6-4）。机动部队在回收所有舰载机后，调整航向，迅速北上返航，后于2月21日10时45分返回斯塔林湾。

此外，日本海军岸基航空部队在2月19日出动陆攻轰炸达尔文。6时35分，鹿屋航空队所属的27架一式陆攻率先从肯达里出航。5分钟后，第1航空队的28架陆攻由安汶上空出发，直飞达尔文。10时40分以后，鹿屋航空队飞行队长入佐俊家少佐、第1航空队飞行队长石崎武夫少佐相继指挥部队轰炸澳大利亚皇家空军达尔文基地，共消耗530枚60公斤航弹、1枚250公斤航弹，确认炸毁、炸伤12架飞机。进行轰炸期间，日军未损失一机，仅有一架隶属鹿屋航空队的陆攻中弹。第3航空队派出一架陆侦于10时10分在达尔文实施侦察。14时35分后，第1航空队、鹿屋航空队的陆攻相继返回基地，其中第1航空队的抵达时间是14时35分，鹿屋航空队的抵达时间则是15时10分以后。

中弹后搁浅在梅尔维尔岛海岸的客轮"堂·伊西德罗"。

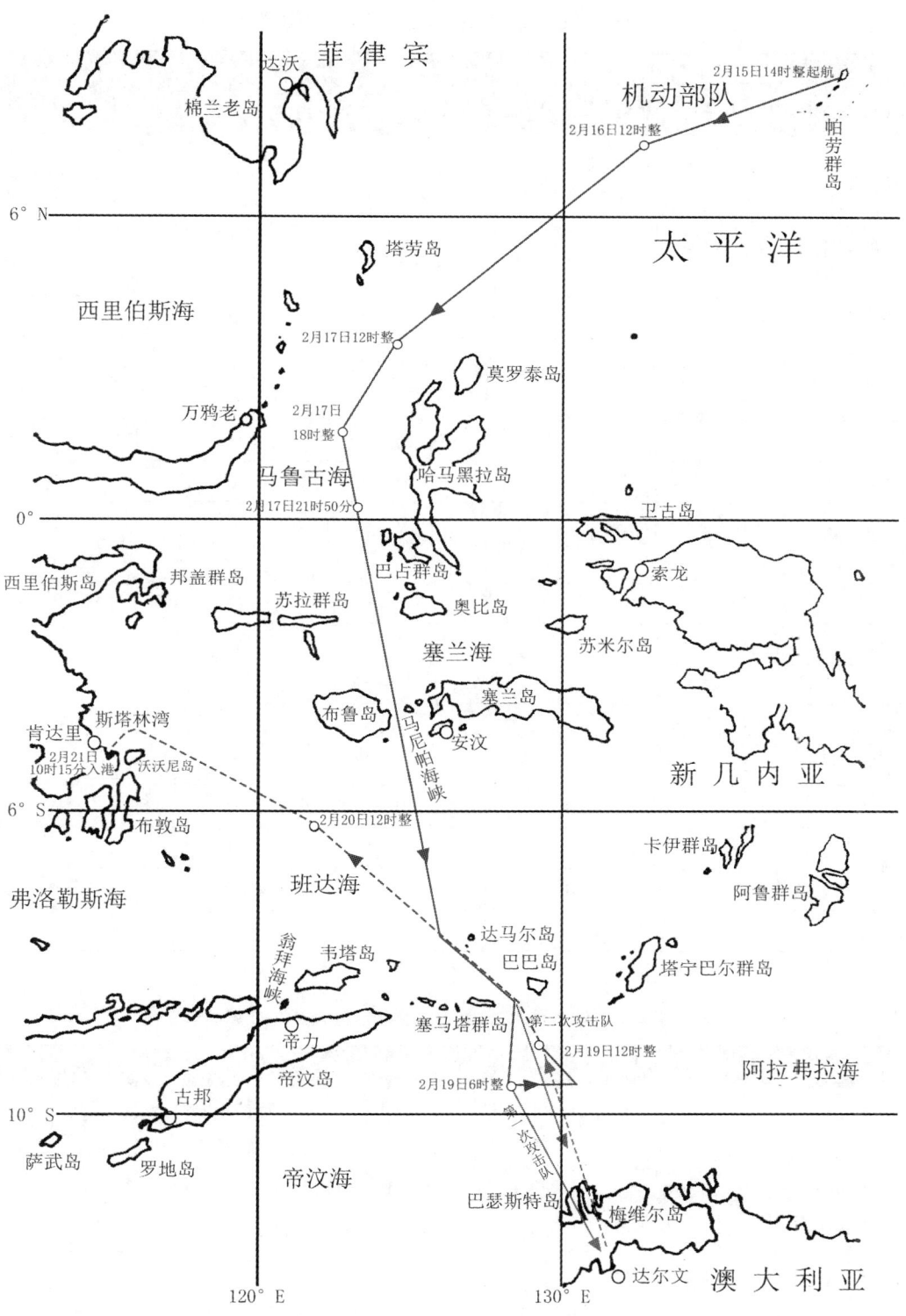

1942年2月，机动部队空袭达尔文行动示意图。

表 6-3　机动部队突击达尔文港飞机损失数量表

单位	出动飞机数量（单位：架次）	被击落飞机数量（单位：架）	迫降飞机数量（单位：架）	受损飞机数量（单位：架）	空勤人员阵亡人数（单位：个）
零战					
"赤城"	9	0	0	3	0
"加贺"	9	0	0	5（其中1架刮擦树梢）	0
"苍龙"	9	0	0	0	0
"飞龙"	9	0	1	7	0
小计	36	0	1	15	0
99式舰爆					
"赤城"	18	0	0	0	0
"加贺"	18	1	0	6	2
"苍龙"	27	0	1	10	0
"飞龙"	26	0	0	2	0
小计	89	1	1	18	2
97式舰攻（水平轰炸）					
"赤城"	18	0	0	0	0
"加贺"	27	0	1	7	0
"苍龙"	18	0	0	0	0
"飞龙"	18	0	0	4	0
小计	81	0	1	11	0
合计	206	1	3	44	2

表 6-4　1942年2月19日第1航空舰队空袭达尔文编制表

航母	单位	中队	小队	操纵员	侦察员	电信员	备注
"赤城"	第1攻击队	第1中队	第40小队	松崎三男大尉（海兵65期）	渊田美津雄中佐（海兵52期）	水木德信一飞曹（侦练39期）	—
				竹村章一飞曹（甲飞2期）	雨宫享勇一飞曹（普电练40期）	中野利夫二飞曹（乙飞8期）	—
				安江巴一飞兵（操练47期）	远藤恒次二飞曹（侦练36期）	萩谷几久男三飞曹（乙飞9期）	—

续表

航母	单位	中队	小队	操纵员	侦察员	电信员	备注
"赤城"	第1攻击队	第1中队	第41小队	中井留一飞曹长（乙飞3期）	布留川泉大尉（海兵63期）	中岛光升三飞曹（侦练43期）	—
				渡边晃一飞曹（操练28期）	阿曾弥之助一飞曹（乙飞5期）	五月女忠夫一飞兵（侦练52期）	—
				冈崎行男一飞曹（甲飞2期）	池田弘二飞曹	前野哲男一飞兵（侦练48期）	—
			第42小队	铃木重男一飞曹（乙飞5期）	川村正明飞曹长（侦练18期）	南木清之助一飞曹（甲飞2期）	—
				蓼原勇雄二飞曹（操练48期）	松冈孝一飞曹（甲飞2期）	村上守司三飞曹（乙飞9期）	—
				香川定辅一飞兵（操练52期）	栗田厚吉二飞曹（甲飞3期）	杉田好弘二飞曹（甲飞3期）	—
		第2中队	第44小队	村田重治少佐（海兵58期）	星野要二飞曹长（侦练21期）	渡边繁治二飞曹（侦练34期）	—
				泷泽友一二飞曹（乙飞8期）	松岛正飞曹长（甲飞2期）	大岛正广一飞兵（侦练51期）	—
				井上福治一飞兵（操练48期）	川村善作一飞曹（甲飞2期）	藤本兼雄一飞兵（侦练48期）	—
			第45小队	根岸朝雄大尉（海兵65期）	重永春喜飞曹长（侦练18期）	清水贤一飞曹（甲飞2期）	—
				海藤军治三飞曹（操练42期）	伊藤光义一飞曹（甲飞2期）	堀井孝行一飞曹（甲飞3期）	—
				花井圭吾一飞兵（操练50期）	佐野刚也一飞曹（甲飞2期）	松田宪雄一飞兵（侦练50期）	—
			第46小队	后藤仁一中尉（海兵66期）	宫岛睦夫一飞曹（侦练28期）	大久保光则二飞曹（侦练43期）	—
				铃木忍一飞兵（操练52期）	加藤升一飞曹（乙飞5期）	藤田军平二飞曹（乙飞8期）	—
				行友一人一飞兵（操练48期）	宫田政人一飞曹（侦练36期）	女田竹利一飞兵（侦练48期）	—

续表

航母	单位	中队	小队	操纵员	侦察员	电信员	备注
"加贺"	第2攻击队	第1中队	第1小队	浦田丰四飞曹长（乙飞2期）	桥口乔少佐（海兵56期）	松本光一飞曹（乙飞7期）	座机中弹8发
				切通亲三飞曹（操练45期）	樫田一郎一飞曹（侦练44期）	田村三郎二飞曹（甲飞4期）	座机中弹3发
				桥本贞司一飞曹	西山武志二飞曹	长谷川元义一飞兵	座机中弹1发
			第2小队	佐藤重雄一飞曹（乙飞5期）	福田稔大尉（海兵65期）	大西春雄二飞曹（甲飞3期）	座机中弹4发
				中川一二二飞曹（操练46期）	吉野治男一飞曹（甲飞2期）	川崎光男一飞兵（侦练50期）	—
				五岛薰三飞曹	樋口金造二飞曹（乙飞8期）	西谷芳数三飞曹（乙飞9期）	—
			第3小队	松山政人二飞曹（操练33期）	葛城正彦中尉（海兵66期）	米泽一二飞曹（甲飞3期）	座机中弹1发
				大串军治三飞曹（操练50期）	森崎英夫一飞曹（甲飞1期）	平山繁树二飞曹（乙飞9期）	座机中弹3发
				冈田岩一飞曹（甲飞4期）	中山操三飞曹	黑木勇三郎三飞曹（乙飞9期）	座机中弹1发
		第2中队	第1小队	北岛一良大尉（海兵61期）	明胁丰飞曹长（侦练22期）	山本静男二飞曹（侦练43期）	—
				吉川与四郎三飞曹（操练53期）	王子野光二三飞曹（乙飞7期）	前田武二飞曹（甲飞3期）	—
				平田义幸二飞曹（甲飞4期）	山口勇二三飞曹（侦练40期）	安藤美一飞兵	—
			第2小队	三上良孝大尉（海兵65期）	竹原贞喜一飞曹（乙飞5期）	饭盛清太三飞曹（侦练47期）	—
				铃木勋二飞曹（操练48期）	信田安治一飞曹（甲飞1期）	渡边祯夫二飞曹（乙飞8期）	—
				佐佐木龟藏一飞兵	田村平治二飞曹（甲飞2期）	坂田惠介二飞曹（甲飞4期）	—

续表

航母	单位	中队	小队	操纵员	侦察员	电信员	备注
"加贺"	第2攻击队	第2中队	第3小队	三岛辉夫一飞曹（乙飞7期）	森永隆义飞曹长（乙飞4期）	久恒吾市二飞曹（乙飞8期）	—
				柴田寿二飞曹（甲飞3期）	吉村直次郎一飞曹（甲飞1期）	上野秀一二飞曹（甲飞3期）	—
				羽田工一飞兵	吉田隆成二飞曹	增田良治一飞兵	—
		第3中队	第1小队	牧秀雄大尉（海兵61期）	松村务飞曹长（侦练22期）	三矢武一二飞曹（侦练43期）	—
				田中庄市一飞曹（甲飞1期）	菊地藤三一飞曹（甲飞1期）	冲中明二飞曹（甲飞3期）	—
				大塚高次三飞曹（操练49期）	德丸泰次三飞曹（侦练40期）	大场八千代二飞曹（甲飞4期）	—
			第2小队	岩田广丈一飞曹（操练26期）	岩井健太郎大尉（海兵65期）	平野晴一郎二飞曹（甲飞3期）	—
				田中一则二飞曹（乙飞8期）	中村丰弘二飞曹（侦练44期）	冈田幸男一飞兵（侦练53期）	—
				大迫弘毅一飞兵	滨野孝一二飞曹（甲飞3期）	岛田直三飞曹（乙飞9期）	—
			第3小队	植村信雄一飞曹（甲飞2期）	福元实惠飞曹长（乙飞4期）	村上欣二二飞曹（甲飞3期）	—
				小川益一一飞兵（操练48期）	天野明一飞曹（甲飞1期）	伊藤拾久二飞曹（甲飞3期）	—
				中马与三郎一飞兵	藤井淳一二飞曹（甲飞3期）	小滨春雄一飞兵	—
"苍龙"	第3攻击队	第1中队	第41小队	笠原治助飞曹长（乙飞4期）	阿部平次郎大尉（海兵61期）	小町龄一飞曹（乙飞6期）	—
				越智正武二飞曹（甲飞2期）	向畑寿一一飞曹（乙飞6期）	仓谷定茂二飞曹（乙飞8期）	—
				田边正直二飞曹（甲飞4期）	田村重年二飞曹（甲飞3期）	新井嘉年男二飞曹（甲飞4期）	—

续表

航母	单位	中队	小队	操纵员	侦察员	电信员	备注
"苍龙"	第3攻击队	第1中队	第43小队	佐藤寿雄一飞曹（操练26期）	大迫加一飞曹长（侦练29期）	荒井辰雄三飞曹（侦练43期）	—
				川岛甲治三飞曹（操练50期）	田中敬介一飞曹（甲飞2期）	小川政次三飞曹（乙飞8期）	—
				二瓶务二飞曹（甲飞4期）	宗形龙惠飞曹长	小野安卫一飞兵	—
		第2中队	第44小队	长井彊大尉（海兵64期）	谷口惣一郎飞曹长（侦练22期）	太田五郎一飞曹（乙飞6期）	—
				潮满之助一飞曹（甲飞1期）	八代七郎飞曹长（侦练23期）	若林澄男二飞曹（侦练43期）	—
				茅原义博一飞兵（操练48期）	安藤百平三飞曹（侦练49期）	江塚寿二飞曹（甲飞4期）	—
			第45小队	新谷洁一飞曹（甲飞2期）	山本贞雄中尉（海兵66期）	铃木四郎三飞曹（侦练43期）	—
				野崎实男三飞曹（操练41期）	吉冈政光三飞曹（侦练43期）	丸山忠雄二飞曹（甲飞3期）	—
				木村正二飞曹（乙飞8期）	佐野觉一飞曹（甲飞2期）	秋滨哲郎一飞兵（侦练48期）	—
		第3中队	第42小队	中岛巽大尉（海兵65期）	中村太门飞曹长（乙飞2期）	西田孝雄一飞兵（侦练47期）	—
				大多和达也一飞曹（乙飞5期）	藤波贯二一飞曹（侦练27期）	永井福太郎一飞兵（侦练51期）	—
				岩田高明二飞曹（甲飞4期）	鹿熊粂吉二飞曹（甲飞3期）	土井敬二一飞曹（甲飞4期）	—
			第46小队	原田正澄一飞曹（甲飞2期）	金井武和飞曹长（侦练26期）	细井喜代人二飞曹（乙飞8期）	—
				藤原嘉六一飞兵（操练48期）	石井利一一飞曹（乙飞7期）	渡边勇三二飞曹（甲飞3期）	—
				鹤见茂二飞曹（甲飞4期）	绀野嘉悦二飞曹（乙飞8期）	浮ヶ谷弘三飞曹	—

续表

航母	单位	中队	小队	操纵员	侦察员	电信员	备注
"飞龙"	第4攻击队	第1中队	第1小队	楠美正少佐（海兵57期）	近藤正次郎中尉（海兵66期）	福田正雄一飞曹（乙飞5期）	第4攻击队共有4机中弹
				石井善吉一飞曹（操练31期）	小林正松一飞曹（侦练31期）	田村满二飞曹（甲飞3期）	—
				于久保己三飞曹（操练41期）	齐藤清酉二飞曹（甲飞3期）	文宫府知一飞兵（侦练48期）	—
			第2小队	角野博治大尉（海兵65期）	鸟羽重信一飞曹（侦练31期）	森田宽二飞曹（甲飞3期）	—
				杉本八郎一飞曹（甲飞2期）	肱黑定美二飞曹（甲飞3期）	仲野开市二飞曹（甲飞3期）	—
				中尾春木一飞兵	丸山泰辅二飞曹（甲飞3期）	久原滋一飞兵	—
			第3小队	高桥仲夫一飞曹（甲飞2期）	城武夫一飞曹（乙飞5期）	稻毛幸平一飞曹（甲飞2期）	—
				浦田直一飞兵（操练53期）	佐藤繁治二飞曹（乙飞8期）	实田陆男一飞兵（侦练49期）	—
				渡部重则二飞曹（甲飞4期）	后藤时也二飞曹（甲飞4期）	鸟原力二飞曹（侦练51期）	—
		第2中队	第1小队	菊池六郎大尉（海兵64期）	汤本智美飞曹长（侦练20期）	村井定一飞曹（乙飞6期）	—
				住友清真一飞曹（操练23期）	梅泽幸男二飞曹（侦练33期）	金泽秀利二飞曹（乙飞8期）	—
				大林行雄一飞曹（乙飞5期）	工藤博之二飞曹（侦练44期）	谷口一也一飞兵（侦练50期）	—
			第2小队	上杉丈助二飞曹（操练38期）	桥本敏男中尉（海兵66期）	小山富雄一飞兵（侦练48期）	—
				柳本拓郎三飞曹（操练42期）	后藤亲思一飞曹（侦练29期）	二宫一宪二飞曹（乙飞8期）	—
				富田文男二飞曹（甲飞4期）	佐小田香二飞曹（甲飞4期）	铃木睦男二飞曹（甲飞4期）	—

续表

航母	单位	中队	小队	操纵员	侦察员	电信员	备注
"飞龙"	第4攻击队	第2中队	第3小队	野中觉一飞曹（乙飞5期）	龙六郎飞曹长（侦练27期）	楢崎广典一飞曹（乙飞6期）	—
				阪本宪司一飞曹（甲飞2期）	中岛政时一飞曹（乙飞7期）	笠井清二飞曹（甲飞8期）	—
				宫内政治二飞曹（甲飞4期）	山田贞次郎二飞曹（甲飞4期）	宫川次宗二飞曹（甲飞4期）	—
"赤城"	第11攻击队	第1中队	第21小队	古田清人一飞曹（操练32期）	千早猛彦大尉（海兵62期）	—	—
				向后荣三飞曹（操练48期）	山本义一一飞曹（乙飞5期）	—	—
				大野孝一飞兵（操练54期）	长谷川菊之助一飞兵（侦练50期）	—	—
			第22小队	山田昌平大尉（海兵65期）	野坂悦盛一飞曹（乙飞2期）	—	—
				望月伊作一飞兵（操练48期）	土屋亮六二飞曹（侦练39期）	—	—
				石井信一二飞曹（甲飞4期）	山下敏平二飞曹（甲飞3期）	—	—
			第23小队	高野秀雄一飞曹（乙飞7期）	清水竹志飞曹长（乙飞4期）	—	—
				饭塚德次三飞曹（操练50期）	川井祐二飞曹（乙飞8期）	—	—
				山川光好一飞兵（操练54期）	青木丰二郎二飞曹（甲飞4期）	—	—
		第2中队	第25小队	阿部善次大尉（海兵64期）	斋藤千秋飞曹长（乙飞1期）	—	—
				秋元保一飞曹（甲飞2期）	土屋睦邦一飞曹（侦练33期）	—	中弹2发
				菊地五一三飞曹（操练50期）	饭田好弘二飞曹（乙飞8期）	—	—

续表

航母	单位	中队	小队	操纵员	侦察员	电信员	备注
"赤城"	第11攻击队	第2中队	第26小队	田中义春一飞曹（乙飞6期）	大渊珪三中尉（海兵66期）	—	—
				雨宫伊佐男二飞曹（操练46期）	佐藤直人二飞曹（侦练43期）	—	—
				芥川武志一飞兵（操练53期）	佐佐木三男一飞兵（侦练49期）	—	—
			第27小队	铃木要一飞曹（乙飞7期）	前川贤次飞曹长（乙飞4期）	—	—
				武居一马一飞兵（操练48期）	原田嘉太男一飞曹（甲飞2期）	—	—
				长岛善作一飞兵（操练56期）	西山强三飞曹（侦练41期）	—	—
"加贺"	第12攻击队	第1中队	第1小队	小川正一大尉（海兵61期）	吉川克己一飞曹（乙飞1期）	—	—
				田中武夫二飞曹（操练44期）	市町准一一飞曹（乙飞6期）	—	—
				石塚重男二飞曹（甲飞3期）	松家正则二飞曹（己方4期）	—	—
			第2小队	今宫保一飞曹（操练27期）	三浦尚彦中尉（海兵66期）	—	—
				吉元实秀三飞曹（操练47期）	永岭雪雄一飞兵（侦练50期）	—	—
				山中隆三一飞兵（操练53期）	伊藤乡实一飞兵（侦练46期）	—	—
			第3小队	内门武藏一飞曹（操练32期）	鹤胜义飞曹长（侦练23期）	—	被高射炮击落
				前间佐喜三飞曹	东乡幸男一飞曹（甲飞1期）	—	—
				角田光威一飞兵（操练50期）	川口俊光一飞兵（侦练53期）	—	无法投下炸弹，座机中弹2发

续表

航母	单位	中队	小队	操纵员	侦察员	电信员	备注
"加贺"	第12攻击队	第2中队	第1小队	樋渡利吉一飞曹（操练22期）	渡部俊夫大尉（海兵65期）	—	座机中弹3发
				小野源一飞兵（操练48期）	藤野惣八一飞曹（乙飞6期）	—	—
				山口利七一飞兵	岩政将雄三飞曹	—	座机中弹3发
			第2小队	相川嘉逸中尉（海兵66期）	内川祐辅一飞曹（乙飞5期）	—	座机中弹3发
				村上吉喜二飞曹	渡边政造三飞曹（侦练45期）	—	座机中弹2发
				冈田荣三郎一飞兵（操练49期）	北村健三二飞曹（甲飞4期）	—	座机中弹1发
			第3小队	藤本卓马一飞曹	中岛米吉飞曹长（乙飞4期）	—	—
				西森俊雄二飞曹（乙飞8期）	野田绚治二飞曹（甲飞3期）	—	无法投下炸弹
				山川新作一飞兵（操练48期）	中田胜藏一飞兵（侦练53期）	—	—
"苍龙"	第13攻击队	第1中队	第21小队	江草隆繁少佐（海兵58期）	石井树飞曹长（乙飞1期）	—	座机中弹3发
				山崎武男二飞曹（操练45期）	远藤正一飞曹（甲飞1期）	—	座机中弹1发
				须藤市郎二飞曹（乙飞8期）	山口积二飞曹（甲飞3期）	—	座机中弹3发
			第22小队	小井手护之大尉（海兵65期）	山本博一飞曹（侦练30期）	—	座机中弹6发
				朝仓畅一飞曹（甲飞2期）	石田重吉一飞曹（侦练35期）	—	—
				山中正三二飞曹（甲飞4期）	土屋嘉彦二飞曹（甲飞4期）	—	座机中弹6发

续表

航母	单位	中队	小队	操纵员	侦察员	电信员	备注
"苍龙"	第13攻击队	第1中队	第23小队	菅原隆一飞曹（乙飞5期）	山口幸男飞曹长（侦练26期）	—	座机中弹1发
				池永弘二飞曹	高桥秀吉二飞曹（甲飞4期）	—	—
				渡边敬一飞兵	中竹悟二飞曹（甲飞4期）	—	—
			第24小队	池田正伟大尉（海兵61期）	寺井荣飞曹长（乙飞2期）	—	座机中弹1发
				土屋庚道一飞曹（乙飞7期）	藤田多吉一飞曹（侦练33期）	—	座机中弹1发
				藤田辰男三飞曹（操练46期）	金贺五郎一飞曹（乙飞7期）	—	—
		第2中队	第25小队	中川纪雄一飞曹（乙飞7期）	栗原一弥中尉（海兵67期）	—	座机中弹6发
				井后义雄三飞曹（操练44期）	寺元英己一飞曹（甲飞1期）	—	座机中弹8发
				远藤定雄一飞兵（操练49期）	水谷广惠三飞曹（侦练41期）	—	—
			第26小队	山田隆一飞曹（甲飞1期）	船崎金二一飞曹（侦练28期）	—	在海上迫降
				加藤求一飞兵（操练48期）	土井安松二飞曹（侦练45期）	—	—
				小濑本国雄一飞兵（操练53期）	高野义雄二飞曹（乙飞8期）	—	—
"飞龙"	第14攻击队	第1中队	第1小队	小林道雄大尉（海兵63期）	小野义范飞曹长（乙飞3期）	—	第14攻击队共有2机中弹
				崎山保一飞曹（操练36期）	前田孝一飞曹（乙飞5期）	—	—
				坂井秀男一飞兵（操练48期）	福永义晖一飞曹（甲飞2期）	—	—

续表

航母	单位	中队	小队	操纵员	侦察员	电信员	备注
"飞龙"	第14攻击队	第1中队	第1小队	下田一郎中尉（海兵66期）	住吉语一飞曹（乙飞3期）	—	—
				山田喜七郎一飞曹（甲飞2期）	内之村保一飞曹（乙飞6期）	—	—
				中尾信道三飞曹（操练50期）	冈村荣光一飞曹（甲飞2期）	—	—
			第3小队	中川静夫一飞曹（乙飞5期）	吉川启次郎飞曹长（乙飞4期）	—	—
				土屋孝美三飞曹（操练48期）	宫里光夫二飞曹（侦练34期）	—	—
				关政男一飞兵（操练55期）	田中国男一飞兵	—	—
		第2中队	第1小队	西原敏胜飞曹长（乙飞2期）	山下途二大尉（海兵65期）	—	—
				大石幸雄一飞曹（乙飞7期）	田岛一男一飞曹（乙飞5期）	—	—
				黑木顺一三飞曹（操练47期）	村上亲爱三飞曹（侦练46期）	—	—
			第2小队	中泽岩雄飞曹长	中山七五三松特务少尉（侦练18期）	—	—
				濑尾铁夫一飞曹（甲飞2期）	安田信惠一飞曹（甲飞2期）	—	—
				近藤澄夫一飞兵（操练49期）	清水巧二飞曹（乙飞9期）	—	—
			第3小队	川畑弘保一飞曹（甲飞1期）	石井正郎飞曹长（乙飞3期）	—	—
				渊上一生一飞兵（操练54期）	水野泰彦一飞兵（侦练51期）	—	—

续表

航母	单位	中队	小队	操纵员	侦察员	电信员	备注
"赤城"	第1制空队		第14小队	板谷茂少佐(海兵57期)	—	—	消耗7.7毫米机枪枪弹400发、20毫米机炮炮弹110发
				木村惟雄一飞曹(甲飞1期)	—	—	消耗7.7毫米机枪枪弹600发、20毫米机炮炮弹110发
				岩间品次一飞曹(甲飞2期)	—	—	消耗7.7毫米机枪枪弹200发、20毫米机炮炮弹110发
			第15小队	指宿正信大尉(海兵65期)	—	—	消耗7.7毫米机枪枪弹210发、20毫米机炮炮弹110发
				岩城芳雄一飞曹(甲飞2期)	—	—	消耗7.7毫米机枪枪弹280发、20毫米机炮炮弹69发。座机中弹
				羽生十一郎一飞兵(操练51期)	—	—	消耗7.7毫米机枪枪弹200发、20毫米机炮炮弹59发。座机中弹
			第16小队	小山内末吉飞曹长(乙飞2期)	—	—	消耗7.7毫米机枪枪弹210发、20毫米机炮炮弹110发
				谷口正夫二飞曹(操练51期)	—	—	消耗7.7毫米机枪枪弹10发。座机中弹
				高须贺满美一飞兵(操练51期)	—	—	消耗7.7毫米机枪枪弹260发、20毫米机炮炮弹110发

续表

航母	单位	中队	小队	操纵员	侦察员	电信员	备注
"加贺"	第2制空队		第15小队	二阶堂易大尉（海兵64期）	—	—	座机中弹2发
				石川友年一飞曹（甲飞1期）	—	—	—
				甲斐巧二飞曹（乙飞8期）	—	—	—
			第16小队	饭塚雅夫中尉（海兵66期）	—	—	—
				萩原二男一飞曹（操练30期）	—	—	—
				惠川好雄一飞兵（操练53期）	—	—	座机机翼因接触树梢而破损
			第17小队	铃木清延一飞曹（操练28期）	—	—	座机中弹1发
				长滨芳和一飞曹（甲飞2期）	—	—	座机中弹3发
				高桥英市一飞兵（操练53期）	—	—	座机中弹2发
"苍龙"	第3制空队		第1小队	藤田怡与藏中尉（海兵66期）	—	—	—
				高桥宗三郎一飞曹（操练30期）	—	—	—
				冈元高志二飞曹（操练43期）	—	—	—
			第2小队	小田喜一一飞曹（操练29期）	—	—	—
				田中二郎二飞曹（操练39期）	—	—	—
				高岛武雄三飞曹（操练44期）	—	—	—

续表

航母	单位	中队	小队	操纵员	侦察员	电信员	备注
"苍龙"	第3制空队		第3小队	原田要一飞曹（操练35期）	—	—	—
				长泽源造三飞曹（操练50期）	—	—	—
				岩渊良雄一飞兵（操练56期）	—	—	—
"飞龙"	第4制空队		第1小队	能野澄夫大尉（海兵61期）	—	—	第4制空队共有7机中弹
				新田春雄三飞曹（操练48期）	—	—	—
				丰岛一一飞兵（操练56期）	—	—	被击落
			第2小队	重松康弘中尉（海兵66期）	—	—	—
				村中一夫一飞曹（乙飞6期）	—	—	—
				松本达一飞兵（操练50期）	—	—	—
			第3小队	野口毅次郎一飞曹（操练24期）	—	—	—
				原田敏尧三飞曹（操练41期）	—	—	—
				林茂一飞兵（操练55期）	—	—	—
				第二次攻击队			
"苍龙"	第13攻击队		第24小队	池田正伟大尉（海兵61期）	寺井荣飞曹长（乙飞2期）	—	—
				土屋庚道一飞曹（乙飞7期）	藤田多吉一飞曹（侦练33期）	—	—
				藤田辰男三飞曹（操练46期）	金贺五郎一飞曹（乙飞7期）	—	—

续表

航母	单位	中队	小队	操纵员	侦察员	电信员	备注
"苍龙"	第13攻击队		第25小队	中川纪雄一飞曹（乙飞7期）	栗原一弥中尉（海兵67期）	—	—
				远藤定雄一飞兵（操练49期）	水谷广惠三飞曹（侦练41期）	—	—
				冈田忠夫一飞兵	中竹悟二飞曹	—	—
			第23小队	菅原隆一飞曹（乙飞5期）	山口幸男飞曹长（侦练26期）	—	—
				朝仓畅一飞曹（甲飞2期）	石田重吉一飞曹（侦练35期）	—	—
				池永弘二飞曹（操练39期）	高桥秀吉二飞曹（甲飞4期）	—	—
"飞龙"	第14攻击队		第1小队	西原敏胜飞曹长（乙飞2期）	山下途二大尉（海兵65期）	—	—
				大石幸雄一飞曹（乙飞7期）	田岛一男一飞曹（乙飞5期）	—	—
				黑木顺一三飞曹（操练47期）	村上亲爱三飞曹（侦练46期）	—	—
			第2小队	中泽岩雄飞曹长	中山七五三松特务少尉（侦练18期）	—	—
				濑尾铁夫一飞曹（甲飞2期）	安田信惠一飞曹（甲飞2期）	—	—
				近藤澄夫一飞兵（操练49期）	清水巧二飞曹（乙飞9期）	—	—
			第3小队	川畑弘保一飞曹（甲飞1期）	石井正郎飞曹长（乙飞3期）	—	—
				山田喜七郎一飞曹(甲飞2期)	板津辰雄三飞曹（侦练45期）	—	—
				渊上一生一飞兵（操练54期）	水野泰彦一飞兵（侦练51期）	—	—

第七章　扫荡荷属东印度南部水域

1. 机动部队集结及出航

完成突袭达尔文港的任务后，机动部队在斯塔林港稍作休整便投入新的战斗。1942年2月16日，原配属南方部队的第3战队第2小队（下辖战列舰"榛名""金刚"）复归第3战队。2月18日上午，第3战队、第4驱逐队第2小队（于2月10日被编入机动部队警戒队）以及重巡洋舰"爱宕"离开帕劳，一路南下，直到2月21日10时15分驶入斯塔林。2月25日7时，机动部队由斯塔林湾起航。机动部队共有4艘航母、4艘战列舰、2艘重巡洋舰、1艘轻巡洋舰及10艘驱逐舰参与此次行动，另有4艘油船提供后勤保障（见表7-1）。2月26日，机动部队经翁拜海峡（Ombai）进入印度洋向西机动。此次，机动部队的目的是在爪哇岛以南的印度洋机动，扫荡沿途发现的盟军舰船。

停泊在横须贺的"金刚"号战列舰，摄于1937年1月13日。

在宿毛湾航行的"榛名"号战列舰,摄于1934年8月28日。

航母"苍龙"(左)、"飞龙"(右)集结于斯塔林湾。

表7-1　1942年2月27日机动部队战斗序列

空袭部队	第1航空战队	航母"赤城""加贺"
	第2航空战队	航母"苍龙""飞龙"
支援部队	第3战队	战列舰"比叡""雾岛""榛名""金刚"
	第8战队	重巡洋舰"利根""筑摩"
警戒队	第1水雷战队	
	轻巡洋舰"阿武隈"	
	第17驱逐队 驱逐舰	"谷风""浦风""矶风""滨风"
	第18驱逐队第1小队	驱逐舰"不知火""霞"
	第27驱逐队第2小队	驱逐舰"有明""夕暮"
	第4驱逐队第2小队	驱逐舰"萩风""舞风"
第1补给队	油船"旭东丸""健洋丸""日本丸"	
油船"东荣丸"		

2. 击沉"佩科斯""埃兹尔"

1942年2月27日，机动部队继续向西机动。7时15分，第27驱逐队第2小队偕第1补给队、"东荣丸"加入机动部队。随后，油船为机动部队实施补给，于当日14时整离开。南云在15时45分接到第2空袭部队参谋通报，得知盟军舰船离开爪哇岛南部重要港口芝拉扎（旧名Tjilatjap，后改名为Cilacap）。同日，机动部队接友军报告，得知盟军"航母"位于巴厘岛265度、距离368海里（约681千米），遂准备接敌。日军发现的正是美军第一艘航母——后又改装为水上飞机母舰的——"兰利"号（USS Langley，AV-3）。当时，美军第57驱逐舰分队司令爱德华·梅森·克劳奇（Edward Mason Crouch，1921年毕业于美国海军学院）中校带领驱逐舰"惠普尔"（USS Whipple，DD-217）、"埃兹尔"（USS Edsall，DD-219）早在2月26日18时10分由芝拉扎出航，前往搜索"兰利"号，并于2月27日7时30分发现"兰利"号。正在回程路上，"兰利"号由于被高雄航空队的陆攻炸伤而失去动力。无奈之下，"惠普尔""埃兹尔"这两艘驱逐舰只能上前接走485名"兰利"号的舰员（"惠普尔"号救起308人，"埃兹尔"号救起177人），然后以舰炮、鱼雷将"兰利"号击沉，避免落入日军之手。

2月28日14时20分，南云忠一指示机动部队在3月1日上午前出至圣诞岛（Christmas）①以南水域，搜索并攻击该处的盟军舰船。19时30分，第8战队奉命离队，搜索盟军商船。

3月1日，机动部队在爪哇岛以南水域机动。当日7时整，机动部队抵达圣诞岛150度、距离140海里（约259千米）的位置。同时，第8战队按计划出动两架零式水侦（"利根""筑摩"各出动1架，后于14时整回收），对圣诞岛以西160海里的范围内进行搜索。9时，第8战队复归机动部队。10时30分以后，"利根"的水侦陆续向南云报告发现盟军船舶的情报。当日上午，荷兰货船"莫佐克托"（SS Modjokerto，排水量8806吨）意外地遇上机动部队，未来得及撤退，便在11时45分遭到"筑摩""夕暮""有明"围攻。当时，"莫佐克托"号位于106°31′E，12°54′S。11时22分，"有明"率先开火，直至11时50分才停止射击。"夕暮"也在12时30分朝"莫佐克托"号开火，持续了20分钟。正当己方驱逐舰炮击之际，"筑摩"赶到现场，并于11时43分向"莫佐克托"号倾泻炮弹，5分30秒后停止射击。11时55分，这艘货船沉没，包括船长在内的30名幸存者被"有明"俘虏。此次攻击，"筑摩"共消耗203毫米炮弹49发，"有明"消耗127毫米炮弹172发，"夕暮"消耗127毫米炮弹64发。

12时40分，南云命令"加贺""苍龙"派遣攻击队攻击"利根"水侦所发现的舰船。12时55分及13时06分，第12、第13攻击队相继出航，两队各有9架99式舰爆，最终遇上正在南下的美军油船"佩科斯"。

"佩科斯"号奉美国海军西南太平洋部队指挥官的指示，于2月27日11时30分左右与驱逐舰"帕洛特"（USS Parrott，DD-218）一道离开芝拉扎，准备撤往锡兰岛。14时30分左右，原来以195度航向西南航渡的"佩科斯"号接到"兰利"号遭日机轰炸的电报，随即调整航向，"帕

---

① 圣诞岛是印度洋东北部的火山岛，距离雅加达大约500千米，面积135平方千米。日军在1942年3月31日占领该岛，后于次年12月撤出。目前圣诞岛属于澳大利亚的海外领地。

洛特"号独自前往圣诞岛。19时12分，"佩科斯"号以及接走"兰利"号幸存者的"惠普尔"号和"埃兹尔"号接到密电，被告知前往圣诞岛，并将"兰利"号的幸存者转移到"佩科斯"号。然后，"埃兹尔"号将搭载美国陆军航空兵的人员返回芝拉扎，"惠普尔"号则前往科科斯岛。2月28日9时25分，"惠普尔"号和"埃兹尔"号两舰最先抵达圣诞岛，"佩科斯"号于11时30分到达该岛。由于遭受日机轰炸，上述三艘舰船被迫撤出圣诞岛并一道向南航渡。

3月1日零时30分，"佩科斯"号调整航向至150度，准备南下向澳大利亚的埃克斯茅斯湾（Exmouth）回航。8时15分，"佩科斯"号从"惠普尔"号和"埃兹尔"号两舰接收"兰利"号幸存者。9时45分，"佩科斯"完成接收"兰利"号幸存者的工作。随后，这三艘舰船分道扬镳，其中，"佩科斯"以160度航向南下，前往位于澳大利亚西南的港口城市弗里曼特尔（Fremantle）①；"惠普尔"号向西航渡，前往科科斯群岛②；"埃兹尔"号搭载美国陆军航空兵人员，向芝拉扎回航。不幸的是，"埃兹尔"号与"佩科斯"号相继撞上在圣诞岛附近的机动部队。

首先遭殃的是"佩科斯"号。机动部队发现该船后迅速组织舰载机实施突击。12时55分，"加贺"的9架舰爆率先出发。13时06分，池田正伟大尉带领第13攻击队的9架舰爆从"苍龙"升空，上述的舰爆直奔"佩科斯"号。13时21分，"加贺"的渡部俊夫大尉发现"佩科斯"号，后者察觉日机跟踪后便向南航渡。13时27分，渡部带领第24小队背对太阳进入俯冲，由于"佩科斯"号采取满舵规避，导致所投炸弹脱靶。几乎同时，第25、第26小队实施俯冲投弹，其中1枚航弹命中1号3英寸高射炮后方，导致炮组人员死伤。"加贺"的舰爆确认1弹命中，另有8枚靠近弹。处于劣势的"佩科斯"号组织防空火器射击来犯的日机，击伤4架舰爆。其中第12攻击队第26小队队长的飞机由于油箱、机身中弹，于13时53分脱离战场提前返航。13时55分，第25小队、第26小队3号机开始返航，渡部俊夫带领余部继续留在战场观察攻击情况。最终，渡部率余部返回母舰。14时39分，"加贺"回收第一次出击的舰爆。

13时30分，第13攻击队发现"佩科斯"号，当时第12攻击队刚完成轰炸。14时29分至14时33分，池田正伟率部众轰炸"佩科斯"号。这一波攻击，第13攻击队取得4弹命中的战绩。第一枚航弹命中1号汽艇，将舷侧板撕开一个破口。第二枚航弹击中前桅，然后穿透至主甲板一层并爆炸，导致油船左倾15度。第三枚航弹命中1号127毫米高射炮，第四枚航弹刚好从甲板破口穿过。此外，还有一枚航弹在船尾旁爆炸，产生的破片杀伤船尾炮组人员。这枚靠近弹导致3号锅炉炉壁倒塌及2号风机停运，从而造成"佩科斯"减速至10.5节（约19千米/小时）。15时01分，"苍龙"舰爆队返回母舰。

由于"佩科斯"号仍在海上漂浮，"赤城""飞龙"便在3月1日下午派遣舰载机对该油船实施最后的打击。15时15分，"飞龙"派遣9架舰爆（下田一郎中尉担任指挥官）。7分钟后，"赤城"所属的9架舰爆（千早猛彦大尉担任指挥官）出航并准备搜索受创的美军油船。15时45分，第11攻击队发现"佩科斯"号，但由于周边多云，遂一直等到16时25分才开始攻击。"赤城"共有4架舰爆中弹受损。16时55分，"赤城"的舰爆开始返航，于17时10分返回母舰。

---

① 弗雷曼特尔位于澳大利亚西澳大利亚州，在珀斯西南19千米处。
② 科科斯群岛又名基林群岛，与圣诞岛同属澳大利亚在印度洋的海外领地，位于圣诞岛西大约1000千米处。

第 14 攻击队于 15 时 55 分发现目标并开始轰炸，至 16 时 20 分结束，共消耗 5 枚 250 公斤通常弹、4 枚陆用弹。一枚航弹在"佩科斯"号右舷一侧爆炸，另一枚在左前舷爆炸。17 时整，该部返回母舰，因此无法见证美军油船的沉没。该攻击队的一架舰爆在着舰时油箱起火，后被机务人员推到大海中，机组则无恙。

"佩科斯"号的舰长埃尔默·保罗·阿伯内西（Elmer Paul Abernethy）少校眼见回天乏术，在 17 时整下达弃船命令。此时的"佩科斯"号不断减速，并首先从船首开始下沉，最终于 17 时 18 分沉没，坐标 106°30′E，14°30′S。据阿伯内西在战斗报告中记载，有 5 枚命中弹击中"佩科斯"，另有 6 枚是靠近弹。"惠普尔"号驱逐舰于 15 时 15 分接到"佩科斯"号的急电。通过对电文的研判，第 57 驱逐舰分队司令克劳奇决定带领驱逐舰掉头前往"佩科斯"号的位置，时间是 17 时 01 分。他可能不知道机动部队就在"佩科斯"号的附近，并差点遭遇日军驱逐舰。"谷风""浦风"曾于 17 时 05 分奉大森仙太郎之命离队，准备前往"佩科斯"号附近抓捕俘虏，但是最终一无所获，并于 22 时 40 分归队。

一路向东航渡的"惠普尔"号驱逐舰最终在 21 时 01 分抵达"佩科斯"号的沉没区域，共救起 232 名幸存者①。完成营救落水人员的任务后，"惠普尔"号于 23 时 35 分离开现场，南下前往澳大利亚，最终在 3 月 4 日 21 时整抵达弗里曼特尔。

相较"佩科斯"号，"埃兹尔"号更不幸。17 时 20 分左右，第 3 战队发现一艘来历不明的舰艇位于 335 度方向，距离 30 千米。当时机动部队航向 165 度，航速 16 节，坐标 106°50′E，14°25′S。17 时 22 分，南云命令三川军一带领支援部队（由第 3 战队第 1 小队、第 8 战队编成）前出攻击盟军"轻巡洋舰"。此外，南云通过信号指示"加贺"及 2 航战的一艘航母组织舰载机实施夜间攻击。所谓的"轻巡洋舰"正是"埃兹尔"号。"埃兹尔"号属于克莱门森级驱逐舰，于 1919 年 9 月 15 日动工，1920 年 7 月 29 日下水，1920 年 11 月 26 日完工，排水量 1190 吨，长 95.83 米，宽 9.68 米，吃水 2.82 米，最大航速 35 节，装有 4 门 100 毫米炮、1 门 76 毫米炮以及 4 座三联装 533 毫米鱼雷发射管。这艘旧式驱逐舰与"惠普尔"号、"佩科斯"号分道扬镳后一直向东航渡，还没回到芝拉扎便直接撞上机动部队的炮口。

1942 年 3 月 1 日被第 1 航空舰队舰载机炸沉的美军油船"佩科斯"。

---

① 据阿伯内西记录，"惠普尔"号救起 220 人，包括"佩科斯"号的 71 人（其中军官 8 人），"兰利"号的 149 人（其中海军军官 2 人、陆军 2 人）

三川受领任务后，率部掉头北上迎击。"埃兹尔"号发现日舰的追击后，遂一边北上，一边施放烟雾，试图脱离战场。负责追击的日舰三路并进，并利用主炮射程的优势，切断美军驱逐舰的退路。17时30分，位于第3战队左舷的"筑摩"号重巡洋舰率先射击，8分钟后中止射击。18时09分，"筑摩"进行第二次炮击，这一次持续了9分钟。18时23分，"筑摩"进行第三次炮击，18时24分，"筑摩"确认一发炮弹命中"埃兹尔"号。18时29分，"筑摩"中止射击。18时37分，"筑摩"进行第四次射击，一分钟后停止。此外，该重巡洋舰沿着"埃兹尔"号左舷方向一路追赶，试图从正面拦截对方。在最后追击过程中，"筑摩"以主炮、高射炮继续射击，直至18时56分。

中路的第3战队完成转向后开始向"埃兹尔"号射击，作为前导舰的"比叡"号战列舰于17时47分以356毫米主炮射击"埃兹尔"，持续至18时23分中止射击并不断追赶。值得一提的是，这是日本海军战列舰在太平洋战争首次使用主炮轰击对方舰艇。跟在"比叡"后方的"雾岛"号战列舰等到18时47分才开始射击，持续至18时60分，但是未能确认命中情况。

居于第3战队的战列舰纵队右舷外的"利根"号重巡洋舰一路从后追击，直到18时14分才向"埃兹尔"号射击，后于18时23分确认一发炮弹命中目标。18时24分，"利根"中止射击。1分钟后，"利根"继续向"埃兹尔"号射击，此次射击持续23分30秒。18时30分，"利根"再次确认3发炮弹命中目标。直到18时49分，"利根"进行第三次炮击，直至18时59分停止射击。面对日舰三路夹击以及舰载机轰炸，"埃兹尔"号且战且退。根据日军记录，该驱逐舰曾4次施放烟雾以干扰日军攻击，并在撤退期间用高射炮、机枪射击日机，但是在日军攻击之下因中弹而开始减速，最终被日舰追上。支援部队的各参战军舰为了击沉"埃兹尔"号，在短时间内消耗大量弹药，各舰消耗弹药数量如下："比叡"消耗356毫米炮弹210发、150毫米炮弹70发；"雾岛"消耗356毫米炮弹87发、150毫米炮弹62发；"利根"消耗203毫米炮弹497发、127毫米炮弹8发，确认4弹命中；"筑摩"消耗203毫米炮弹347发、127毫米炮弹54发，确认1弹命中。

美军驱逐舰"埃兹尔"。

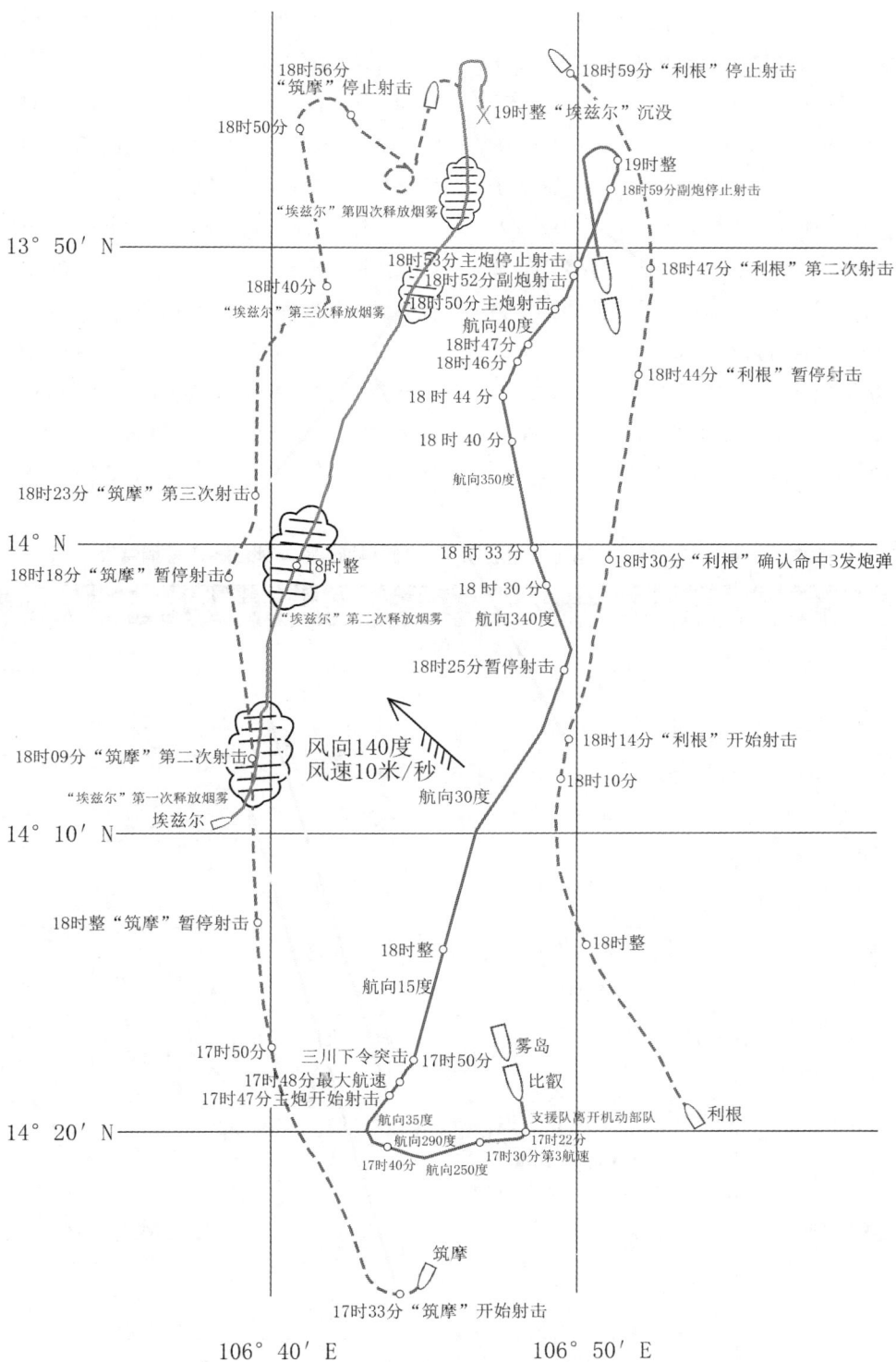

1942年3月1日机动部队支援部队击沉"埃兹尔"号驱逐舰示意图。

除了日军战列舰、重巡洋舰外，舰爆同样参与了围歼"埃兹尔"的行动（见表7-2）。2航战、"加贺"舰载机攻击情况如下：小林道雄带领第14攻击队率先于17时55分出发。18时整，第12攻击队起飞。18时05分，第13攻击队出航，10分钟后发现"埃兹尔"号。18时27分，小井手护之下令突击，由于"埃兹尔"号释放烟雾且友军不断射击，小井手和他的队员直至18时50分才完成轰炸。第12攻击队等到18时40分开始轰炸目标，18时57分结束轰炸。第14攻击队在18时45分向"埃兹尔"号投弹。

投弹后，小川正一本人与第13、第14攻击队一道留守在"埃兹尔"号的附近观察情况，直到对方从海面消失才返航。小川的队员从19时开始返航，而小川正一于19时10分返航。19时35分，第13攻击队返回母舰。第14攻击队则于20时整降落在"飞龙"。

此外，"比叡"、"雾岛"各弹射3架95式水侦执行炮击校准及轰炸任务。17时40分，上野福太郎飞曹长带领"比叡"所属的3架水侦升空，然后在100至700米高度观察母舰射击情况。在观察期间，"比叡"的2号机更是向"埃兹尔"号投下两枚60公斤航弹，并确认其中一枚命中目标。19时55分，"比叡"的水侦返回母舰。

表7-2　1942年3月1日第1航空舰队攻击"佩科斯"号与"埃兹尔"号编制表

航母	单位	小队	操纵员	侦察员	备注
第一次攻击"佩科斯"号					
"加贺"	第12攻击队	第24小队	樋渡利吉一飞曹（操练22期）	渡部俊夫大尉（海兵65期）	—
			小野源一飞兵（操练48期）	藤野惣八一飞曹（乙飞6期）	—
			山口利七一飞兵	岩政将雄三飞曹	—
		第25小队	相川嘉逸中尉（海兵66期）	内川祐辅一飞曹（乙飞5期）	座机中3弹
			村上吉喜二飞曹	渡边政造三飞曹（侦练45期）	座机中2弹
			冈田荣三郎一飞兵（操练49期）	北村健三二飞曹（甲飞4期）	—
		第26小队	藤本卓马一飞曹	中岛米吉飞曹长（乙飞4期）	座机中4弹
			西森俊雄二飞曹（乙飞8期）	野田绚治二飞曹（甲飞3期）	座机中2弹
			山川新作一飞兵（操练48期）	中田胜藏一飞兵（侦练53期）	

续表

航母	单位	小队	操纵员	侦察员	备注
"苍龙"	第13攻击队	第24小队	池田正伟大尉（海兵61期）	寺井荣飞曹长（乙飞2期）	座机中2弹
			土屋庚道一飞曹（乙飞7期）	藤田多吉一飞曹（侦练33期）	—
			藤田辰男三飞曹（操练46期）	金贺五郎一飞曹（乙飞7期）	座机中6弹
		第25小队	中川纪雄一飞曹（乙飞7期）	栗原一弥中尉（海兵67期）	座机中2弹
			井后义雄三飞曹（操练44期）	寺元英己一飞曹（甲飞1期）	座机中2弹
			远藤定雄一飞兵（操练49期）	水谷广惠三飞曹（侦练41期）	座机中2弹
		第26小队	山田隆一飞曹（甲飞1期）	船崎金二一飞曹（侦练28期）	—
			加藤求一飞兵（操练48期）	土井安松二飞曹（侦练45期）	—
			小濑本国雄一飞兵（操练53期）	高野义雄二飞曹（乙飞8期）	—
第二次攻击"佩科斯"号					
"赤城"	第11攻击队	第1小队	古田清人一飞曹（操练32期）	千早猛彦大尉（海兵62期）	—
			武居一马一飞兵（操练48期）	原田嘉太男一飞曹（甲飞2期）	座机中5弹
			大野孝一飞兵（操练54期）	长谷川菊之助一飞兵（侦练50期）	—
		第2小队	山田昌平大尉（海兵65期）	山本义一一飞曹（乙飞5期）	—
			望月伊作一飞兵（操练48期）	土屋亮六二飞曹（侦练39期）	—
			石井信一二飞曹（甲飞4期）	山下敏平二飞曹（甲飞3期）	—

续表

航母	单位	小队	操纵员	侦察员	备注
"赤城"	第11攻击队	第3小队	高野秀雄一飞曹（乙飞7期）	清水竹志飞曹长（乙飞4期）	座机中1弹
			饭塚德次三飞曹（操练50期）	川井祐二飞曹（乙飞8期）	座机中3弹
			山川光好一飞兵（操练54期）	青木丰二郎二飞曹（甲飞4期）	座机中6弹
"飞龙"	第14攻击队	第1小队	下田一郎中尉（海兵66期）	住吉语一飞曹（乙飞3期）	—
			山田喜七郎一飞曹（甲飞2期）	内之村保一飞曹（乙飞6期）	—
			中尾信道三飞曹（操练50期）	冈村荣光一飞曹（甲飞2期）	—
		第2小队	中泽岩雄飞曹长	中山七五三松特务少尉（侦练18期）	—
			濑尾铁夫一飞曹（甲飞2期）	安田信惠一飞曹（甲飞2期）	—
			近藤澄夫一飞兵（操练49期）	清水巧二飞曹（乙飞9期）	—
		第3小队	川畑弘保一飞曹（甲飞1期）	石井正郎飞曹长（乙飞3期）	—
			池田高三二飞曹（乙飞8期）	板津辰雄三飞曹（侦练45期）	—
			渊上一生一飞兵（操练54期）	水野泰彦一飞兵（侦练51期）	—
	攻击"埃兹尔"号				
"飞龙"	第14攻击队	第1小队	小林道雄大尉（海兵63期）	小野义范飞曹长（乙飞3期）	—
			崎山保一飞曹（操练36期）	前田孝一飞曹（乙飞5期）	—
			坂井秀男一飞兵（操练48期）	福永义晖一飞曹（甲飞2期）	—

续表

航母	单位	小队	操纵员	侦察员	备注
"飞龙"	第14攻击队	第2小队	西原敏胜飞曹长（乙飞2期）	田岛一男一飞曹（乙飞5期）	—
			大石幸雄一飞曹（乙飞7期）	板津辰雄三飞曹（侦练45期）	—
			黑木顺一三飞曹（操练47期）	村上亲爱三飞曹（侦练46期）	—
		第3小队	中川静夫一飞曹（乙飞5期）	吉川启次郎飞曹长（乙飞4期）	—
			土屋孝美三飞曹（操练48期）	宫里光夫二飞曹（侦练34期）	—
			关政男一飞兵（操练55期）	田中国男一飞兵	—
"加贺"	第12攻击队	第21小队	小川正一大尉（海兵61期）	吉川克己一飞曹（乙飞1期）	—
			田中武夫二飞曹（操练44期）	市町准一一飞曹（乙飞6期）	—
			石塚重男二飞曹（甲飞3期）	松家正则二飞曹（己方4期）	—
		第22小队	今宫保一飞曹（操练27期）	三浦尚彦中尉（海兵66期）	—
			吉元实秀三飞曹（操练47期）	永岭雪雄一飞兵（侦练50期）	—
			山中隆三一飞兵（操练53期）	伊藤乡实一飞兵（侦练46期）	—
		第23小队	前间佐喜三飞曹	东乡幸男一飞曹（甲飞1期）	—
			角田光威一飞兵（操练50期）	川口俊光一飞兵（侦练53期）	—

续表

航母	单位	小队	操纵员	侦察员	备注
"苍龙"	第13小队	第22小队	小井手护之大尉(海兵65期)	山本博一飞曹(侦练30期)	—
			朝仓畅一飞曹(甲飞2期)	石田重吉一飞曹(侦练35期)	—
			山中正三二飞曹(甲飞4期)	土屋嘉彦二飞曹(甲飞4期)	—
		第23小队	菅原隆一飞曹(乙飞5期)	山口幸男飞曹长(侦练26期)	—
			池永弘二飞曹	高桥秀吉二飞曹(甲飞4期)	—
			渡边敬一飞兵	中竹悟二飞曹(甲飞4期)	—
		第21小队	山崎武男二飞曹(操练45期)	远藤正一飞曹(甲飞1期)	—
			须藤市郎二飞曹(乙飞8期)	山口积二飞曹(甲飞3期)	—
			冈田忠夫一飞兵	水谷广惠三飞曹(侦练41期)	—

17时45分,"雾岛"分队长浦田正海中尉(海兵66期)率领3架水侦出航,其中两机向"埃兹尔"号共投下4枚60公斤航弹,但炸弹皆脱靶。20时整,"雾岛"的水侦返回所属战列舰。

饱受日军炮弹、航弹攻击的"埃兹尔"号最终在19时05分沉没,除个别幸存者被日舰俘虏外①,舰长乔舒亚·詹姆斯·尼克斯(Joshua James Nix)上尉在内的其他成员或战死或失踪。"惠普"号一直未收到"埃兹尔"号的电报,因此推断后者已经遭到不测。机动部队为了击沉"埃兹尔"号,共消耗26枚250公斤航弹、6枚60公斤航弹、297发356毫米炮弹、844发203毫米炮弹、132发152毫米副炮炮弹以及62发127毫米炮弹。

3. 1942年3月5日机动部队空袭芝拉扎

3月2日零时47分,第1补给队(油船"旭

---

① 第3战队战斗详报记录俘虏7人,第8战队战斗详报记录俘虏8人。

东丸""健洋丸""日本丸")、第15驱逐队第1小队(驱逐舰"亲潮""黑潮")与机动部队会合,地点坐标107°16′E,16°15′S。当日2时52分至19时03分,补给队为机动部队实施补给。21时50分,第1补给队、第15驱逐队第1小队离开机动部队。此外,第8战队在当日1时44分复归机动部队。4时50分,第3战队第1小队加入机动部队,地点是106°29′E,16°16′S。

3月3日,机动部队仍未发现任何水面目标。21时整,南云忠一决定于次日空袭芝拉扎,计划出动两波次舰载机,舰攻将挂载一枚800公斤陆用弹,舰爆则使用250公斤陆用弹。攻击目标首选是盟军舰艇,其次是商船。攻击结束后,舰载机将于芝拉扎灯塔南10海里(约18千米)的空域集合,集合高度2000米。芝拉扎是爪哇岛南的重要港口,港口南有努萨安邦岛(Nusa Kambangan)作为屏障,与印度洋相隔。

3月4日,南云将空袭芝拉扎的日期推迟至3月5日。黄昏时段,"筑摩""浦风"发现荷兰商船"恩加诺"(SS Engano),遂于18时离队前去拦截。19时57分,"筑摩"开始射击,当时"恩加诺"号距离3千米至15千米,共计消耗203毫米炮弹31发、127毫米炮弹189发,其中"筑摩"消耗203毫米炮弹31发、127毫米炮弹181发。20时41分,"筑摩"向"恩加诺"号发射一条鱼雷。2分钟后,"恩加诺"号沉没,地点坐标108°1.5′E,11°44.5′S。击沉这艘商船后,"筑摩""浦风"开始回航,至3月5日1时14分归队。23时03分,第1补给队、第15驱逐队第1小队与机动部队会合。

3月5日上午,机动部队按计划展开空袭。当日机动部队所在区域的气温达27摄氏度以上,多云。9时45分,由1、2航战舰载机混编的第一次攻击队陆续升空,该攻击由18架零战、33架99式舰爆、45架97式舰攻组成。9时45分,"赤城"的舰载机起飞。9时47分,"飞龙"的舰爆起飞。9时55分,江草隆繁带着"苍龙"的舰爆飞往芝拉扎。10时05分,"加贺"攻击队出发,不过第2制空队第1小队3号机因无法回收降落架,而被迫掉头返航。10时10分,"赤城"攻击队出航。

攻击队离开母舰后一直北上。11时13分,渊田美津雄发现芝拉扎,遂指示攻击队展开队形,并于11时26分下令突击。11时35分至11时56分,第1攻击队在第1制空队第2小队掩护下,对船舶、市区实施水平轰炸。渊田的第1中队确认有2弹命中一艘大型商船,另有4枚航弹在该商船的两舷爆炸;村田重治的第2中队同时轰炸两艘大型商船,确认有一弹命中其中一艘,5枚航弹在两艘商船之间爆炸。布留川泉的第3中队轰炸了芝拉扎街道,命中情况不明。11时55分,板谷茂带领第1制空队第1、第3小队进入低空,扫射一艘商船。12时15分,第1攻击队开始回航,后于13时30分返回母舰。

11时25分,第2制空队第1小队掩护第2攻击队进入轰炸航路,第2小队继续在高空搜索盟军飞机。11时36分,第2攻击队开始轰炸地面目标。由于云层的阻碍,各中队多次尝试进入轰炸航路。11时45分,桥口乔的第1中队轰炸两艘并排的商船,确认2枚或3枚航弹命中一艘大型商船。随后,牧秀雄的第3中队在12时04分轰炸上述目标,确认4枚命中弹且目标下沉。岩井健太郎指挥第5中队轰炸一艘商船,发现1弹命中,时间是11时58分。12时01分,福田稔带领第4中队向码头附近的高射炮阵地投弹,北岛一良的第2中队在12时10分轰炸仓库并于12时30分提前返航。12时40分,第2攻击队主力与制空队一道回航。14时20分,"加贺"回收参与攻击的舰载机。

11时42分至12时05分，第13攻击队轰炸目标。第14攻击队从11时50分开始轰炸，直至12时10分退出攻击。13时25分，2航战的舰爆返回母舰。

在日军轰炸期间，驻守芝拉扎的英军第77重高射炮团（装备93毫米高射炮）、第21轻高射炮团（装备40毫米高射炮）进行还击，击伤3架舰爆，包括第13攻击队21小队3号机、第23小队2号机，以及第14攻击队第26小队1号机。

10时45分，楠美正带领第二次攻击队对芝拉扎实施新一轮打击。此次攻击队由2航战的舰载机编成，共有18架零战、35架舰攻，每架舰攻挂载一枚800公斤陆用弹。11时58分，攻击队发现芝拉扎。12时整，菅波政治带领第3制空队下降高度，扫射一艘"驱逐舰"。12时05分，楠美向2航战舰攻队下达突击命令。12时19分，中岛㴱指挥第3攻击队第3中队攻击芝拉扎的仓库，其间有一架舰攻被地面火力击伤。1分钟后，阿部平次郎、长井彊分别带领第1、第2中队轰炸铁道、营房。在轰炸期间，第1中队所属的一架舰攻因被防空火力击中而受损。

12时29分，第4攻击队轰炸停泊在芝拉扎的船舶，确认炸伤两艘商船。在轰炸期间，第4攻击队第48小队2号机中弹。重松康弘中尉指挥第4制空队所属的9架零战扫射商船、车辆等目标。2航战在当日第二波空袭期间未损失一架舰载机，仅有3架舰攻被地面火力击伤。13时35分至13时38分，"苍龙"攻击队相继返航母舰，"飞龙"攻击队则于14时20分着舰。

当日，机动部队出动36架零战、33架舰爆以及80架舰攻空袭芝拉扎，消耗80枚800公斤陆用弹、33枚250公斤陆用弹（见表7-3），声称炸沉19艘盟军船舶、重伤1艘。根据盟军方面记录，维修船"巴伦支"（HNLMS Barentsz，排水量4819吨）、巡逻艇"老人星"（HNLMS Canopus，排水量773吨）、"泽曼"（HNLMS Hoofdinspector Zeeman，排水量633吨）、货船"罗干"（SS Rokan，排水量563吨）、"塔希提岛"（SS Tohiti，排水量982吨），油驳船"阿齐特"（SS Atjeh，排水量495吨）以及一个干船坞在3月5日的轰炸中弹起火，船员打开通海阀自沉，货船"帕西"（SS Pasir，排水量1187吨）也在当天沉没，原因不明。此外，货船"西普拉"（SS Sipora，排水量1594吨）被炸伤，后于3月6日自沉。

表7-3　1942年3月5日机动部队突击芝拉扎编制表

航母	单位	中队	小队	操纵员	侦察员	电信员	备注
第一次攻击							
"赤城"	第1攻击队	第1中队	第40小队	松崎三男大尉（海兵65期）	渊田美津雄中佐（海兵52期）	水木德信一飞曹（侦练39期）	—
				渡边晃一飞曹（操练28期）	阿曾弥之助一飞曹（乙飞5期）	五月女忠夫一飞兵（侦练52期）	—
				安江巴一飞兵（操练47期）	远藤恒次二飞曹（侦练36期）	萩谷几久男三飞曹（乙飞9期）	

续表

航母	单位	中队	小队	操纵员	侦察员	电信员	备注
"赤城"	第1攻击队	第1中队	第47小队	铃木重男一飞曹（乙飞5期）	德留明一飞曹（甲飞1期）	南木清之助一飞曹（甲飞2期）	—
				蓼原勇雄二飞曹（操练48期）	松冈孝一飞曹（甲飞2期）	中村勇哲二飞曹（乙飞8期）	—
				香川定辅一飞兵（操练52期）	栗田厚吉二飞曹（甲飞3期）	村上守司三飞曹（乙飞9期）	—
		第2中队	第44小队	村田重治少佐（海兵58期）	星野要二飞曹长（侦练21期）	渡边繁治二飞曹（侦练34期）	—
				泷泽友一二飞曹（乙飞8期）	松岛正飞曹长（乙飞2期）	大岛正广一飞兵（侦练51期）	—
				井上福治一飞兵（操练48期）	川村善作一飞曹（甲飞2期）	藤本兼雄一飞兵（侦练48期）	—
			第45小队	根岸朝雄大尉（海兵65期）	重永春喜飞曹长（侦练18期）	清水贤一飞曹（甲飞2期）	—
				海藤军治三飞曹（操练42期）	伊藤光义一飞曹（甲飞2期）	堀井孝行一飞曹（甲飞3期）	—
				花井圭吾一飞兵（操练50期）	佐野刚也一飞曹（甲飞2期）	松田宪雄一飞兵（侦练50期）	—
		第3中队	第41小队	中井留一飞曹长（乙飞3期）	布留川泉大尉（海兵63期）	中岛光升三飞曹（侦练43期）	—
				竹村章一飞曹（甲飞2期）	雨宫享勇一飞曹（普电练40期）	中野利夫二飞曹（乙飞8期）	—
				冈崎行男一飞曹（甲飞2期）	池田弘二飞曹	前野哲男一飞兵（侦练48期）	—
			第46小队	藤本谕一飞曹（操练29期）	西森暹飞曹长（侦练24期）	芦野正男二飞曹（乙飞8期）	—
				大谷康二二飞曹（操练43期）	德留明一飞曹（甲飞1期）	村上守司三飞曹（乙飞9期）	—
				松浦清一飞兵	铃木胜二飞曹（甲飞4期）	女田竹利一飞兵（侦练48期）	—

续表

航母	单位	中队	小队	操纵员	侦察员	电信员	备注
"加贺"	第2攻击队	第1中队	第1小队	浦田丰四飞曹长（乙飞2期）	桥口乔少佐（海兵56期）	松本光一飞曹（乙飞7期）	—
				切通亲三飞曹（操练45期）	樫田一郎一飞曹（侦练44期）	田村三郎二飞曹（甲飞4期）	—
				武信太助二飞曹	井藤弥一三飞曹	公平正利一飞兵	—
			第2小队	松山政人二飞曹（操练33期）	葛城正彦中尉（海兵66期）	米泽一二飞曹（甲飞3期）	—
				大串军治三飞曹（操练50期）	森崎英夫一飞曹（甲飞1期）	平山繁树二飞曹（乙飞9期）	—
				冈田岩一飞曹（甲飞4期）	中山操三飞曹	黑木勇三郎三飞曹（乙飞9期）	—
		第2中队	第1小队	北岛一良大尉（海兵61期）	明胁丰飞曹长（侦练22期）	山本静男二飞曹（侦练43期）	—
				吉川与四郎三飞曹（操练53期）	王子野光二三飞曹（乙飞7期）	前田武二飞曹（甲飞3期）	—
				平田义幸二飞曹（甲飞4期）	山口勇二三飞曹（侦练40期）	安藤美一飞兵	—
			第2小队	铃木勋二飞曹（操练48期）	信田安治一飞曹（甲飞1期）	渡边祯夫二飞曹（乙飞8期）	—
				佐佐木龟藏一飞兵	田村平治二飞曹（甲飞2期）	坂田惠介二飞曹（甲飞4期）	—
		第3中队	第1小队	牧秀雄大尉（海兵61期）	松村务飞曹长（侦练22期）	三矢武一二飞曹（侦练43期）	—
				大塚高次三飞曹（操练49期）	德丸泰次三飞曹（侦练40期）	大场八千代二飞曹（甲飞4期）	—
				安部义春一飞兵	西村武二飞曹	高杉教太郎一飞兵	—

续表

航母	单位	中队	小队	操纵员	侦察员	电信员	备注
"加贺"	第2攻击队	第3中队	第2小队	植村信雄一飞曹（甲飞2期）	福元实惠飞曹长（乙飞4期）	村上欣二二飞曹（甲飞3期）	—
				小川益一一飞兵（操练48期）	天野明一飞曹（甲飞1期）	伊藤拾久二飞曹（甲飞3期）	—
				中马与三郎一飞兵	藤井淳一二飞曹（甲飞3期）	小滨春雄一飞兵	
		第4中队	第1小队	佐藤重雄一飞曹（乙飞5期）	福田稔大尉（海兵65期）	大西春雄二飞曹（甲飞3期）	—
				中川一二二飞曹（操练46期）	吉野治男一飞曹（甲飞2期）	川崎光男一飞兵（侦练50期）	—
				五岛薰三飞曹	樋口金造二飞曹（乙飞8期）	西谷芳数三飞曹（乙飞9期）	—
			第2小队	三岛辉夫一飞曹（乙飞7期）	森永隆义飞曹长（甲飞4期）	久恒吾市二飞曹（乙飞8期）	—
				柴田寿二飞曹（甲飞3期）	吉村直次郎一飞曹（甲飞1期）	上野秀一二飞曹（甲飞3期）	—
		第5中队	第1小队	岩田广丈一飞曹（操练26期）	岩井健太郎大尉（海兵65期）	平野晴一郎二飞曹（甲飞3期）	—
				田中一则二飞曹（乙飞8期）	中村丰弘二飞曹（侦练44期）	冈田幸男一飞兵（侦练53期）	—
				大迫弘毅一飞兵	滨野孝一二飞曹（甲飞3期）	岛田直三飞曹（乙飞9期）	—
			第2小队	桥本祯司一飞曹（乙飞7期）	西山武志二飞曹	长谷川元义一飞兵	—
				羽田工一飞兵	吉田隆成二飞曹	增田良治一飞兵	—
"苍龙"	第13攻击队	第1中队	第21小队	江草隆繁少佐（海兵58期）	石井树飞曹长（乙飞1期）	—	—
				山崎武男二飞曹（操练45期）	远藤正一飞曹（甲飞1期）	—	—
				须藤市郎二飞曹（乙飞8期）	山口积二飞曹（甲飞3期）	—	中弹5发

续表

航母	单位	中队	小队	操纵员	侦察员	电信员	备注
"苍龙"	第13攻击队	第1中队	第23小队	菅原隆一飞曹（乙飞5期）	山口幸男飞曹长（侦练26期）	—	—
				池永弘二飞曹	高桥秀吉二飞曹（甲飞4期）	—	中弹1发
				渡边敬一飞兵	中竹悟二飞曹（甲飞4期）	—	—
			第22小队	朝仓畅一飞曹（甲飞2期）	石田重吉一飞曹（侦练35期）	—	—
				冈田忠夫一飞兵	土屋嘉彦二飞曹（甲飞4期）	—	—
		第2中队	第22小队	小井手护之大尉（海兵65期）	山本博一飞曹（侦练30期）	—	—
			第24小队	土屋庚道一飞曹（乙飞7期）	藤田多吉一飞曹（侦练33期）	—	—
				中川纪雄一飞曹（乙飞7期）	栗原一弥中尉（海兵67期）	—	—
			第25小队	井后义雄三飞曹（操练44期）	寺元英己一飞曹（甲飞1期）	—	—
				远藤定雄一飞兵（操练49期）	水谷广惠三飞曹（侦练41期）	—	—
			第26小队	山田隆一飞曹（甲飞1期）	船崎金二一飞曹（侦练28期）	—	—
				加藤求一飞兵（操练48期）	土井安松二飞曹（侦练45期）	—	—
				小濑本国雄一飞兵（操练53期）	高野义雄二飞曹（乙飞8期）	—	—
"飞龙"	第14攻击队	第1中队	第21小队	小林道雄大尉（海兵63期）	小野义范飞曹长（乙飞3期）	—	—
				崎山保一飞曹（操练36期）	前田孝一飞曹（乙飞5期）	—	—
				坂井秀男一飞兵（操练48期）	福永义晖一飞曹（甲飞2期）	—	—

续表

航母	单位	中队	小队	操纵员	侦察员	电信员	备注
"飞龙"	第14攻击队	第1中队	第22小队	中泽岩雄飞曹长	中山七五三松特务少尉（侦练18期）	—	—
				濑尾铁夫一飞曹（甲飞2期）	安田信惠一飞曹（甲飞2期）	—	—
				近藤澄夫一飞兵（操练49期）	清水巧二飞曹（乙飞9期）	—	—
			第23小队	中川静夫一飞曹（乙飞5期）	吉川启次郎飞曹长（乙飞4期）	—	—
				土屋孝美三飞曹（操练48期）	宫里光夫二飞曹（侦练34期）	—	—
				关政男一飞兵（操练55期）	田中国男一飞兵	—	—
		第2中队	第24小队	下田一郎中尉（海兵66期）	住吉语一飞曹（乙飞3期）	—	—
				山田喜七郎一飞曹（甲飞2期）	内之村保一飞曹（乙飞6期）	—	—
				中尾信道三飞曹（操练50期）	冈村荣光一飞曹（甲飞2期）	—	—
			第25小队	川畑弘保一飞曹（甲飞1期）	石井正郎飞曹长（乙飞3期）	—	—
				池田高三二飞曹（乙飞8期）	板津辰雄三飞曹（侦练45期）	—	—
				渊上一生一飞兵（操练54期）	水野泰彦一飞兵（侦练51期）	—	—
			第26小队	大石幸雄一飞曹（乙飞7期）	田岛一男一飞曹（乙飞5期）	—	中弹1发
				黑木顺一三飞曹（操练47期）	村上亲爱三飞曹（侦练46期）	—	—

续表

航母	单位	中队	小队	操纵员	侦察员	电信员	备注
"赤城"	第1制空队	—	第1小队	板谷茂少佐（海兵57期）	—	—	—
				岩间品次一飞曹（甲飞2期）	—	—	—
				川原田三二飞曹（甲飞4期）	—	—	—
			第2小队	山本重久中尉（海兵66期）	—	—	—
				高原重信二飞曹（乙飞8期）	—	—	—
				大原广司三飞曹（操练50期）	—	—	—
			第3小队	菊地哲生一飞曹（操练39期）	—	—	—
				井石清次三飞曹（操练50期）	—	—	—
				石田正志一飞兵（操练55期）	—	—	—
"加贺"	第2制空队	—	第11小队	志贺淑雄大尉（海兵62期）	—	—	—
				田中行雄一飞曹（乙飞6期）	—	—	起飞后因无法回收起落架而返航
				高冈松太郎一飞兵（操练54期）	—	—	—
			第12小队	饭塚雅夫中尉（海兵66期）	—	—	—
				丰田一义一飞曹（甲飞1期）	—	—	—
				阪东诚一飞兵（操练48期）	—	—	—

续表

航母	单位	中队	小队	操纵员	侦察员	电信员	备注
"加贺"	第2制空队	—	第13小队	山本旭一飞曹（操练24期）	—	—	—
				平山岩二飞曹（操练38期）	—	—	—
				中上乔一飞兵（操练53期）	—	—	—
第二次攻击							
"苍龙"	第3攻击队	第1中队	第41小队	笠原治助飞曹长（乙飞4期）	阿部平次郎大尉（海兵61期）	小町龄一飞曹（乙飞6期）	第1中队有1机中弹
				越智正武二飞曹（甲飞2期）	向畑寿一一飞曹（乙飞6期）	仓谷定茂二飞曹（乙飞8期）	—
				田边正直二飞曹（甲飞4期）	田村重年二飞曹（甲飞3期）	新井嘉年男二飞曹（甲飞4期）	—
			第43小队	佐藤寿雄一飞曹（操练26期）	大迫加一飞曹长（侦练29期）	荒井辰雄三飞曹（侦练43期）	—
				川岛甲治三飞曹（操练50期）	田中敬介一飞曹（甲飞2期）	小川政次三飞曹（乙飞8期）	—
				二瓶务二飞曹（甲飞4期）	宗形龙惠二飞曹	小野安卫一飞兵	—
		第2中队	第44小队	长井彊大尉（海兵64期）	谷口惣一郎飞曹长（侦练22期）	太田五郎一飞曹（乙飞6期）	—
				潮满之助一飞曹（甲飞1期）	八代七郎飞曹长（侦练23期）	若林澄男二飞曹（侦练43期）	—
				森拾三二飞曹（操练38期）	加藤丰则一飞曹（甲飞2期）	早川润一二飞曹（甲飞3期）	—
				茅原义博一飞兵（操练48期）	安藤百平二飞曹（侦练49期）	江塚寿二飞曹（甲飞4期）	—
			第45小队	新谷洁一飞曹（甲飞2期）	山本贞雄中尉（海兵66期）	铃木四郎三飞曹（侦练43期）	—
				根食贞宪二飞曹（乙飞8期）	杉山弘兴一飞曹（甲飞1期）	丸山忠雄二飞曹（甲飞3期）	—
				宫崎德三郎一飞兵（操练48期）	佐野觉一飞曹（甲飞2期）	秋滨哲郎一飞兵（侦练48期）	—

续表

航母	单位	中队	小队	操纵员	侦察员	电信员	备注
"苍龙"	第3攻击队	第3中队		中岛巽大尉（海兵65期）	中村太门飞曹长（乙飞2期）	西田孝雄一飞兵（侦练47期）	第3中队有1机中弹
			第42小队	大多和达也一飞曹（乙飞5期）	藤波贯二一飞曹（侦练27期）	永井福太郎一飞兵（侦练51期）	—
				岩田高明二飞曹（甲飞4期）	鹿熊粂吉二飞曹（甲飞3期）	土井敬二二飞曹（甲飞4期）	
				原田正澄一飞曹（甲飞2期）	金井武和飞曹长（侦练26期）	细井喜代人二飞曹（乙飞8期）	
			第46小队	鹤见茂二飞曹（甲飞4期）	吉冈政光二飞曹（侦练43期）	若宫秀夫二飞曹（甲飞4期）	—
				木村正二飞曹（乙飞8期）	绀野嘉悦二飞曹（乙飞8期）	浮ヶ谷弘三飞曹	
"飞龙"	第4攻击队	第1中队	第40小队	楠美正少佐（海兵57期）	近藤正次郎中尉（海兵66期）	福田正雄一飞曹（乙飞5期）	—
				石井善吉一飞曹（操练31期）	小林正松一飞曹（侦练31期）	田村满二飞曹（甲飞3期）	—
			第43小队	野中觉一飞曹（乙飞5期）	龙六郎飞曹长（侦练27期）	二宫一宪二飞曹（乙飞8期）	
				阪本宪司一飞曹（甲飞2期）	吉村武夫二飞曹（甲飞4期）	矢作实二飞曹（甲飞4期）	
			第44小队	高桥利男一飞曹（操练24期）	中岛政时一飞曹（乙飞7期）	笠井清二飞曹（乙飞8期）	
				铃木武一飞兵（操练53期）	佐小田香二飞曹（甲飞4期）	久原滋一飞兵	
		第2中队	第41小队	菊池六郎大尉（海兵64期）	汤本智美飞曹长（侦练20期）	村井定一飞曹（乙飞6期）	
				住友清真一飞曹（操练23期）	梅泽幸男二飞曹（侦练33期）	金泽秀利二飞曹（乙飞8期）	
			第42小队	上杉丈助二飞曹（操练38期）	桥本敏男中尉（海兵66期）	小山富雄一飞兵（侦练48期）	中弹1发
				宫内政治二飞曹（甲飞4期）	山田贞次郎二飞曹（甲飞4期）	宫川次宗二飞曹（甲飞4期）	

续表

航母	单位	中队	小队	操纵员	侦察员	电信员	备注
"飞龙"	第4攻击队	第2中队	第48小队	大林行雄一飞曹（乙飞5期）	工藤博之二飞曹（侦练44期）	谷口一也一飞兵（侦练50期）	—
				永山义光一飞兵（操练52期）	齐藤清西二飞曹（甲飞3期）	铃木睦男二飞曹（甲飞4期）	—
		第3中队	第45小队	角野博治大尉（海兵65期）	鸟羽重信一飞曹（侦练31期）	松井信平一飞曹（乙飞6期）	—
				中尾春木一飞兵	丸山泰辅二飞曹（甲飞3期）	仲野开市二飞曹（甲飞3期）	—
			第47小队	高桥仲夫一飞曹（甲飞2期）	城武夫一飞曹（乙飞5期）	稻毛幸平一飞曹（甲飞2期）	—
				浦田直一飞兵（操练53期）	佐藤繁治二飞曹（乙飞8期）	实田陆男一飞兵（侦练49期）	—
			第48小队	杉本八郎一飞曹（甲飞2期）	肱黑定美二飞曹（甲飞3期）	森田宽二飞曹（甲飞3期）	—
"苍龙"	第3制空队		第15小队	菅波政治大尉（海兵61期）	—	—	—
				久保田亘一飞曹（操练36期）	—	—	—
				铃木新一三飞曹（操练45期）	—	—	—
			第16小队	田中平特务少尉（操练19期）	—	—	—
				萩野恭一郎三飞曹（操练44期）	—	—	—
				土井川勋一飞兵（操练47期）	—	—	—
			第17小队	杉山武夫一飞曹（操练26期）	—	—	—
				野田光臣一飞曹（甲飞2期）	—	—	—
				吉松要二飞曹（操练41期）	—	—	—

续表

航母	单位	中队	小队	操纵员	侦察员	电信员	备注
"飞龙"	第4制空队		第1小队	重松康弘中尉（海兵66期）	—	—	—
				村中一夫一飞曹（乙飞6期）	—	—	—
				田原功三飞曹（操练45期）	—	—	—
			第18小队	儿玉义美飞曹长（乙飞2期）	—	—	—
				加纳慧一飞曹（乙飞6期）	—	—	—
				黑木实德二飞曹	—	—	—
			第13小队	日野正人一飞曹（操练27期）	—	—	—
				佐佐木齐二飞曹（甲飞3期）	—	—	—
				小谷贤治一飞兵（操练54期）	—	—	—

4. 1942年3月6日至9日机动部队行动情况

3月6日零时20分至10时整，补给队为机动部队实施补给。6时整，第15驱逐队第1小队编入警戒队。10时30分，由2航战、第3战队第2小队及第17驱逐队编成的别动队与机动部队主队（1航战、8战队、1水战余部）分离，经过古邦岛（Kupang）附近时向东搜索盟军舰船，之后向斯塔林回航。

3月7日8时左右，第3战队第2小队偕第17驱逐队1小队（驱逐舰"谷风""浦风"）炮击圣诞岛的电报站、栈桥以及油库①。

同日，2航战出动舰载机执行侦察、突击任务（见表7-4）。10时05分，"飞龙"所属的3架舰爆、8架舰攻出发，执行侦察任务。后藤亲思一飞曹于11时05分发现一艘商船，龙六郎飞曹长在13时18分发现一艘商船，并向其投下一枚60公斤陆用弹，中岛政时一飞曹于13时50分发现一艘商船并进行攻击。16时35分，上述舰载机返回母舰。

---

① "榛名"共消耗3发356毫米炮弹、14发152毫米炮弹，"谷风"消耗炮弹31发，"浦风"消耗炮弹12发。

表 7-4 1942 年 3 月 7 日第 2 航空战队侦察、突击编制表

航母	单位	小队	操纵员	侦察员	电信员	备注
			攻 击			
"苍龙"	—	第 22 小队	小井手护之大尉（海兵 65 期）	山本博一飞曹（侦练 30 期）	—	—
			朝仓畅一飞曹（甲飞 2 期）	石田重吉一飞曹（侦练 35 期）	—	—
			山中正三二飞曹（甲飞 4 期）	土屋嘉彦二飞曹（甲飞 4 期）	—	—
		第 23 小队	菅原隆一飞曹（乙飞 5 期）	山口幸男飞曹长（侦练 26 期）	—	—
			池永弘一飞曹	高桥秀吉二飞曹（甲飞 4 期）	—	—
			渡边敬一飞兵	中竹悟二飞曹（甲飞 4 期）	—	—
		第 21 小队	山崎武男二飞曹（操练 45 期）	远藤正一飞曹（甲飞 1 期）	—	—
			须藤市郎二飞曹（乙飞 8 期）	山口积二飞曹（甲飞 3 期）	—	—
			冈田忠夫一飞兵	高野义雄二飞曹	—	—
		第 47 小队	大多和达也一飞曹（乙飞 5 期）	藤波贯二一飞曹（侦练 27 期）	永井福太郎一飞兵（侦练 51 期）	—
			越智正武二飞曹（甲飞 2 期）	向畑寿一一飞曹（乙飞 6 期）	仓谷定茂二飞曹（乙飞 8 期）	—
			攻 击			
"苍龙"	第 13 攻击队	第 21 小队	江草隆繁少佐（海兵 58 期）	石井树飞曹长（乙飞 1 期）	—	
		第 26 小队	山田隆一飞曹（甲飞 1 期）	船崎金二一飞曹（侦练 28 期）	—	

续表

航母	单位	小队	操纵员	侦察员	电信员	备注
"苍龙"	第13攻击队	第24小队	池田正伟大尉（海兵61期）	寺井荣飞曹长（乙飞2期）	—	—
			土屋庚道一飞曹（乙飞7期）	藤田多吉一飞曹（侦练33期）	—	—
			藤田辰男三飞曹（操练46期）	金贺五郎一飞曹（乙飞7期）	—	—
		第25小队	中川纪雄一飞曹（乙飞7期）	栗原一弥中尉（海兵67期）	—	—
			井后义雄三飞曹（操练44期）	寺元英己一飞曹（甲飞1期）	—	—
搜　索						
"飞龙"			濑尾铁夫一飞曹（甲飞2期）	安田信惠一飞曹（甲飞2期）	—	—
			崎山保一飞曹（操练36期）	前田孝一飞曹（乙飞5期）	—	—
			中泽岩雄飞曹长	中山七五三松特务少尉（侦练18期）	—	—
			角野博治大尉（海兵65期）	鸟羽重信一飞曹（侦练31期）	文宫府知一飞兵（侦练48期）	—
			高桥利男一飞曹（操练24期）	梅泽幸男二飞曹（侦练33期）	金泽秀利二飞曹（乙飞8期）	—
			上杉丈助二飞曹（操练38期）	桥本敏男中尉（海兵66期）	小山富雄一飞兵（侦练48期）	—
			柳本拓郎三飞曹（操练42期）	后藤亲思一飞曹（侦练29期）	二宫一宪二飞曹（乙飞8期）	—
			野中觉一飞曹（乙飞5期）	龙六郎飞曹长（侦练27期）	栖崎广典一飞曹（乙飞6期）	—
			石井善吉一飞曹（操练31期）	小林正松一飞曹（侦练31期）	田村满二飞曹（甲飞3期）	—
			阪本宪司一飞曹（甲飞2期）	中岛政时一飞曹（乙飞7期）	笠井清二飞曹（乙飞8期）	—
			杉本八郎一飞曹（甲飞2期）	肱黑定美二飞曹（甲飞3期）	森田宽二飞曹（甲飞3期）	—

续表

航母	单位	小队	操纵员	侦察员	电信员	备注
			攻　击			
"飞龙"	第14攻击队	第1小队	下田一郎中尉（海兵66期）	住吉语一飞曹（乙飞3期）	—	—
			山田喜七郎一飞曹（甲飞2期）	内之村保一飞曹（乙飞6期）	—	—
			中尾信道三飞曹（操练50期）	冈村荣光一飞曹（甲飞2期）	—	—
		第2小队	川畑弘保一飞曹（甲飞1期）	石井正郎飞曹长（乙飞3期）	—	—
			池田高三二飞曹（乙飞8期）	板津辰雄三飞曹（侦练45期）	—	—
			渊上一生一飞兵（操练54期）	水野泰彦一飞兵（侦练51期）	—	—
		第3小队	大石幸雄一飞曹（乙飞7期）	田岛一男一飞曹（乙飞5期）	—	—
			黑木顺一三飞曹（操练47期）	村上亲爱三飞曹（侦练46期）	—	—
			近藤澄夫一飞兵（操练49期）	清水巧二飞曹（乙飞9期）	—	—
			侦　察			
"飞龙"	—		于久保己三飞曹（操练41期）	近藤正次郎中尉（海兵66期）	福田正雄一飞曹（乙飞5期）	—
			高桥仲夫一飞曹（甲飞2期）	城武夫一飞曹（乙飞5期）	稻毛幸平一飞曹（甲飞2期）	—
			中尾春木一飞兵	丸山泰辅二飞曹（甲飞3期）	仲野开市二飞曹（甲飞3期）	—
			浦田直一飞兵（操练53期）	佐藤繁治二飞曹（乙飞8期）	实田陆男一飞兵（侦练49期）	—
			大林行雄一飞曹（乙飞5期）	工藤博之二飞曹（侦练44期）	谷口一也一飞兵（侦练50期）	—
			永山义光一飞兵（操练52期）	汤本智美飞曹长（侦练20期）	村井定一飞曹（乙飞6期）	—

12时18分，9架舰爆、2架舰攻从"苍龙"上空出航。13时12分，小井手护之发现商船，于13时25分下令突击。13时30分，两架舰攻开始轰炸，直至13时32分，日机发现目标失去动力。13时40分至13时55分，小井手率领舰爆继续轰炸目标。15时05分，日机返回"苍龙"。12时50分，桥本敏男发现一艘商船，并在"苍龙"的舰爆轰炸期间向这艘商船投掷一枚60公斤陆用弹。

13时40分，"飞龙"派出9架挂载航弹的舰爆搜索盟军舰船，但最终未有所获，于17时20分返回母舰。

14时18分，江草隆繁带领7架99式舰爆离开"苍龙"，继续搜索盟军舰船。15时25分，江草发现一艘商船，遂于15时46分率部进入俯冲轰炸，直至16时07分结束轰炸。16时30分，上述舰爆返回母舰。江草轰炸的可能是荷兰货船"普莱奥·布拉斯"（Poeleau Bras，排水量9278吨），该船在爪哇岛以南水域被炸沉。

15时10分，6架舰攻离开"飞龙"，赶在日落前搜寻盟军舰船。参与此次侦察任务的近藤正次郎中尉飞往芝拉扎，经现场清点，确认18艘商船沉没在港内。19时20分，上述舰攻完成任务后返回母舰。

3月9日15时整，机动部队主队与别动队会合。次日，2航战、第18驱逐队第1小队离开机动部队，并于3月11日11时33分驶入斯塔林。机动部队主力则于3月11日16时26分驶入斯塔林。在帕劳触礁受损的"加贺"坚持完成这次突击爪哇岛的任务才离队，该航母在3月13日脱离机动部队编制，3月15日与第15驱逐队的"亲潮"、"黑潮"、"早潮"号驱逐舰一道离开斯塔林，返回佐世保进行维修。

1942年3月上旬，机动部队在爪哇岛方面出动零战36架次、99式舰爆105架次、97式舰攻94架次，共计235架次（见表7-5）。纵观1941年1月至3月，机动部队为支援陆军作战，一直在西南太平洋机动，并曾进入印度洋攻击爪哇岛，其间未与盟军主力舰队交手。

表7-5　机动部队1942年3月1日至3月7日爪哇岛南扫荡概况表

航母	单位	指挥官	机种	数量（单位：架）	携带炸弹/鱼雷	起飞时间	出航时间
1942年3月1日							
"赤城"	第11攻击队	千早猛彦大尉	99式舰爆	9	各挂载1枚250公斤航空炸弹	15时20分	15时22分
"加贺"	第12攻击队	渡部俊夫大尉	99式舰爆	9	各挂载1枚250公斤航空炸弹	—	12时55分
	第12攻击队	小川正一大尉	99式舰爆	8	各挂载1枚250公斤航空炸弹		18时整

续表

航母	单位	指挥官	机种	数量(单位：架)	携带炸弹/鱼雷	起飞时间	出航时间
"苍龙"	第13攻击队	池田正伟大尉	99式舰爆	9	各挂载1枚250公斤航空炸弹	—	13时06分
		小井手护之大尉	99式舰爆	9	各挂载1枚250公斤航空炸弹	—	18时05分
"飞龙"	第14攻击队	下田一郎中尉	99式舰爆	9	各挂载1枚250公斤航空炸弹	—	15时15分
		小林道雄大尉	99式舰爆	9	各挂载1枚250公斤航空炸弹	—	17时55分
1942年3月5日							
"赤城"	第1制空队	板谷茂少佐	零战	9	—	9时45分	10时10分
	第1攻击队	渊田美津雄中佐	97式舰攻	18	各挂载1枚800公斤航空炸弹	9时45分	10时10分
"加贺"	第2制空队	志贺淑雄大尉	零战	9	—	—	10时5分
	第2攻击队	小川正一大尉	97式舰攻	27	各挂载1枚800公斤航空炸弹	—	10时5分
"苍龙"	第13攻击队	江草隆繁少佐	99式舰爆	16	各挂载1枚250公斤航空炸弹	—	9时55分
"飞龙"	第14攻击队	小林道雄大尉	99式舰爆	17	各挂载1枚250公斤航空炸弹	9时47分	—
"苍龙"	第3制空队	菅波政治大尉	零战	9	—	—	10时40分
	第3攻击队	阿部平次郎大尉	97式舰攻	18	各挂载1枚800公斤航空炸弹	—	10时46分
"飞龙"	第4制空队	重松康弘中尉	零战	9	—	—	10时45分
	第4攻击队	楠美正少佐	97式舰攻	17	各挂载1枚800公斤航空炸弹	—	10时45分

续表

航母	单位	指挥官	机种	数量(单位：架)	携带炸弹/鱼雷	起飞时间	出航时间
1942年3月7日							
"苍龙"	第12攻击队	江草隆繁少佐	99式舰爆	7	各挂载1枚250公斤航空炸弹	—	14时18分
"飞龙"		角野博治大尉	97式舰攻	8	—	—	10时05分
			99式舰爆	3	—	—	—
		近藤正次郎中尉	97式舰攻	6	—	—	15时10分

第四部　印度洋机动战

第八章 战前日英双方情况

1. 机动部队集结及出航

为配合陆军进攻缅甸，联合舰队司令部在1942年3月决定调派机动部队开赴印度洋，对锡兰岛实施航空兵突击。1942年3月8日15时50分，山本五十六大将电告近藤信竹中将，指示南方部队于3月下旬至4月上旬派遣机动部队前往锡兰岛方面遂行机动作战，以歼灭该区域的盟军舰队（《联合舰队电令作第86号》）。3月14日，近藤中将下达《南方部队电令作第139号》，决定发动第三次机动战，其中要求机动部队"相机从斯塔林出航，前出至爪哇南方，经苏门答腊西南海面，前出至锡兰岛方面，4月初奇袭该方面敌舰艇（航空兵、海军基地等）"。3月17日11时，近藤通报此次机动战名为"C作战"，并且确定C日即4月5日实施这次作战。

为加强机动部队实力，山本五十六在3月15日9时下达《联合舰队机密第523番电》（即《联合舰队电令作第98号》），指示5航战复归机动部队："一、5航战（欠驱逐舰"胧"）及驱逐舰"阳炎""霞"脱离警戒部队，编入机动部队；二、警戒部队相机返回待机地"。

前文提及机动部队主力曾在1942年3月在爪哇岛以南方面机动，空袭芝拉扎、攻击盟军舰船，直到3月11日才返回斯塔林。不过，带伤上阵的"加贺"号航母在此时退出战斗序列。由于日军在前线驻泊点缺乏船坞，"加贺"只能回国接受维修。5航战归国后，一直等到3月17日，才和驱逐舰"阳炎""霞""秋云"一道从横须贺起航，一路南下直至3月24日12时抵达斯塔林湾。"浦风"号驱逐舰同样在3月17日13时整离开原来的泊地，这艘驱逐舰从3月11日9时45分离开斯塔林，于3月14日14时整抵达帕劳。3月17日，"浦风"从帕劳起航后，于3月19日16时50分抵达斯塔林。第4驱逐队第2小队则于3月11日16时26分返回斯塔林。

3月19日，南云忠一下达《机密机动部队命令作第31号》，对机动部队在印度洋的行动作出详细的部署。根据这一作战命令，机动部队将于3月26日出航，4月4日航渡至待机点B（坐标1°N、90°E），在这段时间内机动部队将与油船会合并接受补给。尔后，机动部队将根据英军舰队位置，于4月5日相机前出至锡兰岛东南水域对该岛实施航空兵突击。如果在抵达待机点时英军情况不明，机动部队将推迟突击日期，并派出第8战队对科伦坡、亭可马里执行飞行侦察任务，直至4月6日组织航空兵对锡兰岛的要地反复突击。攻击结束后，机动部队将前往孟加拉湾进行搜索，预计在4月9日18时抵达待机点F（坐标10°N、95°E）。此外，日军判断英军在印度洋部署了3艘战列舰、2艘航母、4 艘重巡洋舰、11 艘轻巡洋舰以及 500 多架飞机，并且认为英军部分兵力在锡兰岛，余部则在孟加拉湾机动。

由于情报来源有限，日军未能查明锡兰岛西南的阿杜环礁（Addu Atoll）同属英军在印度洋方面的重要基地。因此，南云忠一在印度洋作战期间，将注意力放在亭可马里、科伦坡，忽视阿杜环礁以及其他可能出现的情况。

3 月 25 日，1 水战的驱逐舰接受油船"神国丸""国洋丸"的补给。同日 14 时，南云召集各级指挥官到"赤城"进行战前动员。3 月 26 日 8 时整，机动部队陆续由斯塔林湾起航，并在 9 时 15 分组成第 11 警戒航行序列，即航母、战列舰组成单纵队、巡洋舰、驱逐舰在前方或两侧警戒。此次机动部队共出动 5 艘航母、4 艘战列舰、2 艘重巡洋舰、1 艘轻巡洋舰及 10 艘驱逐舰，另有 9 艘油船提供后勤保障，出动的航母数量仅次于夏威夷作战，但是额外增加两艘战列舰。在舰载机方面，机动部队共有 90 架零战、108 架舰爆以及 117 架舰攻，另有 45 架航母舰载机备用，具体如下：

"赤城"有 18 架零战（另有备用机 3 架）、18 架 99 式舰爆（另有备用机 3 架）、27 架 97 式舰攻（另有备用机 3 架）；

"苍龙"有 18 架零战（另有备用机 3 架）、18 架 99 式舰爆（另有备用机 3 架）、18 架 97 式舰攻（另有备用机 3 架）；

"飞龙"有 18 架零战（另有备用机 3 架）、18 架 99 式舰爆（另有备用机 3 架）、18 架 97 式舰攻（另有备用机 3 架）；

"翔鹤"有 18 架零战（另有备用机 3 架）、27 架 99 式舰爆（另有备用机 3 架）、27 架 97 式舰攻（另有备用机 3 架）；

"瑞鹤"有 18 架零战（另有备用机 3 架）、27 架 99 式舰爆（另有备用机 3 架）、27 架 97 式舰攻（另有备用机 3 架）。

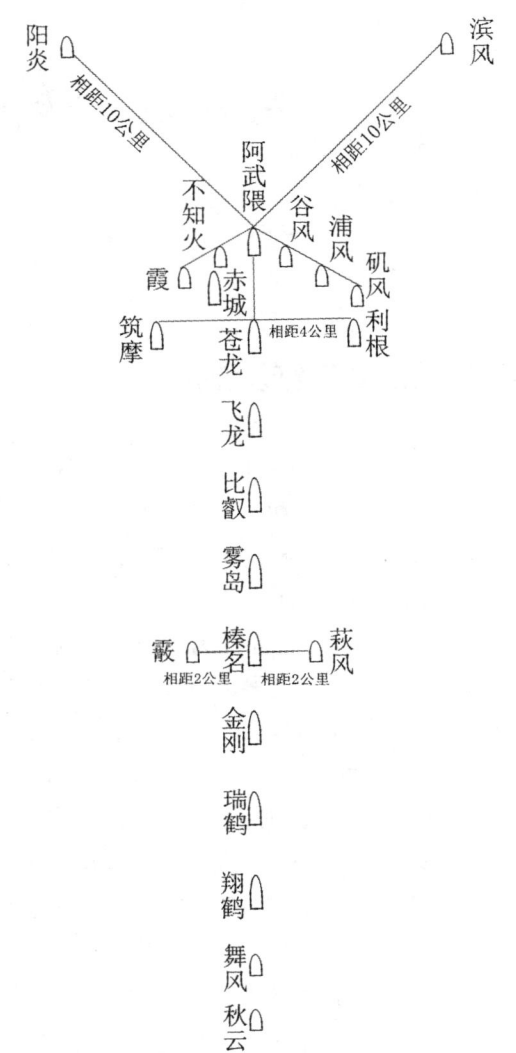

机动部队第 11 警戒航行序列示意图。

3 月 27 日中午，机动部队通过翁拜海峡，以 245 度航向向西南机动，3 月 28 日 12 时调整至航向 270 度机动，3 月 30 日 17 时整调整航向至 305 度。由此，机动部队沿爪哇、苏门答腊岛南一路向锡兰接近。3 月 31 日 6 时 45 分，补给队与机动部队会合，地点 106°8′E，8°52′S。同日，第 3 战队、"筑摩"、1 水战接受油料补给。4月1日,"利根"接受补给。4月3日,1水战接受第二次补给。补给队完成任务后,离开了机动部队。同日13时30分,机动部队以280度航向前往锡兰岛以南水域。此外,第1南遣舰队司令长官小泽治三郎指挥马来部队在孟加拉湾方面机动,该部辖1艘航母("龙骧")、5艘重巡洋舰、2艘轻巡洋舰以及数艘驱逐舰,准备在孟加拉湾遂行破交战。

第3战队正在机动,准备组成航行序列。

从"瑞鹤"舰桥观看的机动部队主力舰,前方依次是"苍龙""飞龙""比叡""雾岛""榛名""金刚"。注意飞行甲板前方用于标示风向的指示线以及用于空中识别的舰名的首个片假名"ス"。

机动部队主力舰组成纵队前往印度洋,图片从"瑞鹤"拍摄。前方依次是"阿武隈""赤城""苍龙""飞龙""比叡""雾岛""榛名""金刚"。

印度洋作战期间的"赤城",后方依次为"苍龙""飞龙""比叡""雾岛""榛名""金刚""瑞鹤""翔鹤"。

2. 英国东方舰队行动情况

正当南云的机动部队尚在爪哇岛以南水域磨磨蹭蹭时，英国皇家海军东方舰队早已通过破译日军电报，得知日军将于近期空袭锡兰岛，并提前采取行动。1942年3月26日，詹姆斯·福恩斯·萨默维尔（James Fownes Somerville）上将登上战列舰"厌战"（HMS Warspite, 03），接任英军东方舰队司令。3月28日，萨默维尔接到情报，得知日军出动2艘航母以及巡洋舰、驱逐舰，可能出动金刚型战列舰，尔后前出至锡兰岛东南，意图空袭科伦坡甚至是亭可马里。对此，东方舰队司令部决定集中兵力，准备在3月31日给予机动部队迎头一击。为遂行上述计划，萨默维尔率先行动。他在3月30日17时带领东方舰队一部离开科伦坡，包括战列舰"厌战"、航母"可畏"（HMS Formidable, 67），重巡洋舰"康沃尔"（HMS Cornwall, 56），轻巡洋舰"进取"（HMS Enterprise, H88）、"龙"（HMS Dragon, D35）、"卡利登"（HMS Caledon, D53），以及驱逐舰"纳皮尔"（HMAS Napier, G97）、"内斯特"（HMAS Nestor, G02）、"圣骑士"（HMS Paladin, G69）、"黑豹"（HMS Panther, G41）、"急性"（HMS Hotspur, H01）、"猎狐犬"（HMS Foxhound, H69），并在锡兰岛栋德勒角（Dondra Head）198度、距离80海里（约148千米）的水域机动。

同日2时30分，英军第3战列舰中队司令阿尔杰农·厄斯本·威利斯（Algernon Usborne Willis）少将带领东方舰队余下兵力，包括第3战列舰中队、航母"不挠"（HMS Indomitable, 92）

英国东方舰队旗舰"厌战"号战列舰。

与驱逐舰"格里芬"(HMS Griffin, H31)、"命运女神"(HMS Fortune, H70)、"引诱"(HMS Decoy, H75)、"箭"(HMS Arrow, H41)、"诺曼"(HMAS Norman, G49)、"伊萨克·施威尔斯"(HNLMS Isaac Sweers)由阿杜环礁出航,向东北机动,准备前出至锡兰岛附近,策应萨默维尔。

3月31日19时整,"竞技神"HMS Hermes,95)、轻巡洋舰"祖母绿"(HMS Emerald)、荷兰皇家海军轻巡洋舰"雅各布·范·海姆斯凯克"(HNLMS Jacob van Heemskerck)、澳大利亚皇家海军驱逐舰"吸血鬼"(HMAS Vampire, D68)由亭可马里起航,准备在锡兰岛附近与东方舰队主力会合。同日,东方舰队编成A、B部队,其中,A部队由萨默维尔指挥,下辖1艘战列舰、2艘航母、1艘重巡洋舰、2艘轻巡洋舰以及6艘驱逐舰,包括"厌战""不挠""可畏""康沃尔""进取""祖母绿",以及"纳皮尔""内斯特""圣骑士""黑豹""急性""猎狐犬"。A部队在31日向北机动,入夜后以航向80度、航速15节(约27千米/小时)机动。"不挠"号在"祖母绿"号的掩护下离队,于24时整出动3架"大青花鱼"(隶属"可畏")鱼雷攻击机执行夜间侦察任务,这些舰载机均装有搜索雷达,搜索半径120海里(约222千米),方位50至110度。翌日6时40分,上述2架鱼雷攻击机返回"不挠"号,余下一架迫降在"可畏"号。

B部队由威利斯指挥,下辖4艘战列舰、1艘航母、3艘轻巡洋舰、8艘驱逐舰,包括战列舰"决心"(HMS Resolution, 09)、"拉米利斯"

英军装甲航母"不挠"号。

（HMS Ramillies，07）、"君权"（HMS Royal Sovereign，05）、"复仇"（HMS Revenge，06）、航空母舰"竞技神"、轻巡洋舰"龙""卡利登""雅各布·范·海姆斯凯克"、驱逐舰"格里芬""命运女神""引诱""箭""诺曼""吸血鬼""伊萨克·施威尔斯"以及从香港撤退的驱逐舰"哨兵"（HMS Scout，H51）。B部队起航后一直向西航渡。

4月1日5时30分，A部队开始进入预设日军舰载机攻击半径，经过一轮搜索，没有任何发现，遂向西南撤离。11时整，A、B部队会合。12时40分，"引诱"号离队并向科伦坡回航，准备接受维修。17时整，"哨兵"号离开编队，与舰队油船"苹果叶"（RFA Appleleaf）、护卫舰"肖勒姆"（HMS Shoreham，U32）会合。17时20分左右，重巡洋舰"多塞特郡"（HMS Dorsetshire，40）加入A部队，该舰原本在科伦坡接受维修，之后前去与东方舰队会合。17时30分，"不挠"号出动舰载机在方位142度至207度之间、半径215海里（约398千米）的区域进行搜索，结果一无所获，后于21时整回收飞机。

4月2日，东方舰队所属的驱逐舰接受补给。11时整，"命运女神"号和"吸血鬼"号奉命与"苹果叶"号会合，进行补给作业。同日，"纳皮尔"号和"箭"号分别从"多塞特郡""康沃尔"补充油料。此外，一架"大青花鱼"出航，通知驱逐舰"哨兵"归队。鉴于连日在锡兰岛东南未曾发现日军舰队，且第3战列舰中队缺乏淡水，萨默维尔只能在次日零时率部向阿杜环礁回航。

4月3日8时20分，萨默维尔指示驱逐舰"命运女神"前往营救遭商船"格伦·谢尔"（SS Glen Sheil），该商船在4月1日遭受日军潜艇"伊-7"号的鱼雷攻击而沉没①。"命运女神"号抵达沉没位置后救起88名船员。该舰随后回航，并于4月4日14时30分抵达阿杜环礁。

4月3日12时40分，萨默维尔指示"多塞特郡"号与"康沃尔"号奉命前往科伦坡，同时指派"竞技神"号与"吸血鬼"号前往亭可马里，准备参加进攻马达加斯加的行动。同日上午，驱逐舰"诺曼""格里芬""猎狐犬"分别从战列舰"厌战""复仇""君权"获得油料补给。15时整，"苹果叶"号与"肖勒姆"号向科伦坡回航。21时20分，东方舰队开始向阿杜环礁回航，并于4月4日15时以后抵达目的地。

截至1942年4月初，东方舰队在印度洋方面共有战列舰5艘、航母3艘、重巡洋舰2艘、轻巡洋舰4艘、驱逐舰14艘、护卫舰14艘、潜艇2艘，另有荷兰皇家海军轻巡洋舰2艘 驱逐舰1艘、潜艇3艘 布雷舰1艘。其麾下的5艘战列舰中，有4艘属于复仇级，最大航速不过21节（约38千米/小时），无法跟随航母行动，余下的"厌战"号（属伊丽莎白级）最大航速达到25节（约46千米/小时）。

英军东方舰队麾下的3艘航母中，仅有"不挠""可畏"这两艘光辉级装甲航母可以与日军抗衡。作为主力的"不挠"号与"可畏"号仅有12架"海飓风"（"飓风"战斗机舰载型）、12架费尔雷"管鼻鹱"（Fulmar）舰载战斗机、16架"岩燕"（Martlet）舰载战斗机（"岩燕"即英国采购的美国格鲁曼F4F"野猫"战斗机）、45架费尔雷"大青花鱼"（Albacore）鱼雷攻击机、2架费尔雷"剑鱼"（Swordfish）鱼雷攻击机。由于舰载机数量、机组训练程度不足，且飞机性能不如日机，"不挠"号与"可畏"号无法与日军机动部队抗衡。"竞技神"号仅有一个舰载机中队，共12架"剑鱼"，但是早已转移至陆地（见表8-1）。

---

① 印度洋作战期间，日军出动"伊-7"、"伊-2"、"伊-3"号潜艇在锡兰岛一带水域执行侦察任务。

表 8-1 英军东方舰队麾下的三艘航母的舰载机情况

"不挠"	海航第 800 中队 12 架"管鼻燕"
	海航第 880 中队 9 架"海飓风"
	海航第 827 中队 12 架"大青花鱼"
	海航第 831 中队 12 架"大青花鱼"鱼雷攻击机、2 架"剑鱼"鱼雷攻击机
"可畏"	海航第 888 中队 16 架"岩燕"
	海航第 818 中队、第 820 中队 21 架"大青花鱼"鱼雷攻击机
"竞技神"	海航第 814 中队 12 架"剑鱼"鱼雷攻击机

此外，英国皇家空军第 222 大队驻守锡兰岛，负责在锡兰方面执行侦察、防空、空中突击等任务。该大队至少有 63 架霍克"飓风"战斗机、18 架"管鼻燕"舰载战斗机、11 架联合 PBY"卡塔琳娜"水上飞机、14 架布里斯托"布伦海姆"轰炸机（见表 8-2）：

表 8-2 英国皇家空军第 222 大队情况

拉特默勒讷	第 11 中队 14 架"布伦海姆"轰炸机
	第 30 中队 22 架"飓风"IIb 战斗机
	海航第 803 中队、第 806 中队 12 架"管鼻燕"战斗机
赛马场	第 258 中队 7 架"飓风"I 战斗机，10 架"飓风"IIb 战斗机
科格拉	加拿大皇家空军第 413 中队 6 架"卡塔琳娜"水上飞机
	第 240 中队 3 架"卡塔琳娜"水上飞机
	第 202 中队 1 架"卡塔琳娜"水上飞机
	第 205 中队 1 架"卡塔琳娜"水上飞机
中国湾	第 261 中队 24 架"飓风"战斗机
	第 273 中队 6 架"管鼻燕"战斗机

3. 锡兰岛及其周边情况

根据"C 作战"的计划，机动部队的攻击目标为锡兰岛（Ceylon Island，即现在的斯里兰卡）的科伦坡（Colombo）、亭可马里（Trincomalee）。锡兰岛即今天的斯里兰卡，位于印度洋北，东临孟加拉湾（Bombay），西邻印度半岛。其面积约 65610 平方千米，形状近似梨子，岛中为高原，北部及沿海地区是平原。当地属热带季风气候，终年高温且多雨。

锡兰西岸的科伦坡是该岛的首府，市中心的赛马场（Racecourse）以及科伦坡南的拉特默勒讷（Ratmalana）作为皇家空军机场，有战斗机中队驻守。此外，锡兰岛南岸的科格拉（Koggla）①是英国皇家空军水上飞机驻地。亭可马里位于锡兰东岸，与科伦坡一样，作为英军在科伦坡的重要港口及军事基地。同时，亭可马里也是英国皇家海军东印度司令部所在地，中国湾机场（China Bay，位于亭可马里西南7千米）是英国皇家空军在锡兰的驻地之一。

此外，英军在锡兰岛西南675千米的马尔代夫（Maldives）群岛部署基地。马尔代夫由1200多个珊瑚岛组成，地处赤道附近，常年高温。位于马尔代夫南端的阿杜环礁是英国皇家海军东方舰队的基地，其中甘岛（Gan Island）设置机场且有陆军驻守。

机动部队的机动区域位于印度洋。印度洋北起印度，南至南极洲，东临东南亚及澳大利亚，西邻非洲，面积7411万平方千米。面积广袤的印度洋连接亚洲、非洲、欧洲以及大洋洲，可经过马六甲海峡进入亚洲，或绕南非的好望角进入大西洋，或通过红海、苏伊士运河进入地中海。

---

① 科格拉位于锡兰岛南端，距离科伦坡大约139千米，毗邻科格拉湖。

第九章　1942年4月5日的战斗

1. 1942年4月4日机动部队行动情况

1942年4月4日，机动部队继续向西北航渡，当日通过赤道，进入北半球范围。10时30分，机动部队调整阵型，以第7警戒航行序列组成警戒幕，5艘航母在其他舰艇护卫下展开，准备出动舰载机。

不过，机动部队在按既定计划向锡兰抵近的同时，已进入了英军飞机搜索半径，并不断遭受英军飞机的跟踪。4月4日19时03分，"瑞鹤"发现一架PBY水上飞机位于5度，距离35000米处①。这架PBY（编号"A413"）来自加拿大皇家空军第413中队，机长为伦纳德·约瑟夫·伯查尔（Leonard Joseph Birchall）空军少校②。伯查尔于9时52分由科格拉出航，随后发现机动部队并一直在附近跟踪。

伯查尔在紧跟机动部队时，已经被机动部队发现。18时55分开始，18架零战紧急升空，前去截击伯查尔。除"赤城""翔鹤"所属的战斗机外，余下12架零战均参与攻击目标（见表9-1）。1水战于19时整发现伯查尔的座机，位于坐标80°53′E，0°37′N，随后该部的"阿武隈""谷风""矶风"向伯查尔实施射击。19时15分，"苍龙""瑞鹤"的零战发起攻击，伯查尔驾驶PBY开始下降高度，同时命令电报员科拉罗斯（Lucien Angelo Colarossi）中士向基地发密电报告情况，但电台旋即被零战的机炮炮弹击毁，机首机枪手亨策尔（John Henzell）中士与科洛罗斯挂彩。更糟糕的是，伯查尔的PBY油箱中弹起火。眼见因高度过低而无法跳伞，伯查尔驾机迫降在机动部队附近。据1水战战时日志的记录，这架水上飞机于19时32分被击落。伯查尔机组在迫降后迅速脱离，除了亨策尔、科拉罗斯跟随飞机沉入海里。正当伯查尔机组逃生时，零战降低高度并对这些逃命的机组人员实施扫射，打死了戴维森（Ian Nicholson Davidson）空军中士。距离伯查尔迫降点最近的"矶风"于19时25分离开编队，前往迫降点并救起包括伯查尔在内的6名机组人员，并将上述人员移交"赤城"（见表9-1）。伯查尔随后遭到日军的审讯，但

---

① "飞龙"战斗详报记录在当日19时02分发现一架PBY，后者位于285度、距离35000米处。
② 伯查尔机组包括：肯尼（P. N. Kenny）空军少尉、翁耶特（Bart C. Onyette）空军准尉、空军中士菲利普斯（Fred C. Phillips）、科洛罗斯（Lucien Angelo Colarossi）、戴维森（Ian Nicholson Davidson）、库克（W. Cook）、卡特林（Brian Catlin）、约翰·亨策尔（John Henzell）。

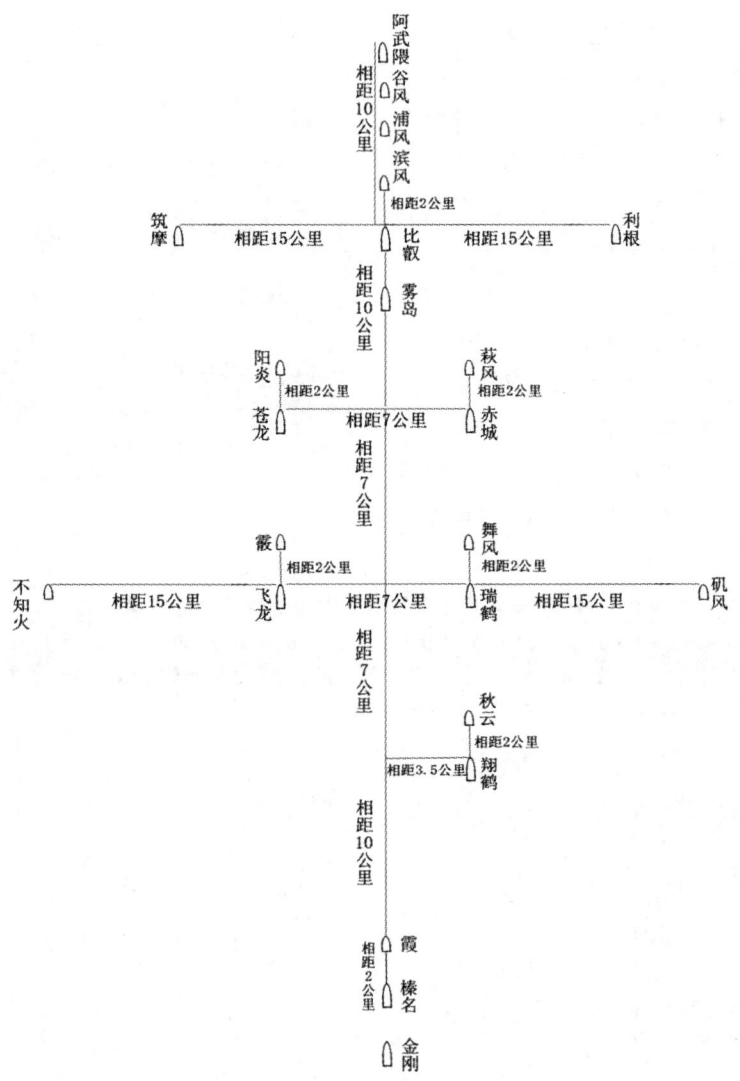

机动部队第 7 警戒航行序列示意图。

他拒绝交代英军的情况。根据 1 航舰司令部信号员桥本广的回忆，1 航舰参谋吉冈忠一少佐（海兵 57 期）亲自审问了俘虏：

> 不知道是原来就这样，还是驱逐舰提供的，（俘虏）穿着黄褐色短袖上衣、短裤以及帆布鞋，看他们很镇定的样子，"赤城"舰员押着他们经过上甲板，将其关进位于中甲板前部的禁闭室。
>
> 听说机长是加拿大海军少佐，名叫克里普斯[1]。不过在我的记忆中他可能是英国海军军官。
>
> 第二天下午，司令部的航空乙参谋吉冈忠一少佐穿着第二军装，挂着闪耀、崭新的吊穗

---

[1] 原文如此。

肩章，佩带军刀，一脸威仪地询问俘虏。

审讯从机长克里普斯少佐开始，面对不断的诘问，他为了英国海军的尊严，不说重要的情报，甚至顽固地不予回答。吉冈参谋对他说如果不回答询问，就要被处决，不过他回答为了英国海军的名誉，死又何妨，看来他没有动摇。

20时49分，机动部队调整航向至315度、航速22节（约40千米/小时）向锡兰岛接近。23时45分，南云发布《机动部队信令第75号》，要求1、2航战的舰爆以及5航战的舰攻，与第5制空队一同在各自的航母机库待命，其中舰攻挂载鱼雷。

伯查尔的PBY水上飞机迫降的位置冒出浓烟，幸存的机组人员随后被"矶风"救起，照片从"瑞鹤"拍摄。

表9-1　1942年4月4日第1航空舰队战斗机巡逻编制表

航母	小队/批次	操纵员	巡逻时间	消耗弹药数量	备注
"赤城"	第一次	指宿正信大尉（海兵65期）	19时整至19时37分	—	合力击落一架PBY
		岩城芳雄一飞曹（甲飞2期）			
		羽生十一郎一飞兵（操练51期）			
"苍龙"	第11小队	高桥宗三郎一飞曹（操练30期）	19时10分至19时30分	消耗弹药645发	与第1航空舰队其他制空队合力击落一架PBY
		冈元高志二飞曹（操练43期）			
		东幸雄一飞兵（操练56期）			
"飞龙"	第1小队	松山次男飞曹长	19时10分至20时15分	共消耗7.7毫米机枪枪弹1260发，20毫米机炮炮弹330发	同上
		田原功三飞曹（操练45期）			
		新田春雄三飞曹（操练48期）			同上

续表

航母	小队/批次	操纵员	巡逻时间	消耗弹药数量	备注
"飞龙"	第2小队	野口毅次郎一飞曹(操练24期)	—	—	同上
		田原敏尧三飞曹(操练41期)			同上
		林茂一飞兵(操练55期)			同上
"翔鹤"	—	西出伊信一飞曹(甲飞1期)	19时整至19时45分		
		佐佐木原正夫二飞曹(甲飞4期)			
		小町定三飞曹(操练49期)			
"瑞鹤"		伊藤纯二郎一飞曹(甲飞1期)	18时55分至19时35分	共消耗7.7毫米机枪枪弹620发、200毫米机炮炮弹322发	与第1航空舰队其他制空队合力击落一架PBY
		黑木实德三飞曹(操练42期)			
		仓田信高一飞兵(操练54期)			

英军东方舰队于4月4日下午返回阿杜环礁,其中A部队的抵达时间是15时,B部队的抵达时间是18时。19时,舰队司令萨默维尔接到伯查尔的侦察报告,得知机动部队在83°10′E,0°40′N,即位于栋德勒角155度、距离360海里处(约666千米)。然而,萨默维尔无法即时率部出击迎战,这是由于配属东方舰队的油船数量不足,无法在较短时间内为东方舰队所有舰艇完成油料补给。A部队只补充了一半油料,B部队起码要等到4月5日上午才能完成补给。

在这种情况下,萨默维尔有四个方案可以选择:一是A部队立即起航,向锡兰岛以南水域航渡,与"多塞特郡"号和"康沃尔"号会合,捕捉并攻击发现之敌;二是待"祖母绿"号和"进取"号完成油料补给后,A部队在4月4日深夜到5日凌晨起航,B部队随后于5日上午出航;三是A部队推迟行动,与B部队一并起航;四是东方舰队留在阿杜环礁,由锡兰岛的航空兵尽其所能地进行攻击。最终,萨默维尔在4月4日深夜带领A部队出击,B部队完成补给后于4月5日上午出发。作出此决策的原因有三个:一是东方舰队在印度洋防御及海上交通线方面具有重要意义,且海军部最高指示要求东方舰队确保"活动";二是航母舰载机部队实施夜间攻击是给予日军有效打击的唯一希望。航母在"厌战"号战列舰的掩护下作战,却脱离第3战列舰中队的支援，有可能遭遇日军战列舰攻击之风险；三是尽管东方舰队无法在4月5日即科伦坡遭受空袭时迎击日军舰队，但是锡兰岛的飞机仍可以对敌军舰艇造成损伤。

2. 空袭科伦坡

1942年4月5日，机动部队所在水域天气晴朗，气温29度。当天上午机动部队前出至锡兰西南，派遣由36架零战、38架舰爆及53架舰攻共127架舰载机组成的攻击队大举空袭科伦坡（见表9-2），其中2、5航战的舰载机率先于9时升空，9时15分出航。9时11分，"赤城"的攻击队开始升空，集合完毕后于9时25分出航。攻击队出航后，以340度航向直奔科伦坡，其中舰攻、零战占据高度2200米，舰爆位于高度2500米。渊田美津雄继续担任攻击队总指挥并直接指挥舰攻队实施水平轰炸，高桥赫一负责指挥舰爆队。

一架零战从"赤城"飞行甲板滑跑升空。"赤城"舰桥已被水兵用吊床包裹，以抵御炸弹破片。

除了出动舰载机对科伦坡实施突击，机动部队于9时整出动5架水侦执行侦察任务①，其中第3战队第1小队出动两架95式水侦，第8战队出动两架94式水侦、"阿武隈"出动1架94式水侦。根据战前规定，"阿武隈"的水侦负责1号线，搜索方位260度，第8战队的"利根""筑摩"水侦分别负责2、3号线，搜索方位280度、300度。上述水侦搜索250海里后右转继续搜索70海里，随后返航。第3战队"比叡""雾岛"的水侦分别搜索方位310度、330度，搜索180海里后右转搜索30海里，随后返航。

编号为"AI-112"的零战从"赤城"飞行甲板滑跑。

---

① 参加1942年4月5日侦察的第3战队水侦机长如下："比叡"水侦机长权藤正义飞曹长、"雾岛"水侦机长西原章二飞曹。

1942年4月，机动部队出动舰载机大举空袭锡兰岛。

"比叡"的水侦在侦察期间发现一艘帆船，遂向其投下两枚60公斤航弹并实施扫射，之后13时整抵达母舰。"雾岛"的水侦发现一艘油船和两艘护航快艇，随后扫射油船的驾驶室，之后于12时40分返回母舰。相比之下，"利根"的水侦发现了更为重要的目标。

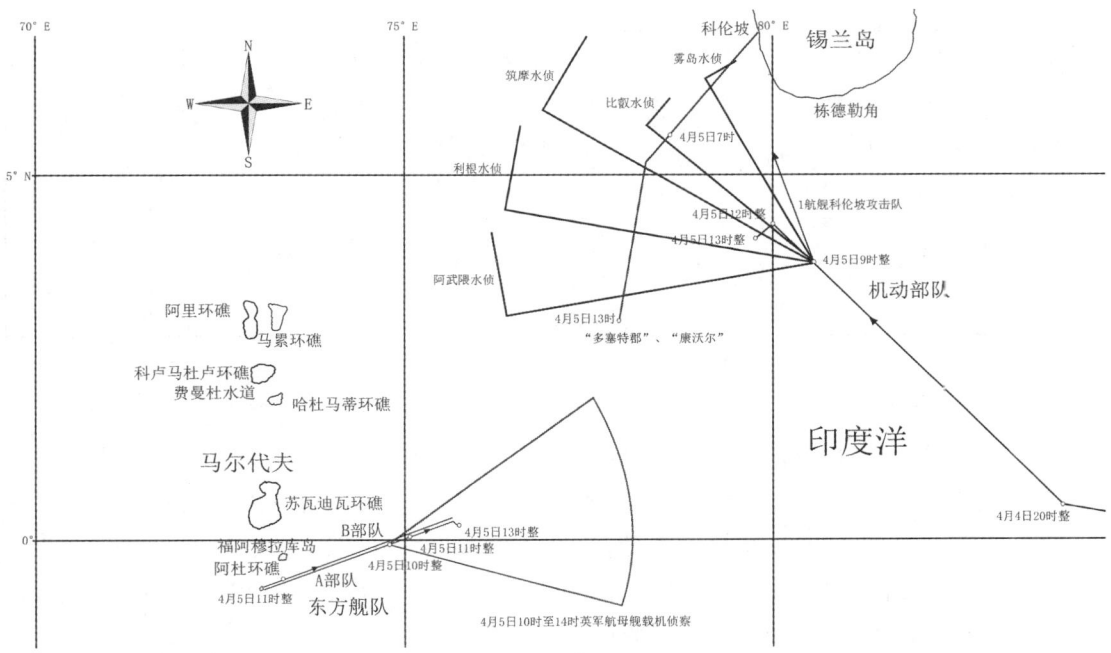

1942年4月5日13时前锡兰岛方面态势图。

表 9-2　1942 年 4 月 5 日机动部队突击科伦坡概况表

航母	单位	指挥官	机种	数量（单位：架）	携带炸弹/鱼雷	起飞时间	出航时间
"赤城"	第1制空队	板谷茂少佐	零战	9	—	9时11分	9时25分
	第1攻击队	渊田美津雄中佐	97式舰攻	17	各挂载1枚800公斤通常弹	—	同上
"苍龙"	第3制空队	藤田怡与藏大尉	零战	9	—	—	9时15分
	第3攻击队	阿部平次郎大尉	97式舰攻	18	各挂载1枚800公斤航空炸弹	—	同上
"飞龙"	第4制空队	能野澄夫大尉	零战	9	—	—	9时整
	第4攻击队	楠美正少佐	97式舰攻	18	各挂载1枚800公斤通常弹	—	同上
"瑞鹤"	第6制空队	牧野正敏大尉	零战	9	—	—	9时整
	第16攻击队	坂本明大尉	99式舰爆	19	5机各挂载1枚250公斤通常弹，14机各挂载1枚250公斤陆用弹	—	同上
"翔鹤"	第15攻击队	高桥赫一少佐	99式舰爆	19	各挂载1枚250公斤通常弹	9时整	9时15分

10 时 30 分，机动部队攻击队飞抵科伦坡的上空，随即对空中、地面目标实施突击，但是在飞抵科伦坡之前，日机的行踪被英军的雷达提前发现。第 4 制空队于 10 时 40 分发现英国海军第 788 中队所属的 6 架 "剑鱼" 鱼雷攻击机。这些鱼雷攻击机在接到日军机群来袭的警报后，挂载鱼雷从亭可马里的中国湾转场至拉特默勒讷，准备前去攻击机动部队。"剑鱼" 是英国海军航空兵主力鱼雷攻击机，由英国费尔雷公司研制，该型号鱼雷机采用双翼设计，机长 11 米，机高 3.9 米，翼展 13.9 米，全机空重 2131.9 公斤，最大起飞重量 4195.8 公斤，装有一台布里斯托尔 "飞马" 发动机，马力 690 匹，最大航程 1239 千米，升限 3779 米，最高时速

223.7节（约414千米/小时，高度1447.8米），装备2挺7.696毫米机枪。"剑鱼"载员3人，可挂载一条航空鱼雷，执行鱼雷攻击任务，或者挂载一枚680公斤重的航空炸弹，执行轰炸任务。

二战英国海军航空兵主力"剑鱼"鱼雷攻击机。

这6架"剑鱼"分成两个3机编队，分别由斯蒂芬·朗斯登（Stephen Longsdon）、西里尔·庞特利（Cyril Pountney）这两名上尉带领。在前往科伦坡途中，"剑鱼"编队不巧遇上第4制空队，后者迅速向其抵近。米金（P. A. Meakin）中尉的机枪手乔治·斯金莱（George E. H. Skingley）率先发现零战从上方进入俯冲，当即用机枪打出两发信号弹，试图向战友发出警示。同时，郎斯登的观察员麦凯（N. R. MacKay）中尉也向编队示意出现敌情。

接到部下发来的敌情通报后，庞特利减速并进入急转弯，但是依然无法逃过日机的攻击。零战向庞特利打出连射，将其机组人员打伤，

其中庞特利及其观察员乔治·克里斯（George Creese）中尉受轻伤，机枪手约翰·霍尔（John R. Hall）中士受伤最为严重，双腿皆被击中，最终因失血过多而身亡。在日机攻击下，庞特利驾机滑翔并试图迫降在沙滩上，结果机身倾覆，所幸庞特利、克里斯成功脱身。大卫·卡特（David Carter）上尉在飞机中弹后艰难地迫降在海面，但他的机枪手大卫·博尔顿（David Alec Bolton）二等兵已经因伤重而死亡。米金驾驶飞机迫降在海滩，然后带着斯金莱逃出座机，不料复遭零战扫射，斯金莱中弹死亡，米金虽然侥幸逃生，但由于脚踝中弹，最终不得不接受截肢手术。

朗斯登编队同样损失所有"剑鱼"鱼雷机，其中，朗斯登在座机中弹后迫降在稻田，机组人员均挂彩。安东尼·威廉·邓肯·比尔（Anthony William Duncan Beale）中尉被零战击落。比尔曾作为海航第810中队一员参加围歼纳粹德国海军战列舰"俾斯麦"的行动，在1941年5月26日夜间驾驶"剑鱼"鱼雷攻击机向"俾斯麦"投射鱼雷，因此获得优异服务十字勋章（DSC）。但是到了1942年4月5日，比尔的好运到头了。他的"剑鱼"被零战的枪弹击中后坠入大海，比尔未能及时跳伞逃生，机枪手弗雷德里克·爱德华兹（Frederick H. Edwards）一等兵虽然成功跳伞，但是在伞降期间遭受零战射击，不幸饮弹身亡。查尔斯·托马斯·肖（Charles Thomas Shaw）中尉驾驶"剑鱼"降落在丛林后，由于机上挂载的航空鱼雷发生殉爆而被当场炸死，他的机枪手柯普（I. E. Cope）中尉身受重伤。尽管日机面对的是6架"剑鱼"，但是机动部队声称击落至少10架鱼雷机，其中第4制空队确认击落8架"剑鱼"。第1制空队的川田要三二飞曹推测击落两架英军鱼雷攻击机。第3制空队第11小队曾攻击一架

鱼雷攻击机,但效果不明。

正当"剑鱼"鱼雷攻击机被零战血洗之际,英军35架霍克(Hawk)"飓风"、6架"管鼻燕"从拉特默勒讷、赛马场升空,准备截击日军舰载机,其中第30中队中队长乔治·弗雷德里克·查特(George Frederick Chater)空军少校带领21架"飓风"升空,第258中队中队长彼得·卡特里特·弗莱彻(Peter Carteret Fletcher)空军少校带领所属的14架"飓风"(9架为"飓风"II,5架为"飓风"I)准备迎击。"管鼻燕"隶属英国海航第803、806中队,每个中队各3架。"飓风"是英国皇家空军主力战斗机之一,由英国霍克公司研制,I型机长9.55米,机高3.95米,翼展12.19米,全机最大起飞重量2820公斤,装有一台罗尔斯·罗斯"梅林"发动机,马力1029匹,最大航程941千米,升限9906米,最高时速509千米/小时(高度4572米),装备8挺勃朗宁7.696毫米机枪。II型机长9.83米,机高3.99米,翼展12.19米,全机空重2836公斤,最大起飞重量3336公斤,装有一台罗尔斯·罗斯"梅林"XX发动机,马力1260匹,最大航程1738千米(挂载副油箱),升限10972米,最高时速550千米/小时(高度6705米),装备6挺或以上数量的7.696毫米机枪。

当机动部队舰爆飞抵拉特默勒讷时,第30中队仍有4架"飓风"还没来得及起飞,结果有1架被炸伤。部分还没驾机升空的30中队飞行员眼见日机从低空掠过,便端着汤普森冲锋枪射击。

英军战斗机升空后,迅速向第16攻击队实施攻击,击落5架舰爆,包括第22小队2号机(操纵员谷时正治二飞曹、侦察员深江雄一一飞曹)、3号机(操纵员岩本茂二飞曹、侦察员萩原道治三飞曹)、第23小队1号机(操纵员氏木平槌飞行特务少尉、侦察员松本彦一一飞曹)、2号机(操纵员斋藤益一一飞曹、侦察员雨宫贞雄一飞曹)、第24小队3号机(操纵员野原忠明三飞曹、侦察员杉木铁司二飞曹)。据英军记录,还俘虏了一名舰爆机组成员。

在舰爆上空负责掩护的零战紧急展开反击,驱逐英军飞机并在空战中击落相当数量的英军战斗机。根据参战各部的战果,机动部队共确认击落32架英军战斗机,其中第1制空队击落11架战斗机,另疑似击落7架战斗机。第3制空队确认击落11架战斗机,另推测击落两架。第4制空队确认击落9架"飓风"、1架"喷火",另推测击落两架"飓风"。显然,这样的数据夸大了英军的损失。

第803、806中队各有两架"管鼻燕"被日机击落,仅两个编队长机得以幸存:803中队的伊恩·柯克帕特里克·怀特·史密斯(Ian Kirkpatrick White-Smith)中尉、哈罗德·迪更斯(Harold S. Diggens)中尉尚在爬升期间遭受日机攻击,二人皆被击落身亡;806中队的肯尼思·佩蒂特(Kenneth J. M. Pettitt)中尉在座机中弹后坠落在丛林,约翰·塞克斯(John Sykes)中尉被击落后跳伞,并在伞降期间遭到日机扫射,幸运的是没有受伤。迈克·霍登(Mike Horden)上尉带领806中队所属的"管鼻燕"升空后在海上发现日机机群,遂爬升至1500米高度,并利用云层的掩护向日机抵近,然后实施俯冲掠袭并确认击落一架日机。"管鼻燕"战斗机是英国费尔雷公司设计、生产的双座舰载战斗机,机长12.25米,机高3.57米,翼展14.02米,折叠时翼展5.21米,机翼面积35.02米,全机空重3481.78公斤,最大起飞重量4694.68公斤,续航力1279.7千米(152节),爬升至1524米需时4分24秒,爬升3048米需时7分钟,最高时速231节(约427千米/小时,高度2926米),装备8挺7.696毫米机枪。

英空军第258中队在空战中确认击落6架舰爆、1架零战。中队长彼得·卡特里特·弗莱彻（Peter Carteret Fletcher）空军少校①升空后继续爬升搜索日机，在机场上空看见舰爆编队。面对有零战掩护的舰爆，弗莱彻仍然率部攻击舰爆，并确认击落了1架舰爆。斯潘塞·里奇·皮科克-爱德华兹（Spencer Ritchie Peacock-Edwards）空军上尉击落舰爆、零战各一架之后，因其座机被零战击伤，迫降在科伦坡机场附近。丹尼斯·约翰·托马斯·夏普（Denis John Thomas Sharp）空军上尉确认击落击伤各一架舰爆，不过他的座机被零战击伤。坎贝尔-怀特（C Campbell-White）空军少尉确认击落一架舰爆。亚瑟·布朗（Arthur Brown）、道格拉斯·本杰明·弗莱彻·尼克尔斯（Douglas Benjamin Fletcher Nicholls）这两名空军少尉也确认击落舰爆。

不过，该中队有6架"飓风"战斗机被击落、3架"飓风"被击伤，5名被击落的飞行员阵亡。莱彻少校攻击舰爆后，曾被地面高射炮炮火击中，然后被零战击落。弗莱彻在跳伞时已满身油污且被破片击伤。詹姆斯·洛克哈特（James Lockhart）空军上尉的飞机被击落后坠地，奥布里·麦克法登（Aubrey McFadden）空军中尉坠毁在海上，爱德华·托马斯·特雷姆利特（Edward Maurice Thomas Tremlett）空军少尉、罗伯特·内森·尼尔（Robert Nason Neill）空军少尉、雷蒙德·诺尔曼·雷·塞恩（Raymond Norman Ray Thain）空军中尉同样在空战中被击落殒命。安布罗斯·亨利·米尔恩斯（Ambrose Henry Milnes）空军少尉、加文（L. P. Gavin）空军中士、莫尔豪斯（K. W. Morehouse）空军中士的座机被击伤，幸运的是飞行员无碍。

与258中队一道升空截击日军机群的还有第30中队，该中队声称击落6架舰爆、1架零战，其中詹姆斯·亨利·惠伦（James Henry Whalen）空军少尉击落3架舰爆，罗伯特·特里马格内·皮尔斯伯里·戴维森（Robert Tremagne Pillsbury Davidson）空军中尉击落零战、舰爆各一架，艾伦·德雷克·瓦格纳（Alan Derek Wagner）空军少尉确认击落2架舰爆，唐纳德·亚历山大·麦克唐纳（Donald Alexander McDonald）空军少尉、托马斯·加布里埃思·帕克斯顿（Thomas Gabriath Paxton）空军上士各击落一架舰爆。

不过，第30中队在攻击5航战的舰爆期间遭到零战袭击，损失6架"飓风"战斗机，4名飞行员阵亡或失踪，另有3人受伤。帕克斯顿确认击落一架舰爆，但是其座机很快被零战击中而起火，帕克斯顿成功跳伞，但是仍被烧伤（烧伤程度达二级）。特拉弗斯·哈罗德·克里福特·阿利森（Travers Harold Clifford Allison）空军中尉被零战的枪弹击中颈部，最后被迫跳伞逃生。加思·埃利奥特·卡斯韦尔（Garth Elliot Caswell）空军少尉曾对5航战的舰爆进行三次俯冲掠袭，在第三次俯冲时被击落身亡。唐纳德·格芬（Donald Geffene）空军少尉、路易斯·安东尼·欧文斯（Louise Anthony Ovens）空军上士及艾伦·约翰·布朗（Allan John Browne）空军中士被击落身亡。

麦克唐纳在击落一架舰爆后被零战偷袭，座机受损，随后驾他机迫降在加勒·菲斯（Galle Face）酒店前的草坪上。赫伯特·肯尼思·卡特赖特（Herbert Kenneth Cartwright）空军

---

① 弗莱彻1916年10月7日生于南非德班，大学毕业后加入罗德西亚皇家空军，二战时曾担任英国皇家空军第258中队中队长，1991年1月2日离世。

少尉起飞后遭到零战袭击,随后驾驶中弹受创的座机迫降,结果因飞机撞上一棵树而导致其受伤。

总结此次科伦坡空战(见表9-3),机动部队共击落6架"剑鱼"、4架"管鼻䴖"及12架"飓风"。日军记录第16攻击队曾在10时40分遭受"飓风"战斗机截击,损失5架99式舰爆,此外,第3制空队的东幸雄一飞兵被击落。

表 9-3　1942 年 4 月 5 日科伦坡英军飞机机组名单

单位	机种及编号	飞行员	观察员	机枪手	备注
英国皇家海军航空兵第788中队	"剑鱼"V4413	斯蒂芬·朗斯登(Stephen Longsdon)上尉	麦凯(N. R. MacKay)中尉	黑特(Jock Heath)中士	被击落
	"剑鱼"V4398	查尔斯·托马斯·肖(Charles Thomas Shaw)中尉	—	柯普(I. E. Cope)中尉	迫降后鱼雷发生爆炸
	"剑鱼"V4371	安东尼·威廉·邓肯·比尔(Anthony William Duncan Beale)中尉	—	弗雷德里克·哈里·爱德华兹(Frederick Harry Edwards)一等兵	被击落
	"剑鱼"V4412	西里尔·庞特利(Cyril Pountney)上尉	乔治·克里斯(George Creese)中尉	约翰·霍尔(John Rumsworth Hall)中士	被击落
	"剑鱼"V4379	大卫·卡特(David Carter)上尉	—	大卫·博尔顿(David Alec Bolton)下士	被击落
	"剑鱼"V4413	米金(P. A. Meakin)中尉	—	乔治·爱德华·亨利·斯金莱(George Edward Henry Skingley)一等航空机械兵	迫降在海滩

续表

单位	机种及编号	飞行员	观察员	机枪手	备注
英国皇家海军航空兵第803中队	"管鼻䴉"	安德森（W. H. Anderson）中尉	—	—	—
	"管鼻䴉"	伊恩·柯克帕特里克·怀特·史密斯（Ian Kirkpatrick White-Smith）中尉			被击落，飞行员阵亡
	"管鼻䴉" DR729	哈罗德·悉尼·迪更斯（Harold Sydney Diggens）中尉	—	—	被击落，飞行员阵亡
英国皇家海军航空兵第806中队	"管鼻䴉"	迈克·霍登（Mike Horden）上尉	—	—	—
	"管鼻䴉" X8569	肯尼思·约翰·佩蒂特（Kenneth John Major Pettitt）中尉	—	—	被击落，飞行员阵亡
	"管鼻䴉" X8640	约翰·塞克斯（John Sykes）中尉	—	—	被击落
英国皇家空军第258中队	"飓风"Ⅱ Z5680	彼得·卡特里特·弗莱彻（Peter Carteret Fletcher）空军少校	—	—	被击落
	"飓风"Ⅱ Z5461	斯潘塞·里奇·皮科克-爱德华兹（Spencer Ritchie Peacock-Edwards）空军上尉	—	—	—
	"飓风"Ⅱ BD701	詹姆斯·洛克哈特（James Lockhart）空军上尉	—	—	被击落，飞行员阵亡

续表

单位	机种及编号	飞行员	观察员	机枪手	备注
英国皇家空军第258中队	"飓风"Ⅱ Z5665	奥布里·麦克法登（Aubrey McFadden）空军中尉	—	—	被击落，飞行员阵亡
	"飓风"Ⅱ Z5587	亚瑟·布朗（Arthur Brown）空军少尉	—	—	—
	"飓风"Ⅱ Z5436	坎贝尔-怀特（C. Campbell-White）空军少尉	—	—	—
	"飓风"Ⅱ BD881	道格拉斯·本杰明·弗莱彻·尼克尔斯（Douglas Benjamin Fletcher Nicholls）空军少尉	—	—	—
	"飓风"Ⅱ BG696	莫尔豪斯（K. W. Morehouse）空军中士	—	—	—
	"飓风"Ⅱ Z5385	雷蒙德·诺尔曼·雷·塞恩（Raymond Norman Ray Thain）空军中士	—	—	被击落，飞行员阵亡
	"飓风"Ⅰ Z4247	尼斯·约翰·托马斯·夏普（Denis John Thomas Sharp）空军上尉	—	—	—
	"飓风"Ⅰ Z4372	安布罗斯·亨利·米尔恩斯（Ambrose Henry Milnes）空军少尉	—	—	—

续表

单位	机种及编号	飞行员	观察员	机枪手	备注
英国皇家空军第258中队	"飓风"I Z4227	爱德华·托马斯·特雷姆利特（Edward Maurice Thomas Tremlett）空军少尉	—	—	被击落，飞行员阵亡
	"飓风"I Z7711	罗伯特·内森·尼尔（Robert Nason Neill）空军少尉	—	—	被击落，飞行员阵亡
	"飓风"I Z4783	加文（L. P. Gavin）空军中士	—	—	—
英国皇家空军第30中队	"飓风"II	乔治·弗雷德里克·查特（George Frederick Chater）空军少校	—	—	—
	"飓风"II	特拉弗斯·哈罗德·克里福特·阿利森（Travers Harold Clifford Allison）空军中尉	—	—	被击落，飞行员负伤
	"飓风"II	罗伯特·特里马格内·皮尔斯伯里·戴维森（Robert Tremagne Pillsbury Davidson）空军中尉	—	—	—
	"飓风"II	詹姆斯·亨利·惠伦（James Henry Whalen）空军少尉	—	—	—
	"飓风"II	艾伦·德雷克·瓦格纳（Alan Derek Wagner）空军少尉	—	—	—

续表

单位	机种及编号	飞行员	观察员	机枪手	备注
英国皇家空军第30中队	"飓风"Ⅱ	唐纳德·亚历山大·麦克唐纳（Donald Alexander McDonald）空军少尉	—	—	被击伤而迫降
	"飓风"Ⅱ	赫伯特·肯尼思·卡特赖特（Herbert Kenneth Cartwright）空军少尉	—	—	被击伤而迫降，飞行员负伤
	"飓风"Ⅱ	唐纳德·格芬（Donald Geffene）空军少尉	—	—	被击落，飞行员阵亡
	"飓风"Ⅱ	加思·埃利奥特·卡斯韦尔（Garth Elliot Caswell）空军少尉	—	—	被击落，飞行员阵亡
	"飓风"Ⅱ	托马斯·加布里埃思·帕克斯顿（Thomas Gabriath Paxton）上士	—	—	被击落，飞行员负伤
	"飓风"Ⅱ	路易斯·安东尼·欧文斯（Louise Anthony Ovens）空军上士	—	—	被击落，飞行员阵亡
	"飓风"Ⅱ	艾伦·约翰·布朗（Allan John Browne）空军中士	—	—	被击落，飞行员阵亡
	"飓风"Ⅱ	不明	—	—	—
	"飓风"Ⅱ	不明	—	—	—
	"飓风"Ⅱ	不明	—	—	—
	"飓风"Ⅱ	不明	—	—	—
	"飓风"Ⅱ	不明	—	—	—

在零战击退英军战斗机后，机动部队的舰爆、舰攻冒着英国高射炮部队的炮火①进入轰炸航路。渊田他们未曾料到，科伦坡的船舶已经所剩无几。原来英国海军东印度总司令部在4月4日夜接到伯查尔的电文，确认日军将空袭科伦坡，因此提前疏散了部分在科伦坡的船舶。护卫舰"肖勒姆"、"克利弗"（HMIS Clive）、驱潜快艇"雏菊"（HMS Marguerite，K54）掩护25艘商船在当晚连夜离开科伦坡，一直向西航渡躲避，直到翌日17时整才回航。"多塞特郡"号、"康沃尔"号原本在4月4日13时整抵达科伦坡，但是还没停留太长时间，在4月5日1时15分匆忙离开，准备与东方舰队会合。截至4月5日上午，科伦坡仍有辅助巡洋舰"赫克托耳"（HMS Hector, F45）、驱逐舰"忒涅多斯岛"（HMS Tenedos，H04）、"引诱"（HMS Decoy，H75）、潜水母舰"卢西亚"（HMS Lucia，F27）、潜艇"信任"（HMS Trusty，N75）以及6艘辅助舰艇、21艘商船。

10时45分，渊田美津雄下令突击。因科伦坡上空阴云密布，难以轰炸港内的船舶，第1攻击队遂变更攻击目标，改为轰炸陆地、码头。11时08分至11时12分，渊田带领第1中队轰炸码头、铁道等设施，村田重治指挥第2中队轰炸两艘商船、供油码头，布留川泉则带领第3中队开始轰炸码头、小型商船。

阿部平次郎最先带领第3攻击队第1中队自10时56分开始突击。11时07分，中岛巽的第3中队开始轰炸目标。长井彊的第2中队最后于11时13分实施轰炸。

第4攻击队第2中队在菊池六郎大尉的带领下从东南（航向140度）进入轰炸航路，并在11时03分轰炸一艘停泊在科伦坡港西侧的商船，所投航弹均落在目标的右后方。11时05分，该中队与一架英军战斗机交战。第4攻击队指挥官楠美正指挥第1中队以航向282度进入轰炸航路，在11时05分轰炸科伦坡港东的货船，确认一弹命中目标右后侧。角野博治指挥第3中队于11时10分轰炸海军官街、营房。

第15攻击队从10时46分开始在科伦坡上空实施侦察。10时50分至10时53分，该部在高桥赫一的带领下对科伦坡港内的船舶进行俯冲轰炸，确认4艘大型商船、1艘小型货船中弹着火，随后扫射高射炮阵地及数艘商船。10时52分至11时整，第15攻击队与5架"飓风"交战，在不折损一架飞机的情况下确认击落上述5架英军战斗机。

第16攻击队对机场实施轰炸，命中两座机库、维修工场。另外，该部部分机组轰炸一艘油船，结果两枚航弹在其附近爆炸。

在此次攻击中，机动部队炸沉辅助巡洋舰"赫克托耳"、驱逐舰"忒涅多斯岛"，炸伤"卢西亚"、商船"本勒迪"（SS Benledi），相关情况如下：

一个舰攻中队攻击"赫克托耳"号。当日"赫克托耳"号停泊在4号泊位，日机空袭时舰上仅有一门3英寸炮进行射击。随后，4枚航弹命中"赫克托耳"，其中两枚穿透至轮机舱爆炸，第三枚击中锅炉舱后部，第四枚命中左舷水线以下，导致该舰进水并开始前倾下沉，随即引燃舰上搭载的油料。13时左右，舰长下令弃舰。大火焚烧接近14天，舰上有14人死亡，15人受伤；

舰攻、舰爆先后轰炸"卢西亚"号，一枚航

---

① 4月5日，科伦坡的英军防空部队共消耗3.7英寸炮弹527发、其他口径炮弹1024发，海军消耗12磅炮22发炮弹。

弹命中舰桥顶部、右舷第142号肋位的一门12.7毫米机枪右侧，然后穿过船身右舷并在水里爆炸，2人阵亡，10人受伤；

一个舰攻中队轰炸"忒涅多斯岛"号，两弹命中舰艉，1枚航弹命中前烟囱一侧，另有1弹在舰艉旁边，最终"忒涅多斯岛"从舰艉下沉，15人阵亡，11人受伤；

1弹命中"本勒迪"号，导致其起火。该船当时运载一批弹药，一旦被大火波及，势必引起剧烈爆炸，危及整个港口。幸运的是，油船"英国中士"（SS British Sergeant，排水量5868吨）的船员冒着生命危险，登上"本勒迪"号扑灭了火灾。潜艇"信任"的一名艇员在日机空袭中阵亡。此外，科伦坡港口工厂在空袭中遭受严重破坏，铁路工场、机场受损程度较轻，51名海军官兵、37名平民死亡。

完成攻击后，机动部队各攻击队先后在科伦坡上空盘旋集合，准备踏上归途。渊田在这一次空袭中发现科伦坡仍有多艘盟军商船，于是在回航前即11时18分发电报，请求南云再次空袭科伦坡："希准备第二次攻击，港内运输船30艘，地面有炮火，数架敌机于高度1000米，密云，1118。"

11时30分，第1制空队飞往集合点。11时36分，完成轰炸的第1攻击队在加勒角（Galle）①上空集合，后于12时整以航向200度回航。第4攻击队提前返航，其中第1、第2中队于11时30分以180度航向飞行。11时45分，第4制空队开始返航。

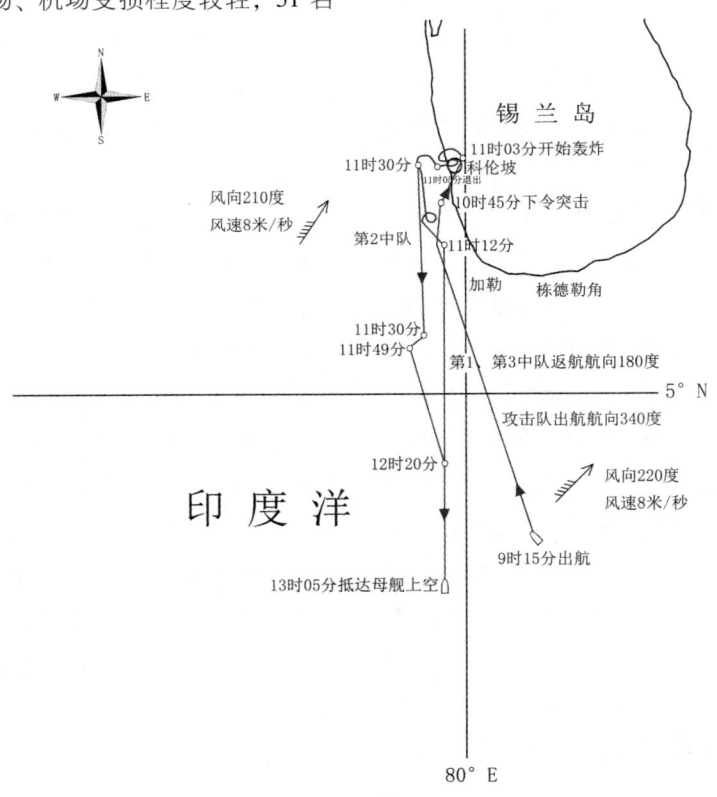

1942年4月5日"飞龙"舰攻队突击科伦坡示意图。

---

① 加勒地处锡兰西南海岸，距离科伦坡119千米。

在返航途中，1 航舰再损失一名飞行科干部及其下属。"翔鹤"分队长藤田久良所在的座机因油箱中弹漏油，最终因发动机停止运行而失控坠毁，藤田及侦察员长光雄飞曹长阵亡。"翔鹤"记录藤田坠落的细节如下：

藤田机不幸为炮台及商船之防御炮火所伤，油箱、发动机中弹，乃急转撤往海上。2、3号机即与之编队以作掩护，于高度200米、速度135节（约250千米/小时）返航。然藤田机燃油减少，且润滑油大量喷洒机身。1105（11时05分）发动机故障，螺旋桨转速减慢，僚机确认其颤抖。藤田机排气管喷出火焰，发动机停车，以速度80节（约148千米/小时）不断下降高度。

藤田大尉或决意求死，乃机头向东，三举双手高呼万岁，后关闭风挡，俯冲至海中，壮烈坠毁。

机动部队在此次突击科伦坡共出动36架零战、38架舰爆及53架舰攻（见表9-4），消耗53枚800公斤通常弹、24枚250公斤通常弹、14枚250公斤陆用弹，损失6架舰爆、1架零战以及13名机组（一名舰爆搭乘员被俘，具体姓名不详），另有3架零战、9架舰爆、5架舰攻中弹：第3攻击队（"苍龙"）有2架舰攻中弹；第4攻击队（"飞龙"）有3架舰攻中弹；第15攻击队（"翔鹤"）有1架舰爆坠海，3架舰爆中弹；第16攻击队（"瑞鹤"）有5架舰爆被击落，6架舰爆中弹；第3制空队（"苍龙"）有1架零战被击落；第4制空队（"飞龙"）有3架零战中弹。

表9-4　1942年4月5日机动部队突击科伦坡编制表

航母	单位	中队	小队	操纵员	侦察员	电信员	备注
"赤城"	第1攻击队	第1中队	第40小队	松崎三男大尉（海兵65期）	渊田美津雄中佐（海兵52期）	水木德信一飞曹（侦练39期）	—
				渡边晃一飞曹（操练28期）	阿曾弥之助一飞曹（乙飞5期）	五月女忠夫一飞兵（侦练52期）	—
				藤本谕一飞曹（操练29期）	西森暹飞曹长（侦练24期）	芦野正男二飞曹（乙飞8期）	—
			第47小队	大谷康二二飞曹	德留明一飞曹（甲飞1期）	村上守司三飞曹（乙飞9期）	—
				松浦清一飞兵	铃木胜二飞曹（甲飞4期）	杉田好弘二飞曹	—
		第2中队	第44小队	村田重治少佐（海兵58期）	加藤升一飞曹（乙飞5期）	渡边繁治二飞曹（侦练34期）	
				泷泽友一二飞曹（乙飞8期）	松岛正飞曹长（乙飞2期）	大岛正广一飞兵（侦练51期）	
				井上福治一飞兵（操练48期）	川村善作一飞曹（甲飞2期）	藤本兼雄一飞兵（侦练48期）	

续表

航母	单位	中队	小队	操纵员	侦察员	电信员	备注
"赤城"	第1攻击队	第2中队	第45小队	根岸朝雄大尉（海兵65期）	重永春喜飞曹长（侦练18期）	清水贤一飞曹（甲飞2期）	—
				海藤军治三飞曹（操练42期）	伊藤光义一飞曹（甲飞2期）	堀井孝行一飞曹（甲飞3期）	—
				花井圭吾一飞兵（操练50期）	佐野刚也一飞曹（甲飞2期）	松田宪雄一飞兵（侦练50期）	—
		第3中队	第41小队	中井留一飞曹长（乙飞3期）	布留川泉大尉（海兵63期）	中岛光升三飞曹（侦练43期）	—
				竹村章一飞曹（甲飞2期）	雨宫享勇一飞曹（普电练40期）	中野利夫二飞曹（乙飞8期）	—
				冈崎行男一飞曹（甲飞2期）	池田弘二飞曹	前野哲男一飞兵（侦练48期）	—
			第46小队	后藤仁一中尉（海兵66期）	宫岛睦夫一飞曹（侦练28期）	大久保光则二飞曹（侦练43期）	—
				铃木忍一飞兵（操练52期）	松冈孝一飞曹（甲飞2期）	藤田军平二飞曹（乙飞8期）	—
				行友一人一飞兵（操练48期）	宫田政人一飞曹（侦练36期）	女田竹利一飞兵（侦练48期）	—
"苍龙"	第3攻击队	第1中队	第41小队	笠原治助飞曹长（乙飞4期）	阿部平次郎大尉（海兵61期）	小町龄一飞曹（乙飞6期）	—
				越智正武二飞曹（甲飞2期）	向畑寿一一飞曹（乙飞6期）	仓谷定茂二飞曹（乙飞8期）	—
				田边正直二飞曹（甲飞4期）	田村重年二飞曹（甲飞3期）	新井嘉年男二飞曹（甲飞4期）	—
			第43小队	佐藤寿雄一飞曹（操练26期）	大迫加一飞曹长（侦练29期）	荒井辰雄三飞曹（侦练43期）	—
				根食贞宪二飞曹（乙飞8期）	杉山弘兴一飞曹（甲飞1期）	丸山忠雄二飞曹（甲飞3期）	—
				二瓶务二飞曹（甲飞4期）	田中敬介一飞曹（甲飞2期）	小川政次三飞曹（乙飞8期）	—

续表

航母	单位	中队	小队	操纵员	侦察员	电信员	备注
"苍龙"	第3攻击队	第2中队	第44小队	长井彊大尉（海兵64期）	谷口惣一郎飞曹长（侦练22期）	太田五郎一飞曹（乙飞6期）	—
				潮满之助一飞曹（甲飞1期）	八代七郎飞曹长（侦练23期）	若林澄男二飞曹（侦练43期）	—
				茅原义博一飞兵（操练48期）	安藤百平二飞曹（侦练49期）	江塚寿二飞曹（甲飞4期）	—
			第45小队	原田正澄一飞曹（甲飞2期）	山本贞雄中尉（海兵66期）	铃木四郎三飞曹（侦练43期）	—
				野崎实男三飞曹（操练41期）	加藤丰则一飞曹（甲飞2期）	早川润一二飞曹（甲飞3期）	—
				宫崎德三郎一飞兵（操练48期）	佐野觉一飞曹（甲飞2期）	秋滨哲郎一飞兵（侦练48期）	—
		第3中队	第42小队	中岛巽大尉（海兵65期）	中村太门飞曹长（乙飞2期）	西田孝雄一飞兵（侦练47期）	—
				大多和达也一飞曹（乙飞5期）	藤波贯二一飞曹（侦练27期）	永井福太郎一飞兵（侦练51期）	—
				岩田高明二飞曹（甲飞4期）	鹿熊粲吉二飞曹（甲飞3期）	土井敬二二飞曹（甲飞4期）	—
			第46小队	森拾三二飞曹（操练38期）	金井武和飞曹长（侦练26期）	细井喜代人二飞曹（乙飞8期）	—
				藤原嘉六一飞兵（操练48期）	石井利一一飞曹（乙飞7期）	渡边勇三二飞曹（甲飞3期）	—
				鹤见茂二飞曹（甲飞4期）	绀野嘉悦二飞曹（乙飞8期）	浮ヶ谷弘三飞曹	—
"飞龙"	第4攻击队	第1中队	第40小队	楠美正少佐（海兵57期）	近藤正次郎中尉（海兵66期）	福田正雄一飞曹（乙飞5期）	第4攻击队共有4机中弹
				石井善吉一飞曹（操练31期）	小林正松一飞曹（侦练31期）	田村满二飞曹（甲飞3期）	
			第43小队	野中觉一飞曹（乙飞5期）	龙六郎飞曹长（侦练27期）	栖崎广典一飞曹（乙飞6期）	
				铃木武一飞兵（操练53期）	佐小田香二飞曹（甲飞4期）	久原滋一飞兵	

续表

航母	单位	中队	小队	操纵员	侦察员	电信员	备注
"飞龙"	第4攻击队	第1中队	第44小队	阪本宪司一飞曹（甲飞2期）	中岛政时一飞曹（乙飞7期）	笠井清二飞曹（乙飞8期）	—
				富田文男二飞曹（甲飞4期）	吉村武夫二飞曹（甲飞4期）	矢作实二飞曹（甲飞4期）	—
		第2中队	第41小队	菊池六郎大尉（海兵64期）	汤本智美飞曹长（侦练20期）	村井定一飞曹（乙飞6期）	—
				住友清真一飞曹（操练23期）	梅泽幸男二飞曹（侦练33期）	金泽秀利二飞曹（乙飞8期）	—
			第42小队	上杉丈助二飞曹（操练38期）	桥本敏男中尉（海兵66期）	小山富雄一飞兵（侦练48期）	—
				柳本拓郎三飞曹（操练42期）	后藤亲思一飞曹（侦练29期）	二宫一宪二飞曹（乙飞8期）	—
			第48小队	大林行雄一飞曹（乙飞5期）	工藤博之二飞曹（侦练44期）	谷口一也一飞兵（侦练50期）	—
				宫内政治二飞曹（甲飞4期）	山田贞次郎二飞曹（甲飞4期）	宫川次宗二飞曹（甲飞4期）	—
		第3中队	第45小队	角野博治大尉（海兵65期）	稻田政司飞曹长（乙飞2期）	松井信平一飞曹（乙飞6期）	—
				于久保己三飞曹（操练41期）	鸟羽重信一飞曹（侦练31期）	文宫府知一飞兵（侦练48期）	—
			第47小队	高桥仲夫一飞曹（甲飞2期）	城武夫一飞曹（乙飞5期）	稻毛幸平一飞曹（甲飞2期）	—
				渡部重则二飞曹（甲飞4期）	后藤时也二飞曹（甲飞4期）	鸟原力二飞曹（侦练51期）	—
			第46小队	高桥利男一飞曹（操练24期）	肱黑定美二飞曹（甲飞3期）	铃木睦男二飞曹（甲飞4期）	—
				中尾春木一飞兵	丸山泰辅二飞曹（甲飞3期）	仲野开市二飞曹（甲飞3期）	—

续表

航母	单位	中队	小队	操纵员	侦察员	电信员	备注
"翔鹤"	第15攻击队	第1中队	第20小队	高桥赫一少佐（海兵56期）	野津保卫特务少尉（侦练19期）	—	—
				篠原一男一飞曹（甲飞2期）	染野文雄一飞曹（甲飞1期）	—	—
				福原淳二飞曹（甲飞3期）	铃木富三二飞曹（侦练51期）	—	—
			第21小队	山口正夫大尉（海兵63期）	中定次郎飞曹长（乙飞1期）	—	—
				上岛初一飞曹（甲飞2期）	甲田力一飞曹（乙飞5期）	—	—
				小田桐忠造一飞兵（操练55期）	横田益太郎一飞兵（侦练53期）	—	—
			第22小队	三福岩吉中尉（海兵66期）	小板桥博司一飞曹（乙飞6期）	—	—
				中所修平二飞曹（甲飞3期）	长泽重信二飞曹（侦练45期）	—	—
				加藤熊一三飞曹（操练50期）	大浦民平二飞曹（乙飞8期）	—	—
			第23小队	伊藤勇三一飞曹（操练39期）	国分丰美飞曹长（侦练28期）	—	—
				白井五郎一飞曹（甲飞2期）	九岛作次郎二飞曹（乙飞8期）	—	—
				原岛正义一飞曹（操练53期）	元俊二郎二飞曹（甲飞3期）	—	—
		第2中队	第24小队	藤田久良大尉（海兵64期）	长光雄飞曹长（乙飞5期）		可航途中因燃油不足而坠海
				铃木敏夫二飞曹（操练47期）	今田彻一飞曹（甲飞1期）	—	—
				塙明重一飞兵（操练55期）	山内博一飞兵（侦练52期）	—	—
				杉村敏雄二飞曹（操练49期）	富樫胜介二飞曹（甲飞4期）	—	—

续表

航母	单位	中队	小队	操纵员	侦察员	电信员	备注
"翔鹤"	第15攻击队	第2中队	第25小队	松田幸德飞曹长（乙飞3期）	小泉精三中尉（海兵66期）	—	—
				池田清三飞曹（操练47期）	野边武夫一飞曹（乙飞6期）	—	—
				大川丰信一飞兵（操练53期）	吉永四郎一飞兵（侦练53期）		
"瑞鹤"	第16攻击队	第1中队	第21小队	坂本明大尉（海兵63期）	井塚芳夫飞曹长（乙飞4期）		
				中西义男一飞曹（乙飞6期）	藤冈寅夫二飞曹（侦练39期）		
				酒卷秀明二飞曹（操练39期）	根岸正明二飞曹（侦练46期）		
			第22小队	葛原丘中尉（海兵66期）	小山茂飞曹长（乙飞4期）		
				谷时正治二飞曹（甲飞3期）	深江雄一一飞曹（甲飞2期）	—	被击落
				岩本茂二飞曹（甲飞3期）	萩原道治三飞曹（侦练42期）	—	被击落
				菅崎正生二飞曹（甲飞4期）	濑市军三一飞兵（侦练52期）		
			第23小队	氏木平植飞行特务少尉（操练16期）	松本彦一一飞曹（侦练31期）		被击落
				斋藤益一一飞曹（乙飞7期）	雨宫贞雄一飞曹（甲飞1期）		被击落
				加藤清武二飞曹	辻四郎一飞兵		
		第2中队	第24小队	江间保大尉（海兵63期）	东藤一飞曹长（乙飞3期）		
				稻垣富士夫一飞曹（甲飞2期）	石川重一一飞曹（甲飞1期）		
				野原忠明三飞曹（操练45期）	杉木铁司二飞曹（侦练37期）		被击落

续表

航母	单位	中队	小队	操纵员	侦察员	电信员	备注
"瑞鹤"	第16攻击队	第2中队	第25小队	安藤五郎一飞曹（操练34期）	大塚礼治郎中尉（海兵66期）	—	—
				井方作男一飞曹（乙飞7期）	白仓耕太二飞曹（侦练45期）	—	—
				江种繁树一飞兵（操练48期）	川添正义三飞曹（侦练52期）	—	—
			第26小队	福永政登飞曹长（操练22期）	川濑孝治一飞曹（甲飞1期）	—	—
				堀建二二飞曹（甲飞3期）	上谷睦夫二飞曹（甲飞3期）	—	—
				松本芳一郎一飞兵（操练49期）	福垣内实美三飞曹（侦练39期）	—	—
"赤城"	第1制空队	—	第1小队	板谷茂少佐（海兵57期）	—	—	消耗7.7毫米机枪枪弹300发、20毫米机炮炮弹110发
				菊地哲生一飞曹（操练39期）	—	—	消耗7.7毫米机枪枪弹740发、20毫米机炮炮弹110发
				川原田三二飞曹（甲飞4期）	—	—	消耗7.7毫米机枪枪弹200发、20毫米机炮炮弹110发
			第2小队	指宿正信大尉（海兵65期）	—	—	消耗7.7毫米机枪枪弹980发、20毫米机炮炮弹110发
				岩城芳雄一飞曹（甲飞2期）	—	—	消耗7.7毫米机枪枪弹350发、20毫米机炮炮弹110发
				森荣一飞兵（操练50期）	—	—	消耗7.7毫米机枪枪弹380发、20毫米机炮炮弹110发

续表

航母	单位	中队	小队	操纵员	侦察员	电信员	备注
"赤城"	第1制空队	—	第3小队	田中克视一飞曹（甲飞1期）	—	—	消耗7.7毫米机枪枪弹600发、20毫米机炮炮弹110发
				大原广司三飞曹（操练50期）	—	—	消耗7.7毫米机枪枪弹202发、20毫米机炮炮弹110发
				佐野信平一飞兵（操练49期）	—	—	消耗7.7毫米机枪枪弹200发、20毫米机炮炮弹110发
"苍龙"	第3制空队	—	第11小队	藤田怡与藏中尉（海兵66期）	—	—	—
				高桥宗三郎一飞曹（操练30期）	—	—	—
				东幸雄一飞兵（操练56期）	—	—	被击落
			第12小队	小田喜一一飞曹（操练29期）	—	—	—
				田中二郎二飞曹（操练39期）	—	—	—
				高岛武雄三飞曹（操练44期）	—	—	—
			第13小队	原田要一飞曹（操练35期）	—	—	—
				久保田亘一飞曹（操练36期）	—	—	—
				长泽源造三飞曹（操练50期）	—	—	—

续表

航母	单位	中队	小队	操纵员	侦察员	电信员	备注
"飞龙"	第4制空队	—	第11小队	能野澄夫大尉	—	—	—
				新田春雄三飞曹 （操练48期）	—	—	—
			第18小队	日野正人一飞曹 （操练27期）	—	—	—
				佐佐木齐二飞曹 （甲飞3期）	—	—	—
				小谷贤治一飞兵 （操练54期）	—	—	—
			第12小队	儿玉义美飞曹长 （乙飞2期）	—	—	—
				户高升二飞曹 （乙飞8期）	—	—	—
			第13小队	松山次男飞曹长 （乙飞3期）	—	—	—
				千代岛丰一飞兵 （操练50期）	—	—	—
"瑞鹤"	第6制空队	—	第11小队	牧野正敏大尉 （海兵65期）	—	—	—
				加纳慧一飞曹 （乙飞6期）	—	—	—
				小见山贤太二飞曹（乙飞7期）	—	—	—
			第12小队	塚本祐造中尉 （海兵66期）	—	—	—
				佃精一一飞曹 （甲飞2期）	—	—	—
				坂井田五郎二飞曹（操练43期）	—	—	—
			第13小队	牧野茂一飞曹 （操练27期）	—	—	—
				龟井富男一飞曹 （操练42期）	—	—	—
				二杉利次一飞兵 （操练54期）	—	—	—

3. 击沉"多塞特郡""康沃尔"号重巡洋舰

南云忠一接到渊田美津雄的电报后开始着手准备对科伦坡实施第二波攻击。1942年4月5日11时52分,南云指示1航舰各航母按照第三编制编组第二次攻击队,其中舰爆、舰攻挂载针对地面目标的航弹。当时1、2航战的舰爆以及5航战的战舰攻能够投入第二波攻击。12时05分,机动部队以180度航向南下,后于12时30分向西南机动,并且开始回收攻击队。

不过,"利根"水侦的电报打乱了南云的部署。13时,"利根"的94式水侦发现英军巡洋舰,并进行跟踪,同时,机组也向南云发回敌情电报。13时10分,南云收到这架"利根"水侦的报告,得知"发现疑似两艘敌巡洋舰,位于我出发点268度,距离150海里(约277千米),敌舰航向160度,航速20节(约37千米/小时),1300"。"利根"水侦发现的巡洋舰正是在4月5日凌晨仓促起航的"多塞特郡"号与"康沃尔"号重巡洋舰。这两艘巡洋舰在离开科伦坡后,接到萨默维尔的命令,准备在4月5日19时整抵达77°36′E,0°58′N,并与东方舰队会合。10时整,"多塞特郡"号与"康沃尔"号采取航向185度向南航渡,11时过后得知日军飞机在东面。为了尽快与东方舰队主力会合,这两艘重巡洋舰加速至27节,并调整航向为180度南下以及采取曲折运动。

"多塞特郡"号为该级重巡洋舰1号舰,于1927年9月21日在朴茨茅斯船厂动工,1929年1月29日下水,1930年9月30日完工,标准排水量10196吨,长193米,宽20米,吃水5.5米,最大航速31.5节(约58千米/小时),装备203毫米MKVIII双联装主炮4座、102毫米MKXVI双联装副炮4座、2磅(40毫米)8联装"砰砰"炮3座,530毫米四联装鱼雷发射管2座。"康沃尔"属肯特级,于1924年10月9日在德文波特海军工厂动工,1926年3月11日下水,1928年5月8日完工,长192米,宽20.9米,吃水6.2米,最大航速31.5节(约58千米/小时),装备203毫米MKVIII双联装主炮4座、102毫米MKXVI双联装副炮4座、2磅(40毫米)8联装"砰砰"炮3座,530毫米四联装鱼雷发射管2座。

为了持续跟踪英军巡洋舰,第8战队弹射两架零式水侦("利根""筑摩"各出动1架),前往接替因燃油不足而回航的"利根"水侦。其中"利根"的零式水侦于14时45分发现目标,确认舰级并展开持续的跟踪。此外,南云得知英军巡洋舰的行踪后,改变了主意。长时间在水面部队任职的他深知鱼雷的威力,遂于13时25分要求第二波攻击队空袭英军巡洋舰,同时要求舰攻换装鱼雷。13时50分,南云指示"第三波攻击队按第二编制(欠制空队)编组,待第二波(欠制空队)出航后于机库待机。舰攻挂载鱼雷,定深3米。"但显然要在短时间内将航弹更换为鱼雷是不切实际的。原忠一更是在13时57分向南云报告称5航战的舰攻到16时整才能完成鱼雷挂载作业。最终,南云在14时18分决定派遣1、2航战的舰爆队攻击英军巡洋舰①。

14时整,"康沃尔"号发现一架水上飞机(实为"利根"的水侦)在一旁跟踪,遂向"多塞特郡"号通报情况。为了提醒东方舰队,"多塞特郡"号的舰长奥古斯塔·威林顿·谢尔顿·阿加(Augustus Willington Shelton Agar)上校在16时

---

① 无独有偶,在两个月后的中途岛海战中,南云再度遇上类似问题,并最终铸成大错。

后打破无线电静默向萨默维尔报告情况。两艘重巡洋舰在发报时位于77°47′E, 2°12′N。

14时56分,第14攻击队所属的18架舰爆最先出航,小林道雄担任该队的指挥官。第13攻击队完成集合后在15时03分出航,江草隆繁担任指挥官。2航战此次特意安排16架舰爆(其中"飞龙"所属的舰爆9架)挂载陆用弹,余下20架挂载通常弹。第11攻击队所属的17架舰爆挂载通常弹,于14时49分起飞,15时10分跟随友军出航。千早猛彦由于身患疟疾无法参战,因此将第11攻击队的指挥权交由阿部善次。这53架舰爆出发后,以航向237度直奔英军重巡洋舰所在位置。

15时49分,第14攻击队指挥官小林道雄发现"多塞特郡"号与"康沃尔"号。当时这两艘重巡洋舰组成单纵队,相隔1海里,航速27节,其中"多塞特郡"号由于安装了雷达(当时"康沃尔"号没有雷达),因此作为前导。这两艘英军重巡洋舰位置是锡兰西南,即科伦坡204度、340海里(约629千米)。16时38分,小林以"多塞特郡"号为目标,率部从左舷50度进入俯冲轰炸,换言之,日机从英军重巡洋舰的前方突击,正好充分利用了英军重巡洋舰的死角以及舰艇区域防空火器的弱点。缺乏空中掩护的英舰面对训练有素、久经战阵的机动部队的舰爆队,只能采取高速规避。16时43分,第14攻击队全体投弹完毕。战后,"飞龙"确认18枚航弹中有17枚命中"多塞特郡"号,命中率高达94.4%,包括9枚250公斤通常弹、8枚250公斤陆用弹。

江草指挥第13攻击队于16时40分进入俯冲,其中7架舰爆轰炸"多塞特郡"号,余下11架舰爆围攻"康沃尔"号。16时55分,第13攻击队结束轰炸。江草确认7枚250公斤通常弹命中"多塞特郡"号,4枚通常弹、3枚陆用弹命中"康沃尔"号。

16时41分,山田昌平指挥第11攻击队第2中队对"多塞特郡"号实施最后一击,除其中1架舰爆未能投弹外,其余7架投弹并全数命中。"多塞特郡"号中弹后向左倾斜并因弹药库中弹

遭受日机轰炸的英军重巡洋舰。

而发生剧烈爆炸，又被多枚航弹命中，产生的水蒸气、浓烟直上云霄。

据统计，33 架 99 式舰爆先后轰炸"多塞特郡"号，其中 8 架来自第 11 攻击队，7 架来自第 13 攻击队，18 架来自第 14 攻击队。对于命中"多塞特郡"号的航弹数量，日英双方的记录截然不同。日军确认有 31 枚命中弹，其中 10 枚得到英军确认，具体命中情况如下：一枚航弹命中后甲板，导致舵机失灵；一枚航弹命中水上飞机弹射器；一枚航弹命中左舷中部，导致左舷高射炮全数哑火；一枚航弹命中前烟囱基座，炸毁右前舷的高射炮群、A 锅炉舱；一枚航弹命中后甲板，导致 X 炮塔失灵。为避免弹药殉爆，舰长阿加下令注水淹没弹药库；一枚航弹命中后烟囱基座，炸毁后烟囱以及高射炮弹药库，同时导致乓乓炮失效。接着，再有 4 枚航弹命中"多塞特郡"号。

16 时 46 分，"多塞特郡"号向左舷倾斜并开始下沉，舰桥与其他部门联系中断。两分钟后，阿加意识到无力回天，遂命令全体人员弃舰。中弹累累的"多塞特郡"号持续向左倾斜，然后从舰艉开始沉入海里，随着大量的海水倒灌，这艘重巡洋舰垂直立在水面，并以更快的速度下沉。16 时 48 分，"多塞特郡"号消失在海面，舰上共有 234 人阵亡，另有 1 人在获救后因伤重而身亡。

仅存的"康沃尔"号重巡洋舰同样难逃一劫。除了第 13 攻击队的 11 架舰爆外，第 11 攻击队的指挥官阿部善次同样选择攻击"康沃尔"号。16 时 45 分，阿部善次带领第 1 中队所属的 9 架舰爆进入俯冲轰炸，声称有 8 枚炸弹命中目标。

日军共有 20 架舰爆轰炸"康沃尔"，确认有 15 枚命中弹，其中 10 枚得到英军确认：一枚航弹击中前、中烟囱之间，导致部分 A 锅炉送风机失效；一枚航弹击中 X、Y 主炮之间，弹着偏右；一枚航弹命中发电机室旁边，导致 1 号、2 号发电机失效并引起火灾；一枚航弹命中右舷的阀门，破片击穿 B 主炮；一枚航弹击中主配电房右舷；一枚航弹击中医务室并引起火灾；一枚航弹命中机库右舷水线旁，然后穿透至前轮机舱，主蒸汽管被破片切断，引起轮机舱着火；一枚航弹命中住舱；一枚航弹命中 S1 号高射炮；最后一枚航弹命中后甲板。

此外，6 枚靠近弹在"康沃尔"旁边爆炸，造成舷侧板出现破口以及海水倒灌；一枚航弹在舰桥左舷旁边爆炸，导致海水倒灌舰桥左舷区域，迫使巡洋舰右转，并使电力中断，轮机停运；一枚航弹落在水上飞机机库右舷旁，接近后轮机舱，导致海水从破口倒灌该区域；一枚航弹在前桅杆右舷旁爆炸。一枚航弹落在左舷旁，将 B 锅炉舱左舷舱壁炸开，导致所有锅炉临时关停；另一枚航弹同样在 B 锅炉舱左舷一旁爆炸，造成海水倒灌；一枚航弹在弹射器左舷旁爆炸。

由于被多枚命中弹击中，"康沃尔"号重巡洋舰失去电力、通信，锅炉舱、轮机舱被倒灌的海水淹没，最终停船并开始向左倾斜下沉，右螺旋桨甚至露出海面。16 时 54 分，"康沃尔"号消失在海面上，该舰共有 192 人阵亡。关于"康沃尔"号沉没的原因，舰长推断主要是因日军的靠近弹在水下爆炸，导致舰体出现破口，继而引起大量海水涌入舱内。

担任第 13 攻击队第 26 小队 3 号机操纵员的小濑本国雄参加了在 4 月 5 日空袭英军重巡洋舰的行动，他在回忆录描述道：

在空中，碎积云随处可见，午后的太阳相当耀眼。

54 架舰爆分别从"苍龙""飞龙""赤城"起飞后，在印度洋上空 4000 米以敌舰为目标，向其飞过去。

行将沉没的英军重巡洋舰"多塞特郡"。

起飞一小时后，我在晚霞中发现两艘军舰高速航行，扬起白浪。正是英国远东舰队的"康沃尔"跟"多塞特郡"。

指挥官座机率部背着太阳接敌。不久传来密电"トツレ"（准备突击、展开）、"トトト"（全军突击）。

敌舰尽管察觉我攻击队，但是仍然以全速直航规避，丝毫没有转向的迹象。队长第一个进入俯冲。这时，迎面而来的是猛烈的敌舰防空炮火。在编队殿后的我紧紧地盯着目标。由队长投下的第一枚炸弹命中了第一艘敌舰的舰桥后方并发生爆炸。

敌舰一齐向右转向。接着第二架、第三架依次投弹，并全数命中。到我作为第18架投弹时，第一艘敌舰转向接近360度，留下一道白色的航迹在海面上，舰桥到艉部已经在海浪的拍打下沉下去了。

没办法，我瞄准敌舰舰桥前部进入俯冲，在高度400米投弹。我往后拉操纵杆，飞机随即拉起，只见舰桥前部中弹，火球、浓烟腾起。第一艘敌舰着火后，在沉没前夕只留下舰艏突出在海上。

第二艘敌舰在"飞龙""赤城"舰爆队的猛攻之下，与第一艘敌舰一样同时消失在海面。回头时，海面只剩下几近消散的圆形航迹。

机动部队在4月5日突击英军重巡洋舰的战斗中共计出动53架99式舰爆，消耗37枚250公斤通常弹、16枚250公斤陆用弹，在未损失一架舰爆的情况下炸沉"多塞特郡"号与"康沃尔"号（见表9-5）。确认英军重巡洋舰沉没后，日军舰爆队开始集合并以50度航向返航。第13攻击队率先于17时35分返回母舰，第14攻击队接着在17时38分返回"飞龙"。17时45分，第11攻击队返回"赤城"。

中弹后迅速向左翻沉的英军重巡洋舰"康沃尔"。

表 9-5　1942 年 4 月 5 日第 1 航空队舰队舰爆队突击"康沃尔""多塞特郡"编制表

航母	单位	中队	小队	操纵员	侦察员
"赤城"	第 11 攻击队	第 1 中队	第 1 小队	阿部善次大尉（海兵 64 期）	斋藤千秋飞曹长（乙飞 1 期）
				秋元保一飞曹（甲飞 2 期）	土屋睦邦一飞曹（侦练 33 期）
				菊地五一三飞曹（操练 50 期）	饭田好弘二飞曹（乙飞 8 期）
			第 2 小队	田中义春一飞曹（乙飞 6 期）	大渊珪三中尉（海兵 66 期）
				雨宫伊佐男二飞曹（操练 46 期）	佐藤直人二飞曹（侦练 43 期）
				芥川武志一飞兵（操练 53 期）	佐佐木三男一飞兵（侦练 49 期）
			第 3 小队	铃木要一飞曹（乙飞 7 期）	前川贤次飞曹长（乙飞 4 期）
				武居一马一飞兵（操练 48 期）	原田嘉太男一飞曹（甲飞 2 期）
				长岛善作一飞兵（操练 56 期）	西山强三飞曹（侦练 41 期）
		第 2 中队	第 1 小队	山田昌平大尉（海兵 65 期）	野坂悦盛一飞曹（乙飞 2 期）
				望月伊作一飞兵（操练 48 期）	土屋亮六二飞曹（侦练 39 期）
				石井信一二飞曹（甲飞 4 期）	山下敏平一飞曹（甲飞 3 期）
			第 2 小队	高野秀雄一飞曹（乙飞 7 期）	清水竹志飞曹长（乙飞 4 期）
				向后荣三飞曹（操练 48 期）	山本义一一飞曹（乙飞 5 期）
				山川光好一飞兵（操练 54 期）	青木丰二郎二飞曹（甲飞 4 期）
			第 3 小队	古田清人一飞曹（操练 32 期）	川井裕二飞曹（乙飞 8 期）
				大野孝一飞兵（操练 54 期）	长谷川菊之助一飞兵（侦练 50 期）
"苍龙"	第 13 攻击队	第 1 中队	第 21 小队	江草隆繁少佐（海兵 58 期）	石井树飞曹长（乙飞 1 期）
				山崎武男二飞曹（操练 45 期）	远藤正一飞曹（甲飞 1 期）
				须藤市郎二飞曹（乙飞 8 期）	山口积二飞曹（甲飞 3 期）
			第 22 小队	小井手护之大尉（海兵 65 期）	山本博一飞曹（侦练 30 期）
				朝仓畅一飞曹（甲飞 2 期）	石田重吉一飞曹（侦练 35 期）
				山中正三二飞曹（甲飞 4 期）	土屋嘉彦二飞曹（甲飞 4 期）
			第 23 小队	菅原隆一飞曹（乙飞 5 期）	山口幸男飞曹长（侦练 26 期）
				冈田忠夫一飞兵	高桥秀吉二飞曹（甲飞 4 期）
				渡边敬一飞兵	中竹悟二飞曹（甲飞 4 期）
		第 2 中队	第 24 小队	池田正伟大尉（海兵 61 期）	寺井荣飞曹长（乙飞 2 期）
				土屋庚道一飞曹（乙飞 7 期）	藤田多吉一飞曹（侦练 33 期）
				藤田辰男三飞曹（操练 46 期）	金贺五郎一飞曹（乙飞 7 期）
			第 25 小队	中川纪雄一飞曹（乙飞 7 期）	栗原一弥中尉（海兵 67 期）
				井后义雄三飞曹（操练 44 期）	寺元英己一飞曹（甲飞 1 期）
				远藤定雄一飞兵（操练 49 期）	水谷广惠三飞曹（侦练 41 期）
			第 26 小队	山田隆一飞曹（甲飞 1 期）	船崎金二一飞曹（侦练 28 期）
				加藤求一飞兵（操练 48 期）	土井安松二飞曹（侦练 45 期）
				小濑本国雄一飞兵（操练 53 期）	高野义雄二飞曹（乙飞 8 期）

续表

航母	单位	中队	小队	操纵员	侦察员
"飞龙"	第14攻击队	第1中队	第21小队	小林道雄大尉(海兵63期)	小野义范飞曹长(乙飞3期)
				崎山保一飞曹(操练36期)	前田孝一飞曹(乙飞5期)
				坂井秀男一飞兵(操练48期)	福永义晖一飞曹(甲飞2期)
			第22小队	下田一郎中尉(海兵66期)	住吉语一飞曹(乙飞3期)
				山田喜七郎一飞曹(甲飞2期)	内之村保一飞曹(乙飞6期)
				中尾信道三飞曹(操练50期)	冈村荣光一飞曹(甲飞2期)
			第23小队	中川静夫一飞曹(乙飞5期)	吉川启次郎飞曹长(乙飞4期)
				土屋孝美三飞曹(操练48期)	宫里光夫二飞曹(侦练34期)
				关政男一飞兵(操练55期)	田中国男一飞兵
		第2中队	第24小队	西原敏胜飞曹长(乙飞2期)	山下途二大尉(海兵65期)
				大石幸雄一飞曹(乙飞7期)	田岛一男一飞曹(乙飞5期)
				黑木顺一三飞曹(操练47期)	村上亲爱三飞曹(侦练46期)
			第25小队	中泽岩雄飞曹长	中山七五三松特务少尉(侦练18期)
				濑尾铁夫一飞曹(甲飞2期)	安田信惠一飞曹(甲飞2期)
				近藤澄夫一飞兵(操练49期)	清水巧二飞曹(乙飞9期)
			第26小队	川畑弘保一飞曹(甲飞1期)	石井正郎飞曹长(乙飞3期)
				池田高三二飞曹(乙飞8期)	板津辰雄三飞曹(侦练45期)
				渊上一生一飞兵(操练54期)	水野泰彦一飞兵(侦练51期)

上文提及5航战曾准备出动舰攻队参加对英军重巡洋舰的攻击行动，但因时间紧迫而叫停准备工作。15时59分，"利根"水侦报告英军重巡洋舰属肯特型。16时10分，南云电告5航战，要求该部"以半数舰攻、舰爆攻击肯特型重巡洋舰"。5航战因此重新准备鱼雷攻击。16时25分，原忠一报告"攻击队1700升空，攻击目标肯特型巡洋舰，航向200度，攻击半径150海里"。不过等到16时56分，江草隆繁关于"两艘重巡洋舰沉没"的电报送到1航舰各舰。16时57分，原忠一下令暂停起飞，到17时02分更是要求5航战的舰攻队待命。17时15分，南云电告现有准备的攻击队在机库待命。随着攻击队的归来，机动部队调整航向，离开锡兰岛。18时24分，机动部队采取第9警戒航行序列，并以135度航向向东南机动。

萨默维尔一直在"厌战"号战列舰的舰桥苦等"多塞特郡"号与"康沃尔"号归队，但最终接到的是这两艘重巡洋舰被击沉的噩耗。4月6日16时，萨默维尔派遣轻巡洋舰"进取"以及第12驱逐舰队的驱逐舰"圣骑士""黑豹"赶赴"康沃尔"号与"多塞特郡"号沉没的水域搜救幸存者。同日21时30分，上述英军舰艇发现"多塞特郡"号与"康沃尔"号的救生艇，并救起幸存者共一千多名。幸亏救生艇上有饼干、淡水、牛奶，才让幸存者得以支撑到友军的营救到来。完成

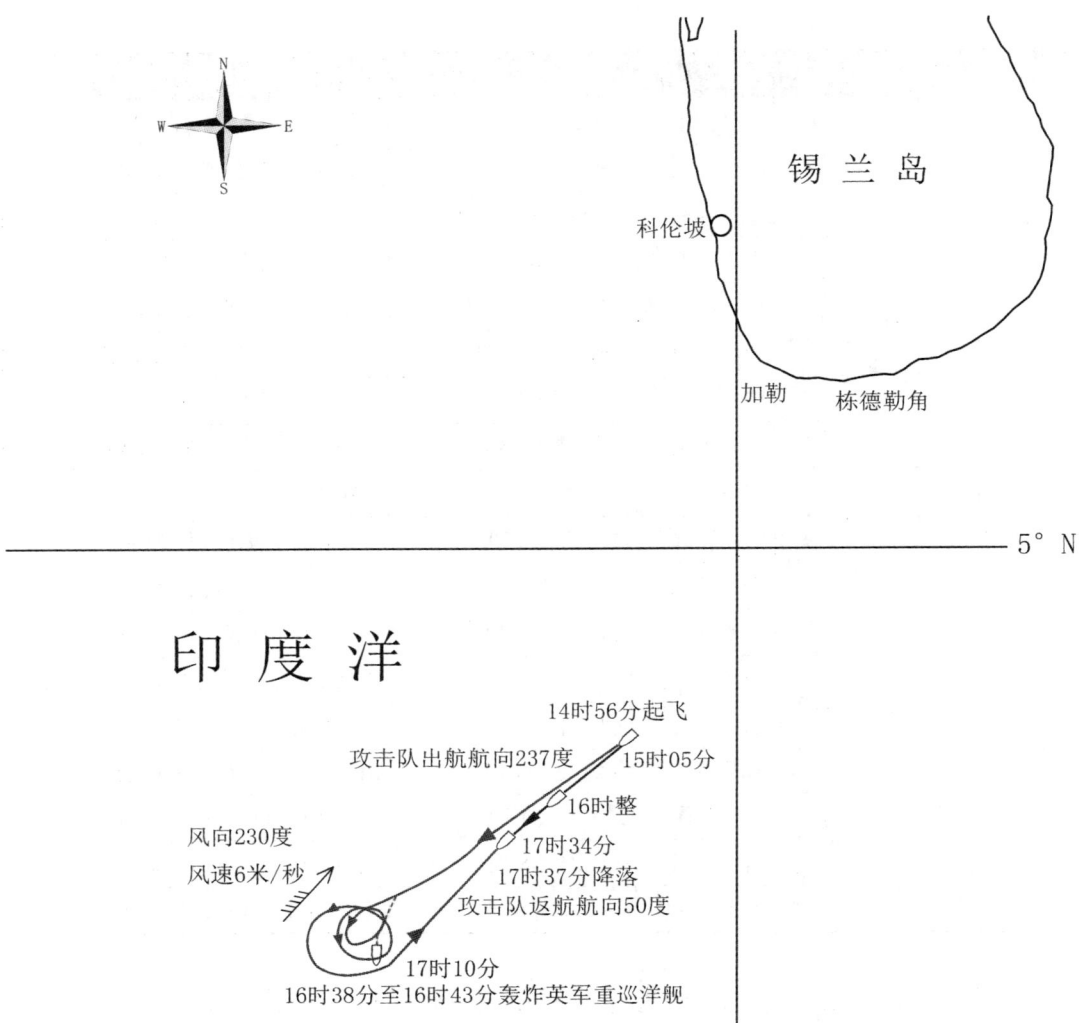

1942年4月5日"飞龙"舰爆队（第14攻击队）攻击英军重巡洋舰示意图。

营救幸存者的任务后，驱逐舰"进取""圣骑士""黑豹"开始回航，准备与东方舰队主力会合。

4. 1942年4月5日英国东方舰队行动情况

机动部队与东方舰队最有可能在4月5日接战，只是由于各种意外，双方到最后"缘悭一面"。当日上午，东方舰队A、B两队相继由阿杜环礁起航，然后以东北航向在锡兰岛西南机动，其中萨默维尔带领A部队以70度航向、18节（约33千米/小时）航速实施机动。9时45分，4架"管鼻燕"由"不挠"号航母起飞，向东实施侦察，侦察半径215海里（约398千米）。其中一架"管鼻燕"于11时55分发现一架日军水侦，当时距离A部队150海里（约277千米），方位

76 度。14 时整,"管鼻鹱"返回母舰。下午,A 部队继续向东机动。

17 时整,"不挠"号出动两架"大青花鱼"鱼雷攻击机搜索日军舰队,结果发现了机动部队,但是其中一架"大青花鱼"被零战击落,具体情况详见下文。18 时 52 分,一架侦察飞机发现残骸,坐标 78°08′E,2°08′N。萨默维尔派出一艘驱逐舰前出查看,但是在一个小时后命令这艘驱逐舰归队,因为当时接到报告,得知有五艘舰艇位于 78°18′E,3°38′N,但舰种、航向、航速情况不明。

20 时整,科伦坡方面报告,日军航母于 17 时整航向 230 度,航速 24 节(约 44 千米/小时),编队情况不明。萨默维尔根据这份电报判断日军航母将对阿杜环礁实施航空兵突击,遂于 20 时 26 分率部转向,以航向 210 度、航速 18 节(约 33 千米/小时)向西南机动,同时命令 B 部队、"多塞特郡"号、"康沃尔"号向南航渡。然而,"多塞特郡"号与"康沃尔"号二舰已经沉入海底,自然是无法依照萨默维尔的指示行动。

21 时整,博伊德少将转发侦察飞机的敌情报告,称日军位于 A 部队 20 度、120 海里(约 222 千米)。萨默维尔当即率部调整航向至 315 度,并指示 B 部队采取相同的行动,以便保持彼此在对方舰载机攻击半径之内。21 时 30 分,东方舰队出动一架鱼雷攻击机执行当天的第三次搜索,这一次侦察方位 345 度至 30 度、半径 180 海里(约 333 千米)。24 时整,东方舰队出动装有对舰搜索雷达(ASV)的舰载机执行侦察任务,搜索方位 20 至 80 度、半径 200 海里(约 370 千米)。由于机动部队一路向东南航渡,并不断远离东方舰队,因此上述两次侦察均没有任何发现,其中,于 24 时出发的英军舰载机在翌日 9 时整返回母舰。

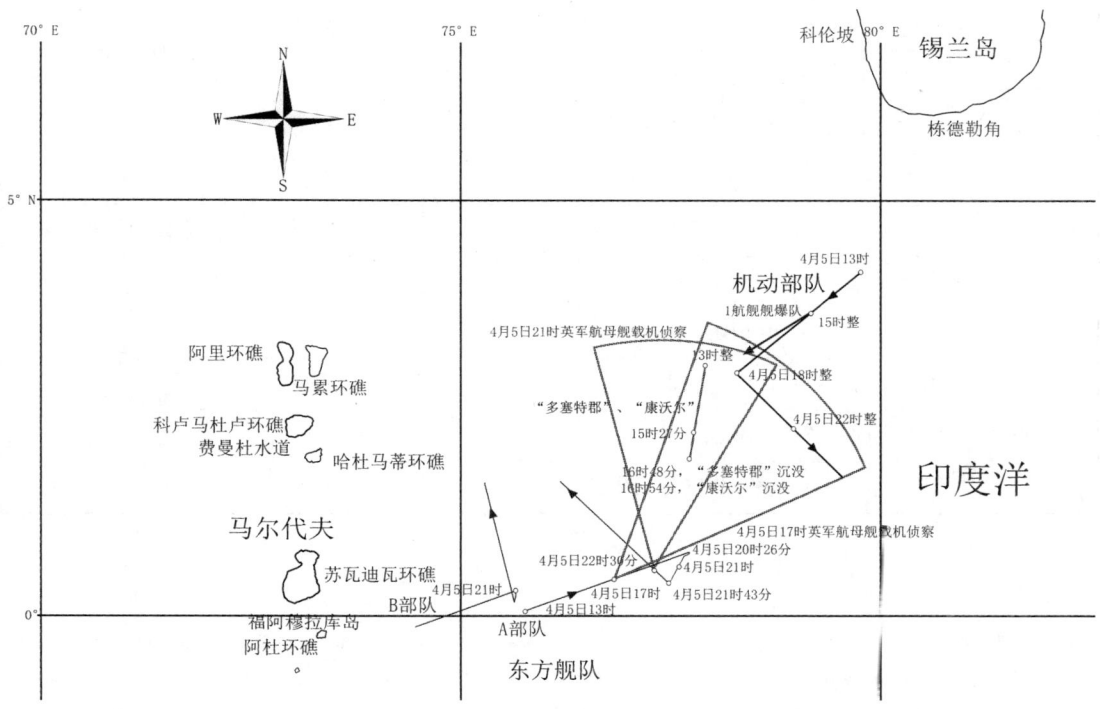

1942 年 4 月 5 日 13 时至夜间锡兰岛方面态势图

5. 1942年4月5日机动部队防空战斗

4月5日，机动部队在锡兰岛以南水域机动及遂行突击任务期间继续遭到英军飞机的跟踪。当日9时整，"赤城""苍龙""飞龙""瑞鹤""翔鹤"派出14架零战执行直卫任务（见表9-6）。9时40分，"瑞鹤"报告在右100度方向发现一架英军PBY。这架PBY隶属英军第205中队，于当日2时45分离开基地，飞往印度洋搜索机动部队。机长詹姆斯·拉姆齐·格雷厄姆（James Ramsey Graham）空军上尉①在日出后发现机动部队，并从7时37分开始向基地发回电报，报告机动部队的实力及动向。9时55分，"赤城"再增派3架零战加强巡逻力量。10时15分，"翔鹤"发现格雷厄姆机，紧急派出两架零战前往截击。"利根""阿武隈""浦风""滨风"相继用火器射击格雷厄姆。10时40分，机动部队的零战（除"苍龙"零战）发现这架PBY，遂上前将其击落，包括格雷厄姆在内的8名机组人员无一生还。

表9-6　1942年4月5日第1航空舰队战斗机巡逻编制表

航母	小队/批次	操纵员	起降时间	消耗弹药数量	备注
"赤城"	第一次	木村惟雄一飞曹（甲飞1期）	9时整至11时15分	不明	合力击落一架PBY
		岩间品次一飞曹（甲飞2期）		不明	
		石田正志一飞兵（操练55期）		不明	
	第二次	小山内末吉飞曹长（乙飞2期）	9时55分至11时15分	不明	
		谷口正夫二飞曹（操练51期）		不明	
		高须贺满美一飞兵（操练51期）		不明	
	第三次	山本重久中尉（海兵66期）	11时30分至15时15分	不明	未发现盟军飞机
		高原重信二飞曹（乙飞8期）		不明	同上
		羽生十一郎一飞兵（操练51期）		不明	同上
	第四次	木村惟雄一飞曹（甲飞1期）	12时45分至15时15分	不明	同上
		岩间品次一飞曹（甲飞2期）		不明	同上
		石田正志一飞兵（操练55期）		不明	同上

---

① 格雷厄姆机组人员包括空军上尉哈罗德·大卫·塔姆塞特·利奇（Harold David Tamsett Leach）、空军中尉亚瑟·威廉·阿博特（Arthur William Abbott）、空军上士欧内斯特·亚瑟·艾伦（Ernest Arthur Allen）、空军中士威廉·塞西尔·弗里斯古·多德（William Cecil Friscourt Dodd）、亚历山大·托马斯·爱德华·丹尼尔斯（Alexander Thomas Edward Daniells）、罗伯特·道格拉斯·沃克（Robert Douglas Walker）、二等兵刘易斯（Idris Lewis）。

续表

航母	小队/批次	操纵员	起降时间	消耗弹药数量	备注
"赤城"	第五次	小山内末吉飞曹长(乙飞2期)	14时40分至17时40分	不明	同上
		谷口正夫二飞曹(操练51期)		不明	同上
		高须贺满美一飞兵(操练51期)		不明	同上
		田中克视一飞曹(甲飞1期)		不明	同上
		大原广司三飞曹(操练50期)		不明	同上
		佐野信平一飞兵(操练49期)		不明	同上
	第六次	指宿正信大尉(海兵65期)	17时30分至20时30分	不明	同上
		岩城芳雄一飞曹(甲飞2期)		不明	同上
		川原田三二飞曹(甲飞4期)		不明	同上
		菊地哲生一飞曹(操练39期)		不明	同上
		岩间品次一飞曹(甲飞2期)		不明	同上
		森荣一飞兵(操练50期)		不明	同上
"苍龙"	第17小队	杉山武夫飞曹长(操练26期)	9时整至11时30分	不明	同上
		野田光臣一飞曹(甲飞2期)		不明	同上
		吉松要二飞曹(操练41期)		不明	同上
	第16小队	田中平特务少尉(操练19期)	11时30分至15时15分	不明	同上
		萩野恭一郎三飞曹(操练44期)		不明	同上
		土井川勋一飞兵(操练47期)		不明	同上
	第15小队	三田岩一飞曹(甲飞2期)	12时30分至15时45分	不明	同上
		铃木新一三飞曹(操练45期)		不明	同上
		岩渊良雄一飞兵(操练56期)		不明	同上
	第11小队	藤田怡与藏中尉(海兵66期)	15时45分至18时45分	不明	同上
		冈元高志二飞曹(操练43期)		不明	同上
	第17小队	杉山武夫飞曹长(操练26期)		不明	同上
		野田光臣一飞曹(甲飞2期)		不明	同上
		吉松要二飞曹(操练41期)		不明	同上
	第13小队	原田要一飞曹(操练35期)	18时45分至20时45分	不明	同上
		久保田亘一飞曹(操练36期)		不明	同上
		长泽源造三飞曹(操练50期)		不明	同上
	第15小队	三田岩一飞曹(甲飞2期)		不明	同上
		铃木新一三飞曹(操练45期)		不明	同上
		岩渊良雄一飞兵(操练56期)		不明	同上
	第16小队	田中平特务少尉(操练19期)	19时15分至20时45分	不明	同上
		萩野恭一郎三飞曹(操练44期)		不明	同上
		土井川勋一飞兵(操练47期)		不明	同上

续表

航母	小队/批次	操纵员	起降时间	消耗弹药数量	备注
"飞龙"	第一次	村中一夫一飞曹(乙飞6期)	9时整至11时45分	共消耗7.7毫米机枪枪弹700发、20毫米机炮炮弹110发	与第1航空舰队其他制空队合力击落一架PBY
		田原功三飞曹(操练45期)			
	第二次	野口毅次郎一飞曹(操练24期)	11时45分至13时15分	不明	同上
		原田敏尧三飞曹(操练41期)		不明	同上
	第三次	牧野田俊夫一飞曹(甲飞1期)	12时30分至15时整		同上
	第四次	重松康弘中尉(海兵66期)	15时整至17时整	不明	同上
		村中一夫一飞曹(乙飞6期)		不明	同上
		田原功三飞曹(操练45期)		不明	同上
	第五次	野口毅次郎一飞曹(操练24期)	17时整至20时27分	共消耗7.7毫米机枪枪弹400发、20毫米机炮炮弹55发	攻击一架鱼雷攻击机
		原田敏尧三飞曹(操练41期)			
		林茂一飞兵(操练55期)			
	第六次	日野正人一飞曹(操练27期)	19时04分至20时18分	共消耗7.7毫米机枪枪弹600发、20毫米机炮炮弹220发	击落一架鱼雷攻击机
		户高升二飞曹(乙飞8期)			
		小谷贤治一飞兵(操练54期)			
	第七次	重松康弘中尉(海兵66期)	19时20分至19时45分	不明	同上
		村中一夫一飞曹(乙飞6期)		不明	同上
		儿玉义美飞曹长(乙飞2期)		不明	同上
		田原功三飞曹(操练45期)		不明	同上
	—	重松康弘中尉(海兵66期)	10时整至11时整	不明	同上
		林茂一飞兵(操练55期)		不明	同上
"翔鹤"	第一次	南义美一飞曹(操练30期)	9时整至12时整	消耗7.7毫米机枪枪弹160发	与第1航空舰队其他制空队合力击落一架PBY
		松田二郎一飞曹(甲飞1期)		消耗7.7毫米机枪枪弹100发	
		川西仁一郎二飞曹(甲飞3期)		消耗7.7毫米机枪枪弹140发	
	第二次	西出伊信一飞曹(甲飞1期)	10时15分至11时07分	不明	未发现盟军飞机
		佐佐木原正夫二飞曹(甲飞4期)		不明	同上

续表

航母	小队/批次	操纵员	起降时间	消耗弹药数量	备注
"翔鹤"	第三次	宫泽武男二飞曹（甲飞3期）	11时45分至13时45分	不明	同上
		一之濑寿二飞曹（甲飞4期）		不明	同上
	第四次	安部安次郎特务少尉（乙飞1期）	13时40分至16时20分	不明	同上
		田中喜藏三飞曹（操练46期）		不明	同上
	第五次	冈部健二二飞曹（操练38期）	16时20分至18时30分	不明	同上
		堀口春次一飞兵（操练51期）		不明	同上
	第六次	林富士雄一飞曹（乙飞7期）	18时30分至21时10分	不明	同上
		小町定三飞曹（操练49期）		不明	同上
"瑞鹤"	—	岩本彻三一飞曹（操练34期）	9时整至10时50分	共消耗7.7毫米机枪枪弹900发、200毫米机炮炮弹220发	与第1航空舰队其他制空队合力击落一架PBY
		中田重信二飞曹（操练40期）			
		前七次郎一飞兵（操练54期）			

下午，英军第240中队的威廉·布拉德肖（William Bradshaw）空军上尉驾驶的PBY水上飞机发现了机动部队并展开跟踪。虽然布拉德肖一度遭受日舰的射击，但是依然安全回航。

黄昏以后，"不挠"号航母出动的两架"大青花鱼"鱼雷攻击机发现了机动部队并在其周边跟踪。第827中队的罗宾·朱利安·格兰特-斯特吉斯（Robin Julian Grant-Sturgis）中尉的座机（观察员戈登·狄克逊（Gordon Dixon）一等兵，机枪手贾弗雷（V. W. Jaffray））最先遭受3架"飞龙"零战攻击。零战发现这架鱼雷机后迅速抵近，然后实施攻击，但未能将对方击落。最后格兰特-斯特吉斯甩掉日机，后于22时整返回"不挠"号。

另一架同属827中队、由罗伯特·斯特里菲尔德（Robert J. F. Streafield）中尉驾驶的"大青花鱼"就没那么幸运。"阿武隈"号轻巡洋舰在19时1分发现这架鱼雷攻击机，遂以舰炮射击，随后"飞龙"派出的3架零战（19时04分升空）将这架鱼雷攻击机击落。斯特里菲尔德、托马斯·韦斯顿（Thomas Weston）中尉以及肯尼思·波特（Kenneth Porter）一等兵阵亡。

6. 1942年4月6日至4月8日机动部队、东方舰队行动情况

机动部队从4月5日傍晚开始，至4月8日从锡兰岛南向东南一带机动，等待英军舰队出现。4月6日9时整，机动部队出动10架舰攻、4架水侦执行侦察任务（见表9-7）。其中，舰攻以260度为基准航向在机动部队后方水域展开搜索，各机搜索方位相隔10度，飞行230海里（约426千米）后向右转弯，待搜索40海里后回航。水侦在机动部队前方搜索，基准航向80度，各机搜索方位相隔20度，飞行150海里后向右转弯，待搜索52海里后回航。由于东方舰

队远离日军搜索范围，因此日军当日一无所获，其中"苍龙"在13时整回收所属的4架舰攻，"飞龙"则于13时45分回收余下3架。"榛名"在9时05分弹射水侦，12时40分回收。"金刚"晚于9时10分派出水侦，12时15分回收。此外，机动部队从10时开始以90度航向向东航渡。14时20分，南云决定在9日突击亭可马里。

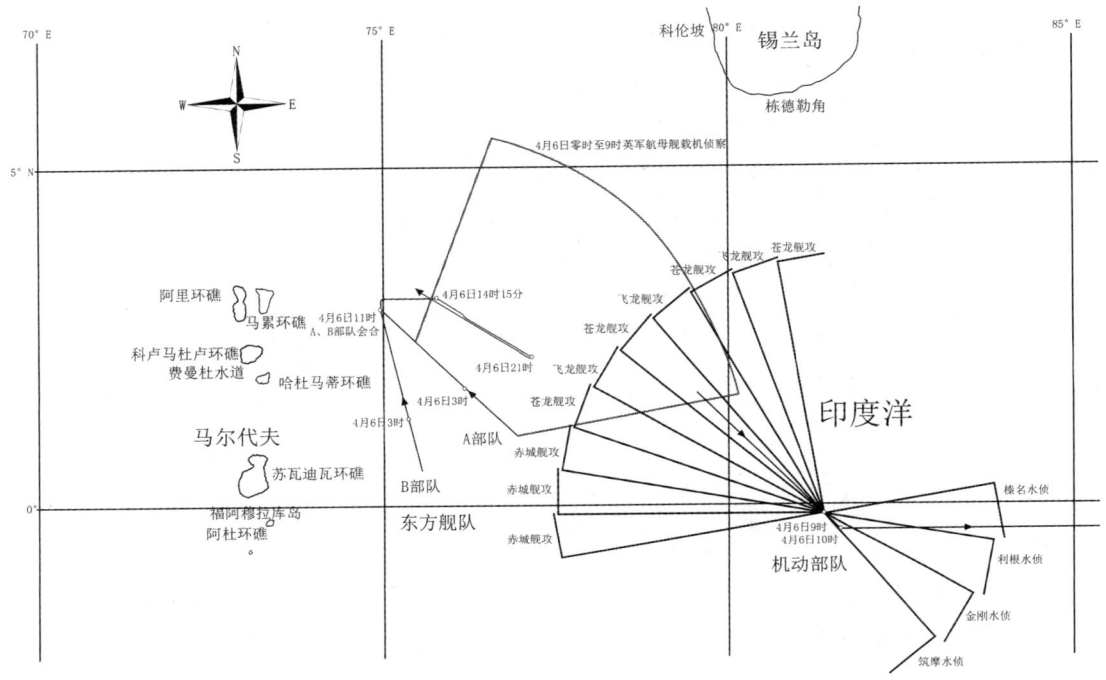

1942年4月6日锡兰岛方面态势图。

表9-7　1942年4月6日机动部队侦察编制表（欠"赤城"机组）

单位	编号	搜索方位	操纵员	侦察员	电信员	备注
"苍龙"	4号	—	大多和达也一飞曹（乙飞5期）	藤波贯二一飞曹（侦练27期）	永井福太郎一飞兵（侦练51期）	—
	6号	315度	野崎实男三飞曹（操练41期）	加藤丰则一飞曹（甲飞2期）	早川润一二飞曹（甲飞3期）	—
	8号	335度	根食贞宪二飞曹（乙飞8期）	杉山弘兴一飞曹（甲飞1期）	丸山忠雄二飞曹（甲飞3期）	—
	10号	355度	藤原嘉六一飞兵（操练48期）	石井利一一飞曹（乙飞7期）	渡边勇三二飞曹（甲飞3期）	—

续表

单位	编号	搜索方位	操纵员	侦察员	电信员	备注
"飞龙"	5号	305度	高桥仲夫一飞曹（甲飞2期）	城武夫一飞曹（乙飞5期）	稻毛幸平一飞曹（甲飞2期）	—
	7号	325度	柳本拓郎三飞曹（操练42期）	后藤亲思一飞曹（侦练29期）	二宫一宪二飞曹（乙飞8期）	—
	9号	345度	于久保己三飞曹（操练41期）	鸟羽重信一飞曹（侦练31期）	文宫府知一飞兵（侦练48期）	—
"榛名"	1号	80度	田所一比古大尉	—	—	95式水侦
"金刚"	3号	120度	二宫辨造一飞曹	—	—	95式水侦
"利根"	2号	100度	不明	—	—	94式水侦
"筑摩"	4号	140度	不明	—	—	94式水侦

4月7日3时30分，机动部队以航向50度向东北航渡。23时30分，"浦风"离队，前往与补给队会合，当时机动部队位于89°3′E，2°28′N。4月8日12时，机动部队调整航向至295度，再度向锡兰岛抵近。14时19分，"阿武隈"从"利根"接收一架94式水侦。16时30分，机动部队第二次采用第7警戒航行序列。21时整，南云忠一下达《机动部队信令第81号》，决定将舰爆队从攻击队剔除，并将第1、第3、第4制空队的零战数量调整为每队6架，此外要求各航母在亭可马里攻击队出航后，安排舰爆队及9架零战（"赤城""飞龙""苍龙"各3架）在机库待命，以应对英军舰艇的出现。很明显，南云为了避免重蹈4月5日的覆辙，才制定这样的应急预案。4月7日18时，机动部队调整航向为15度。4月8日12时，机动部队调整航向为295度，向锡兰岛以东水域航渡。

在东方舰队方面，4月6日零时，"不挠"号派遣一架"大青花鱼"鱼雷攻击机（隶属827中队），前往搜索200海里（约370千米）。9时15分，A部队以135度航向向东南机动，并于9时25分发现B部队，10时整A、B两部会合。萨默维尔通过4月5日的飞行侦察后确定日军不会空袭阿杜环礁，遂于10时20分率部向正东航渡。14时15分，东方舰队以135度航向，向东南机动。16时整，萨默维尔派遣驱逐舰"进取""圣骑士""黑豹"前往"康沃尔"号与"多塞特郡"号的沉没位置搜救幸存者。

14时过后，锡兰方面报告日军舰队位于阿杜环礁与科伦坡之间，这使得东方舰队继续在锡兰岛西南水域机动。实际上，机动部队从4月5日18时后开始向锡兰岛东南撤退。21时整，东方舰队向西北撤退，航向300度。

另外，第273中队的"管鼻鹱"掩护一队"剑鱼"，于4月6日清晨从中国湾机场出发，前往搜索机动部队，但没有任何发现。同日4时37分，英军第413中队的雷·托马斯（Rae Thomas）空军上尉驾驶一架PBY飞往印度洋执行侦察任务，仅发现一艘机动艇，后于当日23时57分返回基地。

4月7日5时13分，"不挠"号出动一架装有搜索雷达的舰载机继续在锡兰岛西南搜索。6

时整,东方舰队向西机动,航向270度。7时30分,该飞机报告发现两艘潜艇在舰队南侧跟踪。萨默维尔得知情况后,决定率部从马尔代夫西通过,经费曼杜(Veimandu)水道并一直向西航渡。10时整,东方舰队以220度航向向西南航渡。19时整,驱逐舰"进取""圣骑士""黑豹"复归A部队。随后,"进取"号与"圣骑士"号一道提前返航。

24时整,东方舰队再次调整航向至150度,以东南航向回航。

4月8日14时整,东方舰队驶入阿杜环礁。同日下午,萨默维尔召集各级主官到"厌战"号战列舰举行会议。经讨论,萨默维尔决定带领A部队前往孟买(Bombay),并调派B队前往肯尼亚的基林迪尼(Kilindini)港。总结4月5日至4月8日,东方舰队主动搜索日军舰队,并曾计划实施夜袭,但是在机动部队远离后,东方舰队未曾继续追击,只是在马尔代夫一带机动。

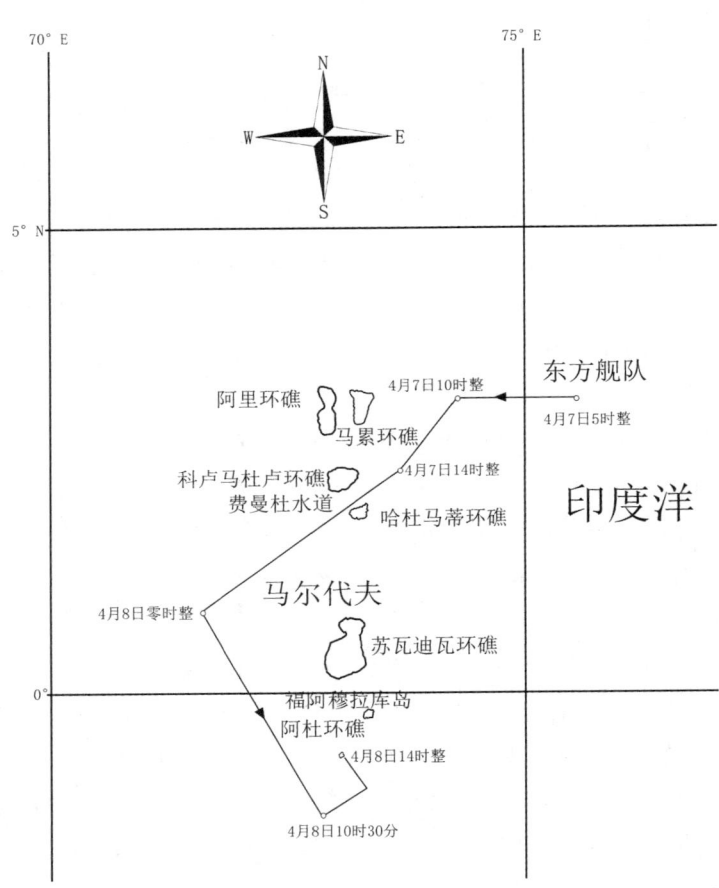

1942年4月7日至4月8日东方舰队行动示意图。

第十章　1942 年 4 月 9 日的战斗

1. 空袭亭可马里

由于东方舰队在锡兰岛西南方面机动，早已前往锡兰岛东南的南云忠一无法捕捉该舰队，遂按照原计划出动舰载机对英国皇家海军东印度总司令部所在地亭可马里实施航空兵突击。4 月 9 日上午，机动部队继续以 295 度航向航渡并进入锡兰岛以东水域。同日 8 时 30 分，机动部队调整阵型，即以第 1 警戒航行序列组成环形警戒幕。当日机动部队所在区域天气晴朗，气温 29 度左右。9 时以后，该部出动 38 架零战、91 架舰攻对亭可马里实施突击（见表 10-1）："苍龙"攻击队（6 架零战、18 架 97 式舰攻）早在 9 时后完成集结，直奔亭可马里，同属 2 航战的"飞龙"攻击队（6 架零战、18 架 97 式舰攻）在 9 时 15 分出航；9 时 07 分，6 架零战、18 架舰攻依次从"赤城"起飞，完成集结后于 9 时 25 分出航；"瑞鹤"攻击队（10 架零战、18 架 97 式舰攻）于 9 时起飞，"翔鹤"攻击队（10 架零战、19 架 97 式舰攻）则于 9 时 10 分升空、9 时 18 分出航。在放出攻击队后，机动部队于 10 时向北机动。

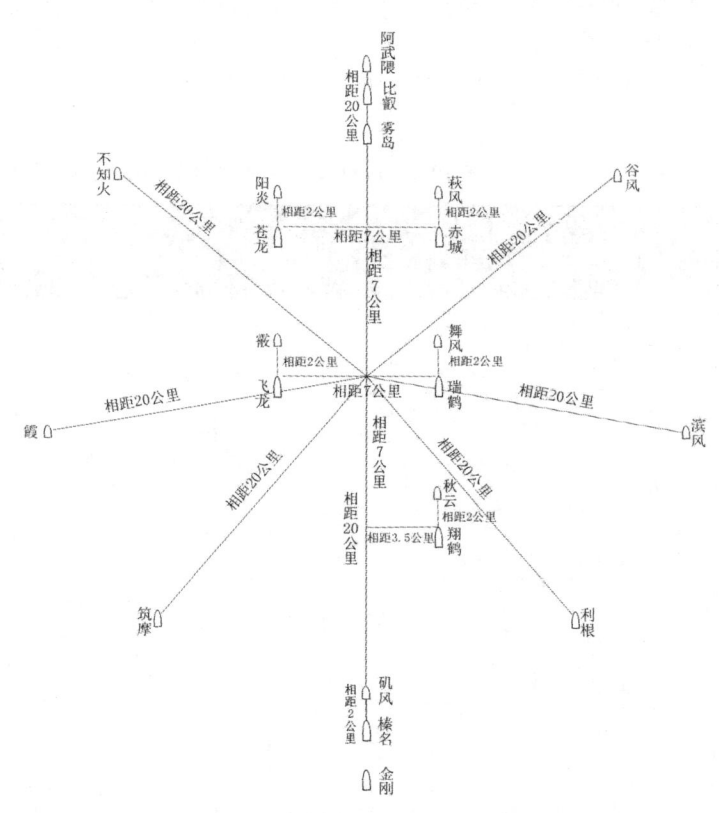

1942 年 4 月 9 日 8 时 30 分至 11 时 52 分前机动部队第 1 警戒航行序列示意图，其中第 3 战队所属的 4 艘战列舰的实际位置待定。

编号为"EII-111"的零式 21 型战斗机在"瑞鹤"航母的舰员挥帽欢送下迅速从飞行甲板滑跑,准备升空

表 10-1　1942 年 4 月 9 日机动部队突击亭可马里概况表

航母	单位	指挥官	机种	数量(单位：架)	携带炸弹/鱼雷	起飞时间	出航时间
"赤城"	第1制空队	板谷茂少佐	零战	6	—	9时07分	9时25分
	第1攻击队	渊田美津雄中佐	97式舰攻	17	各挂载1枚800公斤陆用弹	—	同上
"苍龙"	第3制空队	菅波政治大尉	零战	6	—	—	9时整
	第3攻击队	阿部平次郎大尉	97式舰攻	18	各挂载1枚800公斤陆用弹	—	9时01分
"飞龙"	第4制空队	重松康弘大尉	零战	6	—	—	9时整
	第4攻击队	楠美正少佐	97式舰攻	18	各挂载1枚800公斤陆用弹	—	同上

续表

航母	单位	指挥官	机种	数量（单位：架）	携带炸弹/鱼雷	起飞时间	出航时间
"瑞鹤"	第6制空队	牧野正敏大尉	零战	10	—	—	9时整
	第6攻击队	岛崎重和少佐	97式舰攻	19	各挂载1枚800公斤陆用弹	—	同上
"翔鹤"	第5制空队	兼子正大尉	零战	10	—	9时10分	9时18分
	第5攻击队	市原辰雄大尉	97式舰攻	19	各挂载1枚800公斤陆用弹		

机动部队的战列舰、巡洋舰依照《机动部队信令第80号》（4月8日20时10分下达）的要求，在4月9日上午派出7架水侦执行侦察任务。相关情况如下：

6时45分，"利根"的零式水侦（"利根"1号机）出发前往亭可马里进行搜索。9时，第3战队、"筑摩"、"阿武隈"各舰弹射一架水侦，对锡兰岛以东水域进行搜索：第3战队所属的4艘战列舰各弹射一架95式水侦（其中"金刚""榛名"的水侦各挂载两枚60公斤炸弹）[1]，这四架水侦分别搜索155度、235度、310度及350度，其中搜索155度、235度的水侦在指定航线搜索150海里（约277千米）再向后右转，继续搜索50海里（约92千米）。余下两架水侦搜索180海里（约333千米），然后向后右转飞行60海里（约111千米）；

"筑摩"的94式水侦在210度搜索，飞行200海里（约370千米）后右转搜索35海里；

"阿武隈"派出1架94式水侦在190度搜索200海里（约370千米），然后右转搜索35海里（约64千米），最后回航。

此外，机动部队在9时整派出14架零战执行巡逻任务。10时08分，"飞龙"的零战发现一架PBY在机动部队附近，遂发起攻击。这架PBY的机长正是参加4月6日出航搜索的第413中队托马斯上尉[2]。4月7日5时56分，托马斯从科格拉出航并于4月9日上午发现机动部队。随后，托马斯向基地报告机动部队位置、航向及航速（基地于当日10时16分收到这份电报）。如同4月4日、4月5日发现机动部队的PBY，托马斯的座机在跟踪期间遭到零战截击。10时15分，"飞龙"的零战将其击落，包括托马斯在内的8名机组人员无一生还。

---

① 1942年4月9日第3战队侦察机机长如下："比叡"水侦机长上野福太郎飞行特务少尉、"雾岛"水侦机长浦田正海中尉、"榛名"水侦机长若山隆敏飞曹长、"金刚"水侦机长田村与志男预备大尉。

② 托马斯上尉的机组包括罗德里克·肯尼思·伯恩空军中尉（Roderick Kenneth Bourne）、罗伯特·吉布森·赫维（Robert Gibson Hervey）空军中尉、塞西尔·查尔斯·格尼（Cecil Charles Gurney）空军上士、空军中士帕特里克·伯克（Patrick Bourke）、约翰·肯尼思·胡珀（John Kenneth Hooper）、德雷克·豪斯利（Derek Laxton Housley）、约翰·登齐尔·马库斯·莫克塞姆（John Denzil Marcus Moxham）。

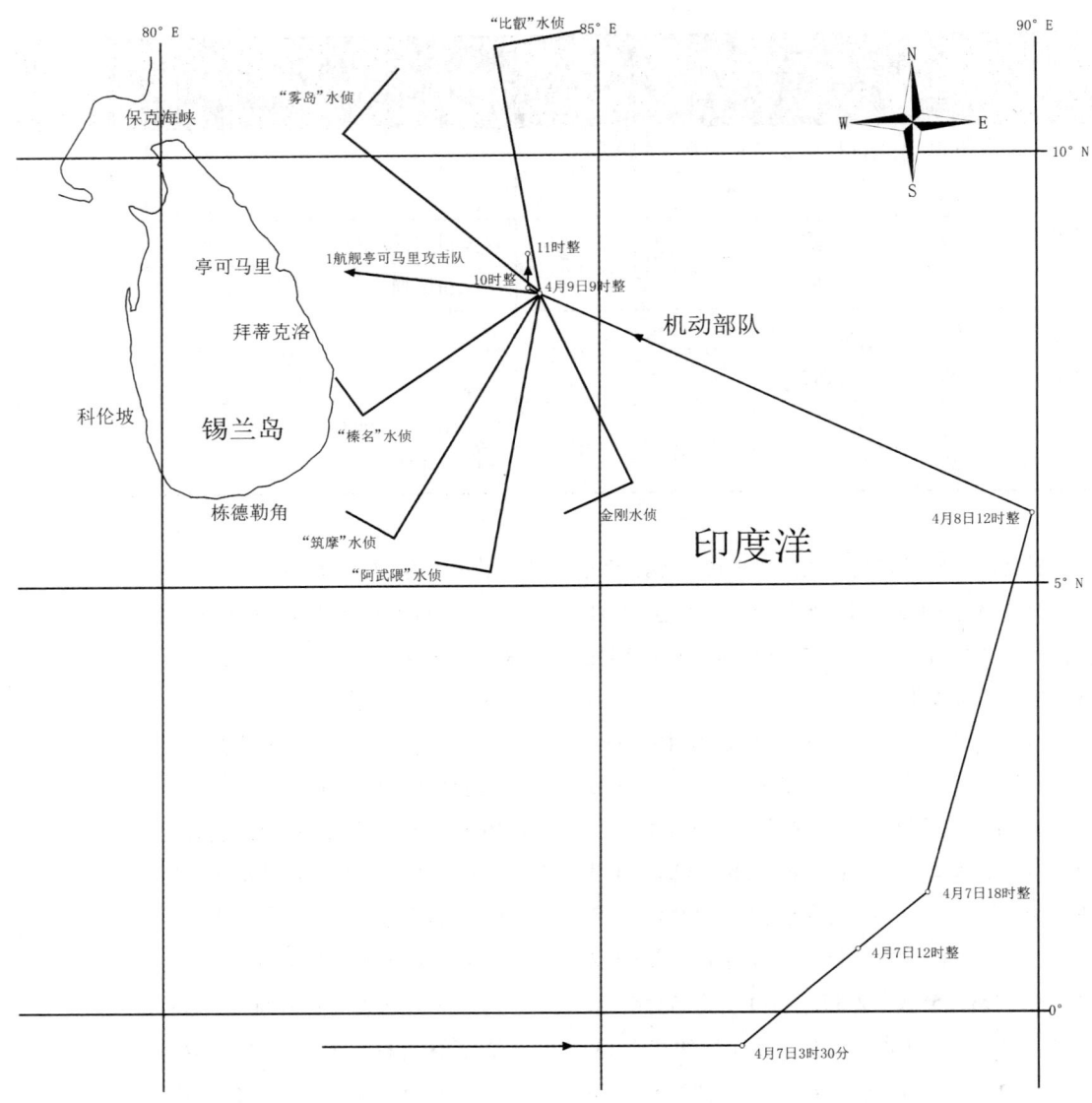

1942年4月7日至4月9日11时机动部队于锡兰岛方面行动示意图。

机动部队攻击队出航后,以277度航向、3000米高度向亭可马里直航,待接近亭可马里后调整航向为286度。这一天,英军的雷达站提前侦测到机动部队的舰载机编队。8时20分左右,伊丽莎白角的雷达率先发现不明飞机,并迅速向亭可马里方面报告情况,后者紧急启动红色警报,不过中国湾机场并未拉响警报。最终,英军捕捉的飞机信号消失在雷达上。9时45分,亭可马里方面取消红色警报。10时06分,英军雷达再次发现机动部队攻击队,雷达显示攻击队位于亭可马里78度,距离146千米。10时18分,中国湾机场拉响警报。接到日机机群即将来袭的警报后,英军第261中队所属的3架"飓风"紧急升空,随后这3架战斗机利用高度优势掠袭第6制空队,击落牧野正敏及其僚机松本达一飞兵。但是,英军很快遭受其他零战攻击,其中一架"飓风"被击落,一架迫降。日本海军著名的战斗机王牌飞行员岩本彻三一飞曹作为第6制空队第5小队长机,参加此次空战:

终于在远方看到陆地。各制空队一齐爬升。我的小队在编队最左端占位,爬升至7千米以获得高度优势,我使用氧气面具,前出至其他制空队的前方。在以这样的状态飞行期间,我发现敌机踪影,前方高度5至6千米。

我命令僚机做好战斗准备,扔掉副油箱,扑向左侧、数量大约20架的敌军战斗机群。这是开战以来第一次与战斗机会面。僚机几乎都是缺乏空战经验的,不过据说我小队的4架是少数有经验的。

左后方的我方舰爆队已经组成单纵队的俯冲轰炸队形,正在向机场接敌。

我感到敌军"飓风"战斗机没有向我们抵近,而是向左转弯,调整航向至飞往机场。

"太好了!"这是绝佳的机会。我们身处的高度是7000米,对敌具有优势,便向敌直奔并实施攻击。一旦向目标突击,接下来的战斗是要打得你死我活。要取得空战胜利,首先要在第一次攻击就击倒对方。如果失手,那么敌机会趁机进行反击,削弱我方的攻击。

我在电话里命令各机禁止独自攻击,跟随小队长行动。我没有攻击敌机第一小队,确定瞄准第2小队4号机。

我很久没参加空战,按捺着激动的心情,接近至距离30米,用20毫米机炮射击,期盼抵近目标,将其击落。

确切地感受到炮弹射击。敌机爬升躲避,然后喷出汽油,以机头向下的状态坠落。几乎可以确认击落目标,但也无法看到它的最终结局。接着,敌军第2小队1号机飞向机头,示意开始攻击2号机。

敌军1号机看见4号机被击落,采取反击态势,但还没有完全进入攻击态势。我进入第二次攻击。这次漂亮地命中发动机,转眼间敌机化作火球坠落。

后方的敌机没有进入反击,向左转弯,飞往前方的1小队,接着下降高度,我觉得他要逃走。敌机向机场方向逃走,我一路追击,捕捉到殿后的一架飞机,并将其击落。其间,僚机奋力战斗,大家第一次战斗就击落了一两架飞机。

日军确认击落英军战斗机48架,击毁4架。10时20分,第1制空队所属5架零战与"飓风"交战,击落2架。指挥官板谷茂没有加入战斗,而是留在上方观战。10时30分,这5架零战在集合点附近,再次与来袭的英军战斗机交战,击落3架。山本重久中尉(海兵66期)、小山内末吉飞曹长、谷口正夫一飞曹、石田正志一飞兵各击落一架"飓风",高须贺满美击落两架(其中确认击落一架),他的座机也在空战中被击中。空战过后,板谷下降高度,带领第1制空队于12时05分扫射希腊商船"特米奥提斯"(Marionga D. Thermiotis),打伤船上7名船员。

第5制空队声称在空战中击落23架,扫射地面时击毁3架,3架零战中弹。第6制空队击落1架水上飞机、19架战斗机,扫射击毁1机。两架零战中弹。

至于1942年4月9日英军对亭可马里的空战记录,不可避免地与日军的记录存在着显著的差异:9时35分,大卫·富尔福德(David Fulford)空军上尉带领3机编队起飞,爬升至机场上空15000尺(约4572米)高度巡逻。当地时间6时55分,地面指挥人员告诉富尔福德前往方位100度准备迎击日机,因此,他带队前往该方向。飞行至距离海岸 30 英里处后，富尔福德发现了机动部队攻击队。这些日机从正东方向直奔港口。由于太阳映照着日机座舱，而且当时"飓风"背着阳光，富尔福德带领编队利用云层掩护向北爬升。在爬升至高度 22000 尺（约 6705 米）后，富尔福德向西转向，直到飞至机动部队攻击队编队的后上方。由于观察到零战在舰攻上方，富尔福德率部俯冲，并各自攻击一架零战。

富尔福德进入俯冲，接着迅速切入一架零战的后方，一边抵近一边射击。大约射击 5 秒钟，零战中弹且碎片四散。富尔福德一路跟随，须臾，发现零战拖着烟雾进入尾旋，待下降到高度 12000 尺（约 3657 米），只见这架日机脱离尾旋后进入俯冲。数秒后，该零战由于右机翼脱落，再次进入尾旋坠落。看见目标坠海后，富尔福德迅速爬升，留意到六架日机跟随其后，于是紧急转弯，但零战以急转弯爬升，快速占据射击阵位，从后方射击富尔福德的座机。双方一直追击至 22000 尺（约 6705 米）后，富尔福德知道无法通过爬升这一方法甩掉日机，遂向后拉起翻筋斗，再向下俯冲。待急降到 2000 尺（约 610 米），富尔福德退出俯冲，并飞往北方的云层。富尔福德甩掉日机后开始向北爬升，抵达 15000 尺（约 4572 米）时再向南转弯，最后飞到亭可马里东数里处，高度 24000 尺（7315 米）。眼见油量不足，富尔福德下降高度准备降落，刚好发现一个日机编队在东南，于是收油门进入俯冲，直冲向距离最近的零战后方，并不断抵近射击。这架零战中弹后立即翻转着向海面坠落。战斗结束后，富尔福德于 11 时 15 分返回中国湾。

富尔福德的僚机、劳埃德·撒克斯特·罗恩斯利（Lloyd Thaxter Rawnsley，座机编号"BG786"）空军中士跟随富尔福德进入俯冲，然后向右侧的零战打了长连射并脱离目标。罗恩斯利看见目标失去高度，同时发现同一编队的约翰·威尔弗雷德·沃尔顿（John Wilfred Walton，座机编号"BG690"）空军中士的座机冒出白烟，最终沃尔顿被击落身亡。随后，罗恩斯利爬升至 13000 尺（约 3962 米），发现与长机失散。此时，他看见舰攻编队位于下方，低下量约 300 米，遂进入俯冲试图实施攻击，不料在下降至高度 1000 尺（约 304 米）时，被一架零战从后方袭击。一发机炮炮弹命中罗恩斯利的座机并在座舱旁边区域爆炸，造成燃油泄漏并喷溅至整个座舱。受伤的罗恩斯利在日机跟踪下驾机返回机场，最终于 11 时整在机场附近迫降。埃里克·弗兰克·埃兹尔（Eric Frank Edsall）空军中尉在营救罗恩斯利时遭到零战扫射而受伤，最终由于伤情严重，于 4 月 12 日不治。

在机动部队攻击队轰炸亭可马里前夕，第 261 中队再派出 12 架"飓风"战斗机，对第 4、第 5 攻击队进行截击，随后与零战展开战斗，确认击落 4 架 97 式舰攻、3 架零战，击伤 97 式舰攻、零战各一架，推测击落 1 架 97 式舰攻，该中队战斗细节如下：

10 时 10 分，理查德·巴思·克利弗（Richard Bath Cleaver）空军上尉率领一个 6 机编队紧急升空，升空后他下令展开队形，并从电台得知日机从东面飞来。随后，地面要求克利弗爬升至 18000 尺（约 5486 米），然后在港口上空巡逻。克利弗带领小队爬升至 21000 尺（约 6400 米）后，发现日机正在轰炸港口，于是带领小队背着太阳，以右梯队进入俯冲。由于俯冲至高度 17000 尺（约 5181 米）时发现空中布满高射炮弹幕，克利弗遂转而攻击脱离战斗的舰攻编队。在爬升过程中，克利弗与僚机失散，独自攻击舰攻编队的 2 号机。刚退出攻击，克利弗遭到一架零战袭击，于是实施规避并甩掉对方，随后向外海爬升。看到另一个舰攻编队离开，克利弗从一侧迂回至这支编队的前上方,然后进入俯冲,射击一架舰攻的侧面,待脱离目标后继续俯冲。在飞到日机编队下方后,克利弗再次爬升至舰攻编队另一侧,并攻击第3架舰攻的侧面,这架日机立即中弹冒出白烟,脱离编队并向海面下降高度。

接着,他发现日英双方的飞机在福尔角进行缠斗,遂加入战阵。克利弗选择一架正在对己方战斗机实施咬尾攻击的零战为目标,乘其不备,一举抵近至后方183米并打出点射,但日机毫无中弹迹象。很快,4架零战组成单纵队向克利弗袭来,迫使其退出攻击并采取规避来甩掉日机。降落机场后,克利弗检查座机,发现座机中弹约20发。

杰弗里·洛克伍德(Geoffrey Lockwood)空军中士在拉起爬升后,再次从日机编队右侧发起攻击,结果与长机失散。当时马丁(J. D. Martin)空军上士刚完成第二次咬尾攻击。这时,洛克伍德才察觉已经置身于友军的高射炮弹幕之中,但同时也发现四五架日机拖着白烟。无惧己方高射炮的洛克伍德从日机编队左侧进入第三次攻击,旋即被两架零战驱逐。在日机攻击期间,洛克伍德发现座机方向舵的操纵索被打断,且出现燃油泄漏以及发动机停止运行的状况,最终他迫降在机场西南角。

马丁在突击期间向舰攻编队打了长连射,并在距离45米时才拉起。爬升后,马丁再次进入攻击,看见右侧的舰攻冒出白烟并坠落,随后对左侧的舰攻打了两秒的点射,最后向中央的舰攻打了短点射。只见在左侧的舰攻同样冒出烟雾并脱离编队,在马丁退出攻击时,发现中央的舰攻机翼出现弹孔。在马丁拉起时,两架零战从后方射击,将其风挡玻璃打碎,座舱内布满燃油。马丁最后迫降在小湖泊旁边。

西里尔·弗兰克·康特(Cyril Frank Counter)空军中尉发现零战在其下方,于是带领小队从零战编队的后上方进入俯冲,继而对一两架日机实施咬尾攻击。他采取兰滚动作并直接向下方俯冲,但未见对方拉起或追击。随后他看见一架零战正攻击罗恩斯利,于是迅速抵近日机,并打了长连射。日机中弹起火,然后缓慢翻转并坠落。3到4架零战切入康特的内线并实施攻击,导致康特无法俯冲或爬升,只能尽可能左右转弯以规避。但是,其座机还是中弹了,供油管被切断,导致燃油在座舱内喷洒。康特最终成功迫降。

大卫·普赖斯·鲍伊(David Price Bowie)空军中士攻击一架零战,看见对方中弹后冒出白烟向丛林坠落。很快,他遭到两架零战攻击,遂进入俯冲。其间一架零战冲到其前方,鲍伊以短点射攻击对方,只见日机进入失速状态,但他很快就被另一架零战击落,只得跳伞。

10时15分,约翰·维克托·马歇尔(John Victor Marshall)空军上尉带领6机编队紧急升空,他决定爬升至中国湾上空。抵达16000尺(4876米)时,马歇尔从电台得知日机向机场飞来,高度18000尺(约5486米)。当马歇尔爬升至该高度时,看见日机正轰炸港口。马歇尔看到日机退出攻击后,出现在树林上空,遂摇晃机翼示意他的小队,然后率部进入俯冲。在俯冲至10000尺(约3048米)时,马歇尔发现自己身处一场混战中,一架零战在侧滑时直接从其前方经过,马歇尔立即打了短点射,但没有命中目标。随后他拉起,看见两架日机向其射击,便紧急侧滑,有一架零战从后方抵近射击。马歇尔进入俯冲,成功甩掉日机。11时25分,马歇尔降落在机场。

霍尔(R. G. Hall)空军少尉跟随长机掠袭日机编队。攻击期间,霍尔攻击日军长机,迫使其脱离编队。随后霍尔继续俯冲,攻击右侧的日机,在抵近至大约90米时进行短点射,致使日机中弹。不过,霍尔驾机退出俯冲后被日机枪弹击中。他继续俯冲，攻击在编队右侧的日机，该飞机中弹后冒烟坠落。随后霍尔与马歇尔会合，一道向另一个舰攻编队掠袭。霍尔向位于编队左侧的日机射击，并击伤了对方。

克莱奥法斯·约瑟夫·戈捷（Cleophas Joseph Gauthier）空军上士率部向舰攻编队发起俯冲，对一架在编队右后方的舰攻进行短点射，日机中弹后冒出白烟。随后他爬升至18000尺（约5486米），发现另一个舰攻编队在下方，遂俯冲至12000尺（约3657米），然后向两架在编队右侧的舰攻进行长连射，这两架日机冒出烟雾，第三架舰攻向左规避，差点撞到左侧的舰攻。他继续俯冲后脱离目标，在9000尺（约2743米）发现零战在机场南，遂爬升至10000尺高度，待攻击日机后脱离目标。不过，戈捷在混战中遭到零战袭击，最终被迫跳伞。

沃尼克（A. T. Warnick）空军上士跟随马歇尔进入俯冲，然后攻击在日机编队右侧的零战，机枪枪弹命中零战发动机，破片四散。随后，沃尼克退出俯冲，并爬升至18000尺（约5486米）。这时他看到舰攻编队在下方，高度12000尺（约3657米），于是三次进入俯冲，每次都从不同方向攻击日机。不过，沃尼克脱离目标时未发现日机中弹，后因发动机故障而返回机场。克利弗、霍尔、沃尼克、梅斯则于11时20分降

落在机场。

肯尼思·艾伦·西摩·曼（Kenneth Allan Seymour Mann）空军中士跟随编队攻击日机时，向一架舰攻进行点射，然后紧急爬升，对右后方的舰攻进入俯冲掠袭。随后，曼驾机爬升至10000至12000尺（3048~3657米），这时他遭到一架零战咬尾攻击，其右机翼副翼大约0.6米的区域被打掉。结果，曼一度陷入尾旋，但很快就恢复平飞状态。看见一架零战在旁边盘旋后，曼开始从右后侧攻击，但是没有见到日机中弹。接着，曼采取规避时又进入尾旋。当高度下降至2500尺（约762米）时，曼由于无法让飞机恢复平飞，遂在湖泊上空跳伞，并眼睁睁看着座机以无人驾驶的状态向树林坠落。

第261中队中队长阿尔伯特·杰拉德·刘易斯（Albert Gerald Lewis）空军少校于10时45分驾驶"飓风"（编号"Z4961"）起飞，准备与其队员会合，结果被零战击落。刘易斯负伤，但仍然顺利跳伞逃生。

第261中队在4月9日迎战日机的战斗中共损失8架"飓风"，另有2名飞行员阵亡，分别是沃尔顿及属于克利弗编队的威廉·欧内斯特·皮尔斯（William Ernest Pearce，座机编号"Z5533"）空军中士。此外，该中队的刘易斯、戈捷、罗恩斯利、鲍伊在空战中受伤。

表10-2　1942年4月9日英军截击第1航空舰队空袭亭可马里部队编制表

单位	机种及编号	飞行员	备注
英国皇家空军第261中队	"飓风"Ⅱ型 Z5146	大卫·富尔福德（David Fulford）空军上尉	—
	"飓风"Ⅱ型 BG786	劳埃德·撒克斯特·罗恩斯利（Lloyd Thaxter Rawnsley）空军中士	负伤
	"飓风"Ⅱ型 BG690	约翰·威尔弗雷德·沃尔顿（John Wilfred Walton）空军中士	被击落，飞行员阵亡

续表

单位	机种及编号	飞行员	备注
英国皇家空军第261中队	"飓风"Ⅱ型 BG882	理查德·巴思·克利弗(Richard Bath Cleaver)空军上尉	座机中弹
	"飓风"Ⅱ型 Z5670	马丁(J. D. Martin)空军上士	迫降
	"飓风"Ⅱ型 BE227	杰弗里·洛克伍德(Geoffrey Lockwood)空军中士	迫降
	"飓风"Ⅱ型 BE241	西里尔·弗兰克·康特(Cyril Frank Counter)空军中尉	—
	"飓风"Ⅱ型 BG676	大卫·普赖斯·鲍伊(David Price Bowie)空军中士	被击落,飞行员负伤
	"飓风"Ⅱ型 Z5533	威廉·欧内斯特·皮尔斯(William Ernest Pearce)	被击落,飞行员阵亡
	"飓风"Ⅱ型 BG967	约翰·维克托·马歇尔(John Victor Marshall)空军上尉	—
	"飓风"Ⅱ型 Z5600	霍尔(R. G. Hall)空军少尉	—
	"飓风"Ⅱ型 BG232	沃尼克(A. T. Warnick)空军上士	—
	"飓风"Ⅱ型 BG815	梅斯(R. Mayes)空军中尉	—
	"飓风"Ⅱ型 Z2573	克莱奥法斯·约瑟夫·戈捷(Cleophas Joseph Gauthier)空军上士	被击落,飞行员负伤
	"飓风"Ⅱ型 BG909	肯尼思·亚伦·西摩·曼(Kenneth Allan Seymour Mann)空军中士	跳伞
	"飓风"Ⅱ型 Z4961	阿尔伯特·杰拉德·刘易斯(Albert Gerald Lewis)空军少校	被击落,飞行员负伤

如同科伦坡,亭可马里早已疏散港内的英军舰艇、商船,至日军空袭当天,仅剩少数舰船在场。此外,英军高射炮部队组织火器对日机实施阻拦射击①。即便如此,渊田美津雄仍在10时20分下令突击。随后,日军舰载机机群从港口东北进入攻击航路,各自寻找攻击目标。

10时30分,第1攻击队各中队开始执行轰炸任务,该部第1中队轰炸海军工厂及两艘停泊在码头的商船。其中商船"实皆"(SS Sagaing)中弹,3人死亡及船上的1架"海象"(Walrus)水上飞机、3架"大青花鱼"鱼雷攻击机被烧毁。"实皆"号驶向浅水区搁浅,才避免沉没。空袭过后,英军在现场发现3枚航弹击中码头,导致17人死亡、2人受伤,此外还有两座起重机、两艘快艇,以及电线、仓库等设施、物资被毁或受损。此外,一座油库着火,幸运的是储存的油料已得到及时转移。

第1攻击队中剩下的两个中队同样以海军

---

① 1942年4月9日,英军高射炮部队消耗764发3.7英寸炮弹、953发40毫米炮弹。

工厂为目标,其中,第 2 中队轰炸海军工厂西南设施,第 3 中队轰炸海军工厂东北设施。第 1 制空队在攻击结束后飞往集合点,并确认击落 3 架英军战斗机。11 时 10 分,第 1 攻击队完成集合并开始回航,后于 12 时 30 分返回"赤城"。

前往锡兰岛的 97 式舰攻,隶属"赤城",编号为"AI-308"。

松田宪雄一飞兵搭乘第 1 攻击队第 2 中队第 45 小队 3 号机参加轰炸亭可马里的行动,根据他的回忆,英军"飓风"战斗机曾突袭第 1 攻击队,但是"赤城"的飞行机队行动调书中没有英军突袭的记录:

港口上空,看见高射炮黑烟出现在蓝天,形成强烈的对比。突然,不知从哪里冒出来的十几架"飓风"从正下方爬升。这些敌机两侧主机翼喷出枪口焰,向我方抵近,然后在正上方实施反击。

我们的中队虽然以全部机枪对着这些敌机,但是由于舰攻的自卫火力存在死角,且确实无法避开攻击。所幸似乎没有己方舰攻受创。

"飓风"从正上方爬升,现在从后上方攻击。

"等等。"我们用整个中队的机枪向敌机射击。

我差不多忘了在接受飞行培训时学到的数发连射的基本动作,不顾一切地扣动扳机,就是形成阻拦射击。打光这个装有 92 发枪弹的弹匣后,我装上新的弹匣继续射击。

"飓风"没有抵近攻击,因此敌我双方都没有中弹。但是"飓风"瞄准领队飞机射击,枪弹脱靶,像是集中攻击我的飞机,太可怕了。"飓风"从后上方攻击,然后飞到编队下方,接着爬升再度攻击。

我们操纵机枪进行防御,不过我方的枪弹只能打到 200 米左右,一直射击的"飓风"抵近至距离 400 米左右,便开始撤退,当然了,我们的枪弹也无法够着敌机。

即便这样,我们仍向敌机射击,这样或多或少能让自己安心,因此,我动作麻利地更换三个弹匣。这时,在编队前方展开的零战掉头,飞向"飓风"机群。

在高度 3000 米的空中是寒冷的,但是汗水从额头滴落。德留兵曹同样满脸通红。

那样说来,忘我地操纵机枪的时候,传声管传来乱七八糟的声音,那应该是德留兵曹(笔者注:原文如此)向我示意敌机。我过于紧张,因此听不清楚他在说什么。

零战与"飓风"在我们后方展开激烈的空战。我看到数架敌我不明的飞机冒着黑烟、白烟坠落。

第 3 攻击队所属的 3 个中队均以海军工厂为目标,其中阿部平次郎带领第 1 中队于 10 时 30 分轰炸海军工厂。10 时 31 分,中岛巽大尉指挥第 3 中队向海军工厂投弹。10 时 33 分,长井彊的第 2 中队轰炸上述目标。10 时 50 分,第 3 制空队扫射港内一艘商船的驾驶室,11 时整再对一艘排水量 1 万吨的船舶进行扫射。12 时 10 分,第 3 攻击队返回母舰。

第 4 攻击队以中队为单位分头行动。10 时 37 分,菊池六郎带领第 4 攻击队第 2 中队轰炸英军浅水重炮舰"厄瑞玻斯"(HMS Erebus,舷号

I 02），1枚航弹在其一侧爆炸，造成13人死亡，18人受伤，其中4人伤重不治。19时40分，该中队曾遭受"飓风"战斗机截击，但没有损失一架飞机。楠美正亲率第1中队轰炸营房，时间是10时38分。

角野博治指挥第4攻击队第3中队于10时30分轰炸海军司令住处。10时34分，该中队与"飓风"战斗机交战，结果有1架舰攻被击落，1架舰攻归航后迫降海上，1架舰攻中弹。因此，角野的第3中队成为第4攻击队在1942年4月9日损失最大的编队：第3中队第44小队2号机（编号"BII-320"）被击落，操纵员渡部重则二飞曹、侦察员后藤时也二飞曹、电信员鸟原力二飞曹阵亡；第47小队1号机（编号"BII-322"）受损，艰难返航后在海上迫降，城武夫与操纵员高桥仲夫一飞曹为"霞"号驱逐舰救起，稻毛幸平一飞曹阵亡；第47小队2号机（编号"BII-330"）中弹8发，弹孔遍布螺旋桨、左右机翼、机身，担任该机组电信员的实田陆男一飞兵中弹身亡。对英军"飓风"战斗机突击的情形，担任第4攻击队第42小队2号机电信员的金泽秀利依然记忆犹新：

小点忽然落下，像是豆粒。在它的上方，另有新的黑点浮现在最初的地方。

敌机！一想到是敌机，我就感到后背发凉。我一边整理机枪，一边盯着敌机。

敌机以大角度俯冲，看上去像是炮弹的圆形。敌机从正面抵近突击。这时我方处于极容易被击落的态势。

哒哒哒……我不顾一切地扣动扳机。这不在枪弹能够命中对方的距离。这次射击，是为了告知编队全体有险情。

是的，总算没有命中，我觉得曳光弹的意义在于如果从敌机前方掠过，也能给予敌机飞行员精神上的打击。此外，我按照在教练部队所受的训练那样，保持着右手托起机枪握把，并用上颚挨着的基本姿势。

机枪打了几发枪弹，敌机没有接近，只能改用连射、阻拦射击来试试看，虽然是粗糙的散布，但总算枪弹飞到了敌机面前。这样的话，极有可能命中。

"飓风"突入散乱的弹幕。圆形的敌机看起来变长了。我的枪弹等待敌机从正面中伏。

咻咻，敌机的风挡被吹走了。同时，敌机飞行员身体后仰。太好了！我的机枪枪弹打穿了敌机飞行员的脑门。

敌机失去飞行速度。右机翼上仰，左机翼下沉。它应该是进入尾旋，开始下降高度，但是我也无暇看到最后结局。

尽管敌机被确认坠落，四号机也遭到袭击，喷出火焰。像当初设想那样，我如愿以偿击落敌机，但没有完全沉浸在喜悦之中。尽管曾经感到兴奋、跃跃欲试，但是也不过是一瞬间。

投弹后准备撤出亭可马里的97式舰攻。

由于遭受英军战斗机攻击，第 4 攻击队在投弹后没有集合，而是以中队为单位各自返航，其中第 2、第 3 中队以 150 度航向飞行，第 1 中队先以 135 度航向撤离，11 时 40 分后调整航向至。12 时 05 分，第 4 攻击队与第 4 制空队抵达"飞龙"上空。12 时 26 分，"飞龙"回收零战，后于 12 时 34 分回收舰攻。

10 时 35 分至 10 时 40 分，岛崎重和带领第 6 攻击队冒着高射炮炮火对地面和港口目标展开水平轰炸，高度 2800 至 3000 米，其中第 1、第 3 中队轰炸弗雷德里克要塞炮台，炸毁一门位于司令部附近的博福斯高射炮，导致 5 名炮组成员身亡。

石见丈三指挥第 6 攻击队第 2 中队轰炸荷兰海军的"苏门答腊"号 (HLNMS Sumatra) 轻巡洋舰，将其炸伤。10 时 40 分，石见发回电报，称"我轰炸重巡洋舰，效果甚大"。10 时 50 分，第 6 攻击队与第 6 制空队完成集合开始返航，于 12 时 30 分降落在"瑞鹤"。

10 时 45 分，第 5 攻击队开始轰炸中国湾机场。市原辰雄的第 1 中队轰炸机库，萩原努带领第 2 中队轰炸油库群，确认炸毁其中两座。岩村胜夫中尉指挥第 3 中队轰炸位于机场附近的四座营房及设施。实际上，日军炸毁了中国湾机场的 2 号机库，导致存放该处的炸弹发生殉爆，同时还炸毁了第 261 中队待机室、一架在 2 号机库维修的"飓风"、5 辆车（包括一辆油车）。停放在中国湾机场的 7 架"剑鱼"、4 架"管鼻䴉"及 2 架"大青花鱼"同样毁于第 5 攻击队的轰炸。

皇家空军在日机轰炸中国湾机场期间有 3 人被炸死，6 人负伤。第 990 气球中队有 3 人阵亡，2 人受伤。第 1 中队第 40 小队 4 号机的电信员中纳义光一飞兵负伤。12 时 30 分，第 5 攻击队、第 5 制空队回到母舰上空。

为了便于攻击队回航，"谷风"号驱逐舰于 11 时 52 分离开机动部队，前出至警戒幕以北 100 海里占位，担任攻击队的引导舰，直至 22 时复归机动部队。

爆炸冒烟的弗雷德里克要塞炮台。

编号为"EII-330"的 97 式舰攻完成对亭可马里的轰炸，正在前往集合点。

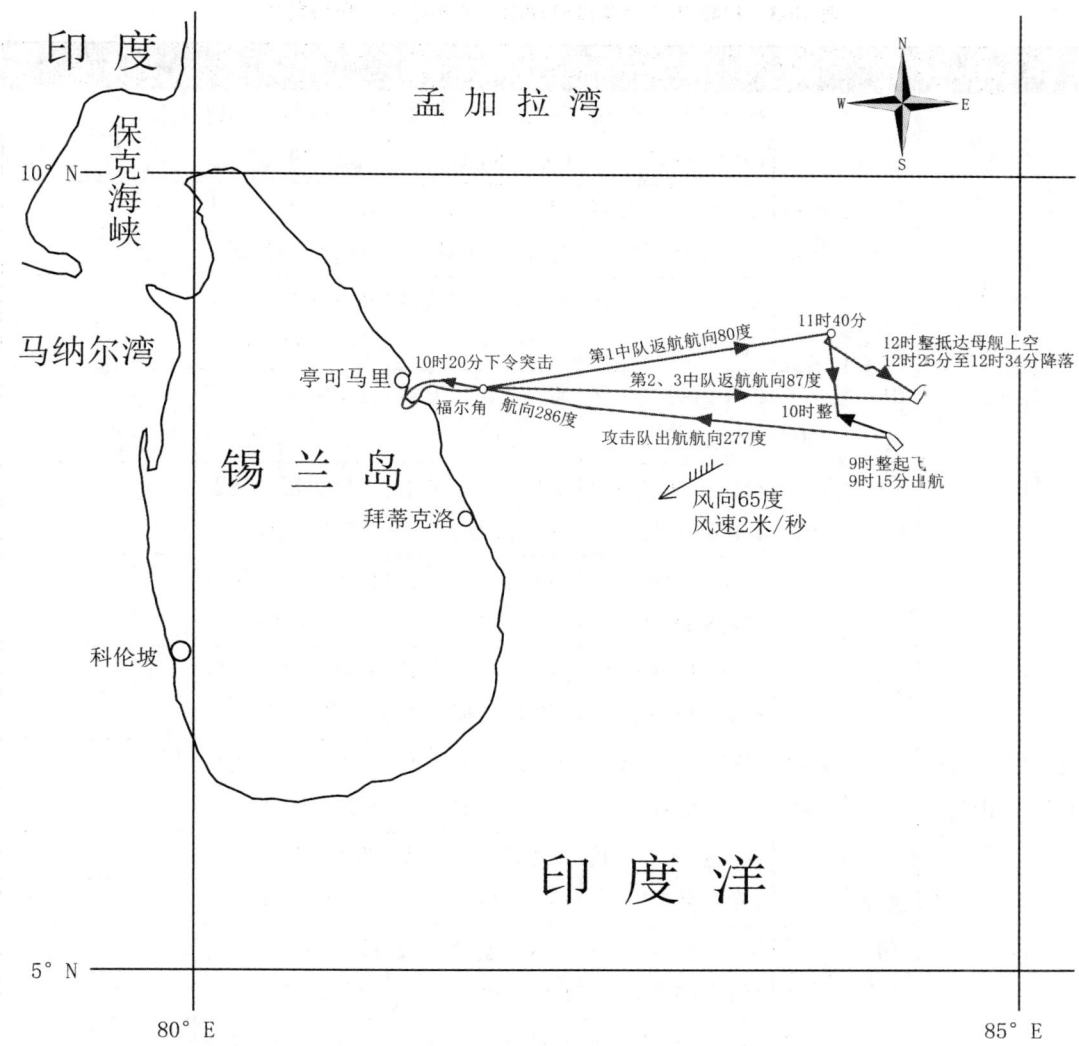

1942年4月9日"飞龙"舰攻队突击亭可马里示意图。

此次机动部队突击亭可马里行动（见表10-3），共出动零战38架，97式舰攻91架，消耗91枚800公斤陆用弹，击落8架"飓风"战斗机，击毁7架"剑鱼"、4架"管鼻䴉"、5架"大青花鱼"、1架"海象"、1架"飓风"，炸伤浅水重炮舰、商船各一艘，损失3架零战、2架舰攻，另有8名搭乘员阵亡，1人受重伤。此外，有11架舰攻、9架零战在空战或被地面火力击中受损，具体如下：第3攻击队（"苍龙"）有3架舰攻中弹；第4攻击队（"飞龙"）有1架舰攻被击落，1架舰攻迫降在海上，1架舰攻中弹；第5攻击队（"翔鹤"）有7架舰攻中弹；第1制空队（"赤城"）有1架零战中弹；第4制空队（"飞龙"）有3架零战中弹；第5制空队（"翔鹤"）有1架零战被击落，3架零战中弹；第6制空队（"瑞鹤"）有2架零战被击落，2架零战中弹。

表 10-3　1942 年 4 月 9 日机动部队突击亭可马里编制表

航母	单位	中队	小队	操纵员	侦察员	电信员	备注
"赤城"	第 1 攻击队	第 1 中队	第 40 小队	松崎三男大尉（海兵 65 期）	渊田美津雄中佐（海兵 52 期）	水木德信一飞曹（侦练 39 期）	—
				渡边晃一飞曹（操练 28 期）	阿曾弥之助一飞曹（乙飞 5 期）	五月女忠夫一飞兵（侦练 52 期）	—
				安江巴一飞兵（操练 47 期）	远藤恒次二飞曹（侦练 36 期）	荻谷几久男三飞曹（乙飞 9 期）	—
			第 42 小队	铃木重男一飞曹（乙飞 5 期）	德留明一飞曹（甲飞 1 期）	南木清之助一飞曹（甲飞 2 期）	—
				蓼原勇雄二飞曹（操练 48 期）	松冈孝一飞曹（甲飞 2 期）	中村勇哲二飞曹（乙飞 8 期）	—
				香川定辅一飞兵（操练 52 期）	栗田厚吉二飞曹（甲飞 3 期）	村上守司三飞曹（乙飞 9 期）	—
		第 2 中队	第 43 小队	村田重治少佐（海兵 58 期）	西森遥飞曹长（侦练 24 期）	渡边繁治二飞曹（侦练 34 期）	—
				泷泽友一二飞曹（乙飞 8 期）	松岛正飞曹长（乙飞 2 期）	大岛正广一飞兵（侦练 51 期）	—
				井上福治一飞兵（操练 48 期）	川村善作一飞曹（甲飞 2 期）	藤本兼雄一飞兵（侦练 48 期）	—
			第 45 小队	根岸朝雄大尉（海兵 65 期）	重永春喜飞曹长（侦练 18 期）	清水贤一飞曹（甲飞 2 期）	—
				海藤军治三飞曹（操练 42 期）	伊藤光义一飞曹（甲飞 2 期）	堀井孝行一飞曹（甲飞 3 期）	—
				花井圭吾一飞兵（操练 50 期）	佐野刚也一飞曹（甲飞 2 期）	松田宪雄一飞兵（侦练 50 期）	—
		第 3 中队	第 41 小队	中井留一飞曹长（乙飞 3 期）	布留川泉大尉（海兵 63 期）	中岛光升三飞曹（侦练 43 期）	—
				竹村章一飞曹（甲飞 2 期）	芦野正男二飞曹（乙飞 8 期）	中野利夫二飞曹（乙飞 8 期）	—
				冈崎行男一飞曹（甲飞 2 期）	池田弘二飞曹	前野哲男一飞兵（侦练 48 期）	—

续表

航母	单位	中队	小队	操纵员	侦察员	电信员	备注
"赤城"	第1攻击队	第3中队	第41小队	后藤仁一中尉（海兵66期）	宫岛睦夫一飞曹（侦练28期）	大久保光则二飞曹（侦练43期）	—
				铃木忍一飞兵（操练52期）	加藤升一飞曹（乙飞5期）	藤田军平二飞曹（乙飞8期）	—
				行友一人一飞兵（操练48期）	宫田政人一飞曹（侦练36期）	女田竹利一飞兵（侦练48期）	—
"苍龙"	第3攻击队	第1中队	第41小队	笠原治助飞曹长（乙飞4期）	阿部平次郎大尉（海兵61期）	小町龄一飞曹（乙飞6期）	—
				越智正武二飞曹（甲飞2期）	向畑寿一一飞曹（乙飞6期）	仓谷定茂二飞曹（乙飞8期）	—
				田边正直二飞曹（甲飞4期）	田村重年二飞曹（甲飞3期）	新井嘉年男二飞曹（甲飞4期）	—
			第43小队	佐藤寿雄一飞曹（操练26期）	大迫加一飞曹长（侦练29期）	荒井辰雄三飞曹（侦练43期）	—
				根食贞宪二飞曹（乙飞8期）	杉山弘兴一飞曹（甲飞1期）	丸山忠雄二飞曹（甲飞3期）	—
				川岛甲治三飞曹（操练50期）	田中敬介一飞曹（甲飞2期）	小川政次三飞曹（乙飞8期）	—
		第2中队	第44小队	长井彊大尉（海兵64期）	谷口惣一郎飞曹长（侦练22期）	太田五郎一飞曹（乙飞6期）	—
				潮满之助一飞曹（甲飞1期）	八代七郎飞曹长（侦练23期）	若林澄男二飞曹（侦练43期）	—
				茅原义博一飞兵（操练48期）	安藤百平二飞曹（侦练49期）	江塚寿二飞曹（甲飞4期）	—
			第45小队	原田正澄一飞曹（甲飞2期）	山本贞雄中尉（海兵66期）	铃木四郎三飞曹（侦练43期）	—
				野崎实男三飞曹（操练41期）	加藤丰则一飞曹（甲飞2期）	早川润一二飞曹（甲飞3期）	—
				宫崎德三郎一飞兵（操练48期）	佐野觉一飞曹（甲飞2期）	秋滨哲郎一飞兵（侦练48期）	—

续表

航母	单位	中队	小队	操纵员	侦察员	电信员	备注
"苍龙"	第3攻击队	第3中队	第42小队	中岛巽大尉（海兵65期）	中村太门飞曹长（乙飞2期）	西田孝雄一飞兵（侦练47期）	—
				大多和达也一飞曹（乙飞5期）	藤波贯二一飞曹（侦练27期）	永井福太郎一飞兵（侦练51期）	—
				岩田高明二飞曹（甲飞4期）	鹿熊粂吉二飞曹（甲飞3期）	土井敬二二飞曹（甲飞4期）	—
			第46小队	森拾三二飞曹（操练38期）	金井武和飞曹长（侦练26期）	细井喜代人二飞曹（乙飞8期）	—
				藤原嘉六一飞兵（操练48期）	石井利一一飞曹（乙飞7期）	渡边勇三二飞曹（甲飞3期）	—
				木村正二飞曹（乙飞8期）	吉冈政光二飞曹（侦练43期）	若宫秀夫二飞曹（甲飞4期）	—
"飞龙"	第4攻击队	第1中队	第40小队	楠美正少佐（海兵57期）	近藤正次郎中尉（海兵66期）	福田正雄一飞曹（乙飞5期）	—
				石井善吉一飞曹（操练31期）	小林正松一飞曹（侦练31期）	田村满二飞曹（甲飞3期）	—
			第43小队	野中觉一飞曹（乙飞5期）	龙六郎飞曹长（侦练27期）	楢崎广典一飞曹（乙飞6期）	—
				中尾春木一飞兵	丸山泰辅二飞曹（甲飞3期）	仲野开市二飞曹（甲飞3期）	—
			第47小队	高桥利男一飞曹（操练24期）	中岛政时一飞曹（乙飞7期）	久原滋一飞兵	—
				富田文男二飞曹（甲飞4期）	吉村武夫一飞曹（甲飞4期）	矢作实二飞曹（甲飞4期）	—
		第2中队	第41小队	菊池六郎大尉（海兵64期）	汤本智美飞曹长（侦练20期）	村井定一飞曹（乙飞6期）	—
				住友清真一飞曹（操练23期）	梅泽幸男二飞曹（侦练33期）	金泽秀利二飞曹（乙飞8期）	—
			第42小队	上杉丈助二飞曹（操练38期）	桥本敏男中尉（海兵66期）	小山富雄一飞兵（侦练48期）	—
				柳本拓郎三飞曹（操练42期）	后藤亲思一飞曹（侦练29期）	二宫一宪二飞曹（乙飞8期）	—

续表

航母	单位	中队	小队	操纵员	侦察员	电信员	备注
"飞龙"	第4攻击队	第2中队	第48小队	大林行雄一飞曹（乙飞5期）	工藤博之二飞曹（侦练44期）	谷口一也一飞兵（侦练50期）	—
				永山义光一飞兵（操练52期）	齐藤清酉一飞曹（甲飞3期）	铃木睦男二飞曹（甲飞4期）	—
		第3中队	第45小队	角野博治大尉（海兵65期）	稻田政司飞曹长（乙飞2期）	松井信平一飞曹（乙飞6期）	—
				于久保己三飞曹（操练41期）	鸟羽重信一飞曹（侦练31期）	文宫府知一飞兵（侦练48期）	—
			第46小队	高桥仲夫一飞曹（甲飞2期）	城武夫一飞曹（乙飞5期）	稻毛幸平一飞曹（甲飞2期）	迫降在海上，侦察员负伤，电信员阵亡
				浦田直一飞兵（操练53期）	佐小田香二飞曹（甲飞4期）	实田陆男一飞曹（侦练49期）	电信员阵亡
			第44小队	杉本八郎一飞曹（甲飞2期）	肱黑定美二飞曹（甲飞3期）	森田宽二飞曹（甲飞3期）	—
				渡部重则二飞曹（甲飞4期）	后藤时也二飞曹（甲飞4期）	鸟原力二飞曹（侦练51期）	座机被击落
"瑞鹤"	第6攻击队	第1中队	第40小队	岛崎重和少佐（海兵57期）	松永寿夫特务少尉（航空船7期）	远藤多作二飞曹（侦练43期）	—
				杉本谕一飞曹（乙飞7期）	新野多喜男飞曹长（侦练21期）	长谷川清松一飞兵（侦练53期）	—
				盛满工一飞兵（操练51期）	樋渡隆康二飞曹（甲飞3期）	谷千寻一飞曹（侦练53期）	—
			第41小队	小山鸡喜一飞曹（操练31期）	金田数正特务少尉（侦练12期）	篠田英治一飞兵（侦练52期）	—
				佐藤份一飞曹（甲飞2期）	川畑小吉一飞曹（乙飞7期）	吉村武治一飞曹	—
				西谷一郎一飞兵	松尾典照二飞曹（甲飞3期）	大泉金吾郎一飞兵（侦练53期）	—

续表

航母	单位	中队	小队	操纵员	侦察员	电信员	备注
"瑞鹤"	第6攻击队	第2中队	第42小队	堀龟三一飞曹（操练26期）	石见丈三大尉（海兵62期）	吉永正夫一飞曹（乙飞7期）	—
				八重樫春造飞曹长（操练20期）	姬石忠男一飞曹（乙飞5期）	大内公威一飞兵（侦练48期）	—
				横枕秀纲三飞曹（操练49期）	贵志亿二飞曹（侦练43期）	佐藤敏男二飞曹（甲飞4期）	—
			第43小队	村上喜人中尉（海兵66期）	马场常一飞曹长（乙飞2期）	宫田长喜三飞曹（侦练40期）	—
				石原久一飞曹（乙飞6期）	原直一一飞曹（侦练44期）	内海寿夫一飞兵（侦练48期）	—
				野泽芳郎三飞曹（操练43期）	川原信男二飞曹（甲飞3期）	本多信广一飞兵	—
		第3中队	第45小队	坪田义明大尉（海兵62期）	小板田登一飞曹	牛岛静人一飞曹（乙飞7期）	—
				田平幸男一飞曹（甲飞2期）	大谷良一一飞曹（甲飞1期）	西泽十一郎三飞曹（侦练52期）	—
				坪川岩一飞兵	山田大二飞曹（甲飞3期）	森木常正二飞曹（甲飞4期）	—
			第46小队	佐藤善一中尉（海兵66期）	金泽卓一飞曹长（侦练30期）	吉田凑二飞曹（侦练37期）	—
				畑中正人一飞兵（操练51期）	大西久夫二飞曹（甲飞4期）	森下亮一郎一飞兵（侦练52期）	—
				福谷知康二飞曹（甲飞4期）	小岛新八三飞曹（侦练45期）	原明一飞兵（侦练52期）	—
"翔鹤"	第5攻击队	第1中队	第40小队	市原辰雄大尉（海兵60期）	斋藤政二飞曹长（侦练30期）	宗形义秋二飞曹（侦练43期）	—
				佐藤孝司一飞曹（甲飞2期）	伊藤光明一飞兵（侦练41期）	石原芳雄三飞曹（侦练41期）	—
				折笠俶三三飞曹（操练52期）	松山弥高二飞曹（侦练44期）	森下升一飞兵（侦练53期）	—
				坂仓孝治二飞曹（甲飞4期）	茂田直贵二飞曹（甲飞4期）	中纳义光一飞兵（侦练53期）	电信员负伤

续表

航母	单位	中队	小队	操纵员	侦察员	电信员	备注
"翔鹤"	第5攻击队	第1中队	第41小队	进藤三郎飞曹长（乙飞4期）	矢野矩穗中尉（海兵66期）	伊林顺平三飞曹（侦练49期）	—
				后藤继男一飞曹（乙飞6期）	菅野兼藏一飞曹（侦练26期）	岸田清次郎二飞曹（甲飞3期）	—
				大谷信治一飞兵（操练53期）	山内一夫二飞曹（甲飞3期）	五味茂雄一飞兵（侦练51期）	—
		第2中队	第43小队	石川锐一飞曹（操练31期）	荻原努大尉（海兵63期）	相良荣吉二飞曹（侦练43期）	—
				米仓久人飞曹长（乙飞4期）	中村幸次郎一飞兵	福田仪男二飞曹（侦练45期）	—
				村上长门一飞兵（操练53期）	高桥弘三飞曹（甲飞3期）	明石达三二飞曹（甲飞4期）	—
			第45小队	斋藤义雄一飞曹（操练36期）	铃木直一郎飞曹长（侦练24期）	宫永英次二飞曹（甲飞4期）	—
				赤尾明二飞曹（甲飞3期）	大竹登美卫一飞曹（侦练35期）	堂前清作三飞曹（乙飞9期）	—
				良知保三飞曹（操练50期）	田中经广三飞曹（侦练41期）	坂下一男一飞兵（侦练53期）	—
		第3中队	第44小队	岩村胜夫中尉（海兵66期）	柴田正信飞曹长（乙飞4期）	三角申松三飞曹（侦练43期）	—
				人见达弥一飞兵（操练48期）	白井福次郎一飞曹（乙飞7期）	下道义一二飞曹（甲飞4期）	—
				关藤蝶治一飞兵（操练54期）	三森义雄二飞曹	小林和夫一飞兵（侦练53期）	—
			第42小队	冲村觉二飞曹（操练35期）	浮田忠明飞曹长（乙飞3期）	户田博三飞曹（侦练44期）	—
				户田仪助二飞曹（操练47期）	儿玉清三二飞曹（甲飞3期）	安部晃二飞曹（甲飞4期）	—
				伊藤东吾一飞兵（操练51期）	佐藤一三三飞曹（侦练45期）	高田忠胜三飞曹（乙飞9期）	—

续表

航母	单位	中队	小队	操纵员	侦察员	电信员	备注
"赤城"	第1制空队	—		板谷茂少佐（海兵57期）	—	—	消耗7.7毫米机枪枪弹60发、20毫米机炮炮弹60发
				石田正志一飞兵（操练55期）	—	—	消耗7.7毫米机枪枪弹400发、20毫米机炮炮弹110发
				山本重久中尉（海兵66期）	—	—	消耗7.7毫米机枪枪弹120发、20毫米机炮炮弹110发
				高须贺满美一飞兵（操练51期）	—	—	消耗7.7毫米机枪枪弹200发、20毫米机炮炮弹110发。座机中弹7发
				小山内末吉飞曹长（乙飞2期）	—	—	消耗7.7毫米机枪枪弹200发、20毫米机炮炮弹110发
				谷口正夫二飞曹（操练51期）	—	—	消耗7.7毫米机枪枪弹200发、20毫米机炮炮弹110发
"苍龙"	第3制空队	—		菅波政治大尉（海兵61期）	—	—	—
				萩野恭一郎三飞曹（操练44期）	—	—	—
				土井川勋一飞兵（操练47期）	—	—	—
				三田岩一飞曹（甲飞2期）	—	—	—
				铃木新一三飞曹（操练45期）	—	—	—
				岩渊良雄一飞兵（操练56期）	—	—	—

续表

航母	单位	中队	小队	操纵员	侦察员	电信员	备注
"飞龙"	第4制空队	—	第1小队	重松康弘中尉（海兵66期）	—	—	—
				村中一夫一飞曹（乙飞6期）	—	—	—
				田原功三飞曹（操练45期）	—	—	—
			第2小队	野口毅次郎一飞曹（操练24期）	—	—	—
				原田敏尧三飞曹（操练41期）	—	—	—
				林茂一飞兵（操练55期）	—	—	—
"翔鹤"	第5制空队	第1中队	第1小队	兼子正大尉（海兵60期）	—	—	—
				林富士雄一飞曹（乙飞7期）	—	—	座机被击落
				小町定三飞曹（操练49期）	—	—	—
			第2小队	住田刚飞曹长（操练26期）	—	—	—
				河野茂一飞兵（操练51期）	—	—	—
		第2中队	第3小队	帆足工大尉（海兵63期）	—	—	—
				山本一郎二飞曹（操练50期）	—	—	—
				田中喜藏三飞曹（操练46期）	—	—	—
			第4小队	半泽行雄飞曹长（乙飞5期）	—	—	—
				冈部健二二飞曹（操练38期）	—	—	—

续表

航母	单位	中队	小队	操纵员	侦察员	电信员	备注
"瑞鹤"	第6制空队	第1中队	第4小队	牧野正敏大尉（海兵65期）	—	—	座机被击落
				松本达一飞兵（操练50期）	—	—	座机被击落
				岩本彻三一飞曹（操练34期）	—	—	
			第5小队	中田重信二飞曹（操练40期）	—	—	
				前七次郎一飞兵（操练54期）	—	—	
		第2中队		塚本祐造中尉（海兵66期）	—	—	
			第2小队	佃精一一飞曹（甲飞2期）	—	—	
				藤井孝一一飞兵（操练54期）	—	—	
			第6小队	伊藤纯二郎一飞曹（甲飞1期）	—	—	
				仓田信高一飞兵（操练54期）	—	—	

2. 击沉"竞技神"号航母

1942年4月9日3时整，英军航母"竞技神"、驱逐舰"吸血鬼"、班轮"蒂维厄特岸"（SS Teviotbank）、油船"梨叶"（SS Pearleaf）遵照英国皇家海军东印度总司令部指示，由亭可马里起航，向南撤退。同样奉命离开亭可马里南下躲避空袭的还有花级驱潜快艇"蜀葵"（HMS Hollyhock，K64）、油船"阿瑟斯通"（RFA Athelstone，排水量5571吨）、油船"英国中士"、挪威商船"挪威"（Norviken，排水量3477吨）等。8时30分，"竞技神"号与"吸血鬼"号转向锡兰岛沿岸靠近，然后再度南下。直到日军舰载机对亭可马里实施航空兵突击时，上述舰艇已经航行了65海里（约120千米），距离锡兰海岸5海里（约9.2千米）。如同4月5日的英军重巡洋舰，"竞技神"号等舰艇进入日军水上飞机搜索范围并遭到跟踪与袭击。

上文提到机动部队的战列舰、巡洋舰在4月9日上午出动1架零式水侦、4架95式水侦、2架94式水侦执行侦察任务，其中一架发现"竞技神"号，另有两架接到报告后中途参与跟踪。随后，机动部队再出动一架零式水侦进行跟踪。相关情况如下：

若山隆敏飞曹长搭乘"榛名"3号机，在方位235度区域搜索。10时20分，若山发现一艘商船，后者位于拜蒂克洛(Batticaloa)①155度、60海里(约111千米)，并随即实施跟踪。跟踪10分钟后，若山对其实施轰炸，并确认一枚炸弹命中目标。若山随后北上继续搜索，10时37分发现另一艘商船。10时45分，若山发现"竞技神"号，遂在附近跟踪并不断向机动部队汇报英军舰艇的实力、动向：

11时20分，敌巡洋舰1艘、驱逐舰两艘，位于出发点270度、155海里(约287千米)，航向180度，航速12节(约22千米/小时)。

11时38分 附近疑似有一艘医院船。

11时50分 敌航空母舰位于(拜蒂克洛)160度、24海里(约44千米)，航向不定。

12时10分，若山开始回航，13时55分发现降落在海面的"比叡"2号机，14时20分，若山引导"比叡"水侦一道返航。15时35分，若山抵达"榛名"上空。

"筑摩"4号机在既定的航线搜索，但一无所获。该机接到若山隆敏的电报后，遂于12时03分报告脱离原来的航线，前往若山所在水域，并参与跟踪。12时54分，"筑摩"水侦发电报称英军航母"位于拜蒂克洛135度、16海里(约29千米)，航向15度，(航速)16节(约29千米/小时)，撤退至视线外"。13时10分，该水侦更新英军航母最先动向："敌航母1艘、驱逐舰3艘，位于福尔角②150度、70海里(约129千米)，航向180度，航速14节(约25千米/小

① 拜蒂克洛位于锡兰东岸，在亭可马里南111千米。
② 福尔角(Foul Point)位于亭可马里东南。

时)。"为了确保持续跟踪英军舰艇，"筑摩"在13时10分出动一架零式水侦，参与跟踪任务。13时30分，"筑摩"4号机水侦由于燃油不足，遂报告停止跟踪并开始返航。

"阿武隈"的水侦原本对方位190度的水域搜索，也在12时04分报告"发现敌舰疑为航空母舰，(方位)0度，(距离)30海里(约55千米)"。跟踪至13时57分，"阿武隈"水侦决定返航。"利根"1号机前往亭可马里执行天气侦察任务，并发现6艘商船停泊在锡兰岛北岸，时间是10时15分。

"雾岛"的水侦(机长浦田正海中尉)早在13时50分回到母舰旁边，"金刚"的水侦(机长内村与志男预备大尉)在14时40分返回。"比叡"的2号水侦(机长上野福太郎飞行特务少尉)出航后因电台故障，无法与"比叡"联络，遂于拜蒂克洛60度、距离170海里(约314千米)的水域降落，并尝试修复电台。若山脱离目标后向东搜索，后于13时55分发现"比叡"的水侦。14时20分，若山抵达"比叡"水侦上空，引导后者归航。15时35分，若山降落在"榛名"一旁，15时50分由"榛名"回收。"比叡"的水侦于16时整返回。

"竞技神"号与"吸血鬼"号同样发现日军飞机在跟踪。双方距离如此近，以至于"竞技神"号的电报员侦听到了日军拍发电报的声音。即使被日军跟踪，但"竞技神"号仍等到12时才掉头并沿海岸北上，准备返回亭可马里。12时55分，东印度总司令部要求返回亭可马里的急电传送到"竞技神"号。尽管锡兰岛东岸出现在眼前，但是对"竞技神"号来说，返回亭可马里是不可能了。因为南云忠一在接到若山隆敏的电报后迅速做出对应，他在11时10分电令"舰爆

队及指定制空队准备出发攻击航母"。继4月5日轰炸英军重巡洋舰,机动部队的舰爆队再次获得展示其技术的机会。11时43分,第11攻击队陆续起飞。11时45分,第14、第16攻击队完成集合,然后在母舰上空出航。第15、第13攻击队于11时53分出航,第11攻击队与第1制空队所属的3架零战集合后于11时55分出航。此外,第3、第4制空队各派出3架零战掩护舰爆队。此次,机动部队共出动9架零战、85架99式舰爆。除第14攻击队所属的6架挂载陆用弹外,其余79架舰爆均使用通常弹。

一架99式舰爆从"瑞鹤"的飞行甲板跃升,注意飞行甲板左舷的用于空中识别的片假名以及指示风向的水蒸气。

13时25分,第16攻击队指挥官坂本明发现目标。高桥赫一于13时33分发现"竞技神"号与"吸血鬼"号,坐标81°50′E、7°50′N,即卡尔库达(Kalkudah)①105度、15海里(约27千米)。

13时35分,高桥赫一下令突击,5分钟后率第15、第16攻击队展开攻击。毫无疑问,"竞技神"号作为航母,吸引了大部分舰爆攻击。

该航母由阿姆斯特朗-怀特沃思公司建造,于1918年1月15日动工,1919年9月11日下水,1924年2月28日完工,标准排水量11020吨,长182.9米,宽21.4米,吃水7.1米,最大航速25节(约46千米/小时),续航力5600海里(航速10节)装有4门140毫米炮、3门101.6毫米炮,可搭载20架舰载机。

13时40分左右,"竞技神"号的舰员发现日机背着太阳从右后方扑来。紧接着,32架99式舰爆依次进入俯冲,向"竞技神"号投弹。13时45分,所有舰爆完成轰炸,共确认26弹命中目标(两部各有13枚命中弹)。

在第15、第16攻击队退出轰炸后,阿部善次带领第11攻击队进入俯冲。13时44分,阿部下令突击,5分钟后,他带领同小队2号机轰炸"竞技神"号,这两架舰爆所投下的航空炸弹皆命中目标。不过,第11攻击队余下的舰爆没有轰炸英军航母,而是轰炸其他的盟军舰船。紧随其后的是第14攻击队,该部的11架舰爆在小林道雄的指挥下于13时50分向英军航母投下炸弹,声称取得9枚命中弹。

乔尔顿(E. W. Cholerton)少校在日机空袭时身处"竞技神"号的瞭望台,他在报告中如此描述空袭情景:

> 大约在10时35分(注:东京时间13时35分),我们从舰桥那里接到报告,得知"发现敌机在140度"。我向右舷射击引导官传达这一消息时,4英寸、厄力孔炮开始射击,我看到两架飞机背着太阳俯冲而来。我命令瞭望台人员隐蔽,因为我指挥的火炮只能实施低仰角的阻拦

---

① 卡尔库达位于拜蒂克洛西北35千米。

英军航母"竞技神",照片大概拍摄于1931年,地点为烟台。

射击。几秒后右舷那里传来两次爆炸,然后耳台震动得令人害怕。大概30秒后我看见3架飞机从左前舷方向俯冲。这些飞机是单发动机、单翼且固定起落架,俯冲角度约为65度。我看到每架飞机像是同时投弹,对他们来说是很难脱靶的。在敌机第一波攻击之下,航母显得十分迟缓。更多的敌机全面实施攻击,每架敌机的攻击间隔短且规律,我注意到一些敌机是双发动机、单翼,起落架可以收起,以翼尖的机枪或机炮射击。3分钟后,瞭望哨前方平台的维克斯机枪在前升降机处发生剧烈爆炸后失效,这门机枪由陆战队的约多尔(Youdall)和洛克斯顿(Loxton)操纵,我命令机枪组离开战位并躲进瞭望台内。我往外看飞行甲板,只见前升降机的平台被炸飞,倒在甲板上。

我推测敌机攻击时,桅杆上的灯已经毁坏,震动十分猛烈,我感到在瞭望台无助于反击。大约10时50分(注:东京时间13时50分),航母向左倾斜至40度,很明显她即将下沉,因此我尝试与舰桥联系,但是我的通信设备显示电话已经失效。接着,我探身看见枪炮长克里德(Creed)预备役上尉,我朝他大喊并问他是否下令弃舰,因为很多人正游泳离开航母。克里德大喊:"是,带领你的人离开。"克罗克特陆战队上尉和我留在瞭望台,直到所有人离开,然后沿着桅梯下去。但是下方已经挤满人,我们无法下去。接着,右舷再发生两次爆炸,我感到桅杆倒向左舷。我大喊:"赶紧离开,伙计,不然来不及了。",桅梯上的人立即离开。当我被人拉到桅杆右舷时,航母发出巨响并迅速下沉。在航母沉没前几秒,我听到一门4英寸(101.6毫米炮)炮的射击声,后来我得知操控的人是佩奇,自此再也没人见到他。离开航母时,我找了很久的战友,并抱着一块木板游到最近的一艘救生筏。然后我们划船捞起附近的人。13时15分(注:东京时间16时15分),医院船"维塔"救起我们。

另一位"竞技神"号的幸存者克罗克特（A. J. S. Crockett）陆战队上尉在报告中描述"竞技神"号遭受日机轰炸时的混乱场景：

大约在 10 时 40 分（注：东京时间 13 时 40 分），我发现敌机位于右后舷，背着太阳，高度约 10000 尺。他们组成紧凑的队形，经我点算，敌机数量肯定有 60 到 70 架。

敌机立即展开攻击，航母右舷、飞行甲板的枪炮开始射击。我们这些在舰岛的人是最为不安的看客。

敌机完美地、不间断地展开攻击，并且无所畏惧，如同训练有素地发牌。敌机以 3 机为编队，背着太阳，从右舷方向向航母垂直俯冲。这种飞机有两个特点：双发动机（原文如此），类似容克斯 Ju-87。在投弹前敌机以机枪射击，这两挺机枪分别位于左右机翼翼尖。炸弹即时命中航母的左舷、S1 号高射炮、前升降机。我们在舰岛能做的只有躲藏起来，等待炸弹从头上呼啸而过后爆炸引起的震动，还有仰望天空寻找我方战斗机的踪影。每一枚炸弹不是命中就是靠近，舰岛一直震动，直到我们感到桅杆、支柱都折断了。

航母迅速向左舷倾斜，缓慢地从舰艄下沉，舵卡在左侧，她已经动弹不得，慢慢地随着海水漂流。机库、S2 号高射炮冒出烟雾。我们能看到人们从舰艉滑到水里。我扶着舰岛顶部围栏向舰桥喊叫，询问是否已经下了弃舰命令，但是他们没有回复。最后，控制官乔尔顿少校才命令瞭望台的人撤离。我们从左舷舷梯撤离但是半路受阻，因为炸弹破片横扫舰岛一侧，舰桥、信号甲板成了屠场，一些被炸死的人躺在那里。突然，我们感到航母向左下沉，在跳海时我仍听到前侧 4 英寸炮的射击声。我两次被航母卷入，最后还是浮上水面，刚好这时看到在水平线上的"吸血鬼"号湮没于烟雾中。

当我们这些幸存者在海面游泳时，敌机从"吸血鬼"号那边飞来，敌机编队从我们头上大约 100 尺高度飞向南方。战斗期间，我没有看到一架我方的飞机。

身处高空的日军空勤人员看到的则是另一番景象。跟随江草繁隆出征的小濑本国雄回忆友军对"竞技神"号展开突击的情况，字里行间流露着对日本海军俯冲轰炸技术的自负：

编队为了防备敌军战斗机的袭击，在飞行时严加观察，突然在左前方的远处发现类似航母的影子。我压抑着喜悦的心情，向后座的侦察员传达："高野兵曹，左前方疑似为敌航母影子"。

"好的，我知道了。这下愿望要实现了。要加油！"他说道，言语中流露出喜悦。

我们逐渐接近目标，高度 5000 米。是货真价实的航母。三艘驱逐舰跟在后方，正在向南撤退。

飞机没有存放在机库吗？可也没有看见飞机停放在飞行甲板上，同样没有在上空看到前来反击的敌军战斗机的踪影。

编队看见敌军航母在左侧并开始攻击。"时机很好"。指挥官高桥少佐的座机转向掉头，从航母舰艉进入俯冲。接着第二、第三架舰爆进入俯冲。第一枚炸弹巧妙地命中舰桥一侧，继而发生爆炸。

接着投下的炸弹大抵命中舰桥中心并发生大爆炸，大火及浓烟腾空而起。航母无暇调整航向，仍继续前行，不过航速降低了。这艘敌舰逐渐地向左倾斜，先是从后甲板沉入水里，最终被波涛所覆盖。

我在上空等待攻击，同时认真地看着世界

一流的舰爆队精准轰炸，对于这样一场战斗，一言以蔽之，"厉害"。

"竞技神"号的飞行甲板后部中弹，喷出浓烟，注意"吸血鬼"号在其前方领航。

一枚靠近弹在"竞技神"号的左舷旁边爆炸。照片由查尔斯·摩根中尉拍摄。

已经向左舷倾斜的"竞技神"号，注意舰岛的迷彩。随后，它还将迎来日机第二轮攻击。照片由查尔斯·摩根中尉拍摄。

在第1航空舰队舰爆队围攻下，英军航母"竞技神"号被多枚航弹命中并迅速沉没。

当日，机动部队共有45架舰爆对航母"竞技神"实施突击，包括第11攻击队2架（第1中队第1小队1、2号机）、第14攻击队11架（第1中队全体以及第24小队2、3号机）、第16攻击队14架以及第15攻击队13架，共投下40枚250公斤通常弹、5枚250公斤陆用弹，确认有37枚航弹命中"竞技神"（第11攻击队两弹，第14攻击队9弹，第15、第16攻击队各13弹）。"竞技神"被多枚航弹击中并迅速入水下沉，最终于13时45分带着包括舰长理查德·弗兰西斯·约翰·翁斯洛（Richard Francis John Onslow）上校在内的301人（包括1名英国海军航空兵第814中队队员）消失在海面，另有7人伤重不治，沉没位置为81°48′E，7°45′N。高桥赫一在13时56分报告"敌航母沉没"，随后在14时02分再发电报确认己方击沉的航母为"竞技神型"。

对于其他在现场的英联邦舰船而言，灾难没有伴随"竞技神"号的沉没而结束。剩下的99式舰爆在"竞技神"号沉没后继续扫荡其他盟军舰艇。14时01分，第11攻击队主力（第1中队1小队3号机、2小队以及第2中队）及第14攻击队第24小队1号机、第25小队共16架舰爆依次轰炸驱逐舰"吸血鬼"。"吸血鬼"号属英国皇家海军V级驱逐舰，是"一战"时期的产物，于1917年9月22日完工，1933年11月移交至澳大利亚皇家海军，标准排水量1188吨，长95.1米，宽9米，吃水4.2米，主要装有4门101.6毫米炮、1座40毫米四联装"砰砰"炮、5挺7.62毫米机枪。

日机在攻击伊始便取得靠近弹。3枚250公斤航弹在"吸血鬼"号驱逐舰一旁爆炸，造成A、B主炮以及右舷机枪失效，随后再有多枚航弹命中，其中一枚航弹命中后锅炉舱，炸断主、辅蒸汽管。舰长威廉·托马斯·莫兰（William Thomas Alldis Moran）中校下令弃舰。在舰员撤离后，一枚航弹击中鱼雷发射管。须臾，"吸血鬼"号发生大爆炸并被炸成两截，最终在14时迅速沉没。消失在海面20分钟及22分钟后，"吸血鬼"号在海里相继发生两次爆炸。战后，日军确认有12枚航弹命中"吸血鬼"号，其中11枚炸弹来自"赤城"舰爆队，1枚250公斤陆用弹来自"飞龙"。包括舰长莫兰在内的8人阵亡或跟随"吸血鬼"沉入海里，另有1人伤重不治。令人惊讶的是，余下132名舰员均成功获救。幸存者之一的劳顿（W. M. Loughton）回忆"吸血鬼"号从中弹到沉没的情况：

接下来轮到"吸血鬼"号，首先是两枚靠近弹落在舰艉外，破坏了舵机，驱逐舰以大角度向右转弯。然后两枚炸弹命中锅炉舱，蒸汽将我们包围。我们的四门4英寸炮由于仰角过低，以至于无法干扰日军俯冲轰炸机。驱逐舰的防空火器包括一门12磅机枪、数门厄力孔机关炮、一挺点

澳大利亚皇家海军驱逐舰"吸血鬼"。

50机枪以及数挺刘易斯机枪。在锅炉舱完蛋后，我们奉命弃舰，驱逐舰开始断成两截。我跳海后看到了驱逐舰的结局，当时她断成两截，从中间沉没。舰艉带着螺旋桨、舵在海面竖立数分钟，白色军旗还在飘扬。日本人再有两枚炸弹命中。驱逐舰沉没后在水里发生剧烈的爆炸，很有可能是深水炸弹爆炸。当日天气稳定，天空少云，日军俯冲轰炸机背着太阳而来，很难看到他们。

我们这些生还者在"吸血鬼"号驱逐舰沉没后跳入海里，没有人因为有一艘船舶救起而感到高兴，更多的人游向岸边。我们没有救生艇，只有两艘橡皮艇，上面载有数位伤员以及几个不会游泳的人。大部分人都穿上救生衣。我们距离"竞技神"号的幸存者并不是很近，可能有1海里以上。然而，我们没有看见任何一艘"竞技神"号的救生艇。每个人在看到医院船时都改变了想法，接受被人救起，认为"竞技神"号有可能还在漂浮。四周漂浮的是（被炸）鱼，一些人将这些鱼抓进口袋里，大概是上岸后用来煮食。

另一名来自"吸血鬼"号驱逐舰的幸存者吉尔（H. Gill）描述日机空袭情况：

当他们袭击"吸血鬼"号时，我们虽然采取规避，并且避开一些炸弹，但是一枚炸弹从进气口进入锅炉舱，爆炸气浪带着来自蔬菜储存柜的土豆一并横扫舰桥，锅炉舱完蛋后我们开始减速。当日机投弹后改为平飞时，我才有一次机会命中目标，驱逐舰的防空并不成功。

我知道士官长待会下令弃舰，其他人全部撤离，因此我也跟着做，并记得当时听到一架轰炸机俯冲的声音，我就在舰桥躲避。接着我脱掉鞋子，因为知道鞋子会妨碍游泳，随后从舰艉跳海。在我离开"吸血鬼"号后不久，一枚炸弹击中驱逐舰的弹药库，将驱逐舰炸成两截。我看见火光升起，水下还发生了剧烈的爆炸。

遭日军俯冲轰炸机围攻的"吸血鬼"号驱逐舰。

14时08分，第11攻击队第1中队第3小队发现油船"英国中士"，后者位于"竞技神"号西北12海里（约22千米）。该小队指挥官前川贤次飞曹长率部进入俯冲轰炸，并确认1弹命中。第14攻击队第26小队也轰炸了该油船，并声称3枚250公斤通常弹命中目标。上述6架舰爆确认4枚命中弹、2枚靠近弹，最终将该油船炸沉。幸运的是，船上仅有1人受伤，所有船员分别乘坐4艘救生艇及时脱险。

江草隆繁带领第13攻击队出航后，于13时35分也发现了"竞技神"号航母，不过当时高桥赫一等人正在轮番轰炸这艘英军航母，因此只能在一旁观察。13时53分，江草发现"竞技神"号沉没。在第13攻击队飞行期间，前方的水侦发来电报。13时10分，"筑摩"水侦报告"敌航母1艘、驱逐舰3艘，位于福尔角156度、84海里，航向220度，航速14节"。13时45分，"阿武隈"的水侦报告称"发现两艘敌航空母舰"。接到"阿武隈"的水侦的电报后，江草带领第13攻击队进行搜索，并在电报告知"两艘航母？攻击队北上"（14时发报）。14时05分，正在北上的江草发电报要求告知英军航母的位置。

然而，江草在搜索后发现现场仅有商船，推断己方侦察机作出误判，故在回电中质疑"是否误判商船"（14时22分发报）。14时34分，南云忠一要求"筑摩"的水侦确认舰艇类型。直到14时53分，"筑摩"才回电承认误将货船当成航母。

南云由于受到前方侦察机误导，因此在14时45分下令第二次攻击队于15时30分出航，攻击早前发现的"航母"。待接到"筑摩"水侦的电报后，南云才于15时紧急召回攻击队。

至于江草隆繁，他在14时36分失望地电告"苍龙"："未发现敌舰，我部返航。"不过，江草在返航途中发现三艘盟军舰船，时间是15时整。江草看到的分别是驱潜快艇"蜀葵"和运输船"阿瑟斯通""挪威"，位置81°57′E，7°21′N。不想空手而回的江草决定袭炸上述目标。15时03分至15时18分，江草带领第13攻击队实施攻击。该部以6架舰爆为单位，分别轰炸上述舰艇。战后，"苍龙"确认1弹命中"蜀葵"，10弹命中其余两艘运输船（各5弹命中）。

对照英方记录来看，"蜀葵"号于15时03分发现9架飞机出现在180度，向北飞行，遂于1分钟后以一门101.6毫米炮、"砰砰"炮射击。15时08分，"蜀葵"号开始遭到舰爆的轰炸，其中1枚航弹在右舷约25尺外爆炸，导致2号锅炉失效。15时09分，第二枚航弹在舰桥到2磅炮的右舷外爆炸。看见日机退去，"蜀葵"号前去营救"阿瑟斯通"号的幸存者。15时17分，这艘驱潜快艇遭到另一批舰爆轰炸，1弹命中轮机舱并发生爆炸，导致轮机、2磅炮、舵机失效。1分钟后，第四枚航弹击中其中部，引起锅炉或2磅炮弹药库爆炸，导致舰艉被炸飞。不过，"苍龙"的舰爆确认1枚命中弹。"蜀葵"号在中弹30到45秒后沉没，包括艇长托马斯·爱德华·戴维斯（Thomas Edward Davies）少校在内的49人阵亡或失踪，16名幸存者被"阿瑟斯通"号的救生艇救起。

"阿瑟斯通"号于15时05分遭到6架舰爆轰炸，船员确认有5枚航弹命中，第一、第二枚航弹命中前甲板的1号、2号储油箱之间。第三、第四航弹击中3号储油箱，其中第四枚航弹钻进油箱内引发油料爆炸，将右舷船身炸开一个破洞。第五枚命中后甲板，虽然没有爆炸，但是强烈的震动将船尾的101.6毫米炮炮手抛到海里。此外，一枚炸弹在轮机舱左舷外爆炸，造成舵机失效。15时22分，船长下令弃船，所有船员包括掉进海里的炮手均成功脱险。17时30分，"阿瑟斯通"号从海面上消失。

"挪威"号同样被6架99式舰爆炸沉，事后船员确认有1枚航弹命中左舷，两枚命中右后舷。42名船员（其中36人为中国人）在沉没前成功脱险，但是船长帕雷利·伯格（Pareli Berg）及3名中国船员不幸身亡。

医院船"维塔"（HMHS Vita）目睹了"竞技神"号与"吸血鬼"号覆灭的过程，该船随后前去营救落水英军官兵，其间没有一架日机对这艘医院船实施攻击。

小濑本国雄跟随江草出征，结果无缘轰炸英军航母。对此，小濑本在回忆录中难掩失望之情：

我在传声管说："高野君，这下轮不到我们呢。"

"可惜啊，其他同伴赶在我们来到之前击沉敌军航母，那也没办法。"我们多少感到心有不甘。

"苍龙"的舰爆队长在攻击还没结束时就指示舰爆队"调整目标"。

"唉。"

为攻击航母已经鼓足干劲的我，对此是不满的。不过，我推测"竞技神"号苟延残喘，没必要对其使用炸弹，于是放弃攻击的念头，加入编队。

余下的舰爆以驱逐舰、大型商船为目标,进入俯冲。

驱逐舰中弹后发生大火沉没,大小商船也悉数熊熊燃烧,然后被印度洋的海涛吞没。

9架留在空中的"苍龙"机接到其他搜索飞机的电报"发现航母",为攻击这艘敌舰,我们搜索附近海面但没有发现,我们推测他的电报有误,于是以残存的商船为目标进入俯冲。

我跟着前面的机组,率先俯冲轰炸商船。炸弹钻进商船后炸出红色火光,为了让飞机平飞,我将操纵杆向后拉。一刹那双眼漆黑,什么也看不见。

"竞技神"号的舰长翁斯洛曾在遭到机动部队舰爆轰炸时,向亭可马里方面发电报求救,但是由于亭可马里的通信系统被毁,拉特默勒讷方面在"竞技神"号沉没后才接到求救电报。英军海航第803中队的理查德·约翰斯顿(Richard Johnston)上尉召集其余7名分别来自第803、第806中队的飞行员驾驶8架"管鼻䴘"战斗机,出发前去掩护"竞技神"号回航。当这些"管鼻䴘"战斗机抵达战场时,"竞技神"号早已沉没,空域内全是完成轰炸等待集合回航的99式舰爆(均来自第13攻击队)。于是,约翰斯顿带队对这些日机展开攻击。混战中,第13攻击队共有4架舰爆被"管鼻䴘"击落,包括第22小队2号机、第23小队1号机、第24小队3号机、第25小队2号机。此外,江草隆繁座机在内的4架舰爆中弹,其中1架着舰时严重受损。803中队的约翰斯顿、巴里·内申(Barry Nation)中尉及806中队的保罗·佩拉诺(Paul R. Peirano)中尉各击落一架舰爆。面对"管鼻䴘"的袭击,第13攻击队虽然各自为战,但是进行反击。最终,除佩拉诺、理查德·雅各布(Richard F. H. Jacob)中尉的座机下落不明外,其余6架"管鼻䴘"返回中国湾机场。

小濑本国雄在退出俯冲后曾与英军战斗机交战。不过,他的回忆内容与档案记录存在一定差别:

总算看到东西,我突然发现飞机在前方,高度为两三千米,迎面飞来。我一瞬间感到情况不妙

"敌军战斗机"。我告诉后座突入。海面上只见两道红色的火光。是敌机,还是我方飞机,无法辨别。这架飞机以我机为目标,从右上方射击。红色的机枪枪弹从前方、上方掠过。

我迅速推杆机头向下,避开这些枪弹。为此,从装有水冷发动机、笨重的机身跟机翼画上圆圈的英军战斗机一侧经过。

"好呀,这个畜生。"

敌机刚刚利用高速追踪,然后为了获得高度机头向上。这时敌军战斗机完全进入瞄准具。

"好。"

这时我刚扣下扳机,"哒哒……"枪弹钻进敌机的发动机、座舱、机身。我继续射击。"哒哒……",敌机从发动机处冒出浓烟,螺旋桨转速变得缓慢。

我的座机几乎要遮盖敌机,为了脱离危险,我从敌机左翼一侧掠过。

敌机失去速度后向右转弯,失去高度,机身冒出的黑烟消散。那时后座的机枪声音响彻耳边。我的飞机向左爬升转向,高度大致180米,也没有速度。

听到后座侦察员小声地说:"后方战斗机"。另一架敌机从后方追击并开始射击。敌机枪弹从我的飞机上下左右飞过。我驾机向左侧滑,压低机头避开了敌人枪弹。

敌军战斗机迅速从一侧经过。一刹那,我面对敌人飞行员。敌机冒出浓烟。

斗志一下子涌上心头,我决定追击,但想到穷寇莫追,不得已只能放弃追击。

这时突然在左前方下侧看见敌人战斗机一边冒出黑烟一边撤退，在我方舰爆袭击下擦过海面，敌机突入海面，扬起水柱。

我不由得大喊"万岁"。接着看见敌军战斗机从右上方拖着黑烟飞行，撤向陆地。那样子应该不能到达陆地吧。

与敌军战斗机进行的惨烈空战告一段落。那一刻的我汗流浃背，满头大汗。

轰炸结束后，第15、第16攻击队集合，并于14时05分返航。14时30分，第15攻击队发现了4架英军轰炸机迎面而来，后者正是刚轰炸"赤城"号航母的"布伦海姆"轰炸机。第15攻击队与第4制空队松山次男飞曹长的小队见状，迅速转向，对"布伦海姆"展开追击。14时47分，松山小队击落一架"布伦海姆"，另击伤两架，但也损失一架零战，其操纵员牧野田俊夫一飞曹身亡。15时40分至15时45分，第11、第14、第16攻击队返回母舰，第15、第13攻击队分别在16时05分和16时25分返回母舰上空。

4月9日，机动部队出动85架舰爆，消耗79枚250公斤通常弹、6枚250公斤陆用弹，损失1架零战、4架舰爆，一举击沉英军航母、驱逐舰、驱潜快艇各1艘，另外炸沉油船2艘、商船1艘。

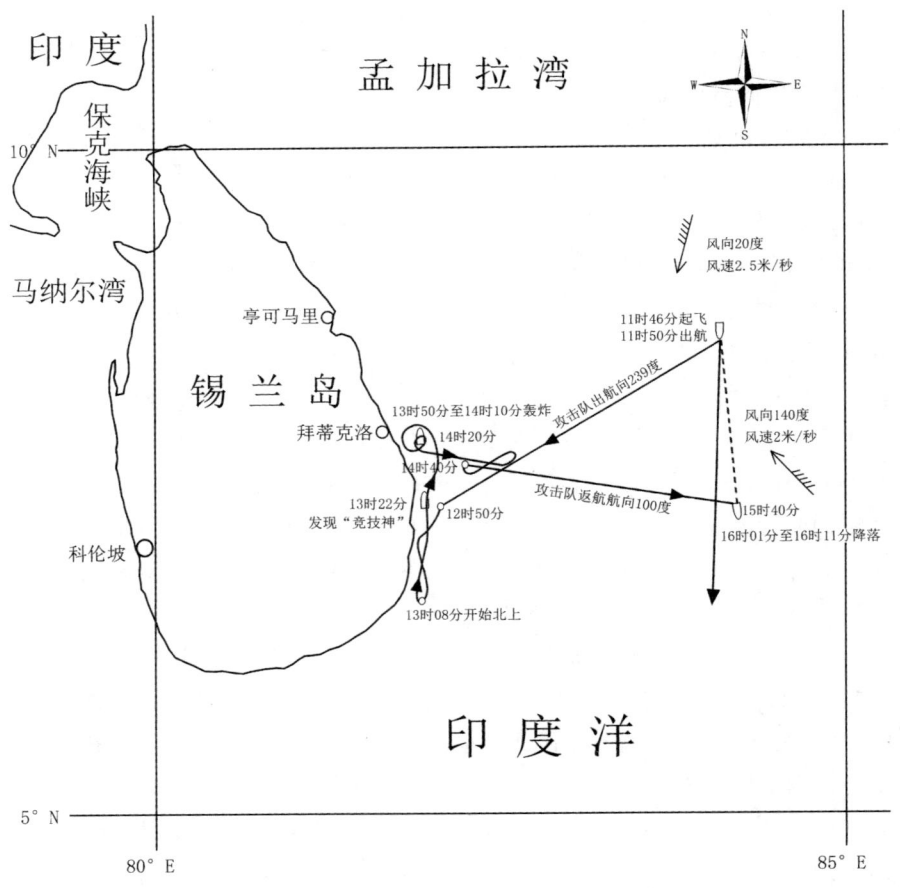

1942年4月9日"飞龙"舰爆队（第14攻击队）攻击"竞技神"等舰艇示意图。

1942年4月5日及4月9日机动部队出动舰爆138架次（见表10-4），对"多塞特郡"号、"康沃尔"号、"竞技神"号等舰艇实施突击，共投下137枚250公斤航弹，炸沉航母1艘、重巡洋舰2艘、驱逐舰1艘、驱潜快艇1艘、商船3艘，日军声称取得113枚命中弹，命中率达82.5%。

表10-4　1942年4月5日及4月9日日军舰爆队攻击情况

攻击目标	舰爆所属单位	舰爆数量（单位：架）	投弹数量（单位：枚）	日军声称命中弹数量（单位：枚）	投弹命中率	英方确认命中弹数量（单位：枚）
"多塞特郡"	"赤城"	8	7	7	100%	不明
	"苍龙"	7	7	7	100%	不明
	"飞龙"	18	18	17	94.4%	不明
	小计	33	32	31	96.9%	10
"康沃尔"	"赤城"	9	9	8	88.9%	不明
	"苍龙"	11	11	7	63.6%	不明
	小计	20	20	15	75%	10（另有6枚靠近弹）
"竞技神"	"赤城"	2	2	2	100%	不明
	"飞龙"	11	11	9	81.8%	不明
	"瑞鹤"	14	14	13	92.9%	不明
	"翔鹤"	18	18	13	72.2%	不明
	小计	45	45	37	82.2%	不明
"吸血鬼"	"赤城"	12	12	12	100%	不明
	"飞龙"	4	4	1	25%	不明
	小计	16	16	13	81.3%	3
"蜀葵"	"苍龙"	6	6	1	16.7%	4
"阿瑟斯通"	"苍龙"	6	6	5	83.3%	5
"挪威"	"苍龙"	6	6	5	83.3%	1
"英国中士"	"赤城"	3	3	3	100%	4（另有2枚靠近弹）
	"飞龙"	3	3	3	100%	
总计		138	137	113	82.5%	

对于4月5日、4月9日舰爆队取得的巨大战果（见表10-5、表10-6），日军内部总结时得出以下观点：

此次作战机动部队空中攻击队战果极大，我损失轻微，主要有三点：

（甲）集中使用兵力

因集中压倒性兵力，攻击力巨大而突击，且击败敌军之反击。

表 10-5　空中攻击队攻击情况总结

攻击目标	使用兵力	主要战果	损　失
科伦坡	舰战 36 架、舰爆 38 架、舰攻 53 架	击落战斗机 44 架	舰战 1 架、舰爆 6 架
两艘重巡洋舰	舰爆 53 架	击沉两艘重巡洋舰	0
亭可马里	舰战 38 架、舰攻 91 架	击落战斗机 42 架	舰战 3 架、舰攻 1 架
一艘航母	舰战 9 架、舰爆 85 架	击沉一艘航母，击落 7 架战斗机	舰战 1 架、舰爆 4 架

表 10-6　1942 年 4 月 9 日机动部队突击"竞技神"等舰艇编制表

航母	单位	中队	小队	操纵员	侦察员	备　注
"赤城"	第 11 攻击队	第 1 中队	第 1 小队	阿部善次大尉（海兵 64 期）	斋藤千秋飞曹长（乙飞 1 期）	—
				秋元保一飞曹（甲飞 2 期）	土屋睦邦一飞曹（侦练 33 期）	—
				菊地五一三飞曹（操练 50 期）	饭田好弘二飞曹（乙飞 8 期）	—
			第 2 小队	田中义春一飞曹（乙飞 6 期）	大渊珪三中尉（海兵 66 期）	—
				雨宫伊佐男二飞曹（操练 46 期）	佐藤直人二飞曹（侦练 43 期）	—
				芥川武志一飞兵（操练 53 期）	佐佐木三男一飞兵（侦练 49 期）	—
			第 3 小队	铃木要一飞曹（乙飞 7 期）	前川贤次飞曹长（乙飞 4 期）	—
				武居一马一飞兵（操练 48 期）	原田嘉太男一飞曹（甲飞 2 期）	—
				长岛善作一飞兵（操练 56 期）	西山强三飞曹（侦练 41 期）	—
		第 2 中队	第 1 小队	山田昌平大尉（海兵 65 期）	野坂悦盛一飞曹（乙飞 2 期）	第 2 中队有 1 机中弹
				望月伊作一飞兵（操练 48 期）	土屋亮六二飞曹（侦练 39 期）	—
				石井信一二飞曹（甲飞 4 期）	山下敏平二飞曹（甲飞 3 期）	—

续表

航母	单位	中队	小队	操纵员	侦察员	备注
"赤城"	第11攻击队	第2中队	第2小队	高野秀雄一飞曹（乙飞7期）	清水竹志飞曹长（乙飞4期）	—
				向后荣三飞曹（操练48期）	山本义一一飞曹（乙飞5期）	—
				山川光好一飞兵（操练54期）	青木丰二郎二飞曹（甲飞4期）	—
			第3小队	古田清人一飞曹（操练32期）	川井裕二飞曹（乙飞8期）	—
				大野孝一飞兵（操练54期）	长谷川菊之助一飞兵（侦练50期）	—
	第1制空队			木村惟雄一飞曹（甲飞1期）	—	—
				高原重信二飞曹（乙飞8期）	—	—
				羽生十一郎一飞兵（操练51期）	—	—
"苍龙"	第13攻击队	第1中队	第21小队	江草隆繁少佐（海兵58期）	石井树飞曹长（乙飞1期）	座机中弹2发。消耗7.7毫米机枪枪弹580发（固定机枪200发、后座机枪380发）
				山崎武男二飞曹（操练45期）	远藤正一飞曹（甲飞1期）	消耗7.7毫米机枪枪弹490发（固定机枪400发、后座机枪90发）
				须藤市郎二飞曹（乙飞8期）	山口积二飞曹（甲飞3期）	消耗7.7毫米机枪枪弹430发（固定机枪300发、后座机枪130发）
			第22小队	小井手护之大尉（海兵65期）	山本博一飞曹（侦练30期）	座机中弹1发。消耗7.7毫米机枪枪弹700发（固定机枪350发、后座机枪350发），着舰时受损
				朝仓畅一飞曹（甲飞2期）	石田重吉一飞曹（侦练35期）	被击落
				山中正三二飞曹（甲飞4期）	土屋嘉彦二飞曹（甲飞4期）	消耗7.7毫米机枪枪弹570发（固定机枪300发、后座机枪270发）

续表

航母	单位	中队	小队	操纵员	侦察员	备注
"苍龙"	第13攻击队	第1中队	第23小队	菅原隆一飞曹（乙飞5期）	山口幸男飞曹长（侦练26期）	被击落
				池永弘二飞曹（操练39期）	高桥秀吉二飞曹（甲飞4期）	消耗7.7毫米机枪枪弹550发（固定机枪300发、后座机枪250发）
				冈田忠夫一飞兵	中竹悟二飞曹（甲飞4期）	座机中弹4发。消耗7.7毫米机枪枪弹550发（固定机枪500发、后座机枪50发）
		第2中队	一	池田正伟大尉（海兵61期）	寺井荣飞曹长（乙飞2期）	座机中弹1发。消耗7.7毫米机枪枪弹120发（固定机枪120发）
				土屋庚道一飞曹（乙飞7期）	藤田多吉一飞曹（侦练33期）	15时15分，因发动机故障而提前折返
				藤田辰男三飞曹（操练46期）	金贺五郎一飞曹（乙飞7期）	被击落
			第24小队	中川纪雄一飞曹（乙飞7期）	栗原一弥中尉（海兵67期）	消耗7.7毫米机枪枪弹90发（固定机枪40发、后座机枪50发）
				井后义雄三飞曹（操练44期）	寺元英己一飞曹（甲飞1期）	被击落
				远藤定雄一飞兵（操练49期）	水谷广惠三飞曹（侦练41期）	消耗7.7毫米机枪枪弹540发（后座机枪50发）
			第26小队	山田隆一飞曹（甲飞1期）	船崎金二一飞曹（侦练28期）	消耗7.7毫米机枪枪弹350发（后座机枪350发）
				加藤求一飞兵（操练48期）	土井安松二飞曹（侦练45期）	消耗7.7毫米机枪枪弹80发（后座机枪80发）
				小濑本国雄一飞兵（操练53期）	高野义雄二飞曹（乙飞8期）	消耗7.7毫米机枪枪弹40发（后座机枪40发）
	第3制空队			杉山武夫一飞曹（操练26期）	—	—
				野田光臣一飞曹（甲飞2期）	—	—
				吉松要二飞曹（操练41期）		

续表

航母	单位	中队	小队	操纵员	侦察员	备注
"飞龙"	第14攻击队	第1中队	第21小队	小林道雄大尉（海兵63期）	小野义范飞曹长（乙飞3期）	—
				崎山保一飞曹（操练36期）	前田孝一飞曹（乙飞5期）	—
				坂井秀男一飞兵（操练48期）	福永义晖一飞曹（甲飞2期）	—
			第22小队	下田一郎中尉（海兵66期）	住吉语一飞曹（乙飞3期）	—
				山田喜七郎一飞曹（甲飞2期）	内之村保一飞曹（乙飞6期）	—
				中尾信道三飞曹（操练50期）	冈村荣光一飞曹（甲飞2期）	—
			第23小队	中川静夫一飞曹（乙飞5期）	吉川启次郎飞曹长（乙飞4期）	—
				土屋孝美三飞曹（操练48期）	宫里光夫二飞曹（侦练34期）	—
				关政男一飞兵（操练55期）	田中国男一飞兵	—
		第2中队	第24小队	西原敏胜飞曹长（乙飞2期）	山下途二大尉（海兵65期）	—
				大石幸雄一飞曹（乙飞7期）	田岛一男一飞曹（乙飞5期）	—
				黑木顺一三飞曹（操练47期）	村上亲爱三飞曹（侦练46期）	—
			第25小队	中泽岩雄飞曹长	中山七五三松特务少尉（侦练18期）	—
				濑尾铁夫一飞曹（甲飞2期）	安田信惠一飞曹（甲飞2期）	—
				近藤澄夫一飞兵（操练49期）	清水巧二飞曹（乙飞9期）	—

续表

航母	单位	中队	小队	操纵员	侦察员	备注
"飞龙"	第14攻击队	第2中队	第26小队	川畑弘保一飞曹（甲飞1期）	石井正郎飞曹长（乙飞3期）	—
				池田高三二飞曹（乙飞8期）	板津辰雄三飞曹（侦练45期）	—
				渊上一生一飞兵（操练54期）	水野泰彦一飞兵（侦练51期）	—
	第4制空队	—		松山次男飞曹长（乙飞3期）	—	—
				牧野田俊夫一飞曹（甲飞1期）	—	被击落
				千代田丰一飞兵（操练50期）	—	—
"翔鹤"	第15攻击队	第1中队	第20小队	高桥赫一少佐（海兵56期）	野津保卫特务少尉（侦练19期）	第15攻击队有1机中弹
				篠原一男一飞曹（甲飞2期）	染野文雄一飞曹（甲飞1期）	—
				福原淳二飞曹（甲飞3期）	铃木富三二飞曹（侦练51期）	—
			第21小队	山口正夫大尉（海兵63期）	中定次郎飞曹长（乙飞1期）	—
				上岛初一飞曹（甲飞2期）	甲田力一飞曹（乙飞5期）	—
				小田桐忠造一飞兵（操练55期）	横田益太郎一飞兵（侦练53期）	—
			第22小队	三福岩吉中尉（海兵66期）	小板桥博司一飞曹（乙飞6期）	—
				中所修平二飞曹（甲飞3期）	长泽重信二飞曹（侦练45期）	—
				加藤熊一三飞曹（操练50期）	大浦民平二飞曹（乙飞8期）	—

续表

航母	单位	中队	小队	操纵员	侦察员	备注
"翔鹤"	第15攻击队	第1中队	第23小队	伊藤勇三一飞曹（操练39期）	国分丰美飞曹长（侦练28期）	—
				白井五郎一飞曹（甲飞2期）	九岛作次郎二飞曹（乙飞8期）	—
				原岛正义一飞曹（操练53期）	田中广吉三飞曹（侦练52期）	—
		第2中队	第24小队	铃木敏夫二飞曹（操练47期）	小泉精三中尉（海兵66期）	—
				池田清三飞曹（操练47期）	野边武夫一飞曹（乙飞6期）	—
				大川丰信一飞兵（操练53期）	松田升一飞兵（侦练53期）	—
			第25小队	松田幸德飞曹长（乙飞3期）	今田彻一飞曹（甲飞1期）	—
				杉村敏雄二飞曹（操练49期）	富樫胜介二飞曹（甲飞4期）	—
				塙明重一飞兵（操练55期）	山内博一飞兵（侦练52期）	—
"瑞鹤"	第16攻击队	第1中队	第21小队	坂本明大尉	井塚芳夫飞曹长（乙飞4期）	第16攻击队有1机中弹
				中西义男一飞曹（乙飞6期）	藤冈寅夫二飞曹（侦练39期）	—
				酒卷秀明二飞曹（操练39期）	根岸正明二飞曹（侦练46期）	—
			第22小队	葛原丘中尉（海兵66期）	小山茂飞曹长（乙飞4期）	—
				加藤清武二飞曹（甲飞3期）	福垣内实美三飞曹（侦练39期）	—
				菅崎正生二飞曹（甲飞4期）	濑市军三一飞兵（侦练52期）	—

续表

航母	单位	中队	小队	操纵员	侦察员	备注
"瑞鹤"	第16攻击队	第2中队	第23小队	江间保大尉（海兵63期）	东藤一飞曹长（乙飞3期）	—
				稻垣富士夫一飞曹（甲飞2期）	石川重一一飞曹（甲飞1期）	—
				江种繁树一飞兵（操练48期）	川添正义三飞曹（侦练52期）	—
			第25小队	安藤五郎一飞曹（操练34期）	大塚礼治郎中尉（海兵66期）	—
				井方作男一飞曹（乙飞7期）	白仓耕太二飞曹（侦练45期）	—
				福永政登飞曹长（操练22期）	川濑孝治一飞曹（甲飞1期）	—
			第26小队	堀建二二飞曹（甲飞3期）	上谷睦夫二飞曹（甲飞3期）	—
				松本芳一郎一飞兵（操练49期）	辻四郎一飞兵	—

（乙）精锐强大之兵力

战前保持精兵成建制之训练，历经战斗，士气愈发旺盛、高昂。且此次作战准备期间于肯达里基地连日训练，持续大约三周。

如此次战例所见，舰爆队以近乎神技之命中率，于短时间内击沉两艘巡洋舰、一艘航母。另与敌战斗机交战并击落大部，致其败走。以上战绩皆因训练所致，可见虽在战时，仍需寻找机会努力训练。

（丙）巧妙运用制空队

如（甲）项所示，以有力之制空队，于敌军地区上空掌控制空权，且准备以一部直接掩护攻击队，对大部敌军防御战斗机予以封杀。

3. 英军布伦海姆轰炸机突袭机动部队

当日军在印度洋横行时，英军没有坐以待毙，而是积极组织手中的力量实施反击。1942年4月9日4时40分，英国皇家空军第11中队接到出击命令（见表10-7）。11时15分，该中队的12架"布伦海姆"轰炸机由赛马场机场出航，前往"卡塔琳娜"水上飞机报告的日军航母位置。每架轰炸机均挂载227公斤半穿甲弹、113公斤半穿甲弹。肯尼思·奥尔特（Kenneth Ault）空军少校担任领队。11时40分，"布伦海姆"完成集合并出航，其中史密斯（H. T. L. Smith）空军上尉、马西森（Matheson）空军少尉均由于故障而提前回航，二人各自驾驶"布伦海姆"分别于 12 时 15 分、12 时 50 分降落在机场，座机因翻转而毁坏，但机组人员无恙。余下 10 架"布伦海姆"继续搜索，并于 13 时 25 分发现机动部队，当时高度 12000 尺（约 3657 米）。

表 10-7　1942 年 4 月 9 日英国皇家空军第 11 中队突击第 1 航空舰队编制表

单位	编号	飞行员	观察员	机枪手	806 中队搭乘人员	备注
英国皇家空军第11中队	V5992	肯尼思·奥尔特（Kenneth Ault）空军少校	斯坦利·丹尼斯·惠尔斯（Stanley Dennis Whiles）空军上士	乔治·基思·埃克斯利（George Keith Eckersley）空军中士	弗兰克·威廉·邦内尔（Frank William Bonnell）中尉	被击落
	Z7896	查尔斯·亨利·阿多克（Charles Henry Adock）空军上尉	杰弗里·沙特尔沃思·比尔冈（Geoffrey Shuttleworth Burgan）空军少尉	麦克斯韦尔·克利福德·格雷（Maxwell Clifford Gray）空军中士	安东尼·皮西（Anthony Peace）中尉	被击落
	Z7759	史密斯（H. T. L. Smith）空军上尉	豪（Howe）空军准尉	阿尔德弗顿（Aldefton）空军中士	—	12 时 15 分返回
	7640	马西森（Matheson）空军少尉	吉尔摩（Gilmore）空军中士	维克斯特（Wixted）空军中士	—	12 时 50 分返回
	Z9574	弗雷德里克·乔治·奈特（Frederick George Knight）空军少尉	大卫·休·埃文斯（David Hugh Evans）空军少尉	林赛·爱德华·麦考利（Lindsay Edward McAuley）空军中士		被击落
	5868	吉尔文（Girvin）空军上尉	邦菲尔德（Bonfield）空军中士	丘比特（Cubitt）空军中士	—	15 时 45 分返回
	7767	安森（Annson）空军少尉	克鲁斯（Cruise）空军中士	莫金（Mocking）空军中士	—	15 时整返回
	Z7506	安德森（E. J. L. Anderson）空军中士	麦克法迪恩（McFadzean）空军中士	布朗（Brown）空军中士	—	15 时 10 分返回
	V6010	加纳姆（R. K. Garnham）空军中士	博尔特伍德（Boltwood）空军中士	苏顿（Sutton）空军中士	—	16 时 20 分返回

续表

单位	编号	飞行员	观察员	机枪手	806中队搭乘人员	备注
英国皇家空军第11中队	R3911	休·亚历山大·麦克伦南（Hugh Alexander McLennan）空军中士	阿希巴尔德·理查德·特拉弗斯（Archibald Richard Travers）空军中士	弗雷德里克·约翰·戈登·尼尔（Frederick John Gordon Nell）空军中士	—	被击落，尼尔幸存
	7771	佩恩（Payne）空军中士	麦卡恩（McCann）空军中士	卡梅隆（Cameron）空军中士	—	15时50分返回
	Z7803	诺埃尔·林赛·斯蒂芬森（Noel Lindsay Stevenson）空军中士	亚历山大·瓦特·唐纳德（Alexander Watt Donald）	詹姆斯·查尔斯·艾尔弗雷德·贝尔（James Charles Alfred Bell）空军中士	—	被击落

当"布伦海姆"双发轰炸机发现机动部队时，后者由于没有对空搜索雷达，因此无法提前发现英军飞机。如此一来，"布伦海姆"轰炸机得以顺利地从西北进入轰炸航路。13时47分，部分"布伦海姆"向"利根"投弹，余下机组于13时50分轰炸"赤城"，共消耗14枚227公斤半穿甲弹、15枚113公斤半穿甲弹，但所投航弹全数脱靶。对于机动部队的官兵而言，4月9日的"布伦海姆"轰炸机突击是他们第一次遭受盟军飞机袭击。桥本广目击旗舰遇袭的情况：

就在那时，"咚咚咚"，近十条大水柱在自己眼前的海面即"赤城"左后舷方向腾起，当时"赤城"正在向南、东南航渡。我吓了一跳，接着抬头望着天空，拼命跑到舰桥，用120毫米双筒望远镜观察上空。

在"赤城"的左后舷上空大约5000米高度，只见9架银白色、闪耀光芒的大型轰炸机组成编队慢悠悠地飞向西南方的天空。

我方战斗机的身影未出现在敌机附近，此外，"赤城"的防空火器也没有运作。在千钧一发的瞬间避开灾难，实属幸运。

据说敌机机型是英国布里斯托的布伦海姆轰炸机，这些敌机尝试对日本机动部队旗舰"赤城"实施轰炸。我们不能麻痹大意。

查尔斯·亨利·阿多克（Charles Henry Adock）空军上尉来自南非皇家空军，他驾驶编号"Z7896"的"布伦海姆"被日舰的高射炮击落。阿多克的机组包括来自英国海军航空兵806中队的安东尼·皮西（Anthony Peace）中尉，他跟随阿多克出击，主要协助辨认日军舰艇。余下11架"布伦海姆"退出轰炸后，开始返航，结果遭遇零战截击，3架"布伦海姆"被击落，包括弗雷德里克·乔治·奈特（Frederick George Knight）空军少尉（编号"Z9574"）、休·亚历山大·麦克伦南（Hugh Alexander McLennan）空军中士（编号"R3911"）及诺埃尔·林赛·斯蒂芬森（Noel Lindsay Stevenson）空军中士（编号"Z7803"），上述4个机组仅有斯蒂芬森的弗雷德里克·约翰·戈登·尼尔（Frederick John Gordon Nell）空军中士幸存，该中士在战后声称击落一架零战。"飞龙"分队长能野澄夫大尉没有返航，极有可能在截击"布伦海姆"期间被对方的自卫火力击落。

8架虎口逃生的"布伦海姆"在回航途中再度遭遇日机，这些日机正是击沉"竞技神"后归来的舰爆队及护航的零战（见表10-8）。14时35分，"飞龙"的松山次男飞曹长发现这些"布伦海姆"，遂指挥3架零战迅速上前攻击。14时47分，松山确认击落一架并击伤一架"布伦海姆"。实际上，松山小队击落的是奥尔特的座机（编号"V5992"），机组无人生还。与阿多克机组类似的是，奥尔特机组包括海军航空兵的军官，即806中队的弗兰克·威廉·邦内尔（Frank William Bonnell）中尉。安德森（E. J. L. Anderson）、加纳姆（R. K. Garnham）的座机同样被松山小队的零战击伤，但仍然安全回航，分别于15时10分、16时20分返回机场。吉尔文、佩恩、安森这个三个机组先后从15时45分至16时整抵达机场。松山小队在这次遭遇战中损失牧野田俊夫一飞曹。此次突袭机动部队，英国皇家空军第11中队损失6架"布伦海姆"轰炸机，另有16名空勤人员阵亡，却未能对日军舰艇予以杀伤。

"飞龙"战斗详报对于此次机动部队遭遇空袭，就改善舰队防空提出两点建议：

（甲）目前飞龙型航母之瞭望设施难以发现高度5000米以上之目标。斯时机动部队大范围展开，并以对空警戒航行序列航渡。各舰以第一配备实施警戒。本舰居航行序列中央，未察觉与我同向、自后方进入之敌轰炸机队。及至"赤城"遭受轰炸，水柱升起，方引起注意。然敌机投下数弹，"赤城"开始实施规避，未曾发射炮弹一发，此等状况皆因迟于发现目标，未有时予以猛烈射击。

对此，须迅速装备电报指信器材或听音器，以供对空瞭望所使用。

（乙）最初发现目标之舰船可射击射程外之敌机，以警示全体舰船及制空队，并迅速指示目标之大致方向，依情况以一至两门高射炮射击射程外之敌机。如认为友军处于遭受轰炸之危难关头，务必使用所有高射炮、机枪向敌机射击。

表10-8　1942年4月9日第1航空舰队战斗机巡逻编制表

航母	小队/批次	操纵员	巡逻时间	消耗弹药数量	备注
"赤城"	第一次	指宿正信大尉（海兵65期）	9时整至11时50分	不明	未击落盟军飞机
		岩城芳雄一飞曹（甲飞2期）		不明	同上
		川原田三二飞曹（甲飞4期）		不明	同上
	第二次	菊地哲生一飞曹（操练39期）	11时40分至13时20分	不明	与英军轰炸机交战
		岩间品次一飞曹（甲飞2期）		不明	同上
		井石清次三飞曹（操练50期）		不明	同上

续表

航母	小队/批次	操纵员	巡逻时间	消耗弹药数量	备注
"赤城"	第三次	田中克视一飞曹(甲飞1期)	12时20分至15时40分	不明	与英军轰炸机交战
		大原广司三飞曹(操练50期)		不明	同上
		佐野信平一飞兵(操练49期)		不明	同上
	第四次	山本重久中尉(海兵66期)	13时55分至15时40分	不明	未击落盟军飞机
		川原田三二飞曹(甲飞4期)		不明	同上
		森荣一飞兵(操练50期)		不明	同上
	第五次	指宿正信大尉(海兵65期)	15时30分至18时18分	不明	未发现盟军飞机
		岩城芳雄一飞曹(甲飞2期)		不明	同上
		石田正志一飞兵(操练55期)		不明	同上
		菊地哲生一飞曹(操练39期)		不明	同上
		岩间品次一飞曹(甲飞2期)		不明	同上
		井石清次三飞曹(操练50期)		不明	同上
	第六次	小山内末吉飞曹长(乙飞2期)	18时10分至20时整	不明	同上
		谷口正夫二飞曹(操练51期)		不明	同上
		高须贺满美一飞兵(操练51期)		不明	同上
		田中克视一飞曹(甲飞1期)		不明	同上
		大原广司三飞曹(操练50期)		不明	同上
		佐野信平一飞兵(操练49期)		不明	同上
"苍龙"	第13小队	原田要一飞曹(操练35期)	9时整至11时45分	不明	与英军轰炸机交战
		久保田亘一飞曹(操练36期)		不明	同上
		长泽源造三飞曹(操练50期)		不明	同上
	第11小队	藤田怡与藏中尉(海兵66期)	11时整至15时30分	不明	未发现盟军飞机
		高桥宗三郎一飞曹(操练30期)		不明	同上
		冈元高志二飞曹(操练43期)		不明	同上
	第12小队	小田喜一一飞曹(操练29期)	12时整至14时35分	不明	与英军轰炸机交战
		田中二郎二飞曹(操练39期)		不明	同上
		高岛武雄三飞曹(操练44期)		不明	同上
	第16小队	萩野恭一郎三飞曹(操练44期)		不明	同上
		土井川勋一飞兵(操练47期)		不明	同上
		岩渊良雄一飞兵(操练56期)		不明	同上

续表

航母	小队/批次	操纵员	巡逻时间	消耗弹药数量	备注
"苍龙"	第11小队	藤田怡与藏中尉(海兵66期)	15时45分至17时45分	不明	未发现盟军飞机
		高桥宗三郎一飞曹(操练30期)		不明	同上
		冈元高志二飞曹(操练43期)		不明	同上
	第12小队	小田喜一一飞曹(操练29期)	17时45分至21时整	不明	同上
		田中二郎二飞曹(操练39期)		不明	同上
		高岛武雄三飞曹(操练44期)		不明	同上
	第13小队	原田要一飞曹(操练35期)		不明	同上
		久保田亘一飞曹(操练36期)		不明	同上
		长泽源造三飞曹(操练50期)		不明	同上
"飞龙"	第一次	日野正人一飞曹(操练27期)	9时整至11时45分	共消耗7.7毫米机枪枪弹220发、20毫米机炮炮弹104发	与第1航空舰队其他制空队合力击落一架PBY
		小谷贤治一飞兵(操练54期)			
	第二次	佐佐木齐二飞曹(甲飞3期)	11时45分至13时15分		—
		新田春雄三飞曹(操练48期)			—
	第三次	能野澄夫大尉(海兵61期)	12时30分至15时整	共消耗7.7毫米机枪枪弹2990发、20毫米机炮炮弹590发	被击落
		儿玉义美飞曹长(乙飞2期)			—
		户高升二飞曹(乙飞8期)			—
		野口毅次郎一飞曹(操练24期)	15时整至17时整		—
		原田敏尧三飞曹(操练41期)			—
		林茂一飞兵(操练55期)			—
		日野正人一飞曹(操练27期)			—
		小谷贤治一飞兵(操练54期)			—
	第四次	重松康弘中尉(海兵66期)	19时20分至19时45分	不明	未发现盟军飞机
		村中一夫一飞曹(乙飞6期)		不明	同上
		田原功三飞曹(操练45期)		不明	同上
	第五次	野口毅次郎一飞曹(操练24期)	10时整至11时整	不明	同上
		原田敏尧三飞曹(操练41期)		不明	同上
		林茂一飞兵(操练55期)		不明	同上

续表

航母	小队/批次	操 纵 员	巡逻时间	消耗弹药数量	备 注
"翔鹤"	第一次	南义美一飞曹（操练30期）	9时整至12时整	不明	未发现盟军飞机
		松田二郎一飞曹（甲飞1期）		不明	
		川西仁一郎二飞曹（甲飞3期）		不明	
	第二次	西出伊信一飞曹（甲飞1期）	11时45分至14时整	不明	—
		宫泽武男二飞曹（甲飞3期）		不明	—
		佐佐木原正夫二飞曹（甲飞4期）		不明	同上
	第三次	安部安次郎特务少尉（乙飞1期）	12时15分至14时整	不明	同上
		一之濑寿二飞曹（甲飞4期）		不明	同上
	第四次	帆足工大尉	14时整至14时49分	不明	同上
		堀口春次一飞兵（操练51期）		不明	—
		半泽行雄飞曹长（乙飞5期）		不明	—
		山本一郎二飞曹（操练50期）		不明	同上
	第五次	西出伊信一飞曹（甲飞1期）	15时45分至19时15分	不明	同上
		小町定三飞曹（操练49期）		不明	同上
		松田二郎一飞曹（甲飞1期）		不明	同上
		河野茂一飞兵（操练51期）		不明	同上
"瑞鹤"	第一次	冈岛清熊大尉（海兵63期）	9时整	不明	—
		清末银治一飞曹（甲飞2期）		不明	—
		小见山贤太二飞曹（乙飞7期）		不明	—
	第二次	加纳慧一飞曹		共消耗7.7毫米机枪枪弹900发、200毫米机炮炮弹220发	—
		佃精一一飞曹（甲飞2期）			—
		坂井田五郎二飞曹（操练43期）			—
	第三次	牧野茂一飞曹（操练27期）		不明	
		龟井富男一飞曹（操练42期）		不明	
		二杉利次一飞兵（操练54期）		不明	
	第四次	岩本彻三一飞曹（操练34期）		不明	
		中田重信二飞曹（操练40期）		不明	
		前七次郎一飞兵（操练54期）		不明	
	第五次	清末银治一飞曹（甲飞2期）		不明	
		小见山贤太二飞曹（乙飞7期）		不明	
		藤井孝一一飞兵（操练54期）		不明	

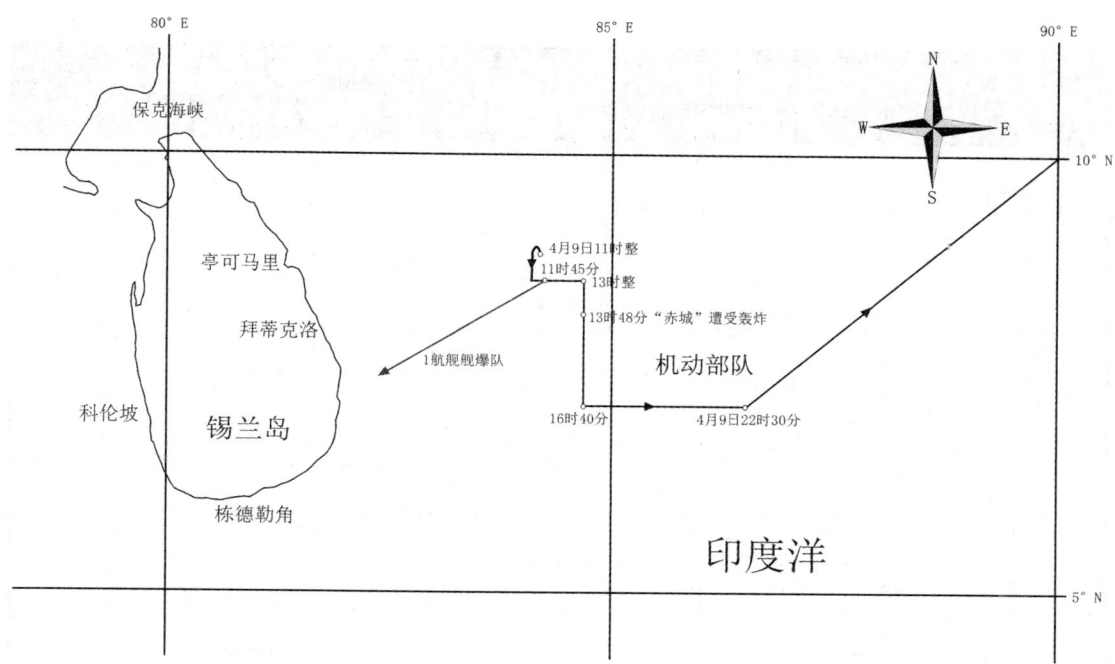

1942年4月9日11时以后机动部队于锡兰岛方面行动示意图。

机动部队在回收所有舰载机后，以航向90度向东机动，17时14分组成第8警戒航行序列。22时，"谷风"号驱逐舰归队。22时30分，机动部队调整航向为50度，正式踏上归途。

1942年4月4日至4月9日，机动部队对科伦坡、亭可马里、盟军舰船实施航空兵突击（见表10-9），出动零战89架次、99式舰爆176架次、97式舰攻144架次，共409架次，共炸沉1艘航母、2艘重巡洋舰、2艘驱逐舰、1艘驱潜快艇、1艘辅助巡洋舰、3艘商船，击伤1艘轻巡洋舰、1艘浅水重炮舰、1艘潜水母舰等，并击落23架"飓风"、5架"布伦海姆"、6架"剑鱼"、4架"管鼻燕"、1架"大青花鱼"、3架PBY，炸毁或烧毁1架"飓风"、7架"剑鱼"、4架"管鼻燕"、5架"大青花鱼"、1架"海象"。同时，机动部队损失18架航母舰载机，其中6架零战、10架99式舰爆、1架97式舰攻被英军击落，1架97式舰攻在海上迫降。

表10-9　机动部队1942年4月5日至4月9日突击锡兰岛概况表

单位	出动飞机数量（单位：架）	被击落飞机数量（单位：架）	迫降飞机数量（单位：架）	中弹飞机数量（单位：架）	空勤人员阵亡人数（单位：个）
1942年4月5日突击科伦坡					
零　战					
"赤城"	9	0	0	0	0
"苍龙"	9	0	0	0	0

单位	出动飞机数量（单位：架）	被击落飞机数量（单位：架）	迫降飞机数量（单位：架）	中弹飞机数量（单位：架）	空勤人员阵亡人数（单位：个）
"飞龙"	9	0	0	3	0
"瑞鹤"	9	0	0	0	0
小计	36	0	0	3	0
99式舰爆					
"翔鹤"	19	1	0	3	2
"瑞鹤"	19	5	0	6	10
小计	38	6	0	9	12
97式舰攻（水平轰炸）					
"赤城"	17	0	0	0	0
"苍龙"	18	0	0	2	0
"飞龙"	18	0	0	3	0
小计	53	0	0	5	0
合计	127	6	0	17	12
1942年4月5日攻击重巡洋舰					
99式舰爆					
"赤城"	17	0	0	0	0
"苍龙"	18	0	0	0	0
"飞龙"	18	0	0	0	0
小计	53	0	0	0	0
1942年4月9日突击亭可马里					
零战					
"赤城"	9	0	0	1	0
"苍龙"	9	0	0	0	0
"飞龙"	6	0	0	0	0
"翔鹤"	10	1	0	3	1
"瑞鹤"	10	2	0	2	2
小计	44	3	0	6	3
97式舰攻					
"赤城"	18	0	0	0	0
"苍龙"	18	0	0	0	0

续表

单位	出动飞机数量（单位：架）	被击落飞机数量（单位：架）	迫降飞机数量（单位：架）	中弹飞机数量（单位：架）	空勤人员阵亡人数（单位：个）
"飞龙"	18	1	1	4	4
"翔鹤"	19	0	0	7	0
"瑞鹤"	18	0	0	0	0
小计	91	1	1	11	4
合计	135	4	1	17	7
1942年4月9日攻击航母等舰艇					
零战					
"赤城"	3	0	0	0	0
"苍龙"	3	0	0	0	0
"飞龙"	3	1	0	0	1
小计	9	1	0	0	1
99式舰爆					
"赤城"	17	0	0	0	0
"苍龙"	18	4	0	4	8
"飞龙"	18	0	0	0	0
"翔鹤"	18	0	0	0	0
"瑞鹤"	14	0	0	0	0
小计	85	4	0	4	8
合计	94	5	0	4	9

4. 机动部队归航

正当机动部队在印度洋征战时，联合舰队司令部再次调整作战部署。这一次他们的目标是新几内亚的重要港口莫尔兹比港（Port Moresby）。1942年4月5日7时30分，宇垣缠以自己的名义向联合舰队发出密电：

联合舰队机密第694番电

现提前公布4月10日第二段第一期（4月10日至5月下旬）兵力部署（以下内容按部队名、指挥官、兵力、主要任务及要领依次列出）。

一、主力部队

甲、主队 联合舰队司令长官

第1战队、第3水雷战队（欠一驱逐队）、第4航空战队（除"祥凤"外）

支援整个作战，于内海西部警戒、停泊、训练整备。

乙、警戒部队 第1舰队司令长官

第1舰队（欠第3战队、第6战队、第27驱逐队、第3水雷战队（除一驱逐队））第4战队

第 2 小队、第 1 航空舰队一部

于内海西部或伊势湾警戒、停泊,以防备美军机动部队。

二、前进部队 第 2 舰队司令长官

第 2 舰队(欠 4 战队第 2 小队、第 5 战队、第 8 战队、第 4 水雷战队、一驱逐队) 第 3 战队(欠第 2 小队)、第 11 航空战队(欠"瑞穗")

支援整个作战,于内海西部警戒停泊,训练整备。

三、机动部队

第 1 航空舰队(欠一部) 第 3 战队第 2 小队、第 8 战队、第 4 水雷战队(驱逐队)

支援作战,于内海西部警戒、停泊、训练整备(航母飞机则于九州南部)。

四、先遣部队

第 6 舰队司令长官

第 6 舰队、第 5 潜水战队、"千代田"、"日进"

攻击敌舰队、监视要地、破坏敌海上交通。第 8 潜水战队一部协助南洋部队在莫尔兹比港作战,其他任务见第一段作战第四期。

五、基地航空部队

第 11 航空舰队司令长官

第 11 航空舰队(欠第 22 航空战队一部、第 23 航空战队、东港航空队)

展开兵力于东新几内亚、俾斯麦群岛、马绍尔群岛、威克、卡罗林群岛东部及国内方面,负责所在区域之航空战,并协助南洋部队及北方部队之作战,实施 K 作战。

六、南洋部队

第 4 舰队司令长官

第 4 舰队、第 6 战队、第 5 战队、第 18 战队、"那智"、"加贺"、"祥凤"、"瑞穗"、第 7 驱逐队、第 21 驱逐队、吴镇守府第 3 特别陆战队

五月上旬攻略莫尔兹比港后,继续实施第一段第四期作战。

七、北方部队

第 5 舰队司令长官

第 5 舰队、"那智"继续实施第一段第四期作战

八、南方部队

南西方面舰队司令长官

南西方面舰队、第 22 航空战队(欠元山航空队中攻队) 第 21 航空战队(欠东港航空队)、横须贺镇守府第 1 特别陆战队、横须贺镇守府第 3 特别陆战队、哨戒艇若干

甲 本队

乙 东印度部队

丙 马来部队

丁 菲律宾部队

戊 海上护卫部队

继续开展第一段第四期作战。

九、通信部队及附属部队 略

十、备考

(甲)莫尔兹比港攻略作战名为 MO 作战。

(乙)第 5 战队(欠"那智")、"加贺"、"瑞穗"、第 27 驱逐队编入南洋部队,直至 5 月 10 日,编入时期待定(4 月 20 日左右)。

一方面,机动部队在击沉"竞技神"号及附近舰船后,调整航向开始回航。另一方面,英军东方舰队根据司令部会议的指示,于 4 月 9 日上午离开阿杜环礁,其中 A 部队于 9 时整离开阿杜环礁,4 月 13 日 13 时 40 分抵达孟买。B 部队则提前于 5 时整起航并一路西行,至 15 日抵达基林迪尼。至此,印度洋战事告一段落。

4 月 10 日零时整,山本电告各舰队司令部,决定调派 5 航战参加莫尔兹比的进攻作战:

联合舰队机密第 724 番电

联合舰队电令作第 109 号

执行第二段作战第一期兵力部署

第 5 航空战队替换"加贺"，第 16 驱逐队之配属关系保留至 4 月下旬，除此之外，兵力部署之要旨见《联合舰队机密第 694 番电》。

同日 12 时，由驱逐舰"浦风"护卫的油船"健洋丸"、"东荣丸"、"日本丸"与机动部队会合并进行补给，位置为 90°4′E，9°53′N。此外，机动部队通过十度海峡①，4 月 13 日经马六甲海峡进入南海。至此，日本联合舰队再没有组织大型水面舰艇编队进入印度洋。4 月 13 日 10 时整，山本五十六下达《联合舰队电令作第 112 号》，指示 5 航战、第 5 战队、第 27 驱逐队及第 7 驱逐队从 4 月 18 日起编入南洋部队：

联合舰队机密第 752 番电

联合舰队电令作第 112 号

一、第 5 战队（欠"那智"）第 5 航空战队、"祥凤"、第 27 驱逐队、第 7 驱逐队于 4 月 18 日编入南洋部队。

二、第 27 驱逐队拟于发动（MO 作战）之时返回马公港，与第 5 航空战队会合。

4 月 14 日，1、2、5 航战进行舰载机互换。其中"赤城"向"翔鹤"转交零战、舰爆各一架，向"瑞鹤"转交 3 架 99 式舰爆和一架舰攻。"苍龙"为"瑞鹤"提供两架 99 式舰爆，为"翔鹤"提供一架零战。"飞龙"向"瑞鹤"转移 4 架 99 式舰爆、5 架零战，向"翔鹤"提供一架零战。作为回报，5 航战向"赤城"转移 3 架零战和两架 99 式舰爆，向"苍龙"转移两架零战。12 时 37 分，

5 航战在驱逐舰"秋云""萩风"与"舞风"的护航下与机动部队主力分道扬镳，自此，5 航战无缘与 1、2 航战一道参与编队作战。机动部队主力在 4 月 15 日进行油料补给，随后一路北上。机动部队在通过南海后经巴士海峡进入太平洋，沿台湾岛、冲绳以东水域航渡，最后在 4 月 22 日上午抵达佐世保。

离开机动部队的 5 航战曾于 4 月 17 日接到井上成美的电令，准备与第 27 驱逐队一道前往特鲁克。同日，第 27 驱逐队（4 月 14 日离开佐世保）抵达马公港。然而，4 月 18 日上午，机动部队、5 航战得知美军空袭东京，遂临时调整部署。当日 9 时 30 分，5 航战、第 27 驱逐队复归机动部队。不过由于燃油不足，所属舰艇在当日 14 时整进入澎湖列岛的马公港进行补给。

4 月 19 日 12 时整，完成补给的 5 航战与第 27 驱逐队一道北上，前往日本本州以东水域，准备截击美军航母部队。不过，由于美军航母部队提前撤退，5 航战最终未能与"企业"号（USS Enterprise，CV-6）、"大黄蜂"号（USS Hornet，CV-8）航母一决高下。不过，5 航战很快有机会见识美军航母的实力。4 月 19 日 19 时 30 分，5 航战接到命令复归南洋部队，向特鲁克航渡，后于 4 月 25 日 16 时抵达该地。十多天后，战争史上的第一次航母对决即将拉开帷幕。

就在机动部队结束在印度洋的行动时，其麾下的飞行科干部发生人事变动。1942 年 4 月 15 日，兼子正担任元山航空队飞行队长，山本重久升任"翔鹤"分队长，替补兼子离职留下的空缺。原"瑞鹤"分队长坂本明担任横须贺航空队分队长，后于同年 8 月 15 日试飞"彗星"舰爆试验机时因飞机空中解体而身亡，分队长的空

---

① 十度海峡（Ten Degree Channel）位于安达曼（Andaman）群岛与尼科巴（Nicobar）群岛之间。

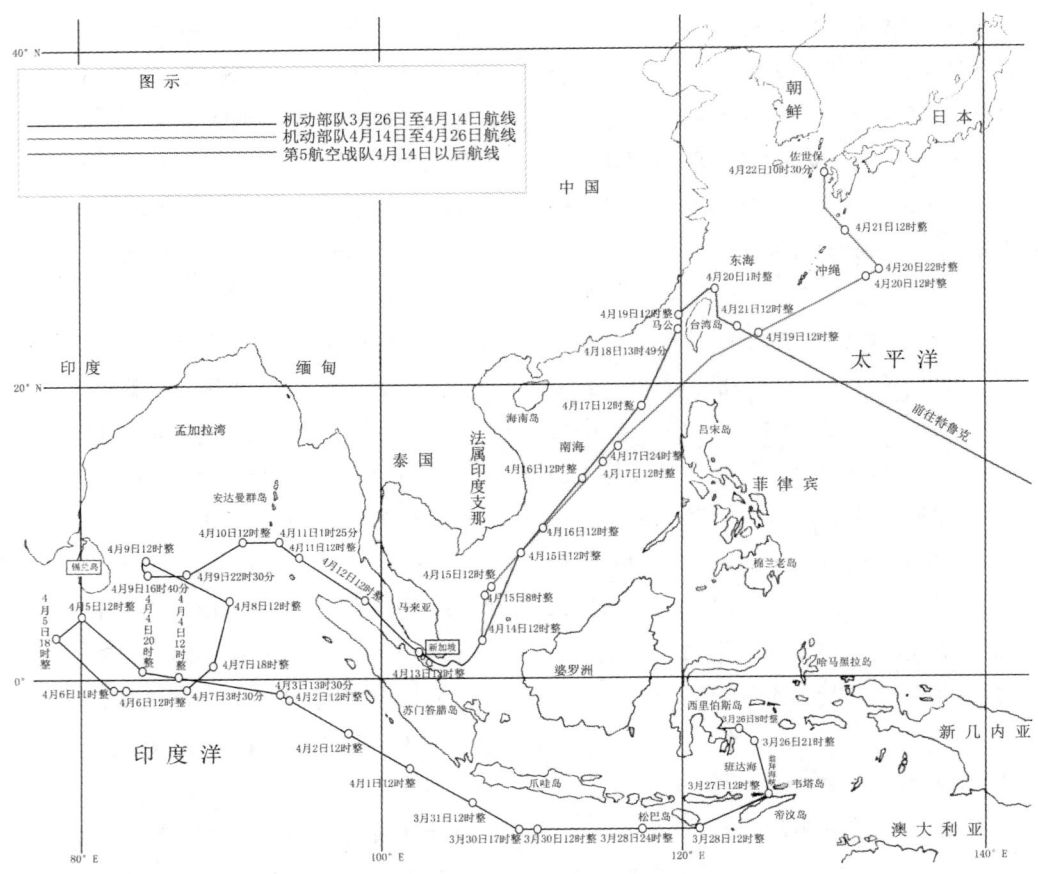

1942年4月机动部队印度洋作战行动图。

缺由大塚礼治郎接替。同日，志贺淑雄、北岛一良、三浦尚彦离开"加贺"，分别任职于馆山航空队、航空技术厂、佐伯航空队。4月20日，中岛巽、松崎三男离开航母，前往陆基航空队任职。4月25日，长井彊离开"苍龙"，后转飞陆攻，并于1944年担任T攻击部队指挥官。

5. 总结：机动部队取得的战果及损失情况

1941年12月至1942年4月，机动部队驰骋太平洋、印度洋，转战多地并组织多次航空兵突击，或攻击盟军基地、军港，或攻击海上航渡的盟军舰船，一时间如入无人之境。据不完全统计，机动部队接连空袭瓦胡岛、威克、拉包尔、莱城、萨拉马瓦、卡维恩、安汶岛、达尔文、芝拉扎、科伦坡、亭可马里。通过这一系列战斗，机动部队的空勤人员得到了进一步锻炼，并取得巨大的战果，包括炸沉或击毁4艘战列舰、1艘航母、2艘重巡洋舰、1艘辅助巡洋舰、6艘驱逐舰、1艘舰队油船、1艘靶舰、15艘各类商船，击伤4艘战列舰、4艘轻巡洋舰、1艘浅水炮舰、1艘潜水母舰、2艘水上飞机母舰等。此外，机动部队的战列舰、重巡洋舰等击沉1艘驱逐舰、2艘商船（见表10-10）。

表 10-10　机动部队 1941 年 12 月 8 日至 1942 年 4 月 9 日击沉、击伤盟军舰艇统计表

舰种	舰名	航弹/鱼雷命中数量	日期	地点	结局
战列舰	"俄克拉荷马"	9 条航空鱼雷	1941 年 12 月 8 日	珍珠港	沉没
战列舰	"西弗吉尼亚"	4-6 条航空鱼雷	1941 年 12 月 8 日	珍珠港	沉没
战列舰	"亚利桑那"	4 枚 800 公斤航弹	1941 年 12 月 8 日	珍珠港	沉没
战列舰	"加利福尼亚"	2 条航空鱼雷、1 枚 800 公斤航弹	1941 年 12 月 8 日	珍珠港	沉没
航母	"竞技神"	250 公斤航弹,数量不明	1942 年 4 月 9 日	锡兰岛东南	沉没
重巡洋舰	"康沃尔"	10 枚 250 公斤航弹	1942 年 4 月 5 日	锡兰岛西南	沉没
重巡洋舰	"多塞特郡"	10 枚 250 公斤航弹	1942 年 4 月 5 日	锡兰岛西南	沉没
驱逐舰	"肖"	3 枚 250 公斤航弹	1941 年 12 月 8 日	珍珠港	被炸毁
驱逐舰	"唐斯"	1 枚 250 公斤航弹	1941 年 12 月 8 日	珍珠港	被炸毁
驱逐舰	"卡辛"	250 公斤航弹	1941 年 12 月 8 日	珍珠港	被炸毁
驱逐舰	"皮尔里"	1 枚 250 公斤航弹	1942 年 2 月 19 日	达尔文港	沉没
驱逐舰	"忒涅多斯岛"	3 枚 800 公斤航弹	1942 年 4 月 5 日	科伦坡	沉没
驱逐舰	"吸血鬼"	3 枚 250 公斤航弹	1942 年 4 月 9 日	锡兰岛东南	沉没
舰队油船	"佩科斯"	5 枚 250 公斤航弹	1942 年 3 月 1 日	爪哇岛以南	沉没
驱潜快艇	"蜀葵"	4 枚 250 公斤航弹	1942 年 4 月 9 日	锡兰岛东南	沉没
辅助巡洋舰	"赫克托耳"	4 枚 800 公斤航弹	1942 年 4 月 9 日	亭可马里	沉没
靶舰	"犹他"	2 条航空鱼雷	1941 年 12 月 8 日	珍珠港	沉没
战列舰	"田纳西"	2 枚 800 公斤航弹	1941 年 12 月 8 日	珍珠港	被炸伤
战列舰	"内华达"	1 条航空鱼雷、5 枚 250 公斤航弹	1941 年 12 月 8 日	珍珠港	被炸伤
战列舰	"宾夕法尼亚"	1 枚 250 公斤航弹	1941 年 12 月 8 日	珍珠港	被炸伤
战列舰	"马里兰"	2 枚 800 公斤航弹	1941 年 12 月 8 日	珍珠港	被炸伤
轻巡洋舰	"海伦娜"	1 条航空鱼雷	1941 年 12 月 8 日	珍珠港	被炸伤
轻巡洋舰	"罗利"	1 条航空鱼雷、1 枚 250 公斤航弹	1941 年 12 月 8 日	珍珠港	被炸伤
轻巡洋舰	"檀香山"	1 枚 250 公斤航弹	1941 年 12 月 8 日	珍珠港	被炸伤
轻巡洋舰	"苏门答腊"	800 公斤航弹,数量不明	1942 年 4 月 9 日	亭可马里	被炸伤
浅水重炮舰	"厄瑞玻斯"	250 公斤航弹(靠近弹)	1942 年 4 月 9 日	亭可马里	被炸伤
潜水母舰	"卢西亚"	1 枚航弹,种类不明	1942 年 4 月 5 日	科伦坡	被炸伤

续表

舰种	舰名	航弹/鱼雷命中数量	日期	地点	结局
水上飞机母舰	"柯蒂斯"	1枚250公斤航弹	1941年12月8日	珍珠港	被航弹、舰爆击伤
水上飞机母舰	"威廉·普雷斯顿"	1枚250公斤航弹	1942年2月19日	达尔文港	被炸伤
维修舰	"女灶神"	2枚800公斤航弹	1941年12月8日	珍珠港	被炸伤

根据统计，3艘战列舰、1艘靶舰被日军的航空鱼雷击沉，1艘轻巡洋舰被航空鱼雷击伤。1艘战列舰、1艘驱逐舰以及1艘辅助巡洋舰被800公斤航弹击沉，2艘战列舰、1艘轻巡洋舰、1艘维修舰被800公斤航弹炸伤。1艘航母、2艘重巡洋舰、5艘驱逐舰、1艘舰队油船毁于日军的250公斤航弹，1艘战列舰、1艘轻巡洋舰、1艘浅水重炮舰、1艘水上飞机母舰被250公斤航弹炸伤。1艘战列舰、1艘轻巡洋舰先后被航空鱼雷、航弹击伤。1艘水上飞机母舰被250公斤航弹击中后，又遭到一架舰爆撞击。250公斤航弹能够炸沉驱逐舰、商船之类，不过对战列舰、中大型航母则显得威力不足。日军91式航空鱼雷能够给予美军战列舰、航母等目标较大的破坏，不过表现机会少之又少。

同时，机动部队从1941年12月8日至1942年4月9日曾与多架盟军飞机交手，击落或击毁47架P-40战斗机、24架"飓风"战斗机、6架P-26战斗机、4架P-36战斗机、1架F2A战斗机、8架B-17轰炸机、2架B-24轰炸机（其中1架编号为LB-30）、11架B-18轰炸机、6架"赫德森"轰炸机、5架"布伦海姆"轰炸机、2架A-20轰炸机、18架SBD俯冲轰炸机（其中2架为A-24）、8架SB2U俯冲轰炸机、13架"剑鱼"鱼雷攻击机、8架"管鼻燕"战斗机、6架"大青花鱼"鱼雷攻击机、46架PBY水上飞机、10架OS2U水上飞机、5架"维勒威"教练机、3架G31客机、1架C-53运输机、2架比奇18运输机、1架"天社蛾"双翼机、2架J3教练机等，其中7架P-40、2架P-36、6架SBD、23架"飓风"、6架"剑鱼"、4架"管鼻燕"、1架"大青花鱼"、4架"布伦海姆"、5架"维勒威"、4架PBY、2架J3教练机被零战击落。

当然，代价同样存在。机动部队在这段时间的战斗中损失18架零战、30架99式舰爆、14架97式舰攻，共62架航母舰载机。54名操纵员、37名侦察员以及11名电信员，共102名空勤人员阵亡或被俘，另有7人受伤。

损失最大的是99式舰爆。由于执行俯冲轰炸任务，舰爆需要急降至低空投弹，因此极容易被密集的防空火网以及前来拦截的盟军飞机击落。在太平洋战争的初期，机动部队损失了30架舰爆、54名搭乘员，其中26架毁于战斗中，1架在着舰期间坠海，3架舰爆迫降海上。其次是97式舰攻。舰攻由于执行鱼雷攻击及水平轰炸任务，因此蒙受了一定的损失。机动部队在四个月中便折损14架舰攻，其中9架被击落，余下5架因迫降在海上而损失，30名机组人员阵亡，包括9名操纵员、10名侦察员、11名电信员。被击落的9架舰攻中，有5架是在低空执行鱼雷攻击任务期间被击落，余下4架是执行水平轰炸时被盟军的高射炮或飞机击落。

舰战方面，机动部队损失 18 架零战以及 18 名操纵员，其中 1 人被平民击毙，1 人被俘。

若对比 1941 年 12 月至 1942 年 4 月的历次战斗，机动部队在空袭瓦胡岛行动中损失最大，共损失 30 架航母舰载机及 55 名机组人员。其次是印度洋作战，机动部队共损失 18 架航母舰载机及 33 名机组。空袭威克、拉包尔期间，机动部队各损失 3 架舰载机、6 名机组人员，空袭达尔文时机动部队损失 2 架航母舰载机以及 3 名机组人员（见表 10-11）。

表 10-11 机动部队 1941 年 12 月 8 日至 1942 年 4 月 9 日搭乘员损失情况表

单位		搭乘员类别			时间	备注
航母	座机序号	操纵员	侦察员	电信员		
"赤城"	特 1 攻击队第 48 小队 3 号机	—	菅谷重春二飞曹（甲飞 3 期）	—	1941 年 12 月 8 日	中弹身亡
	第 11 攻击队第 23 小队 1 号机	太田诚一二飞曹（操练 47 期）	大山利雄二飞曹（侦练 21 期）	—	同上	被高射炮击落，机组人员全体阵亡
	第 11 攻击队第 23 小队 2 号机	本间金助三飞曹（操练 49 期）	木下广吉二飞曹（甲飞 3 期）	—	同上	机组人员全体阵亡
	第 11 攻击队第 23 小队 3 号机	岛仓忠治一飞兵（操练 50 期）	坂本清二飞曹（甲飞 4 期）	—	同上	同上
	第 11 攻击队第 25 小队 2 号机	后藤元一飞曹（乙飞 8 期）	宇津木道司二飞曹（侦练 43 期）	—	同上	同上
	第 1 制空队第 1 小队 2 号机	平野釜一飞曹（甲飞 1 期）	—	—	同上	同上
"加贺"	特 2 攻击队第 44 小队 1 号机	铃木三守大尉（海兵 64 期）	森田常记飞曹长（乙飞 4 期）	町元善春二飞曹（乙飞 8 期）	同上	被高射炮击落，机组人员全体阵亡
	特 2 攻击队第 44 小队 3 号机	熊本研一二飞曹（甲飞 4 期）	松田勇二飞曹（甲飞 3 期）	梅津宣夫二飞曹（甲飞 4 期）	同上	同上
	特 2 攻击队第 42 小队 3 号机	北原收三一飞兵（操练 51 期）	清水吉雄一飞兵（侦练 46 期）	大西俊夫二飞曹（甲飞 4 期）	同上	同上
	特 2 攻击队第 45 小队 2 号机	大桥成克一飞兵（操练 53 期）	增田吉藏二飞曹（侦练 51 期）	武田英美二飞曹（甲飞 4 期）	同上	同上

续表

单位		搭乘员类别			时间	备注
航母	座机序号	操纵员	侦察员	电信员		
"加贺"	特2攻击队第45小队3号机	长井泉二飞曹（甲飞4期）	植田米太郎一飞曹（乙飞6期）	武田友治一飞兵（操练51期）	1941年12月8日	被高射炮击落，机组人员全体阵亡
	第12攻击队第21小队1号机	牧野三郎大尉（海兵60期）	锄田末男飞曹长（乙飞1期）	—	同上	被P-40战斗机击落，机组人员全体阵亡
	第12攻击队第21小队3号机	平岛文夫二飞曹（甲飞3期）	坂东敏明三飞曹（侦练46期）	—	同上	机组全体阵亡
	第12攻击队第22小队3号机	冈岩一飞兵（操练56期）	南崎常夫三飞曹（侦练39期）	—	同上	同上
	第12攻击队第24小队2号机	津田信夫二飞曹（操练46期）	今井福满一飞曹（甲飞2期）	—	同上	同上
	第12攻击队第24小队3号机	坂口登三飞曹（操练46期）	朝日长章三飞曹（侦练42期）	—	同上	同上
	第12攻击队第29小队2号机	鬼仓成往三飞曹（操练50期）	桑畑一义一飞曹（甲飞2期）	—	同上	同上
	第2制空队第11小队	佐野清之进二飞曹（操练41期）	—	—	同上	阵亡
	第2制空队第13小队	羽田透二飞曹（操练35期）	—	—	同上	同上
	第2制空队第15小队2号机	稻永富雄一飞曹（乙飞7期）	—	—	同上	同上
	第2制空队第16小队1号机	五岛一平飞曹长（操练19期）	—	—	同上	同上
"苍龙"	第13攻击队第21小队3号机	川崎悟三飞曹（操练45期）	高桥亮一一飞曹（甲飞2期）	—	同上	被高射炮击落，机组人员全体阵亡
	第13攻击队第22小队3号机	丸山贤治三飞曹（操练47期）	桑原秀安二飞曹（甲飞4期）	—	同上	同上

续表

单位		搭乘员类别			时间	备注
航母	座机序号	操纵员	侦察员	电信员		
"苍龙"	第3制空队第1小队1号机	饭田房太大尉（海兵62期）	—	—	1941年12月8日	被地面火力击落，坠地身亡
	第3制空队第1小队2号机	厚见峻一飞曹（甲飞2期）	—	—	同上	阵亡
	第3制空队第1小队3号机	石井三郎二飞曹（操练40期）	—	—	同上	同上
"飞龙"	第14攻击队第26小队2号机	清村勇二飞曹（甲飞2期）	清水好生二飞曹（侦练34期）	—	同上	同上
	第14攻击队第23小队3号机	外山维良二飞曹（甲飞4期）	村尾一一飞兵（侦练53期）	—	同上	同上
	第4制空队第12小队2号机	西开地重德一飞曹（甲飞2期）	—	—	同上	迫降于尼豪岛，被当地居民击毙
"翔鹤"	第15攻击队第26小队3号机	岩槻国夫一飞兵（操练55期）	熊仓哲三郎一飞兵（侦练53期）	—	同上	归航时失踪
"加贺"	第12攻击队第25小队1号机	—	市町准一一飞曹（乙飞6期）	—	同上	负伤
	第12攻击第27小队2号机	西森俊男二飞曹（乙飞8期）	—	—	同上	同上
"飞龙"	第14攻击队第21小队3号机	—	大仓昌二飞曹（侦练38期）	—	同上	同上
"苍龙"	第3制空队第1小队3号机	三田岩一飞曹（甲飞2期）	—	—	同上	同上
"苍龙"	直卫队	野村荣良二飞曹（甲飞4期）	—	—	1941年12月9日	起飞时坠海身亡
	第3攻击队第41小队3号机	栗田照秋一飞兵（操练50期）	大谷末吉三飞曹（侦练49期）	小纸彰正一飞兵（侦练50期）	1941年12月22日	被"野猫"战斗机击落，机组人员全体阵亡

续表

单位		搭乘员类别			时间	备注
航母	座机序号	操纵员	侦察员	电信员		
"苍龙"	第3攻击队第41小队2号机操纵员	佐藤治尾飞曹长(操练18期)	金井升一飞曹(侦练35期)	花田芳一二飞曹(乙飞8期)	1941年12月22日	被"野猫"战斗机击落,机组人员全体阵亡
	第3攻击队第41小队1号机	长井彊大尉(海兵64期)	—	—	1941年12月23日	被地面火力击中而负伤
"加贺"	第2攻击队第40小队2号机	杉原达也一飞曹(甲飞1期)	山本胜男一飞曹(乙飞5期)	田中洋一二飞曹(甲飞3期)	1942年1月20日	被高射炮击落,机组人员全体阵亡
	第2制空队第11小队2号机	平石勋二飞曹(操练27期)	—	—	同上	阵亡
"翔鹤"	第15攻击队第25小队3号机	中川贞信三飞曹(操练46期)	早坂庚四郎一飞兵(侦练48期)	—	同上	着舰时坠海,机组人员全体阵亡
"加贺"	第12攻击队第3小队1号机	内田武藏一飞曹(操练32期)	鹤胜义飞曹长(侦练23期)	—	1942年2月19日	被高射炮击落,机组人员全体阵亡
"飞龙"	第4制空队第1小队3号机	丰岛一一飞兵(操练56期)	—	—	1942年2月19日	被俘
"苍龙"	第3制空队第11小队3号机	东幸雄一飞兵(操练56期)	—	—	1942年4月5日	阵亡
"翔鹤"	第15攻击队第24小队1号机	藤田久良大尉(海兵64期)	长光雄飞曹长(乙飞5期)	—	同上	归航时因燃油泄漏坠海,机组人员全体阵亡
"瑞鹤"	第16攻击队第22小队2号机	谷时正治二飞曹(甲飞3期)	深江雄一一飞曹(甲飞2期)	—	同上	被"飓风"战斗机击落,机组人员全体阵亡
	第16攻击队第22小队3号机	岩本茂二飞曹(甲飞3期)	萩原道治三飞曹(侦练42期)	—	同上	同上

续表

单位		搭乘员类别			时间	备注
航母	座机序号	操纵员	侦察员	电信员		
"瑞鹤"	第16攻击队第23小队1号机	氏木平槌飞行特务少尉(操练16期)	松本彦一一飞曹(侦练31期)	—	1941年4月5日	被"飓风"战斗机击落，机组人员全体阵亡
	第16攻击队第23小队2号机	斋藤益一一飞曹(乙飞7期)	雨宫贞雄一飞曹(甲飞1期)	—	同上	同上
	第16攻击队第24小队3号机	野原忠明三飞曹(操练45期)	杉木铁司二飞曹(侦练37期)	—	同上	同上
"苍龙"	第13攻击队第22小队2号机	朝仓畅一飞曹(甲飞2期)	田重吉一飞曹(侦练35期)	—	1942年4月9日	被"管鼻䴓"战斗机击落，机组人员全体阵亡
	第13攻击队第23小队1号机	菅原隆一飞曹(乙飞5期)	山口幸男飞曹长(侦练26期)	—	同上	同上
	第13攻击队第24小队3号机	藤田辰男三飞曹(操练46期)	金贺五郎一飞曹(乙飞7期)	—	同上	同上
	第13攻击队第25小队2号机	井后义雄三飞曹(操练44期)	寺元英己一飞曹(甲飞1期)	—	同上	同上
"飞龙"	第4攻击队第44小队2号机	渡部重则二飞曹(甲飞4期)	后藤时也二飞曹(甲飞4期)	鸟原力一飞兵(侦练51期)	同上	被"飓风"战斗机击落，机组人员全体阵亡
	第4攻击队第47小队1号机	—	—	稻毛幸平一飞曹(甲飞2期)	同上	被"飓风"战斗机击杀
	第4攻击队第47小队2号机	—	—	实田陆男一飞兵(侦练49期)	同上	同上
	直卫队	能野澄夫大尉(海兵61期)	—	—	同上	为"布伦海姆"轰炸机自卫火力击落而身亡
	直卫队	牧野田俊夫一飞曹(甲飞1期)	—	—	同上	同上

续表

单位		搭乘员类别			时间	备注
航母	座机序号	操纵员	侦察员	电信员		
"瑞鹤"	第6制空队第1小队1号机	牧野正敏大尉（海兵65期）	—	—	1942年4月9日	被飓风战斗机击落身亡
"瑞鹤"	第6制空队第1小队2号机	松本达一飞兵（操练50期）	—	—	同上	同上
"翔鹤"	第5制空队第1小队2号机	林富士雄一飞曹（乙飞7期）	—	—	同上	同上
"飞龙"	第4攻击队第47小队1号机	—	城武夫飞曹长（乙飞5期）	—	同上	被"飓风"战斗机击伤
"翔鹤"	第5攻击队第40小队4号机	—	—	中纳义光一飞兵（侦练53期）	同上	同上

纵观这四个月的战斗，机动部队集中部署多艘航母，对盟军在太平洋、印度洋的主要军事基地、港口实施突击，同时，为友军提供空中火力支援，协助其攻占相应目标，取得巨大的战果。但是机动部队一直无缘与盟军舰队主力正面交锋，如夏威夷作战期间太平洋舰队的战列舰停泊在珍珠港，美军航母远离瓦胡岛，又如，在印度洋作战期间，英国东印度舰队与机动部队阴差阳错地错过对战的机会。最终，直到1942年4月，机动部队依然无法与盟军的主力航母一决高下。

此外，机动部队虽然在印度洋取得大胜，但同时暴露了两个致命的问题，一是南云忠一在面对复杂状况时的应变能力不足。比如4月5日发现英军重巡洋舰后，南云最初打算出动舰攻、舰爆，并要求舰攻挂载鱼雷，但在折腾一番后才决定仅出动舰爆。二是舰队防空水平不足，舰艇缺乏雷达和防空火力不足，机动部队在4月9日未能提前发现英军轰炸机，以致受到突袭。如果未能有效解决上述问题，机动部队将为此付出更大的代价。很快，随着日军展开新一轮攻势，以及美军航母正式登场，机动部队将迎来更严峻的挑战。

主要参考资料

一、战斗报告、战时日志等

日本海军

第 1 航空艦隊『機動部隊戦斗詳報図(布哇海戦)』。

第 5 航空戦隊『戦闘詳報』(第 1 号至第 6 号)。

『戦時日誌』(昭和 16 年 12 月至昭和 17 年 4 月)。

第 1 水雷戦隊『戦時日誌』(昭和 16 年 12 月至昭和 17 年 4 月)。

第 3 戦隊戦『機動部隊支援部隊(第三戦隊)戦闘詳報』(第 1 号至第 4 号)。

『戦時日誌』(昭和 16 年 12 月至昭和 17 年 2 月)。

第 8 戦隊『戦闘詳報』(第 1 号)。

『「ウ」攻略増援部隊任務報告書』。

『戦時日誌』(昭和 16 年 12 月至昭和 17 年 4 月)。

軍艦飛龍『戦闘詳報』。

軍艦翔鶴『戦闘詳報』。

赤城、加賀、蒼龍、飛龍、翔鶴、瑞鶴飛行機隊戦闘行動調書。

横須賀海軍航空隊戦訓調査委員会航空分科会『大東亜戦争戦訓(航空) 第 1 篇 布哇海戦之部』。

横須賀海軍航空隊戦訓調査委員会航空分科会『大東亜戦争戦訓(航空) 第 5 篇 セイロン作戦之部』。

横須賀海軍航空隊戦訓調査委員会航空分科会『大東亜戦争戦訓(航空) 第 10 篇 其ノ 6 (雷撃之部 自昭和 16 年 12 月 8 日至昭和 18 年 9 月 30 日)』。

横須賀海軍砲術学校『大東亜戦戦訓抜萃並ニ横砲校所見 但シ(「サイパン」島西方航空戦前ニ対スルモノ)』。

海軍辞令公報

英国皇家海军

Report of Air Attack on Cclombo.

HM Ships Cornwall and Dorsetshire Sunk by Bombs.

HMS Hector, Report of Attack by Enemy Aircraft.

HMS Lucia, Report of Attack by Enemy Aircraft.

HMS Tenedos, Report of Attack by Enemy Aircraft.

Loss of HMS Hermes by Enemy Action.

Loss of HMS Hermes and HMAS Vampire, 9

April 1942.

Report of the Sinking of HMS Hollyhock.

Report on Bombing of the Greek Steamer Marionga D. Thermotis.

Battle Summary No15.

Ships Damaged or Sunk by Enemy Action.

英国皇家空军

222 Group, Japanese air attacks on Colombo and Trincomalee, April 1942.

11th Squadron Operations Record Book.

30th Squadron Operations Record Book.

258th Squadron Operations Record Book.

261th Squadron Operations Record Book.

273th Squadron Operations Record Book.

413th Squadron Operations Record Book.

澳大利亚皇家空军

11th Squadron (RAAF) Operations Record Book.

24th Squadron (RAAF) Operations Record Book.

美国海军

Report of Japanese Raid on Pearl Harbor.

Action and sinking of USS Pecos 1 March, 1942.

USS Edsall, Record of Known Activities Between 26 February, 1942, and 1 March, 1942.

Register of Commissioned and Warrant Officers of the United States Navy and Marine Corps.

二、战史、回忆录等资料

防衛庁防衛研修所戦史室：『戦史叢書 ハワイ作戦』，朝雲新聞社，1967。

『戦史叢書 蘭印 ベンガル湾方面海軍進攻作戦』，朝雲新聞社，1969。

『戦史叢書 中部太平洋方面海軍作戦〈1〉昭和十七年五月まで』，朝雲新聞社，1970。

『戦史叢書 南東方面海軍作戦〈1〉ガ島奪回作戦開始まで』，朝雲新聞社，1971。

伊沢保穂：『日本海軍戦闘機隊——付・エース列伝』，酣燈社，1975。

軍艦瑞鶴会：『瑞鶴史』，1979。

飛龍会：『空母飛龍の追憶』，1984。

飛龍会：『空母飛龍の追憶 続編』，1985。

倉町秋次：『予科練外史』<1>、<2>、<3>、<4> 教育図書研究会，1988-1996。

モデルアート：『真珠湾攻撃隊』（モデルアート臨時増刊 No. 378），モデルアート，1991。

学研：『翔鶴型空母——帝国海軍初の艦隊型大型航空母艦「翔鶴」「瑞鶴」のすべて』，1997。

押尾一彦（編集），野原茂（編集）：『海軍航空教範——軍極秘海軍士官搭乗員テキスト』，光人社，2001。

吉良敢、吉野泰貴：『真珠湾攻撃隊 隊員列伝——指揮官と参加搭乗員の航跡』，大日本絵画，2011。

福地周夫：『空母翔鶴海戦記』，出版協同，1962。

宇垣纏：『戦藻録』，原書房，1968。

海軍兵学校第六十六期会：『江田島の契り 級友追悼録』，1960。

海軍兵学校第六十七期会：『若桜を偲びて』，1967。

海兵六十四期生編集委員会：『海兵六十四期生』，1981。

海兵第六十一期級会：『航跡 海兵第六十一期』，1983。

海軍兵学校第62期会：『無二の航跡』，1985。

海軍兵学校第六十五期会：『第六十五期回想録』，1985。

小瀬本国雄：『艦爆一代』、今日の話題社，1986。

渡辺直寛：『海戦空母翔鶴——「翔鶴」軍医官日記』，今日の話題社，1991。

藤田怡与蔵：『証言真珠湾攻撃——私は歴史的瞬間をこの眼で見た！』，光人社，1999。

山川新作：『空母艦爆隊 艦爆搭乗員死闘の記録』，光人社，2001。

金沢秀利：『空母雷撃隊 艦攻搭乗員の太平洋海空戦記』，光人社，2001。

松田憲雄：『雷撃機電信員の死闘——「ト連送」で始まった太平洋戦争』，光人社，2001。

森史朗：『真珠湾攻撃 全真相 運命の夜明け（文春文庫）』，文藝春秋，2006。

川崎まなぶ：『マリアナ沖海戦——母艦搭乗員激闘の記録』，大日本絵画，2007。

高橋定：『母艦航空隊』，光人社，2013。

John B. Lundstrom, The First Team: Pacific Naval Air Combat from Pearl Harbor to Midway. (Naval Institute(1984)).

Rex Morgan, The Hermes Adventure (Runciman(1985)).

Ken Dimbleby, Turns of Fate: The Drama of HMS Cornwall(Irwin Pub (1985)).

Donald M. Goldstein and Katherine V. Dillon, The Pearl Harbor Paper Inside the Japanese Plans (Potomac Books Inc(1999)).

Gene E. Salecker, Fortress Against The Sun: The B-17 Flying Fortress In The Pacific(Da Capo Press(2001)).

Ron Wemeth, Beyond Pearl Harbor: The Untold Stories of Japan's Naval Airmen(Schiffer Publishing(2008)).

Christopher Shores (Author), Brian Cull (Author), Yasuho Izawa（伊泽保穗）, Bloody Shambles, Vol. 1: The Drift to War to the fall of Singapore(Grub Street Publishing(2009)).

Samuel Eliot Morison, The Rising Sun in the Pacific, 1931-April 1942: History of United States Naval Operations in World War II(Naval Institute Press(2010)).

Christopher Shores (Author), Brian Cull (Author), Yasuho Izawa（伊泽保穗）, Bloody Shambles, Vol. 2: From the Defence of Sumatra to the fall of Burma(Grub Street Publishing(2011)).

Tom Womack, The Allied Defense of the Malay Barrier 1941-1942(McFarland(2015)).

Wenger J. Michael and Robert J. Cressman, No One Avoided Danger: NAS Kaneohe Bay and the Japanese Attack of 7 December 1941(Naval Institute Press(2015)).

Wenger J. Michael, Robert J. Cressman, John F. Di Virgilio, This is No Drill: The History of NAS Pearl Harbor and the Japanese Attacks of 7 December 1941 (Pearl Harbor Tactical Studies Series)(Naval Institute Press(2018)).

Wenger J. Michael, Robert J. Cressman, John F. Di Virgilio, They're Killing My Boys: The History of Hickam Field and the Attacks of 7 December 1941 (Pearl Harbor Tactical Studies)(Naval Institute Press(2019)).

说　　明

一、除特别说明外，文中所列出的时间均为东京时间（东九区时间）。

二、因资料来源问题，文中部分数据由英制单位换算而得。

三、日军部队、职务、武器等称谓及个别部队简称沿用日方说法。

日军部队简称如下：

"航空舰队"简称"航舰"，如"第1航空舰队"简称"1航舰"

"航空战队"简称"航战"，如"第5航空战队"简称"5航战"

"海军航空队"简称"航空队"，如"第4海军航空队"简称"第4航空队"

四、文中出现的盟军简写如下：

VB：舰载轰炸机中队，如第2舰载俯冲轰炸机中队，简称VB-2

VP：海军巡逻机中队

VF：舰载战斗机中队，如第2舰载战斗机中队，简称VF-2

VS：舰载侦察中队，如第2舰载侦察中队，简称VS-2

VT：舰载鱼雷攻击机中队，如第2舰载鱼雷攻击机中队，简称VT-2

AO：舰队油船

BB：战列舰

CA：重巡洋舰

CL：轻巡洋舰

CV：航空母舰

DD：驱逐舰

USS：美国海军舰船

HMS：英国皇家海军舰船

HMAS：澳大利亚皇家海军舰船

五、本书所使用的日军军衔沿用日方说法，并在非海军人员军衔前标注其军种，以作区别。另外，日本、美国、英国军衔（少尉以上）对照如下：

日　本		美　国		英　国	
日本海军	日本陆军	美国海军	美国陆军	英国海军	英国空军
海军大将	陆军大将	海军上将（Fleet Admiral）	陆军上将（General of the Army）	海军上将（Fleet Admiral）	空军元帅（Marshal of the Royal Air Force）
		海军上将（Admiral）	陆军上将（General）	海军上将（Admiral）	空军上将（Air Chief Marshal）

续表

日	本	美	国	英	国
海军中将	陆军中将	海军中将（Vice-Admiral）	陆军中将（Lieutenant-General）	海军中将（Vice-Admiral）	空军中将（Air Marshal）
海军少将	陆军少将	海军少将（Rear-Admiral）	陆军少将（Major General）	海军少将（Rear-Admiral）	空军少将（Air Vice-Marshal）
/	/	/	陆军准将（Brigadier General）	海军准将（Commodore）	空军准将（Air Commodore）
海军大佐	陆军大佐	海军上校（Captain）	陆军上校（Colonel）	海军上校（Captain）	空军上校（Group Catain）
海军中佐	陆军中佐	海军中校（Commander）	陆军中校（Lieutenant-Colonel）	海军中校（Commander）	空军中校（Wing Commander）
海军少佐	陆军少佐	海军少校（Lieutenant Commander）	陆军少校（Major）	海军少校（Lieutenant Commander）	空军少校（Squadron Leader）
海军大尉	陆军大尉	海军上尉（Lieutenant）	陆军上尉（Captain）	海军上尉（Lieutenant）	空军上尉（Flight Lieutenant）
海军中尉	陆军中尉	海军中尉（Lieutenant (junior grade)）	陆军中尉（1st Lieutenant）	海军中尉（Sub-Lieutenant）	空军中尉（Flying Officer）
海军少尉	陆军少尉	海军少尉（Ensign）	陆军少尉（2nd Lieutenant）	海军少尉（Midshipman）	空军少尉（Pilot Officer）

日军海陆军航空部队准士官以下军衔（1941年6月1日至1942年10月31日）如下：

海军飞行兵曹长（简称"飞曹长"）

海军一等飞行兵曹（简称"一飞曹"）

海军二等飞行兵曹（简称"二飞曹"）

海军三等飞行兵曹（简称"三飞曹"）

海军一等飞行兵（简称"一飞兵"）

海军二等飞行兵（简称"二飞兵"）

海军三等飞行兵（简称"三飞兵"）

六、有关日本海军军官毕业军事院校表述如下：

"海军兵学校第60期"——"海兵60期"，如"市原辰雄（海兵60期）"表示市原毕业于江田岛海军兵学校第60期。

"海军大学校第28期"——"海大28期"。如"山本五十六大将（海兵32期，海大16期）"即表示山本先后毕业于江田岛海军兵学校第32期、海军大学第16期。

七、日军海航的搭乘员（即空勤人员）所接受的飞行、侦察训练制度简介如下：

飞行学生——日本海军从军官（日方称"士官"）队伍选调空勤人员的制度，培训对象为海军兵学校毕业且在舰艇服役一段时间的军官。

操纵练习生(简称"操练")——以海兵团出身者为对象，在下士官内部选拔飞行员的制度，如日本海军著名王牌飞行员坂井三郎和岩本彻三均为操练出身。操练制度于1941年被废止。

侦察练习生(简称"侦练")——横须贺海军航空队于1919年6月设立练习生制度，后于1920年2月改名为飞行术练习生，同年12月改名为航空术练习生。1925年，这项制度更名为飞行练习生(简称"飞练")和侦察练习生(简称"侦练")，其中"飞练"制度培养飞行员，"侦练"制度主要培养侦察员岗位的空勤人员。1940年9月，"侦练""飞练"这两项制度被废止。

甲/乙种飞行预科练习生(分别简称为"甲飞""乙飞")——飞行预科练习生是日本海军培养航空部队基层指挥官的制度，其中乙种飞行预科练习生招收高等小学毕业以及以上学历的人员，早在1930年6月，日本海军以"预科练习生"的名义招收第一期。1936年12月，该制度更名为"飞行预科练习生"。1937年9月，为满足扩充航空兵力、增加一线航空兵的需求，日本海军在飞行预科练习生的基础上增设"甲种飞行预科练习生"，招收中学四年一学期及以上学历的人员。为了与"甲飞"制度有所区别，原有的"飞行预科练习生"更名为"乙种飞行预科练习生"。

八、为行文方便，部分日军武器的简称沿用日方说法。

零式舰上战斗机——零战(A6M)

舰上爆击机——舰爆，如爱知"99式舰上爆击机(D4Y)"简称为"99式舰爆"

舰上攻击机——舰攻，如中岛"97式舰上攻击机(B5N)"简称为"97式舰攻"

陆上攻击机——陆攻，如三菱重工"1式陆上攻击机(G4M)"简称为"1式陆攻"

水上侦察机——水侦，如爱知"零式水上侦察机(E13A)"简称为"零式水侦"

飞行艇——大艇，如川西"97式飞行艇(H6K)"简称为"97大艇"